中华人民共和国成立70周年山西发展丛书
主　编　杨茂林

山西若干重大成就回顾与展望

SHANXI RUOGAN ZHONGDA CHENGJIU

HUIGU YU ZHANWANG

高春平　冯素梅　等著

山西出版传媒集团　山西人民出版社

图书在版编目（CIP）数据

山西若干重大成就回顾与展望／高春平等著．—太原：山西人民出版社，2019.12
（中华人民共和国成立 70 周年山西发展丛书／杨茂林主编）
ISBN 978-7-203-11197-9

Ⅰ．①山…　Ⅱ．①高…　Ⅲ．①社会主义建设成就—山西—1949—2019　Ⅳ．① D619.25

中国版本图书馆 CIP 数据核字（2020）第 017849 号

山西若干重大成就回顾与展望

著　　者：高春平　等
责任编辑：蔡咏卉
复　　审：武　静
终　　审：秦继华
装帧设计：谢　成

出 版 者：山西出版传媒集团·山西人民出版社
地　　址：太原市建设南路 21 号
邮　　编：030012
发行营销：0351－4922220　　4955996　　4956039　　4922127（传真）
天猫官网：https://sxrmcbs.tmall.com　电话：0351－4922159
E — mail：sxskcb@163.com　　发行部
　　　　　sxskcb@126.com　　总编室
网　　址：www.sxskcb.com

经 销 者：山西出版传媒集团·山西人民出版社
承 印 厂：山西出版传媒集团·山西新华印业有限公司

开　　本：720mm×1020mm　　1/16
印　　张：34
字　　数：380 千字
印　　数：1—1800 册
版　　次：2019 年 12 月　第 1 版
印　　次：2019 年 12 月　第 1 次印刷
书　　号：ISBN 978-7-203-11197-9
定　　价：88.00 元

如有印装质量问题请与本社联系调换

总 序

2019年，中华人民共和国迎来了自己的70华诞。"70年在人类历史长河中只是弹指一挥间，但对中国人民和中华民族来讲，这是沧桑巨变、换了人间的70年。"抚今追昔，我们无时无刻不在深深感受着时代的巨大变迁和祖国的繁荣富强，其成就之伟大令我们无比自豪，其探索之艰难令我们万分感慨，其未来之光明令我们无限憧憬。我们走在新时代的征程上，昂首阔步、内心澎湃。

70年来，在追求国家富强、民族振兴和人民幸福的伟大革命中，中国共产党带领人民始终初心不改、矢志不渝，砥砺前行、攻坚克难，擘画波澜壮阔的美丽画卷，谱写感天动地的华彩乐章，走上了社会主义现代化强国建设之路，为发展中国家走向现代化贡献了中国智慧，提供了中国方案。70年来，山西与新中国共同成长，勤劳智慧的三晋儿女在党的坚强领导下，发扬太行精神、吕梁精神、右玉精神，在15万平方公里的土地上不断创造伟大奇迹，建设起共和国能源重化工基地，担当起转型综改试验和能源革命综改试验重任，以高质量发展之势向着全面建成小康社会目标迈进。

中华人民共和国成立后，我们冲破重重困难不断发展壮大，创造了民族独立和国家富强的伟大奇迹,走上了实现伟大复兴的壮阔大道。我国确立社会主义制度,努力探索社会主义革命和建设道路。以毛泽东同志为主要代表的中国共产党人开基创业、立纲立纪,确立人民民主专政的国体,建立人民代表大会制度的政体,进行极富创造性的社会主义三大改造。在山西,党领导人民巩固新生人民政权,确立社会主义基本制度,实现了历史上最深刻最伟大的社会变革。加快恢复国民经济,开展工业基地建设,有力撬动新中国工业化进程,从华北、华东到华中、华南,每三盏灯就有一盏是山西煤炭工人"点燃"的。在"一穷二白"基础上,建立起比较完整的工业体系和国民经济体系,三晋大地展现出旺盛的生命活力和巨大的发展潜力。山西经济一时间复苏乃至发展速度惊人,曾在全国排第二,仅次于北京,重工业生产总值占全国重工业生产总值的1/3。经过多个五年计划的建设,到1978年,全省国民生产总值和财政收入比中华人民共和国成立初期分别增长5.5倍和23倍,农业生产条件得到很大改善,原有工业部门不断加强完善,许多新的工业部门从无到有、从小到大,迅速发展起来。随着建设事业的发展,广大人民群众的物质与文化生活水平逐步得到提高。当然,社会进步从来不会一蹴而就,希望一直与艰难共生,探索始终同曲折并存。党在山西所领导的社会主义建设伟大实践探索及发展成就,为山西经济社会发展奠定了重要物质基础。

改革开放后,我们应对各种挑战、突破艰难险阻,创造了经济巨大发展和社会长足进步的伟大奇迹,社会主义中国巍然屹立在世界东方。我国开启了社会主义建设新征程,不断探索中国特色社会主义道路。我们党深刻总结我国社会主义建设正反两方面经验教训，果断做出把党和国家工作中心转移到经济建设上来、实行改革开放的历史性决策。以邓小平同志为主要代表的中国共产党人，成功开创了中国特色社会主义；以江泽民同志为主要代表的中国共产党人，成功将中国特色社会主义推向21世纪；以胡锦涛同志为主要代表的中国共产党人，成功在新的历史起点上坚持和发展了中国特色社会主义。在山西，党领导人民解放思想、开拓创新，依托自身优势融入全国经济发展大潮，在国内区域产业分工发展格局中占据了特殊地位。以1980年省委总结农业学大寨经验教训为起点，全省农村经济体制改革全面推进，在生产领域推行家庭联产承包责任制改革基础上，农产品流通领域改革也逐步推开。1985年，城市经济体制改革全面启动，私营企业从无到有，个体工商户增速发展，成为活跃于城乡经济领域的生力军。特别是在国家支持下，山西依托煤炭等资源优势和工业基础，致力于国家能源重化工基地建设，在"六五""七五"时期集中全国近1/10的重点建设项目，通过大规模投资，促进了能源工业快速发展，形成了以煤炭、电力、焦炭等为主导的产业格局。20世纪90年代后期，山西确定战略性产业结构调整为经济发展重点，全面推进经济体制改革和扩大开放，以培育新经济增长点和培育优势产业、优势产品、优势企业为主攻方向，实施"八大战略工程"，构建"六大支撑体系"，增强了经济整体素质和竞争能力，实现了经济整体创新和综合发展。2010年山西获批"国家资源型经济转型综合配套改革试验区"，为建设这全国第一个全省域、全方位、系统性的国家级综合配套改革试验区，山西围绕产业转型、生态修复、城乡统筹、民生改善四大转型任务，在煤电联营机制、煤层气审批制度改革、低热值煤发电项目审批、用地管理改革等多个领域进行突破，经济结构调整向纵深推进，全省经济转型发展有了显著进展。

党的十八大以来，我们在应势而动中战胜一个又一个艰难险阻，中国大踏步赶上了时代发展，中国人民意气风发走在了时代前列。我们推动中国特色社会主义进入新时代，踏上全面建成小康社会的新征程。以习近平同志为核心的党中央，带领全党全国各族人民进行伟大斗争、建设伟大工程、推进伟大事业、实现伟大梦想，形成了习近平新时代中国特色社会主义思想。在以习近平同志为核心的党中央坚强领导下，党和国家事业取得历史性成就、发生历史性变革。山西持续深入贯彻落实习近平总书记视察山西重要讲话精神，抓好五大任务贯彻落实，在"两转"基础上全面拓展新局面，保持经济持续健康发展和社会大局稳定，脱贫攻坚取得决定性成果，为全面建成小康社会打下决定性基础，山西在新时代全国改革发展大格局中的战略地位和对资源型经济转型的示范作用进一步凸显。山西适应新常态下发展条件变化，以新发展理念推动高质量发展，把转方式调结构放在更加重要位置，以提高经济发展质量和效益为中心，大力推进经济结构战略性调整和区域协调发展。以转型综改区建设为统领，以供给侧结构性改革为主线，全面深化各领域改革。国家监察体制改革试点发挥"探路者"作用，制度优势不断转化为治理效能。争取国家出台42号文件，标志着山西资源型经济转型发展上升为国家战略，"以改促转"成为主旋律。开展能源革命综合改革试点，开启"煤老大"向"排头兵"的历史性跨越。"三基建设"、党政机构改革、企业投资项目承诺制、开发区"三化三制"、国资国企改革、民营经济"30条"等一系列改革措施，极大地增强了全省发展的动力和活力。统筹推进煤炭产业与非煤产业发展，大力推进传统产业升级改造，推动煤炭产业"减""优""绿"发展，支持先进制造业优先发展，工业"内部结构反转"取得积极成效。加快培育和推动新兴产业及金融、物流、康养等现代服务业发展，黄河、长城、太行三大旅游板块在全国叫响，文化旅游成为新的支柱产业。"山西农谷""中部盆地城市群""两山七河一流域"生态系统、"一带一路"对外交流等一批重大项目加快推进，对全省经济社会发展起到了示范引领作用。进入新时代，山西庄严承诺，确保与全国同步全面建成小康社会，确保经济转型升级取得显著进展，确保良好政治生态全面有效构建，不断塑造美好形象，逐步实现振兴崛起。

从现在起到21世纪中叶，我们面临百年未有之大变局，为实现"两个一百年"奋斗目标，将开启更为光辉的历程，创造足以彪炳史册的人类奇迹。全面建成小康社会，是第一个百年奋斗目标。山西将同全国一起抓重点、补短板、强弱项，坚决打好防范化解重大风险、精准脱贫、污染防治的攻坚战，坚定不移深化供给侧结构性改革，推动经济社会持续健康发展，使全面建成小康社会得到人民认可，经得起历史检验。2020年全面建成小康社会后，全党全国各族人民将为实现第二个百年奋斗目标而努力，即建设富强民主文明和谐美丽的社会主义现代化国家，实现中华民族伟大复兴，这是鸦片战争以来中国人民最伟大的梦想，是中华民族的最高利益和根本利益。山西将高举习近平新时代中国特色社会主义思想伟大旗帜，紧扣重要战略机遇新内涵，着眼社会主要矛盾转变，坚持稳中求进工作总基调，坚持新发展理念，推动高质量发展，着力转变发展方式，促进经济发展由粗放型转向质量效益型，着力培育经济发展新动能，不断增强经济创新力和竞争力，建设国家资源型经济转型发展示范区，打造全国能源革命排头兵，构建内陆地区对外开放新高地，奋力谱写新时代中国特色社会主义山西篇章。

春华秋实何寻常，如椽巨笔著华章。在中华人民共和国成立70周年之际，如何通过梳理和总结山西的发展实践与巨大成就，更好地回顾中国发展的伟大历程，深入总结国家进步的宝贵经验，进一步深化对共产党执政规律、社会主义建设规律、人类社会发展规律的认识，山西省社会科学院（山西省人民政府发展研究中心）组织研究和编撰《中华人民共和国成立70周年山西发展丛书》，围绕70年来山西发展变迁，从经济结构变化、社会变迁发展、能源经济发展、区域发展进步、重大发展成就、口述山西发展等方面，出版一套集理论性、史料性和可读性于一体的通俗理论读物，力求做到以事实表现主题、以故事讲述历史、以细节反映时代，既突出重点又兼顾全面，既环环相扣又自成一体，达到寓教于史、寓教于理、拓展知识、开阔视野的目的。

这套丛书希望通过理性分析，揭示70年山西辉煌成就的内在逻辑。《山西经济结构变革与发展》以山西经济转型为主线，从农业、工业、服务业、财税、收入分配、就业等方面客观分析山西经济结构变迁的历程和特征，全面梳理、系统总结70年来，特别是党的十八大以来，山西经济发展取得的历史成就和历史变革，深入研判山西经济结构的突出问题，对山西今后经济发展重点和战略方向做了探讨。《山西社会发展变迁》展现山西改革在社会领域中不断破除旧体制束缚，坚持理论创新、体制创新、政策创新和实践创新，建立起充满生机活力的社会治理新体制，其演变脉络充分体现着中国特色社会主义制度的活力与优势，进一步证明了党的领导是党和国家事业发展的根本保证。

这套丛书希望运用写实叙述，描绘70年来山西波澜壮阔的实践历程。《山西能源发展成就与展望》突出国家综合能源基地建设，分别从煤炭、焦化、电力、煤化工、煤层气、能源安全、矿区生态环境治理、能源体制机制、可再生能源等领域对山西能源发展历程和显著成就进行梳理和阐述，记录了山西为推动全国经济发展、保障国家能源安全、改善人民生活方面做出的历史性贡献，也为新时代深入开展能源革命综合改革试点提供了坚实基础。《山西区域经济与社会发展》围绕70年来山西发展历史性巨变，全面展示了山西区域经济社会发展70年来的实践和成就，特别是党的十八大以来山西大力推进两山与平川、城市与乡村、经济与生态协调发展的实践与成就，并在此基础上，探讨和总结山西区域经济社会发展的基本经验，为我们进一步推进新时代山西区域经济社会发展提供了启示和借鉴。

这套丛书希望秉持昂扬向上品格，展现70年来山西人民砥砺奋进的精神风貌。《当代山西70年口述史》走访18位与当代山西重要历史节点紧密相关的代表人物，借助他们口述的生动鲜活的重要事件和历史情景，从政治、经济、文化、社会、生态文明以及党的建设方面,记载当代山西革命、建设、改革的实践历程,讴歌山西人民艰苦奋斗、战天斗地的豪迈情怀,为山西历史和文化留下非常珍贵的一手资料。《山西若干重大成就回顾与展望》通过专题形式,充分展示山西人民在中华人民共和国成立初期一穷二白基础上不断艰辛创业、改革创新、砥砺奋进的斗争历史,着力叙述党的十八大以来,山西以习近平新时代中国特色社会主义思想为指引,深入学习贯彻习近平总书记视察山西重要讲话精神,努力践行新发展理念、推动高质量转型发展所取得的重大成就,以及打造富有改革生机、创新活力新山西的历史进程。

特别要强调的是,这套丛书力图从山西发展成就和变革中揭示出成就和变革背后的深层原因和内在机理,因此,既有宏观叙事和判断,也有具体描述和分析,既用历史逻辑纵向贯穿,讲清楚中国社会主义事业的继承接续,又用实践逻辑横向展开,突出山西各方面各领域革命、建设、改革的探索历程,既求深入浅出、通俗易懂,又求以点带面、点面结合,为大家进一步认识山西、了解山西、支持山西转型、助力山西发展贡献我们的绵薄之力!这也是我们应该担起的历史责任!

植根于深厚历史文化中的山西,会在新时代改革开放中纳百川、聚资源,焕发新生机、走出新路子、活出新样子!

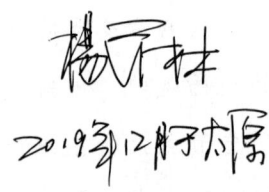

目 录

总　序 …………………………………………… 杨茂林　001

专题一　山西经济社会发展的巨大成就 ……………… 001
 一、伟大成就 ……………………………………… 001
 二、光辉历程 ……………………………………… 012
 三、美景展望 ……………………………………… 019

专题二　山西三农70年巨变 …………………………… 021
 一、巨大成就 ……………………………………… 022
 二、发展历程 ……………………………………… 044
 三、成功经验 ……………………………………… 078
 四、前景展望 ……………………………………… 080

专题三　脱贫攻坚与乡村振兴 ………………………… 087
 一、重大成就 ……………………………………… 087
 二、扶贫历程 ……………………………………… 095
 三、乡村振兴展望 ………………………………… 111

专题四 基础设施建设70年的成就 ……………………… 115
一、农田水利建设的巨大成就 …………………………… 115
二、发展历程 ……………………………………………… 119
三、前景展望 ……………………………………………… 133
四、交通建设的巨大成就 ………………………………… 134
五、发展历程 ……………………………………………… 144
六、成功经验 ……………………………………………… 172
七、前景展望 ……………………………………………… 178

专题五 前进中的山西民主政治建设 ……………………… 180
一、巨大成就 ……………………………………………… 180
二、实践进程 ……………………………………………… 201
三、启示与展望 …………………………………………… 242

专题六 山西历史文化的发展 ……………………………… 252
一、山西历史文化历述 …………………………………… 252
二、山西红色革命精神 …………………………………… 259
三、山西历史文化资源保护与发展现状 ………………… 265
四、"文化强省"展望 …………………………………… 271

专题七 文化产业与旅游产业的崛起 ……………………… 278
一、文化产业的重大成就 ………………………………… 279
二、发展历程 ……………………………………………… 290
三、百年前景展望 ………………………………………… 306

四、旅游产业的重大成就 …………………………………… 311
　　五、发展历程与思考 ………………………………………… 321
　　六、前景展望 ………………………………………………… 332

专题八　山西农村的改革成就 ………………………………… 338
　　一、农村基层政权建设历程 ………………………………… 341
　　二、山西农民生活的发展变化 ……………………………… 359
　　三、城镇化步伐加快，农民居住条件普遍改善 …………… 366
　　四、农村居民收入消费的重大变化 ………………………… 368
　　五、山西农村青年婚恋观的变迁 …………………………… 371
　　六、未来展望 ………………………………………………… 375

专题九　教育、科技事业在改革中发展 ……………………… 377
　　一、教育的长足发展 ………………………………………… 377
　　二、科技春天的到来 ………………………………………… 399
　　三、启示与展望 ……………………………………………… 429

专题十　山西生态环境治理 …………………………………… 433
　　一、环境整治成效 …………………………………………… 433
　　二、生态治理历程 …………………………………………… 445
　　三、发展策略和政策措施 …………………………………… 460
　　四、未来展望 ………………………………………………… 471

专题十一　党风廉政建设永远在路上 …………………… 482
　　一、巨大成就 ………………………………………… 482
　　二、实践历程 ………………………………………… 495
　　三、未来展望 ………………………………………… 516

后　记 ………………………………………………………… 526

专题一　山西经济社会发展的巨大成就

2019年，中华人民共和国迎来了70华诞。这是中国共产党领导下全国各族人民对社会主义道路艰辛探索的70年，是中国人民从贫穷走向富裕的70年，是中国从落后的农业国走向工业国进而实现社会主义现代化强国的70年。70年来，山西这块古老的黄土地也发生了天翻地覆的变化，取得了举世瞩目的发展成就。尤其是党的十八大以来，在中共山西省委、省政府的坚强领导下，全省上下坚持以习近平新时代中国特色社会主义思想为指引，坚决贯彻落实习近平总书记视察山西重要讲话精神，努力践行新发展理念，改革创新，推动经济发展由"疲"转"兴"，政治生态由"乱"转"治"，全省国民经济和各项社会事业均取得了可喜的成就。

一、伟大成就

70年来，山西人民在社会主义建设和改革开放事业中不断奋斗、不断进取，取得了中国特色社会主义建设事业的丰功伟绩，特别是经过改革开放40年，三晋儿女与全国人民一道，在经济建设和社会发展方面取得了辉煌伟大的发展成绩。

（一）经济规模不断扩大，综合实力显著增强

1949年的山西，经济基础十分薄弱。1952年，全省生产总值仅

16亿元，人均GDP仅116元。经过70年不懈努力，全省国民经济总量不断扩大，经济增长速度明显加快，总体实力和人均水平都大大提高。到2018年，全省实现生产总值超过16000亿元，达16818亿元，是1952年的183.1倍（按可比价计算，下同），年均增长8.2%；人均生产总值45328元，是1952年的55.3倍，年均增长6.3%。特别是改革开放以来，社会生产力被极大地激发，1995年突破千亿元，增至1076.3亿元，2011年迈上万亿元台阶，达到11284.6亿元。迈入新时代的最近几年，国民经济更是跨越式发展，2017年达到15528.5亿元，较1978年增长175.5倍，按可比价格计算，年均增速9.6%。

在经济大步发展基础上，全省财政收入规模大幅增长，支出结构日益合理，有效发挥了宏观调控功能，为实现经济稳定、政治稳定和社会稳定起到了举足轻重的作用。1952年，全省财政总收入只有1.8亿元，到2018年达2292.6亿元，增长998倍，年均增长11%。财政支出规模持续加大，2018年，全省财政支出达到4285.4亿元，比1952年的1.1亿元增长3124倍，年均增长13%。

（二）供给能力不断增强，产业结构持续优化升级

70年来，随着经济的快速增长，山西逐步由贫穷落后的农业经济结构向三次产业协同发展演变，三次产业比例由1952年的58.6∶17.2∶24.2演变为2018年的4.4∶42.2∶53.4，呈现出农业比重不断下降、二产比重快速提高、三产比重不断提升的演进趋势。

1.农业综合生产能力明显提高，农村经济整体实力显著增强

新中国成立初期，农产品供给是影响经济发展和人民生活水平提高的重要问题。70年后的今天，农业综合生产能力显著增强，农产品产量获得极大丰富。粮食产量从1949年的26.0亿公斤增加到

2018年的138亿公斤,增长4.3倍。2010年以来,全省粮食产量连续8年突破百亿公斤,2014年达到历史最高的138.7亿公斤,较1978年翻了近一番;单产由1978年的128公斤/亩提升至2017年的285公斤/亩,增长1.2倍,实现了单产翻番。油料产量达到15.5万吨,是1949年的4.5倍;猪、牛、羊肉产量从1978年的15.1万吨增加到2018年的77.1万吨,年均增长4.2%;禽蛋产量从1978年3.9万吨增加到2018年的102.6万吨,年均增长8.5%;牛奶产量从1978年的1.5万吨提高到2018年的81.1万吨,年均增长10.5%。农业经济从单一的抓粮食生产变为粮经作物并重,从偏重于农作物种植,变为注重农、林、牧、渔业全面发展。2018年,全省农、林、牧、渔业总产值达到740.6亿元,比1949年增长99倍。农业区域化布局逐步形成,一批布局相对集中、区域特色明显的优质农产品生产基地建设取得突破,已形成了中南部无公害果菜产业区、东西两山优质小杂粮区及雁门关生态畜牧区。各具特色的经济区、产业带的逐步形成,有力地推进了农业市场化、区域化、产业化进程。近两年坚持特色化、精细化、功能化方向,以省级战略推动山西农谷、雁门关农牧交错带示范区、运城农产品出口平台建设,实施特色现代农业增效工程。小麦、玉米种植比例减少,杂粮生产在整合资源,提升质量和效益的前提下,朝着区域化、优势化方向发展。从1978年到2018年,山西城镇化率从19.18%上升到58.41%,城镇化水平不断上升。

2.工业经济迅猛发展,新兴产业基地建设成就斐然

新中国成立70年来,山西工业基本实现了由技术含量低、门类单一的传统工艺结构向技术密集、门类齐全的发展格局转变。全省工业增加值由1952年的2.3亿元增加到2018年的7089.2亿元,增长

591倍，年均增长10.2%。主要产品产量大幅度增长，一些重要产品产量位居全国前列。2008年，全省原煤、焦炭、生铁、发电量、水泥分别比1949年增长245倍、1099倍、675倍、4528倍和1702倍，其他产品产量也都成几倍、几十倍、百倍甚至千倍增长，成品钢材、铜材、铝、镁、化肥等产品从无到有，产量快速增加。2008年，山西规模以上工业原煤、焦炭、镁、不锈钢产量位居全国第1位；氧化铝产量位居第3位；生铁、粗钢、铝产量位居第5位；钢材产量位居第10位。近年来，山西坚持把深化供给侧结构性改革与深化转型综改试验区建设结合起来，作为经济工作的主线，把构建现代产业体系作为主攻方向，横下一条心发展新兴产业，以高端化、智能化、绿色化为方向，推动制造业快速健康发展，努力打造制造强省。新产品快速增长。2012年至2018年，新能源汽车从无到有，2018年产量达到43778辆，太阳能电池产量由26.2万千瓦提高到349.3万千瓦，手机产量由1517万台提高到1979.4万台。新产业快速成长。2014年至2018年，全省战略性新兴产业（工业）年均增长10%，2012年至2018年，全省高技术产业（制造业）年均增长30%。太原钢铁集团已成为全球产能最大、工艺技术装备先进的不锈钢企业，形成了以不锈钢、冷轧硅钢、高强韧系列钢材为主的高效节能长寿型产品集群，20多个品种国内市场占有率第一，30多个品种填补国内空白、替代进口。2018年全省发电装机容量8757.7万千瓦。

3.商贸流通格局根本性转变，第三产业成为推动经济发展的主要力量

随着多层次、多门类的商品市场体系和多种经济成分、多种市场流通渠道、多种经营方式并存的商品市场格局基本形成，超市、

便民店、专卖店、购物中心、连锁店、仓储式商场、网上购物、自动售货等新型商业业态竞相发展,大型综合商厦、城市综合体、CBD(中央商务区)不断涌现,一流的设施、丰富的商品、优质的服务相得益彰。2018年全省社会消费品零售总额7338.5亿元,比1949年增长3522倍,年均增长12.4%。

除商业领域外,现代物流、康养业、IT业、现代金融等一些现代服务业也如雨后春笋,在新中国成立后特别是改革开放40年中迅速发展起来。

服务业各领域整体水平全面提升,为推进全省经济的发展提供了强劲的动力。2018年,全省第三产业增加值达到8988.3亿元,比1952年增长368倍,年均增长9.4%。特别是改革开放以来,随着对第三产业认识的深化,第三产业发展迅速加快。1979年至2018年全省服务业年均增速达到11.3%,高出整体经济增速1.8个百分点;服务业占经济总量的比重由1978年的20.8%上升为2018年的53.4%。

(三)能源保障水平不断提高,基础支撑更加牢固

70年间,山西共生产煤炭185.6亿吨,占全国生产总量的1/4以上;外调煤炭的辐射面达全国26个省、市、自治区,同时远销10多个国家和地区,有力支援了全国的经济建设。1978年,原煤产量为0.98亿吨,2015年达到9.7亿吨,为产量最高峰。2016年、2017年开始,按照供给侧结构性改革要求,加快淘汰落后产能步伐,原煤产量回调至9亿吨以内。同时,二次能源产品也迅猛增长。近年来,山西争当能源革命排头兵,构建现代能源体系,顺应能源革命要求,推进煤炭绿色低碳高效开发利用,大力发展新能源,以能源结构优化促进工业转型升级。从发电量比重看,2018年,火电、水电、

风电和光电占比分别为75.7%、2.5%、11.9%和9.9%,与1978年相比,火电下降16个百分点,清洁电力上升16个百分点。

交通运输能力显著增强。形成了铁路、公路、民用航空等运输方式共同组成的综合运输网。2018年,全省公路通车里程达到14.3万公里,是1978年的4.5倍;高速公路从无到有,2018年底,全省已建成高速公路5604.8公里,比1995年增长58.5倍,年均增长19.4%,建成打通高速公路出省口10个。铁路营业里程达到5316.8公里,其中国家铁路4989.7公里、地方铁路327.1公里。石太铁路客运专线开通运营和动车组开行,使山西铁路的客运能力得到了前所未有的大释放。2018年底,拥有7个机场(太原武宿机场、长治机场、运城关公机场和大同机场、临汾机场、五台山机场、吕梁机场),空中航线达227余条,通航城市约140个,已基本形成了以太原为中心辐射全国的空中运输网络。2017年,太原武宿机场年旅客吞吐量首次突破1000万、达到1200万人次,进入全国繁忙机场行列。全省货物运输总量由1949年的82万吨增加到2018年的211502.5万吨;旅客运输总量由140万人次增加到25679万人次;货物周转量由1953年的14.8亿吨公里增加到4489.4亿吨公里,旅客周转量由1953年的75亿人公里增加到393.9亿人公里。

邮电通信业蓬勃发展。初步建成包括光纤、数字微波、程控交换、移动通信等覆盖全省、通达全国和世界的公用邮电电信网。2018年,全省完成邮政业务总量94.1亿元,比1978年增长280倍。全省完成快递业务量由1988年的153.0万件增至2018年的30332.87万件,年均增长19.3%;2018年完成快递业务收入38.55亿元,占邮政业务收入的52%。移动电话、互联网宽带从无到有,由上世纪90

年代的奢侈品变成现在生活中的日常用品。2018年,移动电话用户3961.5万户,其中4G移动电话用户2947.2万户。互联网宽带接入用户数达991万户,比有互联网接入的1997年增长1.36万倍。

(四)全方位对外开放格局基本形成,招商引资进出口规模不断扩大

改革开放前,山西只有少量对外贸易,基本处于闭关自守的落后状态。改革开放后,山西积极适应经济全球化、加入WTO以及国际产业资本加速转移的新形势,不断扩大对外开放领域。近年来,山西着力构建内陆地区对外开放新高地,深度融入国家"一带一路"倡议,建设"大都市",构建"大通道",打造"大平台",将全面扩大开放、发展开放型经济作为资源型经济转型的突破口,先后出台了《关于构建开放型经济新体制的若干意见》《关于全面扩大开放的若干意见》等高含金量的政策措施。

进出口规模不断扩大。1949年全省直接出口额只有145万美元,到1978年直接出口总额也只有731万美元,进口为零。进出口总额由1990年的3.5亿美元增至2018年的174.8亿美元,增长49倍。2018年,机电产品、高新技术产品出口占比分别达到65%和55%,手机、不锈钢成为新的出口主导产品。太原市成功获批全国跨境电子商务试点。进出口规模不断扩大。建立了主要分布在美国和香港的境外投资、经营营销网点127个,跨境电子商务、外贸综合服务企业等新兴业态进出口额从150.4亿美元增加到207.7亿美元。高附加值产品出口占比不断提升,2018年机电出口额占到出口总额的42.7%。目前,山西与五大洲27个国家开展主要贸易关系,新增国际友好城市(省州)6对。

利用外资从无到有,快速增长。1985年至2008年,山西累计实际利用外资118.5亿美元;十八大以来,利用外资累计达167.6亿美元。2018年全省新设立外商直接投资企业47家;按全口径统计实际使用外商直接投资金额23.6亿美元,增长39.7%。对外直接投资从无到有,长足发展。2012年至2017年累计对外投资17亿美元,制定了全国省级层面首部国际产能合作规划,与"一带一路"国家开展了丰富的产能合作和对外投资对接活动,晋非合作区建设进展顺利。2018年全省对外承包工程新签合同额10.2亿美元,完成营业额14亿美元。

区域合作进一步深入。出台了《山西省参与建设丝绸之路经济带和21世纪海上丝绸之路实施方案》。国务院批复的《环渤海地区合作发展纲要》进一步明确了山西在国家开放战略中的布局和区域发展定位,同时,山西被列为中蒙俄经济走廊国内10个合作省份之一。2013年以来,山西分别与兄弟省市、国家部委、教育金融机构、大型企业、境外友城等63个合作方签署了68份合作协议。山西与京津冀、环渤海地区在能源、战略性新兴产业、文化旅游、基础设施等方面的合作呈现深度融合态势,积极承接珠三角、长三角等地区产业转移,蒙晋冀(乌大张)长城金三角、晋陕豫黄河金三角建设取得了实质性进展。太原铁路口岸国际货物作业区获批,大同进口肉类指定查验场正式运营。国际互联网数据专用通道在转型综改示范区落地。开行中欧(中亚)班列。武宿机场新开通3条洲际航线,年旅客吞吐量超过1300万人次,进一步巩固了全国大型繁忙机场地位。

（五）人民生活显著改善，社会事业蓬勃发展

1949年人均年现金收入还不足100元，农村人均总收入仅为52.5元。为了尽快改变贫穷落后的面貌，山西省认真贯彻执行党中央的方针政策，积极调整生产关系，使得全省经济出现稳定、协调、全面发展的良好态势，民生逐步改善。1978年各项涉及人民生活的经济指标较新中国成立前都有大幅度增加。1978年，山西省城镇居民人均可支配收入301.4元，比1952年增长175.4%，扣除物价上涨因素，26年里城镇居民收入水平实际增长81.5%，平均年增长率4.6%。1978年山西省农民纯收入为101.6元，比1949年52.5元增加了49.1元，年平均增加1.69元，递增2.3%。但受当时经济条件的限制，这一时期山西城乡居民的生活消费主要是以生存为主，食品、衣着消费份额很大，但总体消费水平不高。1978年山西人均消费支出为90.64元，比1952年增长20.34元，不考虑物价因素，年均递增速度只有1%。改革开放以来，山西经济持续快速发展带动城乡居民收入水平不断提升，居民生活早已实现了温饱，正向小康目标快速迈进。城乡居民收入来源向多渠道、多元化方向发展。城镇居民人均可支配收入由1952年的126元提高到2018年的31035元，增长194倍，年均增长8.3%。农村居民人均纯收入由74.8元提高到11750元，增长122.8倍，年均增长7.6%。市场经济的日趋成熟和经济活力的增强，也拓宽了增加收入的渠道。全省城镇居民收入中近六成来源于除工薪收入外的经营性、财产性、转移性收入。在农民人均纯收入中，工资性收入占农民纯收入的比重由1992年的31.1%上升到48.8%，成为农民增收的重要渠道。

2018年山西城镇居民人均可支配收入达到31035元，比1978年增

长103.2倍；农村居民人均可支配收入达到11750元，比1978年增长116.3倍。随着收入增长，居民消费能力显著提升，消费结构升级趋势明显。2018年，全省城镇居民人均消费支出为19790元，比1978年增长71.9倍；全省农村居民人均消费支出为9172元，比1978年增长101.2倍。2017年全省城镇居民恩格尔系数为23.1%，降低32.4个百分点。农村居民恩格尔系数为27.4%，降低39.9个百分点。

从1953年第一个五年计划开始，初步解决了山西城市人口的失业问题；1978年改革开放以后，在中共中央"解放思想，放宽政策，发展生产，搞活经济，统筹规划，广开就业门路"方针的指导下，实行了劳动部门介绍就业、自愿组织起来就业和自谋职业相结合的办法；从90年代后期开始，为解决全省就业再就业问题，陆续出台了一系列就业再就业的政策措施，每年召开会议，把就业再就业工作列为各级政府的"一把手"工程；进入新世纪以来，为了进一步促进就业，山西省持续深化改革劳动就业制度，积极的就业政策得到有效落实，取得明显成效。一是就业总量持续增长。山西省就业人员数量持续增加，就业人员占常住人口比重呈上升趋势。2017年，山西省常住人口为3702.35万人，比1978年的2423.60万人增加1278.75万人，年均增加32.79万人。2017年，劳动力资源总量为2756.80万人，比1982年1369.60万人增加1387.20万人，年均增加39.63万人，劳动力资源占常住人口的比重从53.66%增长到74.46%。2017年，山西省就业人员为1914.10万人，比1978年965.23万人增加948.87万人，年均增加24.33万人，就业人员占常住人口的比重从39.83%增长到51.7%。二是就业结构不断优化。经济结构决定就业结构的变化，改革开放以来，山西不断调整产业结构，就业结构不断优化。1978年，山西省按产业结构划分，就业构成为65.07∶19.57∶15.35，就业结构类型为"一二三"模式；1998年，山西三产就业人员首次超过二产就业人员，就业构成为46.09∶26.69∶27.22，就业结构类型转变成"一三二"模式；2012年，山西三产就业人员首次超过一产就业人员，就业构成为36.15∶27.37∶36.48，就业结构类型转变成"三一二"模式；2017年三产就业人员构成为35.04∶25.28∶39.69，一产、二产比重继续下降，三产比重继续增加，就业结构更加优化。三是就业政策和服务体系日益丰富。从2002年开始确立积极就业政策体系的基本框架，到2005年积极就业政策进一步延续扩展，再到2008年应对国际金融危机形成更加积极的就业政策，演进到党的十八大以来更加突出创业和就业紧密结合、支持发展新就业形态、拓展就业新空间，积极就业政策迭代升级，覆盖城乡的公共就业服务体系基本形成。

2018年，山西省各级卫生机构由1949年的1262个增加到4.2万个；卫生机构床位数由1949年的917张增加到20.8万张；卫生技术人员由1949年的4989人增加到24.6万人。基本建立了适应社会主义市场经济要求的基本医疗保险、补充医疗保险、公费医疗和商业医疗保险等多种形式的城镇职工医疗保障体系。截至2018年末，山西省参加城镇职工基本养老保险837.4万人，比上年末增加41.7万人；参加城乡居民基本养老保险1579.3万人，增加25.1万人。

社会治理深刻变革。70年来，山西社会治理领域的变化广泛而深刻，实现了从社会管控到社会管理再到社会治理的理论提升，形成了共建共治共享的治理格局，构建起了党委领导、政府负责、社会协同、公众参与、法治保障的社会治理体制。开展综治中心标准化建设，全面推进综治中心提档升级，目前全省已建成省级综治中心1个，市级综治中心11个，县级综治中心117个，乡级综治中心1397个，村级综治中心28199个，实现了省、市、县、乡、村五级综治中心全覆盖；深入整治群众反映强烈的社会治安问题，2018年，全省刑事案件同比下降9.1%，命案同比下降22.48%，特别是涉枪涉爆、涉黄涉赌等突出问题得到有力整治，群众安全感指数达到91.9%，创历史新高；扫黑除恶专项斗争深入推进，全省共打掉涉嫌黑恶势力犯罪团伙1007个，其中黑社会性质组织70个，恶势力犯罪集团275个，全省纪检监察机关立案查处涉黑涉恶腐败、充当"保护伞"及失职失责问题591件1288人，其中党纪政务处分617人，组织处理738人，移送司法机关51人，开辟了从严治党和反腐败斗争的新战场。截至2018年末，山西省城镇有各种社区服务设施6355个，其中，综合性社区服务中心608个。

二、光辉历程

回首这70年，是山西人民在中国共产党领导下，历经风雨、百折不挠、披荆斩棘、不断进取的70年。

（一）建立社会主义制度和探索社会主义发展道路的时期（1949年—1978年）

从1950年开始，用3年时间全面完成国民经济恢复任务。3年间，通过执行国家统一的财经政策、推行全面的土地改革、合理调整资本主义工商业等一系列针对性的举措，全省国民经济得到了迅速恢复和发展。到1952年底，全省工农业生产均超过了新中国成立前最高水平，财政状况明显好转，市场和物价基本稳定，城乡人民生活水平有了较大提高。1952年，全省工农业总产值达到29.3亿元，比1949年增长666%，其中工业总产值增长1.9倍；财政收入完成1.8亿元，增长20.6倍；3年中修复铁路100余公里，修建公路1000余公里。1953年，第一个国民经济发展五年计划开始执行，山西经济第一次纳入了有计划、按比例发展的轨道。到1956年底，山西几乎比全国提前一年完成了对农业的社会主义改造，资本主义工商业的社会主义改造也推向高潮，开始建立起以公有制为主体的社会主义经济。1953年至1957年五年中，中央在山西投资52个限额以上项目和40个限额以下项目，全省用于基本建设的投资额达到21.4亿元，相当于恢复时期的8.5倍，新建了一批化肥、农药、有色金属、机械等行业企业，煤炭、钢铁、发电、机械等基础工业得到加强，农业、交通、商业和社会事业有计划地得以发展。到1957年，山西提前胜利完成了第一个五年计划，当年全省地区生产总值达到29.2亿元，比1952年增长74%；全省地方财政收入达到3.5亿元，5年中增长近1倍。城乡市场开始活跃，5年中，社会商品零售总额增长1.2倍。全省人民生活水平极大改善，职工年平均工资由1952年的394元增加到1957年的625元，增长58.6%。农民收入增长近30%。农、轻、重比例由1952年的78.6∶8.5∶12.9变为1957年的58.3∶11.1∶30.6。正是从第一个五年计划时期开始，山西逐步走上了一条从本省实际出发，发展以煤炭、冶金、电力、机械、化工为支柱产业的工业化道路。实践证明，"一五"时期由于采取了一系列符合当时客观实际的方针、政策、措施，使得工农业生产得到较快发展，社会主义建设取得突出成就，成为新中国建立以来经济发展最好的时期之一。

（二）改革开放成功起步和各项改革全面推进的时期（1979年—1991年）

1978年12月，具有划时代意义的党的十一届三中全会胜利召开，大会确立了解放思想、实事求是的思想路线，明确做出了党和国家工作重点"转移到社会主义现代化建设上来"的战略决策，提出了"对内搞活，对外开放"的总方针，从此山西进入了改革发展的新时期。

改革的帷幕首先在广阔的农村大地拉开，以推行家庭联产承包责任制为突破口的农村改革得到了全省农民的极大拥护。到1983年底，以家庭经营为主体的联产承包责任制逐渐成为全省农村生产的基本形式，有力地促进了农业生产的发展。1984年，全省粮食产量达到87.2亿公斤，农村人均消费水平由1978年的90.6元上升到224.3元。1985年起农产品价格"双轨制"的施行，把农村经济逐步纳入有计划的商品经济轨道，极大地调动了广大农民劳动的积极性和从事商品生产的热情，促使传统农业进一步向专业化、商品化、现代化方向发展。乡镇企业迅速崛起，为繁荣农村经济，增加农民收入做出了突出贡献。1988年至1992年5年间，乡镇企业产值每年递增18.1%，到1992年总产值已达380亿元，有9个县（市、区）的乡镇企业产值达到10亿元以上，其间农民人均纯收入增长了42.9%。

在农村改革的推动下，城市的经济体制改革也逐步推进。1984年10月，党的十二届三中全会公布了《关于经济体制改革的决定》，指出增强企业活力是整个经济体制改革的中心环节，经济体制改革的重点由农村转向城市。山西省委、省政府在深入调查研究基础上制定了《山西省以增强企业活力为中心的经济体制改革实施方案》（即"三十五条"），不断减政放权，减少国家指令性计划，实行所有权与经营权分离，从而扩大了企业的经营自主权。到1987年，全省横向经济联合组织已经发展到600多个，联合企业4200多家。所有制结构也由过去单一的公有制，逐步向以公有制为主体的多种所有制形式转变，为发展经济、方便人民生活和安置就业起了积极作用。

能源基地建设是改革开放初期山西经济建设的重头戏。1979年8月，国务院副总理薄一波来山西视察期间，提出了把山西建设成全国能源基地的建议。1980年7月，山西省委、省政府在深入研究和广泛论证的基础上制定了《山西能源基地建设计划纲要》（草案）并报请中央批准，从此拉开了规模宏大持续多年、对山西经济产生深刻影响的能源基地建设的序幕。从1981年到1990年这一时期，国家对山西的煤炭产业发展给予了较多的资金投入，山西地方财力包括全民、集体和个人，也都投资创办了一大批中小型煤矿，使山西的能源建设得到了迅猛发展。1990年，全省原煤产量达到2.9亿吨，发电量达到314亿千瓦时。全省外调煤炭2亿吨，占全国煤炭调出总量的78%，名列榜首；外输电量64.5亿千瓦时，占全国净输出量的25.6%，位居第一。当时的山西煤炭供应全国25个省、市、自治区，并出口日本、朝鲜、英国、法国等10个国家和港澳地区。煤电外调、外输量的大幅度增长，大大缓解了全国能源供应长期紧张的状况，为全国的社会主义现代化建设做出了重大贡献。

（三）社会主义市场经济体制建立和不断完善时期（1992年—2012年）

1992年初邓小平的南方谈话和党的十四大的召开把改革开放和

现代化建设推向新的阶段。按照党的十四大提出的中共中央关于建立社会主义市场经济体制的决定，山西以建立社会主义市场经济体制为目标方向，全面推进经济体制改革和扩大开放，同时继续推进能源工业基地建设。经济体制改革主要围绕确立企业的市场主体地位、加强和完善政府宏观调控体系、培育和发展市场体系而展开。国有企业改革，对大中型企业以建立现代企业制度改革试点扩面方式推进，对小企业以承包租赁、承包经营、企业联合、股份合作制、产权划转、拍卖出售、兼并破产等方式放开搞活。鼓励支持个体和私营多种经济发展，推进乡镇企业股份合作制改革和产权制度改革。到2000年，先后开辟了遍及全省10个地（市）的15个国家级和省级高新技术产业开发区和经济技术开发区，成为对外开放的重要窗口。能源工业受1998年亚洲金融风暴冲击，出现需求不足和企业亏损严重的局势，凸显了经济结构不合理等严重问题。基于此，从1999年下半年开始，启动了以产业结构为主的经济战略性调整步伐，改革和调控推进了地方国有大中型亏损企业的扭亏脱困。农村"八七"扶贫攻坚和农村达小康建设的持续推进，是这一阶段协调推进区域经济发展的重大实践。

传统的计划经济向社会主义市场经济转变，对山西的产业结构和经济发展方式也提出了严峻挑战。1999年，尽管山西省提前1年实现了现代化建设的第二步战略目标——GDP翻两番，但是与全国的差距却不断拉大：人均GDP在全国的排位下滑到第20位；城镇居民收入滑落到全国倒数第一，农民人均纯收入下降为第23位；全国30个污染最严重的城市中，山西占了13个，而且占据了前5名；人均二氧化硫、烟尘、工业粉尘、化学需氧量（COD）、工业固体废物等多项污染指标居于全国前列。面对严峻的形势，省委、省政府组织专门力量进行深入的调研，结论认为，导致山西经济落后的总根源是经济结构不合理，特别是产业结构不合理。1999年10月，省委、省政府在运城召开的"全省调整经济结构工作会议"，提出了"以发展潜力产品为切入点，以培育'一增三优'为主攻方向"的结构调整重要思路，拉开了山西经济结构调整的序幕。

党的十六大以后，全省上下围绕走出"四条路子"、实现"三个跨越"发展思路，围绕由资源依赖型向创新驱动型转变，着力推进新型工业化、特色城镇化和农业现代化，着力推进"五大惠民工程"，逐步形成了具有山西特色的科学发展、社会和谐的工作思路。煤炭资源整合、企业重组大力推开。山西煤炭矿井由此前的大小1万多座，逐步于2012年减少到1053座，办矿主体由数千家减少到130家。山西煤炭产业由此而进入"大煤炭经济"时代，产业水平实现了跨越提升。尽管受2008年世界金融危机爆发的影响，但在市场对煤炭巨大需求的带动下，这一阶段也成为山西煤炭行业十年快速发展的黄金期。此外，这一阶段，房地产市场从小变大，房地产业对改变城乡面貌和推动经济发展的作用愈加明显。开辟建设的国家级和省级高新技术产业开发区、经济技术开发区、工业园区遍及全省11个市。

（四）山西经济发展步入新时代（2012年至今）

深入推进产业结构调整和发展方式转变，以转型综改区建设为统领和以供给侧结构性改革为主线全面深化改革，推动经济由"疲"转"兴"。2012年国家批准赋予山西建设国家资源型经济转型综合配套改革试验区，山西以转型综改区建设为统领，煤炭管理体制改革、国有企业改革、国有资产管理体制改革、金融改革创新、商事制度改革、创新转型综改区建设体制机制、电力体制改革、高速公路管理体制、农村集体经营性建设用地入市改革、集体林权主体改革、农村土地承包经营权确权登记颁证改革等改革持续推进。其中，2014年底启动的煤焦公路销售体制改革，撤销了多年来遍布全省的煤炭、焦炭公路检查站、稽查点，推动了煤炭市场的统一开放和大市场的形成。2016年以来，供给侧结构性改革深入推进，取得重要进展。在经济进入"新常态"背景下，积极应对经济下行的压力，承受经济衰退的阵痛。统筹推进煤炭产业与非煤产业发展，大力推动传统产业升级改造，积极化解过剩产能，努力加快培育工业新兴产业和金融、物流、康养等现代服务业发展，促进文化旅游融合发展。2017年6月21日至23日，习近平总书记亲临山西视察并发表重要讲话，在山西发展史上具有重要里程碑意义。2017年9月，国务院印发《关于支持山西省进一步深化改革促进资源型经济转型发展的意见》，进一步强化山西为国家资源型经济转型发展试验区地位，凸显了山西在新时代全国改革发展大格局中的战略地位和对资源型经济转型的示范意义。全省上下认真贯彻落实习近平总书记视察山西的重要讲话精神，五项重大任务取得明显的阶段性成果。一批重大改革举措落地见效，一批专业集团重组加快推进，一批长期积淀的难点症结破题开局，一批转型项目强势推进，一些国企转型发展势头强劲，2017年增长7%，2018年增长6.7%，较2016年提升2.5和2.2个百分点，经济增长在2014年以来步入合理区间。

三、美景展望

70年，在人类发展的历史长河中是短暂一瞬间。然而，我们看到了三晋儿女在这块古老的土地上描绘出一幅发愤图强的光辉画卷，奏出了一曲激情豪迈、催人奋进的壮丽乐章，走出了一条特色鲜明的山西路径。但我们必须看到，目前山西仍属于内陆欠发达省区，仍处于艰苦创业、负重爬坡、奋力追赶的时期。必须始终保持清醒头脑，增强进取意识，保持和发扬山西人民淳朴坚韧、吃苦耐劳、自强不息的高尚品格，同舟共济、奋力开拓，不断实现经济社会新发展、新跨越。

展望未来几年、十几年，在新时代改革开放再出发、发展再提升的进程中，随着深化改革的推进和资源型经济转型的新发展，山西经济改革开放和发展必将实现一系列新的重大战略性转变。到2020年，在初步建成国家新型能源基地、煤基科技创新成果转化基地、全国重要的现代制造业基地、国家全域旅游示范区的同时，全省与全国同步全面建成小康社会。在此基础上，进一步推进资源型经济转型发展，同步启动基本实现社会主义现代化建设进程，到2030年资源型经济转型基本形成多点产业支撑、多元优势互补、多极市场承载、内在竞争充分的产业体系和基本建成清洁、安全、高效的现代能源体系，经济综合竞争力、人民生活水平和可持续发展能力再上一个新台阶，进而到2035年与全国同步基本实现社会主义现代化。推动资源型经济转型实现新发展，是未来几年、十几年，关系山西决胜全面建成小康社会、基本实现现代化全局和长远发展的重大战略任务，必须抓紧抓实抓好，落实在三晋大地上。展望未来，山西经济改革开放和发展前景光明。

参考文献

[1] 牛仁亮.辉煌山西60年.中国统计出版社，2009.

[2] 山西省2018年国民经济和社会发展统计公报.

[3] 2018年山西统计年鉴.

[4] 冯林平.山西经济改革开放40年回顾与前瞻,前进，2019（1）.

[5] 楼阳生.2019年山西省政府工作报告.

[6] 山西省统计局.改革开放成就辉煌 转型发展再踏征途——改革开放40年山西经济社会发展成就系列报告之一.

专题二　山西三农70年巨变

农业是国民经济的基础，新中国成立后一直受到党和国家领导人的高度重视。毛泽东用毕身精力关注农业发展和人民群众生产生活的改善，亲自领导中国农业社会主义改造，亲自指导合作化运动，审编《中国农村社会主义高潮》《农业六十条》，亲自倡导人民公社和"农业学大寨"。山西在农业合作化和学大寨运动中独领风骚，几度引领中国农业的发展道路和前进方向。回顾近70年，尤其是改革开放40年来，随着三中全会后实施家庭联产承包责任制、扶植乡镇企业、产业化经营、退耕还林还草、种粮补贴一系列惠农政策的设施，农民负担由重到轻，农村经济由单一到多种经营，农业税由减到免，中国广大农村发生了数千年未有的巨大变化。

进入20世纪80年代以后，随着改革开放的深入和经济结构的不断调整，农业占国内生产总值比重虽降，但仍是"四化同步"的短腿，全面建成小康社会的短板。因此，党中央、国务院更加重视农业，连续多年每年的一号文件都是有关三农问题的重要指示。陈云指出："无农不稳，无工不富、无商不活"。特别是党的十八大以来，以习近平为核心的党中央高度重视农村小康，强力推进扶贫攻坚，反复强调"小康不小康，关键看老乡"。习总书记走遍了全国14个集中连片贫困地区，2017年6月，深入吕梁、忻州贫困村户考察慰问，鼓励老区人民撸起袖子加油干，尽早脱贫致富。因此，回顾总结新中国成立后山西农业的重大成就、经验教训，认真反思存在问题，对科学探讨未来农业发展具有深远历史意义和重大现实意义。

一、巨大成就

1.农业基础地位更加巩固，从合作化到人民公社直到实行家庭联产承包责任制，生产关系逐步适应生产力的发展，极大地解放了长期被压抑的农村生产力，广大农民的生产积极性空前提高，粮食连年增产，由单一种植业为主的传统农业向农、林、牧、渔业全面发展，长期困扰农村的温饱问题得到解决，正向全面小康迈进

新中国成立前，由于军阀混战、日军侵华，山西的粮食生产一直停滞不前，1936年最高年产量67亿斤。1949年，山西农产品种类单一，全省耕地面积6292万亩，粮食总产量为519141万斤、油料6898万斤，粮油分别为战前的67.3%、76.6%。经过国民经济恢复，到1952年，全省耕地面积6934万亩，粮、棉、油料总产量为768009万斤、18484万斤、13400万斤，分别较抗战前增长6.5%、14.04%、207.73%、48.8%。

新中国成立后，全党重视，大办农业，掀起农田水利建设高潮。山西农业逐步发展，粮食产量不断提高，特别是改革开放40年来，农业科技进步贡献率达到56%。[1]玉米、小麦亩产大增，农业综

---

[1] 景世民、张文丽主编：《山西经济改革开放40年》，社会科学文献出版社2019年版，第90页。

合生产能力不断提升。2016年全省农业总产值1534.03亿元，是1978年29.01亿元的52倍。其中，农业产值达958.11亿元、林业产值达100.31亿元、牧业产值达376.17亿元、渔业产值达9.9亿元，农、林、牧、渔产值分别是1978年的40倍、57.6倍、114.3倍、1501倍。全省农业经济总量和实力大幅增加，主要农产品产量迈上新台阶，全省粮食总产量连创历史新高。1978年至1996年，山西粮食产量相继登上80亿公斤、90亿公斤和100亿公斤三个台阶。2010年至2014年实现新中国成立以来首次粮食产量"五连增"。2016年全省小麦产量273.41万吨、玉米产量888.89万吨、水果产量840.77万吨，分别是1978年129万吨、271万吨、30.8万吨的2.1倍、3.3倍和37.3倍。2017年粮食总产量达到1299.9万吨，比1978年的706.96万吨增长了83.9%，粮食总产量连续12年迈上千万吨新台阶。[1]2018年山西农作物机耕、机播和机种面积分别占总播种面积的74%、70%和50%，主要农作物良种覆盖率稳定在95%以上。详见表2-1。

表2-1 全省主要粮食作物（小麦、玉米、谷子、豆类、棉花、油料）产量表

年度	农业总产值（万元）（按1970年不变价格计算）	粮食总产量（万公斤）	棉花总产量（万公斤）	油料总产量（万公斤）
1949年	114651	259570.5	2020	3449
1950年	122723	300865.5	2671	4348.5
1951年	139393	319592.5	5517	4785
1952年	169330	384045	9232	6700
1953年	179080	432199	7821.5	5883.5
1954年	181838	411697	9491	6075.5
1955年	166088	372758.5	8356	4258
1956年	197223	433719	9263.5	5072

[1] 景世民、张文丽主编：《山西经济改革开放40年》，社会科学文献出版社2019年版，第90—91页。

续表

年度	农业总产值（万元）（按1970年不变价格计算）	粮食总产量（万公斤）	棉花总产量（万公斤）	油料总产量（万公斤）
1957年	180963	356669	9860	4775.5
1958年	211125	462349	11862	5162.5
1959年	213005	407447.5	9769	5349
1960年	163501	337156	4650	
1961年	168476	353683.5	5334	2413
1962年	170561	374629	4158	2315.5
1963年	188629	417435	6700	3833.5
1964年	216362	488755	8836.5	4845.5
1965年	229206	462631.5	10783	4584.5
1966年	232410	471991	8474	4908
1967年	234951	475323.5	8578.5	4463.5
1968年	222736	434195.5	7429	3305.5
1969年	253399	485324.5	9418	4839
1970年	257313	518535	8602.5	4934
1971年	273660	598739	6905	4234.5
1972年	252102	521697	4925	3079
1973年	289550	624662.5	8756.5	4613.5
1974年	303896	691058	7391	4394.5
1975年	328831	767416	7644.5	5663.5
1976年	316679	706853.5	6495.5	5215
1977年	336633	713400	7356.5	6919
1978年	347375	706956	6943	4229
1979年	392111	800694.5	6493.5	7638.5
1980年	393638（1980年不变价计算）	685706	7750	13367
2016年	1534.03亿元		273.41万吨（小麦）	888.89万吨（玉米）

2.率先创办农业生产合作社，为全国农业合作化运动创造了经验

新中国成立，新解放区普遍实行土改，但经过土改后的农村时间不长就出现新问题：一是一些农民又失去土地，重新沦为少地或者无地的贫雇农，而另一些农民买进土地，变成了新富农；二是党员和群众存在着严重的思想涣散倾向。如襄垣县一个村支

部，新中国成立后自己宣布解散了。支部书记说："我们支部，参加了抗日、打老蒋，现在土改分了地，日本、老蒋都打跑了，任务完成了，所以我们支部要解散。"三是互助组出现涣散现象，一些常年互助组改为临时互助组，一些临时互助组自行解散。鉴于此，为了引导土改后的农民继续前进，在中共山西省委领导下，中共长治地委1950年11月14日在《人民日报》发表了《组织起来的情况与问题的报告》一文，提出土改后农村两权分化等问题。王谦书记于1951年春经过调查，在武乡、平顺、屯留、襄垣、壶关、长治、黎城等县的窑上沟、东监章、西监章、枣烟、川底、翠谷、东坡、长畛、南天河、王家庄10个村庄试办了10个初级农业生产合作社获得成功。当年10个社的粮食平均亩产2.075石，超过了上年21.5%。社员人均收入为互助组的118.6%，为单干户的124.6%。[1]这些初级社的重要特点是：土地入股，统一经营；实行按股分红和按劳分配相结合的分配原则；有了公共积累。但在党内高层华北局小白楼会上引发了一场当时是否要开展互助合作运动的争论。后被毛泽东肯定，把初级农业生产合作社界定为半社会主义性质的农业生产合作社，简称初级社。1951年9月中共中央召开第一次全国农业互助合作会议，讨论通过了《关于农业生产互助合作的决议（草案）》。1952年3月1日山西省成立了互助合作委员会。当年秋，全省互助组达到565个，组织起来的农户占到总农户的65.5%，[2]产生了农业互助合作运动中的先进典型——平顺县西沟

---

[1] 王谦：《劫后余稿——试办初级社文存》，山西人民出版社1985年版，第140页。

[2] 《山西省人民政府1952年工作报告——1953年4月10日，裴丽生主席在山西省人民政府第三届委员会第五次会议上》。

村金星农林牧生产合作社。1955年，中共中央办公厅编选《中国农村的社会主义高潮》一书，收录了平顺县西沟村办合作社、离山县水土保持和阳高县大泉山植树筑鱼鳞坑的典型事迹，毛泽东亲自编写按语，在全国农业战线产生巨大影响。截至1956年7月，全省共办高级社1.94万个，入社农户330万户，占全省农户的99.3%。到1957年春耕，全省初级社增加到5.8万个，入社农户占到全省总农户的85%左右。合作化的胜利，把汪洋大海般的小农经济改造成为社会主义集体经济，引导百万个体农民走上了社会主义集体化道路。

3.农田水利建设规模成效巨大，鱼鳞坑、沟坝地、户包治理小流域为全国创造了水土保持的成功范例

旧中国，山西十年九旱，水利事业十分薄弱，全省没有一座水库。受黄土地貌、干旱气候、复杂地形、稀疏植被诸因素影响，成为全国水土流失严重地区之一。水蚀冲走肥沃表土，大量泥沙入河；风蚀吹走田面细土，使农田沙化。全省水土流失面积1.62亿亩，占总土地面积的69%；耕种土壤侵蚀面积4363万亩，占耕地总面积的5.6%。新中国成立后，党和政府十分重视水利建设，在财力、物力十分缺乏的情况下，领导人民群众大搞农田水利基本建设，掀开了新中国水利建设热潮。1949年至1952年间重点修复、改造和扩建了一批年久失修的旧工程，同时在滹沱河、潇河、桑干河流域相继建成15项新的水利工程。到1952年全省新凿与修复农闲水井5.3万眼，安装蓄力水车2万多部。[1]整个"一五"期间，全省共

---

[1]《山西省统计局关于1957年度国民经济计划和第一个五年计划执行结果的公报》，《山西日报》，1958年5月12日。

建成小型水库39座，总库容780万立方米。[1]全省水浇地达到988万亩。

在水土保持方面，广大山区农民采取培地埂、打坝埝、筑谷坊、修水池、垒沟坝地、挖鱼鳞坑，植树造林、种植牧草等措施，共治理并控制水土流失面积2674万亩，占全省应治理面积的16.71%，涌现出全国水土治理和绿化方面的一面旗帜——大泉山。[2]1956年1月23日，中共中央制定了《一九五六年到一九五七年全国农业发展纲要（草案）》，山西省于2月24日拟定《山西省十二年农业发展规划（草案）》，掀起"大跃进"高潮，刮起一股浮夸风，但"大跃进"时期的农田水利建设确实取得了可喜成就，全省共修建大型水库6座（汾河水库、册田水库、漳泽水库、关河水库、后湾水库、文峪河水库）、小型水库108座。此外，还在汾河、潇河、滹沱河等流域修建万亩以上灌区104处，机电站、机电井灌站1754处，总动力达10.6万马力，水利投资达10多亿元。[3]从1971年到1976年，山西每年兴建水库达百座左右，极大地改善了农业生产条件和城市工业用水。仅1958年全省增加水地1092万亩，等于1949年

---

[1] 张荷、李乾太主编：《山西通志·水利志》，中华书局1999年版，第159页。

[2] 大泉山是阳高县仅有36户人家的山村，这里自然条件恶劣，群众流传着顺口溜："山山和尚头，处处咧嘴沟，旱天渴死牛，雨天水土流；满眼黄土坡，十年九不收。"1949年前粮食亩产不足25公斤。新中国成立后，在劳动模范高进财带领下，大泉山人民进行了大规模的水土治理和绿化。他们在山坡上遍挖鱼鳞坑，植树造林，在沟壑里层层打坝，蓄水淤地。从1954年到1957年，全村共治理水土流失面积2153亩，使昔日荒山变成了梯田层层、树木葱茏、溪水潺潺、花果满山的优美富村。

[3] 焦国鼐：《一心为人民的好省长——悼念卫恒同志》，李玉明主编：《卫恒同志纪念文集》，山西人民出版社1992年版，第84页。

至1957年的总和，新中国成立前数千年的3倍。[1]

户包治理小流域是山西农民的一大创举。20世纪80年代初首先在晋西吕梁、忻州山区出现。1982年，吕梁、忻州两区有2462个大队、7.8万户农民，承包了14.7万条山沟，面积达95.4万亩。[2]涌现出河曲县旧县公社小五村大队党支部书记苗混瞒、柳林县高家沟乡青年农民景彦福等一批治理小流域先进典型。1983年1月，山西省委、省政府召开山区工作会议，决定在全省推广户包治理小流域。截至1987年底，全省小流域承包户发展到39万户，占到全省山区总农户的11.3%；共承包治理面积1785万亩，累计治理1074万亩，占承包治理面积的60%。其中建成梯、坝、滩等基本农田122万亩。[3]这一做法得到中央的肯定，并在山西、内蒙古、甘肃等黄土高原许多省市推广。

鉴于1984年粮食生产达到顶峰，1985、1986、1987连续3年下滑的状况，1987年11月25日，经省政协主席李修仁倡议，召开山西粮食问题研讨会，一致认为除自然灾害外，对农业一度重视不够、投入少、放松农田水利基本建设是导致粮食减产的重要原因。为此，1988年春全省增加了农田水利基本建设投资3080万元，普遍开展农田水利基本建设，全省新建和整修各种水利工程5.1万处，整修机电设备2.7万多台（件），新增水浇地5万余亩，恢复和改善水浇地100

---

[1] 刘开基：《让总路线的光辉普照在水利战线上》，《山西日报》，1959年10月8日。

[2] 中共山西省委、山西省人民政府：《关于加强山区建设的报告》（1983年3月9日）。

[3] 郭裕怀：《坚持改革，发动群众，把小流域治理推向新阶段——在全省户包治理小流域工作会议上的讲话》（1988年9月9日）。

余万亩，建设节水型农田面积30万亩，雁北、忻州等地治理盐碱地37万亩。

4."农业学大寨"的发源地。先治沟、后治坡，农家肥，海绵梯田改善了农业生产基础条件，提高了粮食产量，为中国农业发展树立了典范

"大跃进"直接后果之一就是1960年至1962年3年严重经济困难局面，全国各地都程度不同地出现了缺粮和人畜非正常死亡。发展农业，增加粮食，压缩城镇户口，成为党中央、毛泽东考虑的首要问题。恰在这时，昔阳县大寨大队进入毛泽东的视野。

大寨是太行山区自然条件十分恶劣的穷山村，全村75户，802亩耕地，分布在"七沟八梁一面坡上"。合作化后，大寨人民在党领导下，依靠群众，"先治沟、后治坡，先治坡、后治窝"，持续开展了大规模农田水利建设。他们先治沟，在沟里筑了道道弓形坝，淤出大片水浇地。后治坡，在山上修了层层水平梯田。最后又深翻地，搞海绵田。1955年，他们"三战狼窝掌"，加之大量使用农家肥，除草挖根，使粮食产量不断增加。新中国成立初期，大寨的亩产量只有70来公斤，1958年达到270公斤，1962年达到380公斤，一跃而为全省之冠。1963年，大寨遭遇七昼夜暴雨，窑塌、房倒、坝毁，但他们不向困难低头，做出了自力更生，"三不要""三不少"的决定，完成国家征购粮12万公斤。如果全国都像大寨这样，那么中国的粮食问题就解决了。而论自然条件，绝大多数地方要比大寨好。从大寨陈永贵身上，毛泽东看到了中国农业的希望。因此，毛泽东在石家庄专列上听了山西省委书记陶鲁笳汇报后于1964年发出"农业学大寨"号召。此后，中国持续开展了14年之久的

"农业学大寨"运动。广大农民发扬大寨人民自力更生、艰苦奋斗的精神，开展了亘古未有的农田水利建设，使我国农业生产条件有了显著改善。

5.最先拍卖"四荒"使用权，为深化农村土地流转改革，加快山西农业和农村经济发展做出了贡献，并推行全国

拍卖"四荒"（荒山、荒坡、荒沟、荒滩）使用权是邓小平南方谈话后山西吕梁农村的又一项重大改革和创造。

在户包治理小流域过程中，相当一部分承包户缺乏权属感，因而不敢大胆开发投入。为此，吕梁地委于1992年借鉴柳林、岚县、临县等地的经验，作出拍卖"四荒"使用权的决定。第二年，山西省政府在《关于继续抓好以户包为基础开发小流域的决定》明确指出："尚未治理的小流域，可以拍卖使用权和经营权。"此后，拍卖"四荒"使用权全省推开。1994年1月，江泽民总书记视察吕梁，听取汇报后肯定地说：拍卖"四荒"，"卖掉的是使用权，得到的是农民治山治水的积极性"。2月4日，山西省委、省政府出台《关于进一步深化农村改革，加快农业和农村经济发展的主要政策措施》，明确规定，"拍卖和承包给农民开发的荒山、荒坡、荒沟、荒滩使用权100年不变"。1994年9月，中央农村工作领导小组邀请全国10省（市）农村工作部门及中央有关领导在吕梁召开座谈会，就拍卖"四荒"使用权的情况和问题进行了交流研讨。与会人员实地参观了先进典型。此后，这一做法在全国广大山区得到推广。

吕梁地区本着"三个有利于"的原则，在全国率先推出了拍卖"四荒"地使用权的改革措施，短短2年时间，全区拍卖"四荒"地

16.53万公顷，收回拍卖资金689.45万元，购荒户已投入治理资金2000多万元，投工6000多万个，初步治理面积达6.57万公顷，较过去10年农户承包治理的速度提高了3.1倍。截至1997年11月底，山西省有23.9万农户、660多家机关团体购买"四荒"93万公顷，拍卖资金1亿元，初步治理面积达到拍卖面积的35%。其中，吕梁地区不论拍卖面积和治理效果均列全国首位。

拍卖"四荒"使用权的改革，为山西广大贫困地区的脱贫致富奔小康，开辟了一条光明的大道。[1]

6.农村经济结构发生转变，乡镇企业异军突起，农村剩余劳动力向非农产业转移，产业化经营迈开步伐，一批龙头企业涌现。农民观念变革，收入增加，在全国的排位由1995年的第21位前移到2007年的第19位

1991年后，山西省委、省政府连续出台6个促进乡镇企业快速发展的政策性文件，1992年至1996年，全省乡镇企业累计引进省外、国外资金52亿元，组织科研单位和国有大中型企业到乡镇企业推广科学技术，并按10%～30%给与奖励、同时调整以煤焦铁采选为主的初级粗加工产业，发展了一批煤炭加工转化、建材、冶炼、化工和农副产品加工企业。对有重大突出贡献的人员，实施"奖车子""奖帽子"（提拔重用）、"奖本子"（农转非）等激励措施，有力地推动了

---

[1] 刘泽民、原崇信、梁志祥、张国祥主编：《山西通史·当代卷》（下），山西人民出版社2001年版，第1085—1089页。

全省乡镇企业的发展壮大。[1]

7.林业发展、农田林网成就斐然，右玉20任县委书记久久为功、造林治风沙的改善生态伟大精神叫响全国

1949年山西仅有民国时期所建13个林场和苗圃，且已在抗战中荡然无存。全省天然林551万亩，人工林2.81万亩，森林蓄积量1037万立方米。新中国成立后，在植树造林、绿化祖国的号召下，大搞四旁绿化、群众造林，不断地营造农田林网。1950年，提出人均植树一株计划，在滹沱河、汾河两岸植树710万株。到1952年，全省造林12.7万亩，其中群众造林11万亩，造林成活率由1950年的27%提高到1952年的46.4%。1963年，为提高国营造林水平，坚持国家、集体、个人并举，用材林、防护林、经济林并举方针，出现了社员个人、社队集体、社队合作、国社合作诸种造林形势，从1963至1965年，全省造林猛增到144.02万亩。到1985年，全省已建成9个国营大林局，经营总面积3643万亩，占全省森林总面积的78%；林木蓄积量4103万立方米，占全

---

[1] ①企业数量。1991年为43.5万个，1996年发展到70多万个，到2008年更增加到100多万个。②从业人员。1991年全省乡镇企业职工队伍为251.2万人，1996年达到450万人，占到全省农村劳动力的47%。有半数的农民通过乡企变成工人。③产值增大，1991年全省乡镇企业总产值为283.9亿元，1992年达到404.6亿元，1993年总产值增加到708.2亿元，比上年增长75.03%。在全国的位次由1992年的第16位上升到第14位。1994年突破千亿元大关，达到1030亿元，使山西省成为中西部乡镇企业大省。1995年、1996年分别实现总产值1544亿元、1756亿元。短短五年，全省乡镇企业总产值由1992年的283亿元猛增至1995年的1756亿元。④出口和利税逐年增加。1992年出口交货额完成5.7亿元，1993年出口产品生产总值11.65亿元，1995年出口创汇28.1亿元，比上年增长64%，入库税金达22.08亿元。1996年出口交货值达到37.7亿元，比上年增长23.3%，占到全省出口交货值的1/3，上缴国家税金23.57亿元，比上年增长17.1%，占到全省税收总额的1/5。到2008年，全省形成一批海鑫、安泰、清徐第二醋厂之类大规模企业和在全国有重大影响的工业基地，据1985年统计，全省乡镇企业营业收入1000万元以上的骨干企业达到380个，其中5000万元以上企业32个、亿元以上企业14个。

省森林蓄积量的71%;全省有48个县达到本省平原绿化标准,在1600万亩耕地上营造了农田林网,有1500个村庄基本实现绿化;全省天然林发展到1045.36万亩,森林蓄积量达3644.67万立方米;人工林发展到665.72万亩。森林覆盖率由1949年的2.4%发展到1985年的13.8%。2016年全省林业总产值达到100.31亿元,是1978年1.74亿元的57.6倍。2017年全省森林覆盖率提高到20.5%。[1]特别是右玉县,经过20任县委书记和广大人民群众的不懈植树,森林覆盖率由新中国成立初期的0.3%发展到53%,成为"塞上明珠"。久久为功、修复生态的右玉精神成为全省学习榜样,全国治理风沙生态建设的典范。

表2-2 "一五"—"六五"时期山西林业发展表

	林业政策及造林方式	造林任务	年平均造林	五年共造林	森林覆盖率及基地建设成效
"一五"时期	开展群众性植树造林运动,推广合作造林,明确林权和分红收益,1956年毛主席号召"绿化祖国"。	四旁绿化、荒山造林。	6.03万亩	国营林30.16万亩,其中群众造林20.10万亩	1949年森林覆盖率仅2.6%。
"二五"时期	1958年,全省各地、市、县成立绿化指挥部,1959年毛主席提出"大地园林化"号召,全省林业基地化、林场化、丰产化。	绿化黄河、汾河工程,长达1500公里的长城林带,忻县地区绿化五关,晋南地区绿化吕梁、中条山。	17.9万亩	全省造林89.58万亩	用材林基地1247处,面积2029万亩;经济林基地210处,面积1143万亩。

---

[1] 景世民、张文丽主编:《山西经济改革开放40年》,社会科学文献出版社2019年版,第91页。

续表

	林业政策及造林方式	造林任务	年平均造林	五年共造林	森林覆盖率及基地建设成效
"三五"时期	提出"大力造林、造营并举、材粮结合、多种经营、采育结合、综合利用"方针。	结合建设两个1500万亩稳产高产田战略，确定"三五"任务为造林1250万亩，封山育林1120万亩，植树10亿株。	53.47万亩	全省造林267.35万亩	由于"文革"干扰，林业政策破坏，群众造林较"文革"前下降41%。
"四五"时期	按《全国农业发展纲要》在四旁和一切有可能的地方都要种树。全省300万人参加造林。	以夏县为中心的运城六县盆地，以长治为中心的上党五县盆地两大片农田林网	55.85万亩	全省共造林279.26万亩	五年中平均造林比1970年增加1倍，四旁植树增加2倍多。
"五五"时期	山水田林路全面规划，500万人造林大会战，1978年省委到西山整地造林15天，全省40万干部职工参加植树造林。		43.14万亩	全省国营造林215.69万亩	绿化铁路855公里，占全省铁路1089公里的76%；绿化公路7500公里，占全省公路8100公里的93%。
"六五"时期	稳权发证，给社员自留山，解决历史遗留林木纠纷，落实林业政策。		29.88万亩	全省国营造林149.41万亩	比"五五"时期减少66.28万亩，存活率提高，覆盖率由1949年的2.4%提高到13.8%。

资料来源：根据《山西林业志》整理。

8.农产品种植结构不断调整优化，特色农业、龙头企业产业化步伐逐渐加快，农业经济转型高质量发展（1991年—2018年）

本阶段又分为三个时期：1991年到2000年是农业经济结构调整时期；2001年到2012年是农村经济发展优化时期；2013年到

2018年是新时代高质量发展时期。

改革开放后，山西逐步在农产品产量大幅增加的基础上改革农产品购销体制，先后对水果、水产品、畜产品、蔬菜的经营实行市场调节，相继放开了粮、棉、油料等农产品价格，为全省农业产业结构调整和农村经济陆续转入市场经济开辟了路径。种植业结构将粮食作物和经济作物种植比例由8∶2调整为7∶3，市场需求较好的小杂粮种植面积不断扩大。1992年至1994年，山西开始探索农业产业化经营的具体实践。按照以工促农、以煤助农、农工商一体化、种养加一条龙的思路，兴建一批科技含量高、产品附加值大的农产品加工企业。1995年山西农村工作会议明确提出推进农业产业化发展的任务。同年10月，全省农村小康建设阳泉现场会进一步明确把产业化作为山西农业发展、农村改革的主攻方向。并逐渐形成了运城苹果、吕梁红枣、长治小米、晋中蔬菜、晋北杂粮等一批布局相对集中合理、区域特色明显的优质农产品生产基地。1997年，省委、省政府下发《关于进一步推进农业产业化经营的实施意见》，将"三基四重"[1]完善为"三基五重"。到2000年，全省农副产品加工业已基本形成贸工农一体化、产供销一条龙的生产经营方式，成为全省农业产业化的核心产业。

21世纪初，面对粮食产量大幅下降的严峻态势，山西采取了粮食收购保护价等一系列措施，迅速扭转了粮食生产的下滑势头。2009年，山西又启动了总投资300亿元的晋中、运城、大同三个现代化农业示范区建设四大工程和农产品加工龙头企业"513"工

---

[1] 1992年起山西全省实施的经济发展战略，"三基"指农业基础、基础设施、基础工业，"四重"指挖煤、输电、引水、修路。

程。[1]2011年，山西选择2000个专业村、36个基地县发展"一村一品、一县一业"。

党的十八大后，山西农业进入新时代高质量发展期。2013年山西以汾河平原、上党盆地、雁门关畜牧区、太行山生态区、吕梁山、城郊区六大区域为重点开始实施粮食、杂粮、畜牧、设施农业、水果、中药材、酿造业七大产业振兴翻番工程。2017年，山西启动特色农产品优势区和现代农业产业园建设，重点布局"3+X"，"3"即依托雁门关农牧交错带、山西农谷、运城农产品出口平台三个省级战略，集中布置优特产业园区。与此同时，全省农村实施两轮"五个全覆盖"，仅2013年投入400亿元为农民群众办了五件实事，共改造农村危房8.5万户，推进乡村整洁工程，新建村幼儿园300所，易地搬迁贫困人口，培训新型职业农民各10万人。全省农民生产生活条件发生明显变化和改善。

9.农民生活有了明显改善，饮食消费结构中高档耐用消费品、交通工具、文化教育有了明显改善

出行方式转变：步行—自行车—四轮公交—少量小汽车；水、电、汽逐年改善。20世纪80年代后，广大农民普遍翻盖新房，增加了家具、农具，居住条件、生活质量有了质的变化。2005年全省全部实现"普九"教育，2007年实现农村教育"两基"目标，全部免除农村中小学生学杂费。

---

[1] 按照省、市、县三级总体规划、重点扶持原则，做大做强450家农产品加工龙头企业。其中省级龙头企业中选择30个，全省资源型企业转产和招商引资企业中选择20个投资额在亿元以上的企业，共50个；市级梯次选择100个有规模、前景好、带动力强的农产品加工龙头企业；县级梯次选择300个成长性良好、有后劲的农产品加工龙头企业。

五六十年代，虽然翻身得解放，但由于物资短缺，山西农民的衣食住行极其简朴。夏天不少农民经常赤脚光背，春秋大多是粗布衣服、大裆裤。冬天扎腰带、穿棉衣，个别养羊农户穿羊皮袄。吃的方面，除晋南临汾、运城能吃到白面外，其他地区农民一年仅有春节和阴历六月六麦收后吃顿白面，平时大多以粗粮玉米、高粱、豆面、莜面、炒面、马铃薯为主，临县农户吃的窝头都要掺谷糠。吕梁、雁北、忻州山区农民住的是窑洞，晋中、晋南平川住房。出行、赶集、探亲访友多数是步行或坐畜力车。

三年困难时期，粮食极度短缺，人们大多吃不饱。当时有顺口溜："宁嫁生产队长，不嫁书记县长。"70年代，出行开始有少量自行车，但食物仍较缺乏、单一。当时农村盛传："吃不吃，金皇后（玉米）；够不够，一年三百六（斤）"。直到1978年三中全会后，农村实行了家庭联产承包责任制，调动了广大农民的生产积极性，农业生产力得到大发展，才解决了多年困扰的肚皮问题。1983年、1984年以后，绝大多数农民不仅顿顿白面大米，衣食自给有余，而且普遍新盖砖窑、添置家具农具，或翻修住房。但农民负担重、收入少，看病难、看病贵，山里娃上学难的问题仍较突出，2005年全省全部实现"普九"教育，2007年实现农村教育"两基"目标，全部免除农村中小学生学杂费，农民负担大大减轻。直到2006年取消农业税解决历史大难题吃饭问题，是具有划时代意义的重大变革。特别是农村税费改革，不仅取消了全国农民336亿元的农业税赋、700多亿元的"三提五统"和教育集资，而且农民得到了种粮补贴等前所未有的大实惠，不仅标志着在中国实行了长达2600多年的皇粮国税从此退出历史舞台，又为建设社会主义新农村奠定了坚实基础。

表2-3　1990年—2002年中央出台的减轻农民负担文件内容表

项目 时间	文件名称	内容
1990年2月	国务院发出《关于切实减轻农民负担的通知》	农业部对中央有关部门涉及农民负担的文件进行了第一次全面清理。
1991年12月	国务院发布《农民承担费用和劳务条例》	规定农民承担的村提留、乡统筹不得超过上年人均收入的5%。
1993年3月	中办、国办发出《关于切实减轻农民负担的紧急通知》	对涉及农民负担的文件和项目采取断然措施清理，严肃查处因农民负担过重引起的恶性案件。
1993年6月	国务院召开全国减轻农民负担工作电话会议	取消农民出工出钱的43项达标升级活动，纠正10种错误收费，取消37项国家机关涉及农民负担的集资、基金收费项目。
1993年7月	《中华人民共和国农业法》颁布实施	《农业法》对农民承担的税费等作出了法律规定。
1994年4月	中共中央、国务院发出《关于1994年农业和农村工作的意见》	强调加快立法，把减轻农民负担工作纳入法制化、规范化管理。
1995年3月	中共中央、国务院发出《关于做好1995年农业和农村工作的意见》	要求纠正一些地方出现的农民负担"反弹"现象。
1996年5月	中办、国办发布《关于1995年涉及农民负担恶性案件的情况通报》	要求坚决果断地把农民负担减下来，避免类似事件发生。
1996年12月	中共中央、国务院发出《关于切实做好减轻农民负担工作的决定》	要求全党务必从政治和全局的高度对待减轻农民负担工作，并对减轻农民负担工作作了13条规定。
1998年10月	中共中央、国务院发布《中共中央关于农业和农村工作若干重大问题的决定》	将减轻农民负担作为实现我国农业和农村跨世纪发展目标必须坚持的十条方针之一。
2000年4月	中共中央、国务院发出通知	决定在安徽和其他省、自治区、直辖市选择少数县（市）进行农村税费改革试点，探索建立规范的农村税费制度，从根本上减轻农民负担。
2001年2月	国务院召开全国农村税费改革试点工作会议	贯彻中央关于加快推进农村税费改革的精神，总结交流安徽等地经验，部署2002年的改革试点工作。

续表

时间 / 项目	文件名称	内容
2002年4月	国办发布《国务院办公厅关于做好2002年扩大农村税费改革试点工作的通知》	决定2002年进一步扩大农村税费改革试点范围。
2002年10月	国务院农村税费改革工作小组召开全国农村税费改革试点工作座谈会。	公布税费改革试点工作已在全国20个省份全面展开，试点地区农业人口达6.2亿，约占全国农业总人口的3/4。

资料来源：根据《瞭望新闻周刊》2003年第13期有关内容整理。

10.农村小康建设，社会事业全面推进，农村特困户低保、农村合作医疗、社会养老保险启动，全省村通电话率提高到98%，电视覆盖率达95%，农业产业化步伐不断加快，新农村建设开局良好

小康建设的关键是农村，重点和难点也是在农村，统筹城乡发展，实质上是农村小康建设。1991年11月，中共中央召开十三届八中全会，审议并通过了《中共中央关于进一步加强农业和农村工作的决定》。1992年7月11日，中共山西省委制定了《中共山西省委贯彻〈中共中央关于进一步加强农村工作的决定〉的实施意见》，对全省农村小康建设作出初步的规划。具体标准共6条，即：①物质生活比较富裕——到20世纪末国民生产总值在1980年的基础上翻两番，农民人均收入按1990年不变价格计算，达到1100元。②精神生活比较充实——农民文化用品与文化生活服务支出占到消费总支出的15%以上；基本普及九年义务教育；农村劳动力受教育水平达到8年，社会风尚良好。③居住环境改善——农村人均住房面积达到16平方米，做到美观、适用、舒适，实现村镇绿化、美观和街道整洁。④健康水平提供——农民能享受基本的医疗保健，人

口平均寿命达到70岁。⑤基础设施建设和公益事业发展——行政村全部通车、通电、通邮、通电话，社会福利事业较健全，每个乡镇都有敬老院、养老院，农村"五保户"供养得到保障。⑥社会治安良好——农村基本控制重大刑事案件发生，人民安居乐业。

山西农村小康建设1992年正式开步，时间要求是，占全省30%的经济发展较快的县争取在1995年提前达小康；到20世纪末全省70%的县要进入小康行列。为此，从1992年至1999年，中共山西省委、省政府在晋城、大同、阳泉、太原、晋中、运城连续召开8次全省小康建设现场会议。到1995年，全省7579个小康村中，50个贫困县区只有453个，仅占全省小康村总数的6%。[1]到1997年底，山西农村小康建设取得重大进展。全省有阳泉、晋城2个市、3个县、726个乡、13000多个村、1300万农村人口基本达到小康水平，农村小康综合实现程度达到80%以上。[2]经过实现"三个基础、四个重点"战略，开展"三项建设"，农村的基础设施大为改善，基本实现了镇镇通油路、乡乡通公路、村村通机动车，许多村搞了机修梯田，农民水利建设得到大发展。

1997年省委、省政府出台《关于进一步推进农业产业化经营的实施意见》，农业产业化在山西全面铺开。"到2001年底，全省产业化龙头企业和组织发展到了4200个，实现销售收入146亿元"[3]。

---

[1] 郑社奎：《发挥山区优势，坚持自立自强，加快全省山区小康建设步伐——在全省山区农村小康建设晋城现场会上的讲话》（1996年6月17日）。

[2] 《三晋小康路——我省农村小康建设综述》，《山西日报》，1998年2月28日。

[3] 刘泽民：《在全省农业产业化经营太原现场会上的讲话》（2002年8月16日）。

全省24个国家级和省级农业产业化龙头企业,年销售收入达到16亿元,5年增加了3倍,全省农村经营大户发展到1.97万户、累计投资67.2亿元,2001年实现销售收入69亿元。到2005年,农业产业化龙头企业不断发展壮大,"1311"规划中的99个农业产业化龙头企业项目有86个建成,2005年实现销售收入112亿元,实现税收4.6亿元。涌现出古城乳业、屯玉制种、水塔陈醋、六味斋酱肉、沁州黄小米等一批辐射农村、带动农业、增加农民收入的大型农产品深加工企业,有13户进入全国龙头企业行列,初步形成了优质杂粮、草食畜、干鲜果和蔬菜四大特色产业。2005年全省规模以上工业中,农副产品加工业增加值达到15.3亿元。

为了解决农民看病难、看病贵,因病致贫、因病返贫问题,2003年省委、省政府作出建立新型农村合作医疗制度的决定。2005年试点县扩大到25个县(市、区),有319万人参加了合作医疗,参合率达到85.7%,25个县共筹资9812.95万元,有720.8万人次享受了报销补偿,报销金额达5970.5万元,资助住院分娩5289人次。2006年新增33个试点县,2007年到2008年,每年扩大20%,到2009年基本覆盖全省各县(市、区),确保"十一五"期间100%全覆盖。

2005年10月,中共十六届五中全会做出了建设社会主义新农村的重大决定。不久,中共中央、国务院下发《关于推进社会主义新农村建设的若干意见》。2006年3月,省委召开全省建设社会主义新农村工作会议,决定在"十一五"期间组织实施"千村试点、百村治理"工程,即在全省选择1000个有代表性的村,作为新农村建设试点村、示范村、重点村;对10000个村进行人居环境治理,每年治理2000个左右,到2010年使全省1/3农村的村容村貌得到大的改观。

表2-4 "一五"到"十五"时期国家对农业的投资统计表

时间 \ 内容	投资项目及数额（亿元）	备注
"一五"时期（1953—1957）	国家对山西全省农业、水利、水土保持和林业方面的投资，比国民经济恢复时期增加2.8倍，发放的农业贷款达2.3亿。	《山西省统计局关于1957年度国民经济计划和第一个五年计划执行结果的公报》，见《山西日报》，1958年5月12日。
"二五"时期（1958—1962）	农田水利建设投资3.67亿元。	李旺明、苗长青：《当代山西经济史纲》，山西经济出版社2007年版，第176页。
"三五"时期（1966—1970）	生产化肥53.07万吨、农药100吨、拖拉机300台、生猪500万头、羊1200万只，建成两个1500万亩稳产、高产田。	李旺明、苗长青：《当代山西经济史纲》，山西经济出版社2007年版，第208—209页。
"四五"时期（1971—1975）	全省总投资57.33亿元。1975年粮食产量76.74亿公斤，比1970年增长48%，创历史最高水平，棉花7.64万吨，油料5.66万吨，与1970年比，棉花减产11.1%，油料增产14.8%。	李旺明、苗长青：《当代山西经济史纲》，山西经济出版社2007年版，第212页。
"五五"时期（1976—1980）	全省基建投资73.95亿元，农业总产值由于受灾严重，1980年只有39.36亿元，比1975年下降3.2%，粮食由76.7亿公斤下降为68.57亿公斤，比1975年下降11.856%。	李旺明、苗长青：《当代山西经济史纲》，山西经济出版社2007年版，第278页。
"六五"时期（1981—1985）	1985年农业总产值143.78亿元，比1980年增长1.9倍。粮食产量1985年达到81.01亿公斤，棉花9800万公斤，乡镇企业总产值1985年达到85亿元，从业人员215万人，占到农村劳动力总数的28%。	李旺明、苗长青：《当代山西经济史纲》，山西经济出版社2007年版，第331页。

续表

时间 \ 内容	投资项目及数额（亿元）	备注
"七五"时期 (1986—1990)	1990年全省农村社会总产值达到318.4亿元，比1985年增长83.2%，粮食产量达到96.9亿公斤，创历史最高水平，乡镇企业总产值达到185亿元，比1985年增长1.1倍，全省投资11.6亿元扶贫帮困，35个贫困县农民的温饱问题基本解决。	李旺明、苗长青：《当代山西经济史纲》，山西经济出版社2007年版，第376页。
"八五"时期 (1991—1995)	农林牧副渔总产值年均增长4%，高于"七五"水平，粮食总产量440亿公斤，比"七五"增长7%，乡镇企业营业收入年均增长45.6%，比七五高24.5%，农田水利建设新增和改善水地900多万亩，新增基本农田227万亩，治理水土流失面积1200多万亩。	李旺明、苗长青：《当代山西经济史纲》，山西经济出版社2007年版，第439页。
"九五"时期 (1996—2000)	粮食产量年均仍达95亿公斤，5年间发展订单农业250万亩，建成稳产、高产农田2000万亩，造林3100万亩，治理水土流失面积1.7万平方公里，五年共完成固定资产投资2407亿元，2000年农村新建饮水解困工程2700多处，解决了84.9万人的饮水困难，农民人均纯收入由1208元增加到1906元。	李旺明、苗长青：《当代山西经济史纲》，山西经济出版社2007年版，第466—467页。
"十五"时期 (2001—2005)	5年中省财政对农业投入总计169.4亿元，加强了特色农业、龙头企业、扶贫增收、基础设施改善、饮水解困、科技兴农工程，完成移民搬迁22.9万人，105万人实现脱贫，548万人摆脱饮水困难，推广农业先进技术125项，覆盖全省85%的乡村，取消农业税，对粮农直补，农民人均年受惠100元，五年累计培训农村劳动力500万人，转移安置富裕劳动力150万人，建成万家寨引黄工程总干和南干，并送水到太原，撤并乡镇574个，农民人均纯收入2800元，年均增长8%。	李旺明、苗长青：《当代山西经济史纲》，山西经济出版社2007年版，第511—513页。

续表

时间 \ 内容	投资项目及数额（亿元）	备注
"十一五"时期（2006—2010）	粮食总产量年均90亿公斤以上，城镇化率达到47%，新兴农村合作医疗覆盖率达到90%，森林覆盖率达到18%，农村居民人均纯收入年均增长8%，农村人均住宅面积26平方米。	李旺明、苗长青：《当代山西经济史纲》，山西经济出版社2007年版，第516页。

二、发展历程

（一）农业生产经营方式的变革

我国农村生产方式与土地所有制及经营方式紧密相连，作为传统农业大国，土地制度与生产力和社会政治经济形势变化一直密不可分，关系到国民经济的持续增长与农村社会的稳定。

1949年，全国土地的50%～80%仍为地主所有，另有10%～15%为富农所有。从1950年开始至今，中国先后进行了四次较大规模的土地制度改革，农村土地流转经历了四个时期。

1. 颁布实施《中华人民共和国土地改革法》，废除封建土地私有制，广大翻身农民获得了土地

为了胜利完成土地改革，中共山西省委首先选择一些村庄进行试点。1949年冬及1950年春、冬分三批先后完成了新区的土地改革，得到了贫、雇农的欢迎，激发了他们的生产积极性，有力地支援了解放战争和抗美援朝战争。[1]1950年6月30日，中央政府颁布《中华人民共和国土地改革法》，规定废除封建地主土地私有制，

---

[1] 刘泽民、原崇信、梁志祥、张国祥主编：《山西通史·当代卷》（上），山西人民出版社2001年版，第22—23页。

建立农民土地私有制,"使全国3亿多无地、少地的农民无偿地获得了7亿亩的土地和其他生产资料,免除了过去每年向地主缴纳700亿斤粮食的苛重地租",农民不仅获得了土地,而且对土地"有权自由经营、买卖和出租"。(《土地改革法》第30条)《土地改革法》真正赋予了农民土地流转的权利。

2.20世纪50年代中期至70年代末"一化三改"

1955年夏,随着党在过渡时期的总路线和总任务"一化三改"的提出,为了避免小农经济生产方式的局限和生产技术的落后,通过农业生产资料的社会主义改造和人民公社运动,逐步使得个体农民私有土地改造为以生产队为基础人民公社所有的集体所有制。从农业合作化到人民公社,一系列的生产方式的改变,使得农民对于土地的产权弱化,并使得土地所有权虚置,土地在运动当中逐步归集体所有,个体农民与土地不再存在法律上的产权关系,以生产队为基础人民公社所有的集体所有制使得"有权自由经营、买卖和出租"的流转方式已不可能实施。1953年起,山西开展了大规模的对生产资料私有制的社会主义改造运动。消灭个体私营经济,建立社会主义公有制。通过合作化道路,千千万万的农民被引导到集体化道路上来,农民的土地所有权随着农民入社无形中集体化、公有化。

3.1978年农村"大包干"

1978年冬,安徽凤阳小岗村18户农民率先分田到户,实行农业"大包干",拉开了中国农村改革的序幕。中国农村土地制度从单纯集体所有、统一经营向集体所有、家庭经营的两权分离模式转变。1983年中共中央颁发《关于印发农村经济政策的基本问题的通知》,全国农村开始普遍推行包干到户。到1983年底,98%左右的基本核算单位都实行了包干到户,家庭承包经营的土地面积占耕地总面积的97%左右,实现了土地所有权与使用权的分离。这种模式对农村土地的经营收益分配关系进行了调整,"交足国家的,留够集体的,剩下的都是自己的"。

1987年,国务院批复了某些沿海发达省市就土地适度规模经营进行试验,使得土地经营权的流转突破了家庭承包经营的限制,中国土地流转制度进入新试验期。2003年,《农村土地承包法》从法律层面体现了对于合法土地承包经营权的保护。规定:通过家庭承包取得的土地承包经营权,可以依法采取转包、出租、互换、转让或者其他方式流转。在土地制度创新中,山西较为欠缺。

(二)非公有制经济的曲折发展

党和政府对非公有制经济的存在、发展与地位、作用的认识以及相关方针政策,经历了一个曲折变化和不断深化的过程。

1.非公有制经济的政策变迁

中国共产党对非公有制经济的政策经历了"在国营经济领导下多种经济成分并存的所有制制度""作为'产生资本主义的土壤'而被彻底排斥""是社会主义公有制的不可缺少的补充""是中国社会主义市场经济的重要组成部分"四个阶段。

(1)在国营经济领导下多种经济成分并存的所有制制度

1949年9月29日颁布的《中国人民政治协商会议共同纲领》规定,对中国的国营经济、合作社经济、农民和手工业者的个体经济、私人资本主义经济和国家资本主义经济,实行"以公私兼顾、劳资两利、城乡互助、内外交流的政策,达到发展生产、繁荣经济之目的"的方针。由于实行了在国营经济主导下多种经济成分并存的所有制制度，调动了各种积极性，国民经济在极其困难的情况下得到恢复和发展。

(2) 社会主义公有制不可缺少的补充

十一届三中全会后，非公有制经济得到了恢复和发展。1980年8月中共中央转发《进一步做好城镇劳动就业工作》的文件指出，个体经济是"从事法律许可范围内的，不剥削他人的个体劳动，是公有制的不可缺少的补充，在今后一个相当长的历史时期内都将发挥积极作用"。1981年6月《关于建国以来党的若干历史问题的决议》明确指出："国营和集体经济是中国基本的经济形式，一定范围的劳动者个体经济是公有制经济的必要的补充。"1982年12月全国人大五届五次会议通过的《中华人民共和国宪法》第十一条规定：在法律规定范围内的城乡劳动者个体经济是社会主义公有制经济的补充。

1984年《中共中央关于经济体制改革的决定》第一次系统阐述了党在现阶段对发展个体经济的基本指导方针，指出"坚持多种经济形式和经营方式的共同发展，是我们长期的方针，是社会主义前进的需要"。1988年4月，七届人大一次会议通过宪法修正案，第十一条增加了"国家允许私营经济在法律规定的范围内存在和发展。私营经济是社会主义公有制经济的补充。国家保护私营经济的合法权利和利益，对私营经济实行引导、监督和管理"的条文。1992年12月中共十四大明确提出要以公有制包括全民所有制和集体所有制为主体，个体经济、私营经济、外资经济为补充，多种经济成分长期共同发展。

(3) 中国社会主义市场经济的重要组成部分

1997年9月中共十五大确立"以公有制为主体、多种所有制经济共同发展，是中国社会主义初级阶段的一项基本经济制度"。确认"非公有制经济是中国社会主义市场经济的重要组成部分。对个体、私营等非公有制经济要继续鼓励、引导，使之健康发展"。

2013年11月12日，十八届三中全会通过《中共中央关于全面深化改革若干重大问题的决定》，进一步明确：公有制为主体、多种所有制经济共同发展的基本经济制度，是中国特色社会主义制度的重要支柱，也是社会主义市场经济体制的根基。公有制经济和非公有制经济都是社会主义市场经济的重要组成部分。必须坚持公有制主体地位，发挥国有经济主导作用，不断增强国有经济活力、控制力、影响力。必须毫不动摇鼓励、支持、引导非公有制经济发展，激发非公有制经济活力和创造力。

2.山西省社队企业的发展

1958年12月10日，中共八届六中全会通过《关于人民公社若干问题的决议》中提出"公社工业化"，由此诞生"乡镇企业"的雏形社队企业，即社办和队办企业。到1958年底，山西全省拥有社办工业企业1914家，占到全省工业企业总数的38%，主要分布在煤炭、冶金、金属加工、化学、电力等17个行业，总产值1.43亿元。到1966年，全省社队企业发展到5832家，总产值达到2.3亿元。[1]

1969年"七二三"布告发布后，武斗停止，社会政局开始稳定，社队企业迎来了一个较快发展时期。

1975年9月，全国农业学大寨会议召开，华国锋代表中共中央作了总结讲话，对社队企业的意义、任务、方针、政策作了指示，指出

---

[1] 戎昌谦主编：《山西通志·乡镇企业志》，中华书局1999年1月版，第12—14页。

"发展社队企业,必须坚持社会主义方向,主要为农业生产服务,为人民生活服务,有条件时,也要为大工业、为出口服务。要充分利用本地资源,发展种植、养殖、加工和采矿业等,但是必须注意不要和大工业争原料,不要破坏国家资源"。11月5日,山西省社队企业管理局成立,此后,各地、市、县先后成立了相应的管理机构。[1]到1975年底,全省社队企业发展到2.5万家,职工人数36.25万人,总产值5.4亿元。1975年与1966年比较,9年间总产值增加71.97%,年平均增长8%。[2]全国农业学大寨会议以后,社队企业发展步伐加快。截至1976年8月底,全省农村社队企业比上年年底增长1.5倍。[3]

粉碎"四人帮"后,中共山西省委、省革委为推动社队企业发展,相继召开了一系列会议。

1976年10月27日,山西省委、省革委在忻县召开全国农村社队企业学大寨经验交流会。会议对社队企业的体制、劳动、税收、价格和资金积累等政策进行了研究,号召全省大力发展社队企业。1978年1月7日至13日,山西省委、省革委在太原召开了全省农村社队企业学大寨、学大庆会议。山西省委要求,奋斗3年,到1980年全省社队企业总产值较1977年翻一番半。到1985年,要使产值再翻一番,占到人民公社三级经济的70%左右。1978年9月中旬,山西省委在阳曲县召开了全省农村社队企业工作会议和种养殖企业经验交流

---

[1] 刘泽民、原崇信、梁志祥、张国祥主编:《山西通史·当代卷》(上),山西人民出版社2001年版,第584—585页。

[2] 戎昌谦主编:《山西通志·乡镇企业志》,中华书局1999年版,第14页。

[3] 《怒不可遏批"四害",斗志昂扬学大寨》,《山西日报》,1976年11月18日。

会议，研究和制定了加快发展社队企业的具体措施，各级党委要真正做到"思想上有位子，组织上有班子，工作上有部署，行动上有检查"，大大加快了社队企业的发展步伐。[1]

此后，社队企业迎来又一个高速发展期。到1978年底，全省所有的人民公社和90%的生产大队兴办了社队企业。全省社队企业发展到9.1万家，职工80.7万人，年产值16.96亿元。其中工业企业4.6万家，职工53.5万人，年产值14.39亿元；交通运输业2712家，职工2.2万人，年收入4219万元；种植业2.1万家，职工14.27万人，年产值1.9亿元；养殖业1.74万家，职工6.14万人，年产值6569万元。商业、服务业企业1982家，职工1.14万人，年收入1480万元。全省社队企业总收入13.69亿元，占当年全省农村总收入37.48亿元的36.5%；社队工业企业总产值占当年全省工业总产值107.94亿元的14.61%。[2]1978年，全省社队企业总收入比1977年增长38%，比1975年翻了三番。

3.1978年以来的家庭联产承包责任制

20多年的人民公社化道路影响了农村生产力的发展，党中央及时总结合作化和人民公社化运动的经验教训，作出实行经济体制改革的决策，废除人民公社化体制，在坚持土地公有制的前提下改变经营管理方式，实行分户经营、自负盈亏，发展乡镇企业和非农产业。

（1）家庭联产承包责任制的确立

1978年11月，安徽省凤阳县小岗村18户农民将村内土地分开承包，开创了家庭联产承包责任制的先河。1983年的中央1号文件明

---

[1]《破除思想阻力，加快发展社队企业》，《山西日报》，1978年10月9日。

[2] 戎昌谦主编：《山西通志·乡镇企业志》，中华书局1999年版，第14页。

确指出：家庭联产承包责任制"是在党的领导下我国农民的伟大创造，是马克思主义农业合作化理论在我国实践中的新发展"。

所谓家庭联产承包责任制，是指在主要的农业生产资料公有制保持不变的前提下，把土地长期承包给农民各家各户使用，变生产队集体经营、集中劳动、统一分配为农户单独经营、分散劳动、自负盈亏，同时集体所有的大型农机具及水利设施由集体统一管理，农田基本建设统一规划和调整，集体有一定的公共提留，烈军属、五保户、困难户的生活由集体统一安排。实际是一种以家庭承包经营为基础，集体统一经营和农户分散经营相结合的双层经营体制。它纠正了人民公社集中统一经营方式的诸多弊病，给广大农民带来了实惠，既有利于农户个体经济优越性的充分发挥，又没有否定农业合作化以来集体经营的优越性。

1981年7月6日至10日，山西省委召开全省县委书记会议，专门讨论和研究建立健全农业生产责任制和发展农村多种经营问题。会议清除了包产到户的一切思想障碍，推动了包产到户生产责任制的普遍实行。10月17日，中共山西省委召开县委以上领导干部电话会议，就继续推行农业生产责任制的问题进行部署。到1982年5月，全省12.5万个生产核算单位已经基本上建立了各种生产责任制，其中实行包产到户责任制的单位达到70%。[1]到中共十二大前，山西各地农村普遍实行了以包产到户为主要形式的各种联产承包责任制，尤其是山西28个长期困难的县，在短短2年时间内基本解决了农民的温饱问题。

党的十五大报告再次强调，要"长期稳定以家庭联产承包为主的

---

[1] 中共山西省委：《关于农业生产责任制问题的报告》，1982年5月31日。

责任制，完善统分结合的双层经营体制，逐步壮大集体经济实力"。

(2) 社队企业继续发展

十一届三中全会同意将《中共中央关于加快农业发展若干问题的决定（草案）》和《农村人民公社工作条例（试行草案）》发到各省、市、自治区讨论和试行，明确指出："社队要有一个大发展，逐步提高社队企业的收入占公社三级经济收入的比重。"

十一届三中全会后，各地在扩大社队企业自主权方面迈出较大步伐。1979年春季，中共雁北地委明确提出，要解放思想，给社队企业一点自主权，让他们放开手脚，组织生产，从六个方面扩大了社队企业自主权：

1.在生产门路上，让社队企业自己因地制宜寻找和挖掘。左云县井儿沟公社煤藏丰富，且易开采，以前守着煤藏不能开。1979年，社队企业有了自主权后，公社和一些大队很快办起小煤窑、修配厂、综合加工厂等企业37个，年收入200多万元，占到全公社总收入的75%，全社人均分配收入增加到240元。

2.在劳力、畜力、车辆安排上，让社队自己筹划。过去规定投入社队企业的劳力不得超过总劳力的3%；农忙时车辆不得外出跑运输；拖拉机只准耕地，不准跑运输。1979年，雁北地区打破框框，各社队根据农业和社队企业的需要，灵活安排劳畜力和车辆。这一年，全区投入社队企业的劳力占总劳力的10%。

3.在生产项目的确定上，让社队企业自己根据当地资源做出安排。以前，对社队企业的生产项目卡得死，上级让搞什么项目才能搞什么项目，企业没有变化产品的自主权，导致企业亏损。1979年，地委指出：社队企业根据市场需要灵活确定项目。应县社队机械厂在搞机械加工亏损、无法开出工人工资的情况下，抽出200多劳力，组建建筑队，搞起砖瓦窑，结果，除工资外，盈余100多万元。

4.在销路上，让社队企业自己想办法找销路。此前，上级规定，社队企业的产品不准自己推销，结果造成产品大量积压，企业亏损。1979年允许自销，许多社队企业外出到北京、上海、天津、内蒙古、太原等地，承揽业务、推销产品，打开了销路，社队企业的路子越走越宽。

5.根据按劳分配原则，让社队企业自己决定分配办法。1979年，各社队企业因地制宜，贯彻按劳分配原则，根据技术高低、贡献大小，计算报酬，工人的积极性大为高涨。

6.在队办还是社办问题上，要让社队自己决定。以前只强调优先社办，1979年，打破了这个框框，各地根据情况，能社办的就社办，能队办的就队办，而且指出队办的越多越好。不能随意把队办改为社办。[1]

1980年3月7日至12日，中共山西省委、省政府召开全省社队企业先进集体、劳动模范代表会议。会议指出，社队企业已经发展起来，并越来越显示它的强大生命力和巨大作用：

第一，发展社队企业是把我国农村逐步建设成为农林牧副渔全面发展、农工商综合经营的富裕的社会主义新农村的康庄大道。

第二，发展社队企业是为农村现代化积累资金、提供物资、培养人才的重要途径。

第三，发展社队企业是整个国民经济发展的需要。1979年，全

---

[1] 段玉：《给社队企业一些自主权大有好处》，《山西日报》，1980年4月5日。

省社队企业总收入约占人民公社三级经济总收入的38%。社队企业生产的中小农具、腐殖酸类肥料占90%以上，生产的砖、瓦、灰、砂、石等建材占80%左右，硫酸占50%，生产的煤炭占全省产量的20%，占地方煤炭的48%。

到1979年，全省社队企业总产值达到20.47亿元，比上年增长12.75%。主要产品发展到1000余种。全省农村人口平均社队企业产值达到100元，人均利润20元，社队企业年产值达到100万元的县有71个。[1]1980年，全省社队企业发展到7.5万个，职工88.34万人，占全省农村劳动力702.58万人的12.57%，工业总产值16.7亿元，占全省工业总产值110亿元的15.17%。[2]同年10月，国家农业部人民公社总局和28个省、市、自治区社队企业管理局联合举办了全国社队企业产品展销会，山西参展的有矿产品、化工产品、建筑产品等8个类型390余种。且花色品种增多，质量进一步提高，竞争力进一步增强。[3]

（三）乡镇企业的崛起

20世纪80年代中期开始，全省社队企业——乡镇企业出现了持续高速发展的喜人景象。

1.扶持乡镇企业的政策文件出台

1984年1月1日，中共中央发出《关于1984年农村工作的通知》，强调要继续重视社队企业的发展。《通知》指出，不改变"8

---

[1]《我省社队企业和劳模代表会议开幕》，《山西日报》，1980年3月8日。

[2] 戎昌谦主编：《山西通志·乡镇企业志》，中华书局1999年版，第340—341页。

[3] 刘先成：《我省近四百种社队企业产品参加全国展销》，《山西日报》，1980年10月2日。

亿农民搞饭吃的局面"，农民富裕不起来，国家也富裕不起来，四个现代化也无从实现。而要改变"8亿农民搞饭吃的局面"，就要大力发展社队企业。1984年，各省、自治区、直辖市可选若干集镇进行试点，允许务工、经商、办服务业的农民自理口粮到集镇落户。由于1983年10月以后，全国各地普遍进行了政社分开，建立乡政府的改革，人民公社改为乡（镇）。根据这一变化，1984年3月，中共中央、国务院批转了农牧渔业部《关于开创企业新局面的报告》，决定将社队企业改为乡镇企业。原社队企业只包括社办和队办两部分企业，且都是集体企业。乡镇企业乡、镇办企业、村办企业外，还包括个体企业、集体与个体联办企业等设于农村的一切集体和个体企业。中共中央、国务院在批转这一报告的通知指出："乡镇企业是农业的重要组成部分，是广大农民群众走向共同富裕的重要途径，是国家财政收入的重要来源。"乡镇企业发展，有利于"以工补农"，扩大农业基本建设，使农业合作经济组织增强实力，更多更好地向农民提供农业机械和各种服务。由于它独立核算、自负盈亏，"不吃大锅饭""不捧铁饭碗"，因而竞争力强；它投资小、费用低，自主权比较多，容易应用科技成果；它"船小好掉头"，容易适应市场需要，很快转产。截至1984年底，全省乡镇企业发展到21.2万个，年总产值50多亿元，实现利润8.3亿元，上缴国家税金2亿多元。[1]

2.山西省发展乡镇企业的举措

为了推动乡镇企业更快发展，1985年2月28日，中共山西省委、

---

[1] 中共山西省委、山西省人民政府：《关于加速发展乡镇企业的决定》，1985年2月28日。

省政府作出《关于加速发展乡镇企业的决定》。要求乡镇企业要建立合理的产业结构。根据山西实际，乡镇煤矿是农村经济的一个主要支柱、农民致富的一个主要门路，具有很大活力。当前在工业方面要大力发展乡镇煤矿，同时积极发展乡镇钢铁、建材和农副产品加工业，带动运输业、第三产业的发展。《决定》特别指出：不论发展何种产业，都要树立明确的商品观念、市场观念，并规定了一系列扶持乡镇企业发展的政策：乡镇企业除了不能办卷烟厂外，其他项目都可以生产经营；企业名称自定，允许冠以省、市、县名；在税收政策上，除国务院规定的烟、酒、糖等20种不予免税的产品外，新建的企业从投产之日起，免征工商所得税1年，贫困地区的企业免征3年；各级银行和信用社要积极给以贷款。鼓励群众投身投资乡镇企业，城市居民也可向乡镇企业投资，有条件的企业经批准可以发行股票、债券；乡镇企业生产主要靠市场调节，所需原材料，可从省内外自由采购供应；乡镇企业享有产品销售自主权，其产品除煤炭要按计划完成火车外运任务外，其他产品均可同省内外用户签订合同，产销直接见面；在物价方面，乡镇企业的产品在销售时可以自行定价，随行就市；乡镇企业管理部门和乡镇企业收取的管理费，由原来的1.5%降为1%。《决定》指出要坚持改革。要坚持乡（镇）办、村办、联办、户办和其他合作形式办的"五个轮子"一起转的方针。要在民主管理的原则下使企业有充分的生产经营决策权、购销活动支配权、职工招聘辞退权、资金安排使用权。要建立和完善多种经营形式的承包责任制，改干部任免制为选举招聘制，改固定用工制为合同用工制，改固定工资制为浮动工资制。

1985年3月和10月，中共山西省委、省政府先后在太原和高平召开了两次全省乡镇企业会议，贯彻落实《决定》精神。1986年1月11日，中共山西省委办公厅、省政府办公厅起草并向全省印发《山西省乡镇企业改革试行方案》。《方案》共8个部分，分别论述了坚持"五个轮子"一起转，完善责任制、扩大企业自主权，积极试行折股经营，正确处理利润分配和股金付息分红，建立健全合作经济组织等问题。要积极试行股份合作经济形式的改革，其步骤：一是清产核资。二是折股到人到户。三是产生股东代表，召开股东代表大会、董事会，制定股份式合作企业章程。四是要建立健全各项规章制度，搞好企业管理。改革后的企业，董事会向股东代表大会负责，厂长、经理对董事会负责，实行董事会领导与监督下的厂长（经理）承包责任制，并赋予充分的经营管理权。

1986年后，社会上对乡镇企业和农民企业家的责难突然多了，主要观点有：乡镇企业破坏资源、乱占耕地、偷税漏税、盲目发展、搞不正之风、与大工业争原料；农民企业家是些"钻改革空子的人""搞歪门邪道的人"等。一些领导把强调"决不放松粮食生产"理解为发展乡镇企业过了，挤了粮食生产，该限制限制了。在社会舆论的影响下，一些农民企业家对党和国家发展乡镇企业的政策产生了怀疑，纷纷"见好就收"，截至1986年7月，全省乡镇企业数比上一年减少了2.8万个，从业劳动力减少了9万人之多。[1]

鉴于此，7月29日至31日，中共山西省委书记李立功、省长王森浩召集全省部分乡镇企业代表和省直有关部委厅局的一些负责人举

---

[1] 《达小康的必由之路——论继续发展乡镇企业》，《山西日报》，1986年8月29日。

行乡镇企业改革座谈会。李立功发表讲话，充分肯定了乡镇企业的功绩，指出要继续大力发展乡镇企业。

1984年之后，山西的乡镇企业出现高速发展的态势。企业数量，1983年，全省有社队企业6.98万个，1987年发展到35.63万个，4年间增长4.1倍。从职工数量看，1983年全省社队企业有职工96.7万人，1987年发展到226.9万人；从产值看，1983年，全省社队企业总产值为23.7亿元（1980年不变价），1987年发展到108.91亿元，4年间增长了3.6倍。[1]

经过几年的发展，乡镇企业在全省农村经济和整个国民经济中的地位和作用日益重要起来，1987年，全省乡镇企业总产值占到了农村社会总产值的62.4%，为农业总产值的211.6%。乡镇企业总产值74.6亿元，占全省工业总产值的26.86%。全省乡镇企业接纳了27.57%的农村劳动力就业，也就是说，在全省农村有1/4至1/3的劳动力在乡企上班。这是山西农村社会一个极为重大的变化。主要产品产量在全省同行业中占了较大比例：原煤产量占全省总产量的40.2%，生铁产量占22%，水泥产量占22.1%，铁矿石产量占40.6%，硫铁矿产量占82.7%，石膏产量占51.7%，机制纸及纸板产量占53.6%。[2]可见，乡镇企业已经成为山西农村经济的重要支柱，成为全省经济的一支重要力量。[3]

---

[1] 戎昌谦主编：《山西通志·乡镇企业志》，中华书局1999年版，第15页，戎昌谦、杨维平：《1987年山西省乡镇企业主要指标与全国比较》，《山西年鉴》，1988年版，第262页。

[2] 戎昌谦、杨维平：《乡镇企业·概述》，《山西年鉴》，1989年版，第263页。

[3] 刘泽民、原崇信、梁志祥、张国祥主编：《山西通史·当代卷》（下），山西人民出版社2001年版，第811—819页。

3.沿海经济发展战略的带动

中共十三大后，党中央根据国际产业结构调整形势，提出沿海经济发展战略。为了贯彻这一战略决策，1988年6月，中共山西省委制定了《抓住实施沿海战略的机遇，加快我省经济的发展》的实施方案。该方案把"发展乡镇企业作为加快山西经济发展的战略重点"。并提出，山西要利用劳动力费用比沿海更为低廉的有利条件，吸引沿海地区向山西乡镇企业扩散产品。有重点地扶持乡镇企业，发展一批能占领国内市场和出口创汇的拳头产品。

7月24日，山西省政府制定了关于《加快我省乡镇企业发展的意见》。《意见》阐述了十一届三中全会以来山西乡镇企业取得的成绩，分析了存在的问题，论述了山西发展乡镇企业的指导思想和近期目标。《意见》指出，加快山西乡镇企业发展的基本指导思想是：以改革总揽全局，抓住实施沿海发展战略的机遇，调整产业结构和产品结构，面向国内外市场，稳定发展采掘工业，抓好矿产品的加工转化，积极发展轻工业，扩大出口创汇，提高经济效益，促进乡镇企业迈上一个新台阶。近三年的奋斗目标是：1990年乡镇企业总产值达到150亿元~160亿元，3年平均增长速度为14%~15%，从业人员达到260万人，占农村劳动力的30%；出口创汇额达到1亿美元。在这几项奋斗目标中，乡镇企业从业人员占农村劳动力的近1/3。

4.山西乡镇企业的改革

根据上述会议和文件精神，1988年到1989年初，全省狠抓乡镇企业的改革、管理和技术进步三件工作。

首先，狠抓改革。1988年到1989年初，全省乡镇企业以提高经济效益为中心，继续深化改革，大力推行了各种要素入股的股份制企业和联合、联营办厂，使企业主体多元化、管理社会化，增强了企业的群众性、民主性、独立性、竞争性。到1988年底，形成不同形式、不同规模、不同层次的股份制企业近3万个。全省乡村两级集体企业分别有70%和90%实行了"集体承包，厂长负责，超额分成，任期目标"的承包经营责任制。

其次，加强企业管理。1988年全省在乡镇企业管理方面重点抓了四个方面的工作：（1）在骨干企业中开展"三上三创"，即管理上水平、企业上等级、产品上质量和创优、创汇、创新活动。为此对厂长、经理和其他管理人员进行了多形式、多层次的教育培训。全年共举办了企业管理、会计财务、安全环保、专业技术等各种培训班250多期，培训6.5万人次。（2）推行了标准化生产，提高了标准覆盖率。在计量、标准、工商等部门协作配合下，骨干乡村集体企业采标率达85%。（3）以骨干企业为依托、名优产品为龙头，组成各种形式、各种规模的焦炭、食品、冶金、建材、造纸、玻璃器皿等多行业的企业集团和生产经营群体60多个。

第三，进一步推进了技术进步。1988年，全省乡镇企业着重通过技术改造，采用新技术、新工艺、开发新产品等办法，推进技术进步。全年筹措资金4.51亿元，安排技术改造、扩建、续建工程2149项，分别占到全省乡镇企业投资总额的66.5%和投资项目总数的63.3%，全年引进新技术项目299项，开发新产品100余种，共获农业部优质产品奖6个、省优质产品奖44个、省乡镇企业系统优秀产品102种，优秀产品数量比上年增加69种。

特别值得一提的是，出口创汇获得重大进展。全年出口创汇产品新增54种，出口创汇额达到5792万美元，比1987年增长81.9%，创汇额占到全省出口创汇总额的33%。在出口创汇方面已经"三分天下有其一"了。[1]

从1992年到1997年,省委、省政府先后多次召开全省乡镇企业工作会议,并制定和出台了《关于加速发展乡镇企业的决定》《关于加快我省30个贫困县乡镇企业发展的意见》《关于加快发展乡镇企业有关问题的意见》《关于进一步深化乡镇企业产权制度改革,加快推行股份合作制的意见》等,并采取了以下一些重大措施。

(1)不断深化改革,扩大开放。全省乡镇企业普遍推行了股份合作制改革。通过改革,使许多濒临倒闭的企业起死回生,一些效益较差的企业摆脱了困境。在对外开放方面,从1992年到1996年,全省乡镇企业累计引进省外、国外资金52亿元,仅1996年就达10.5亿元。利用外资,发展自己,已成为山西乡镇企业发展的重要手段。

(2)积极调整结构,提高经济效益。山西乡镇企业在产业结构上呈现出以煤铁采选为主的初级化、重型化特点,轻重工业比例大体是二八开,重工业内部高附加值的加工工业仅占30%。产品始终没有走出"傻、大、粗、黑"的路子。低初产品多,适销对路和走俏的高层产品少。为此,1992年7月,中共山西省委制定了贯彻中共中央关于进一步加强农业和农村工作的决定的实施意见,作出了调整乡镇企业产业结构、产品结构和组织结构的决定。

(3)建立激励机制,重奖有功之臣。为了推动乡镇企业的发展,中共山西省委、省政府实行了重奖政策。手段主要有"奖车

---

[1] 刘泽民、原崇信、梁志祥、张国祥主编:《山西通史·当代卷》(下),山西人民出版社2001年版,第923—928页。

子""奖帽子（提拔重用）""奖本子（办农转非户口）"等。通过这种激励机制，确实大大推动了乡镇企业的发展。1992年以后，山西乡镇企业出现超常规、跳跃式、高速发展的大好形势，主要表现是：

企业数量迅猛增加。1991年为43.5万个，1996年发展到70多万个，远远超过了国有企业的数量。

职工队伍急速扩大。1991年为251.2万人，1995年达到446.4万人，1996年达到450万人，占全省农村劳动力的47%。这是一个非常令人鼓舞的百分比。有近半数的农民通过发展乡镇企业这条大道变成了城市工人。

企业产值增大。1991年完成283.9亿元，1992年达到404.6亿元，比1991年猛增42.5%，确确实实实现了超常规、跳跃式的发展。1993年提前两年零三个月实现"八五"计划总产值翻两番的目标，迈上了500亿元新台阶。全年乡镇企业总产值达到708.2亿元，比上年增长75.03%。在全国的位次由1992的第16位上升到第14位。1994年再次保持迅猛发展势头，总产值达到1030亿元，增长45.4%，登上千亿元台阶，成为中西部乡镇企业大省。1995年完成总产值1544亿元，较上年增长40%。1996年实现总产值1756亿元，比上年增长25.3%。5年间，由原来的280多亿元，猛增至1700多亿元，这一发展速度是惊人的。

进口增多。1992年出口交货额完成5.7亿元，比1991年增长50%；1993年出口产品生产总值11.65亿元，比上年增长91.1%，出口产品交货值完成10.65亿元，比上年增长87.2%；1995年出口创汇28.1亿元，比上年增长64%。1996年出口交货值达到37.7亿元，比上年增长23.3%，占全省出口交货值的1/3。

税金逐年增加。1995年，入库税金达到22.08亿元，比1990年增长3.4倍，平均年递增34.5%。5年共缴入库税金达59.68亿元，加上乡镇企业到城市从事交通运输、建筑施工、饮食服务等第三产业上缴到城市的税金，乡镇企业5年中共上缴入库税金近70亿元，成为全省重要的财政支柱。1996年上缴国家税金23.57亿元，比上年增长17.1%，占到全省税收总额的1/5。

企业经营规模发展，一批企业集团正在崛起。据1995年的统计资料，全省乡镇企业营业收入1000万元以上的骨干企业达到380个，其中5000万元以上企业32个、亿元以上企业14个。年营业收入5亿元以上的清徐县赵家堡暖气片企业集团、阳泉荫营耐火材料集团、太谷胡村玛钢件集团、介休安泰焦化集团已成为全国同类产品中最大的或最主要的生产厂家。

形成了一批在全国有重大影响的工业基地。到1994年，新绛发展成为在全国有重大影响的织袜和钻石生产基地。全县拥有织袜机1200台，年产各类化纤袜近3亿双；钻石加工发展到1400家，年产值超亿元，产品辐射全国所有省、市和港、澳地区，并走出国门，开始走俏国际市场。[1]山阴县山西古城乳业集团有限公司在全国奶粉企业中占据了重要的一席之地，该厂生产的古城牌奶粉成为全国奶粉业十大名牌之一。到1995年，清徐、大同、阳泉、孝义分别发展成为全国产量最大的暖气片、活性炭、耐火材料、焦炭生产基地。[2]

总之，邓小平南方谈话后，山西乡镇企业已成为农村经济的重

---

[1] 靳新文主编：《新绛县志》，山西人民出版社1997年版，第4页。
[2] 温涌：《乡镇企业·概述》，《山西年鉴》，1996年版，第226页。

头、工业经济的半壁河山，为全省改革、发展和稳定起了不可替代的作用。但总的看，发展仍是低水平的扩大再生产，存在产业结构单一、产品初级化、名牌少、环保差的弱点。[1]1996年底，国务院明令取缔严重污染环境的15种小企业，山西被取缔7万个。[2]

（四）个体私营经济的发展

1.个体私营经济

一度时期，我国实行压制乃至取消个体私营经济政策，致使个体私营经济几乎灭绝。同全国一样，1978年前，山西的个体劳动者和个体经济已寥寥无几，全省城乡个体工商户仅存204户。[3]1981年11月，中共中央、国务院作出《关于广开门路，搞活经济，解决城镇就业问题的若干决定》，强调要重视发展个体经济。《决定》指出，要"按照国民经济的需要，适当发展城镇劳动者个体经济，增加自谋职业的渠道"[4]。

根据中共中央精神，山西认真抓了恢复和发展个体工商业的工作。

1980年11月21日至26日，中共山西省委召开了全省劳动就业会议。会议要求提高在国家统筹规划指导下，实行劳动部门介绍就业、自愿组织起来就业和自谋职业相结合的劳动就业方针，打破劳

---

[1] 刘泽民、原崇信、梁志祥、张国祥主编：《山西通史·当代卷》（下），山西人民出版社2001年版，第1077—1083页。

[2] 除注明出处者外，本资料和数据均来自历年版《山西年鉴》。

[3] 李文治：《1978年以来全省城乡个体工商户发展情况》，《山西年鉴》，1987年版，第150页。

[4] 《着重开辟集体经济和个体经济中的就业渠道——中共中央、国务院作出关于解决城镇就业问题的若干决定》，《山西日报》，1981年11月24日。

动力全部由国家大包的老做法,大力扶持集体经济,鼓励发展个体经济,广开就业门路,全省城乡个体工商户得到了较快的恢复和发展。1980年12月初,全省工商户发展到3000多户。[1]1982年12月,全省城乡有证个体工商户3.8万户,从业人员5.6万人。[2]

以太原市为例,1981年4月,全市共发展了1300多个个体工商户,安置了1000多名城镇待业青年。他们在街头巷尾、宿舍院落,搭棚设点、挂牌营业,从事各种商业、饮食、修理、服务工作,受到群众的欢迎。[3]

但是,人们还束缚于长期根深蒂固的"左"的观念。普遍认为,从事个体企业脸上不光彩,干个体不算正式就业,只是一种权宜之计。许多人宁愿在家待业,也不愿从事个体,这在一定程度上限制了个体工商业的恢复和发展。[4]

邓小平南方谈话以后,中共山西省委把发展个体私营经济作为振兴全省经济的一个战略重点,积极推动发展。1992年4月,山西省委、省政府制定的《关于进一步解放思想,加快改革开放,促进经济发展的意见》指出:各级党委和政府要把发展个体私营经济作为振兴全省经济的一个战略重点,统一思想,加强领导,放手发展。要认真贯彻落实党和国家的有关方针和省委、省政府1991年下发的《关于鼓励各级私营经济发展的若干规定》。要把个体、私营

---

[1] 罗贵波:《1980年12月28日在山西省五届人民代表大会第三次会议上的政府工作报告》,《山西日报》,1980年12月27日。

[2]《我省城乡工商业有了新发展》,《山西日报》,1983年5月23日。

[3] 冯艾平、孙怀宇:《动员各方量 广开就业门路 太原市四年安置待业青年15万》,《山西日报》,1981年5月2日。

[4] 刘泽民、原崇信、梁志祥、张国祥主编:《山西通史·当代卷》(下),山西人民出版社2001年版,第764—770页。

经济的发展,列入当地国民经济和社会发展规划,协调解决有关重大问题。

由于采取了鼓励私营经济发展的政策,全省个体私营经济得到了较快发展。1992年底,全省工商户达到42.82万户,从业人员74万人,自有资金27.98亿元,分别比1991年增长了27.27%、31.57%和33.02%。[1]全年总产值43.8亿元,销售总额和营业收入58.11亿元,分别比1991年增长了26.24%、28.87%,其中年缴税金3.9亿元,比1991年增长18.18%。[2]1995年,山西省私营企业协会组织部分私营企业家参加山西经贸考察团,分两批赴泰国、新加坡、马来西亚及澳门等国家和地区进行考察,扩大了私营企业家的视野和对外联系,标志着山西私企开始走出国门,与世界经济联系在了一起。[3]到1997年底,全省个体工商户发展到65.7万户,从业人员115.2万人,注册资金63.6亿元,全年总产值66.6亿元,销售总额和营业收入229.3亿元,社会商品零售额148.7亿元,分别比1992年增长53%、55.7%、130%、52%、390%和220%。[4]全省私营企业发展到2.14万家,比1992年增加近3倍;投资人数5.19万人,比1992年增加2.5倍;注册资金86.05亿元,比1992年增加9倍;生产总值48亿元,比1992年增加3.9倍;社会商品零售额31亿元,比1992年增加5.6倍。这表

---

[1] 李文治:《引导个体工商业健康发展》,《山西年鉴》,1992年版,第189页。

[2] 《1992年底山西个体工商业情况》,《山西年鉴》,1993年版,第147页。

[3] 刘泽民、原崇信、梁志祥、张国祥主编《山西通史·当代卷》(下),第1061—1068页,山西人民出版社2001年版。

[4] 李文治:《1997年山西省个体工商业登记统计表》,《山西年鉴》,1998年版,第164页。

明,山西进入私营经济又一发展黄金时期。

2.允许适度规模土地流转

家庭承包经营使用的土地制度是为解决温饱问题而设计的,缺陷是小农分散经营与社会化大生产的矛盾显露出来了。

1994年2月4日,中共山西省委、省政府制定的《关于进一步深化农村改革、加快农业和农村发展的主要政策措施》,作出了延长土地承包期和建立土地使用权流转制度的决定。同年2月21日,省政府下发《延长土地承包期、允许土地使用权有偿转让的实施办法》。规定:

(1)原耕地承包期到期后,再延长30年不变。贫困山区和边远山区可延长50年不变。拍卖和承包给农民开发的荒山、荒坡、荒沟、荒滩使用权100年不变。

(2)延长承包期后,要由县人民政府发给承包户土地使用证书。

(3)在耕地承包期内对承包户实行"增人不增地、减人不减地"的办法。今后不允许因人口变化而采取行政手段频繁地调整土地,在规定承包期内农户承包土地的数量和地块都要加以稳定。

(4)在二、三产业比较发达,大部分劳动力转向非农产业,并有稳定收入的农村,可以从实际出发,尊重农民意愿,对承包土地作必要的调整,积极发展适度规模经营和集约经营,提高经济效益和现代化水平。

(五)农产品交易方式的变化

我国农产品交易方式经历了新中国成立初期的统购统销、改革开放初期的价格双轨制、1992年实行社会主义市场经济后开始的市场化进程。

1. 新中国成立初期的统购统销

新中国成立初期，随着大规模经济建设，出现全国性的粮食供需矛盾。为了避免粮市的投机行为，稳定粮价，1953年10月，中共中央决定，在农村实行粮食征购，在城市实行粮食定量配售，即粮食的计划收购和计划供应，简称统购统销。10月16日，中共中央正式作出《关于实行粮食统购统销的决议》。11月19日，政务院发布了《关于实行粮食的计划收购和计划供应的命令》。12月初开始，全国城乡（除台湾、西藏外）开始实行粮食统购统销政策。具体内容包括：第一，在农村向余粮户实行粮食计划收购；第二，对城市居民和农村缺粮户实行粮食计划供应，即定量配售；第三，国家对粮食市场实施严格控制，对私营粮食工商业进行严格管理，并严禁私商经营粮食购销；第四，在中央统一管理下，实行由中央和地方分工负责的粮食管理政策。与此同时，中共中央于1953年11月15日作出"计划收购油料、食油计划供应"的决定；此后，又于1954年9月实行了棉花的计划收购和棉布的计划收购与供应，并且城乡开始凭布票供应棉布。

2. 统购统销后的负面影响

统购统销实施以后，国家收购的应当是农民的余粮，但基层执行征收时，把农民的口粮、种子、饲料收购走了。超过余粮部分称为"过头粮"。由于征"过头粮"，不得不再"返销"给农村。每年返销给农村的粮食中征购粮比重达38.9%到49.3%。

统购统销政策下的百姓没有粮票，连一碗粥都买不到，难以自由迁徙。社会立即分为吃"商品粮"与吃"农业粮"两大阶层，因二元户籍制度，农民和城市都是"世袭"的，农民很难变成城里人。

不仅粮食，统购统销还扩大到棉布、油料等日常生活用品，把人民生活的各个方面纳入计划。于是粮票诞生了。它代表着政府对每个城市居民粮食配给的数量。当时在城市，如果没有粮票，无法买到一碗粥、一个馒头、一两点心……农民进城，只能准备充足的干粮。若要出省，全国粮票更难得，就是城里人想领取全国粮票也要单位开"出差证明"，农民是想都不敢想，这使他们的活动范围受到严格限制。[1]

在"文革"10年间，票证的种类达到顶点。从鸡、鸭、鱼、肉到烟、酒、糖、瓜子、花生、粉丝……从自行车、缝纫机、座钟、大立柜到线袜、尼龙袜、卫生纸、打火石、火柴、肥皂、灯泡、线团……许多东西只有在年节才有供应，不仅限量，而且"限时，过期作废"；即便是票证规定的东西，也只有京、津、沪才能保证供应，其他许多地方连票证规定的东西都不能保证供应。

3.统购统销退出历史舞台

1984年中共中央1号文件指出，要随着生产和市场供给的改善，继续减少统派购的品种和范围。到1984年底，统派购品种从1980年的183种减少到38种（其中24种是中药材）。[2]实行了32年的统购统销开始瓦解。

1985年，国家不再对农村下达指令性的收购计划。而是采用"合同定购"的方式来收购国家需要的粮食。这年底，中央提出了"逐步缩小合同订购数量，扩大市场议购"的新方针。1992年底，全国844个县（市）放开了粮食价格，粮食市场形成，统购统销才真

---

[1] 海波：《统购统销》，《档案天地》，2008年第11期。
[2] 杨继绳：《邓小平时代》，中央编译出版社1998年版，第207页。

正退出了历史舞台。

4.改革开放初期的"价格双轨制"

鉴于统购统销在新中国经济建设过程中所发挥的重要作用,对其进行改革直至取消经历了一个循序渐进的过程。首先,是在不触动计划经济体制的前提下,大幅度提高农产品收购价格。1978年12月,中国共产党第十一届三中全会原则上通过了《中共中央关于加快农业发展若干问题的决定(草案)》,规定粮食统购价格从1979年夏粮上市起提高20%,超购部分在此基础上再加价50%。棉花、油料、糖料、畜产品、水产品、林产品等其他农产品的收购价格也分别视情况逐步作相应的提高。农业机械、化肥、农药、农用塑料等农用工业品,在降低成本的基础上逐步降低出厂价格和销售价格,基本做到让农民获得降低成本所带来的益处。其次,有限度地调整统购统销政策,在坚持"计划经济为主,市场调节为辅"的范围内,对农产品购销体制进行逐步改革。1982年1月1日,中共中央批转了《全国农村工作会议纪要》(1982年1号文件),对农副产品统购销制度改革作了原则规定;1982年12月31日,中共中央政治局通过《当前农村经济政策的若干问题》(1983年1号文件),提出调整农副产品购销政策的具体措施;根据国务院关于调整农副产品购销政策规定的基本精神,商业部作出《关于完成粮油统购任务后实行多渠道经营若干问题的试行规定》,对统购派购政策作出了较大的调整。再次,对统购统销进一步变革。中共中央发布的1984年1号文件(《关于一九八四年农村工作的通知》)再一次提出,遵循"计划经济为主、市场调节为辅"原则,继续调整农副产品购销政策。具体规定:"要随着生产的发展和市场供应的改善,继续减少统派购的品种和数量。鲜活产品要尽量放活，要有合理的季节差价、地区差价，以便活价促产，减少腐烂损耗；为保证出口和大城市供应，可以试行建立专门的生产基地或用平价生产资料换购。三类产品和统派购任务外的产品价格要真正放开，允许国营商业、供销社按合理的进销差率灵活掌握购销价格，以便参与市场竞争和调节。"最后，统购统销政策取消和"双规制"产生。1985年，中央1号文件明确取消了实施32年之久的农产品统购统销政策，提出国家对农民实行粮食"合同定购"制度。政府根据确定的价格收购确定的数量，剩下的农民可以根据自己的意愿进行销售。统购统销政策的取消一方面标志着国家和政府向发展农村经济、扩大市场调节迈出重要的一步，另一方面也预示着农产品交易方式的重大变革。价格双轨制的实施。1985年，夏收时的粮食歉收导致粮价上涨，大城市和缺粮区出现了抢购粮食现象，进而导致合同定购制度的实施遇到困难。秋粮上市以后，国家不得不实施一种过渡体制，即"尽管市价上涨，但还是按照合同价收购。在完成合同收购之后才允许进行市场交易"，也就是"一个合同制，一个议价制，议价按市场，平价按合同"，这被称为"双轨制"。鉴于当年的形势，虽然政府明确取消了农产品统购统销政策，采取了粮食的合同定购制度，但是传统的农产品统购统销制度未被完全打破。"合同制"和"议价制"并行，农民只有在完成合同定购任务之后，剩余的粮食才可以进入市场自由销售。

八种主要副食品提价后，为保证市场物价基本稳定，中共中央和国务院还决定，粮食、食油、棉布、食糖和市场销售的煤等人民生活的基本必需品，销售价格不作变动。经营这些商品造成的亏损，由国家财政补贴。

与此同时，中共中央、国务院还决定给每个职工（包括退休职工和学徒）每月补贴5元。在纯牧业县（旗）工作的职工，因为肉类消费水平较高，每月补贴8元。[1]中共中央、国务院还决定从1979年11月份起给全国40%的职工升级，增加工资。[2]这次调资是继1977年和1978年两次调资之后的又一次较大范围的调资，受到了广大干部职工的欢迎。

中共十二大后，山西对实行了30多年的农产品统购派约制度进行了改革。这一改革增加了农民收入，活跃了市场，满足了人民群众多种多样的需求。[3]

1985年1月1日，中共中央、国务院发出《关于进一步活跃农村经济的十项政策》，决定改革农产品统购派购制度。文件指出："从今年起，除个别农产品外，国家不再向农民下达农产品统购派购任务，按照不同情况，分别实行合同定购和市场收购。""粮食、棉花取消统购，改为合同定购。由商业部门在播种季节前与农民协商，签订收购合同。""定购以外的粮食可以自由上市。""定购以外的棉花也允许农民上市自销。""生猪、水产品和大中城市、工矿区蔬菜，也要逐步取消派购，自由交易，随行就市，按质论价。"

---

[1]《中共中央、国务院联合发出通知，今起提高8种主要副食品销售价格》，《山西日报》，1979年1月11日。

[2]《中共中央、国务院联合发出通知，从11月起全国40%职工升级，增加工资》，《山西日报》，1979年11月1日。

[3] 刘泽民、原崇信、梁志祥、张国祥主编：《山西通史·当代卷》（下），山西人民出版社2001年版，第740—743页。

根据中共中央、国务院《关于进一步活跃农村经济的十项政策》的精神，山西对农产品统购派购制度进行了改革。经过改革，使广大农民在有了生产的自主权后，又有了产品交换的自由权，从而获得了商品生产者的地位，推动了农村商品生产的发展和农业生产的发展。这一改革使农村、农民和农业生产向市场化迈进了一大步。[1]

根据中共十三大精神，山西在价格体制的改革方面又迈出了新步伐。1988年，山西按照国家的统一部署，放开了肉、蛋、菜的价格，完全由市场调节，同时，增加了对职工的物价补贴，随工资发放。随后，又放开了名烟名酒价格，调整了部分高中档卷烟和粮食酿酒的价格。

与此同时，1988年，山西在粮食购销体制改革上也迈出了较大的步子。改革是在1979年提高粮食收购价格基础上进行的。1979年提高粮食收购价格的结果，增加了农民收入，提高了农民的生产积极性，但是，由于在提高收购价的同时，向城镇居民的供应价格未作调整，继续维持低价供应，就出现了价格倒挂，倒挂部分由国家补贴，这种补贴，后来被称为暗补。于是1988年进行了粮食购销体制的改革。

1988年3月，根据国务院《关于做好当前粮食工作的通知》，结合山西的实际情况，省政府制定了山西省1988年至1990年粮食收购、销售、调拨及财务包干实施方案。其主要内容是：

（1）坚持合同定购，实行收购包干。国家向农民合同定购粮

---

[1] 刘泽民、原崇信、梁志祥、张国祥主编：《山西通史·当代卷》（下），山西人民出版社2001年版，第819—820页。

食,各地、市向省承包收购粮食的任务。1988年至1990年,省对全省各地、市粮食收购包干任务为9.5亿公斤,其中合同定购粮为8亿公斤。为增加农民收入可以用议价收购2亿公斤抵顶平价部分。农业税征粮由2.15亿公斤核减为1.5亿公斤。如完不成合同定购任务,由地市买议价粮补齐。

(2)粮食销售包干。从1988年4月1日起,平价粮食销售,只保证非农业人口每月28斤以下的基本口粮,部队用粮、大中专学生现行定量标准口粮。省辖五市及各行署所在地菜农口粮、猪饲料用粮,按指标按比例平价供应。对工种粮、糕点、副食酿造、城乡饲料、各项补助粮、农村供应粮全部放开,改为议价供应和市场调节。工种粮改为议价销售后,平议差价款,由职工所在单位给予补贴(这种补贴后来被称为明补),企业列入成本,行政事业单位从经费中开支。

(3)粮食调拨包干。各地、市收购包干数与销售包干数的差额为粮食调拨包干数。购大于销的部分为调出包干数,销大于购的缺额为调入包干数。年度、季度的数量、品种调拨计划由省统一安排。完不成调出计划的,由调出地、市购买议价粮食补足,差价款由调出地、市财政负担。调入地市的调入包干数,除省安排调入现粮外,不足的由省安排"议转平"解决,"议转平"的加价款和差价款由地、市包干使用,超支不补,节约归地、市。

(4)财务包干。平价粮油的定购、销售、调拨、库存费用及政策性价格补贴,由省财政厅和粮食局共同包给地区行署或市政府。多购少销的粮油好处,归地、市自行支配。少购多销增加的开支,由地、市负担。

这次改革取得明显的成效。1988年，粮食合同定购包干完成99.26%，其中议价抵平价完成2亿公斤。农民可增加收入4439万元。平价粮食销售较上年减少5.8亿公斤，较中央包干山西省的指标少销5亿公斤，减少财政支出1亿多元。

改革后，粮食收购用平价、议价两种价格，粮食销售也用平价、议价两种价格，所以出现"双轨制"，导致"官倒"的产生和人民的不满。这一状况在1992年邓小平南方谈话后进一步的改革中被消除。[1]

(5) 供销合作社。新中国成立后，中共一直把发展合作社作为促进农村经济发展、解决农民问题的重要方面，切实给予引导、支持和推动。1949年11月，成立了中央合作事业管理局，主管全国合作事业。

1950年7月，召开了中华全国合作社工作者第一届代表会议，通过了《中华人民共和国合作社法（草案）》《中华全国合作社联合总社章程（草案）》等重要文件，成立了中华全国合作社联合总社，统一领导和管理全国的供销、消费、信用、生产、渔业和手工业合作社。

1954年7月，召开了中华全国合作社第一次代表大会，修改了社章，将中华全国合作社联合总社更名为中华全国供销合作总社，建立了全国统一的供销合作社系统。

1958年以后，供销合作社的发展经历了一个曲折的发展时期，与国营商业两次合并，后又两次分开。

---

[1] 刘泽民、原崇信、梁志祥、张国祥主编：《山西通史·当代卷》（下），山西人民出版社2001年版，第909—911页。

1982年，在机构改革中，全国供销合作总社第三次与商业部合并，但保留了全国供销合作总社的牌子，设立了中华全国供销合作总社理事会，保留了省以下供销合作社的独立组织系统。

从1982年到1988年，先后进行了恢复"三性""五突破""六个发展"三个阶段性改革。进入90年代，又进一步探索向综合性农业服务组织发展新路。

1995年2月，党中央、国务院根据建立社会主义市场经济体制和深化农村改革的要求，从农业、农村经济发展需要出发，在总结供销合作社过去改革和发展经验的基础上，作出了《关于深化供销合作社改革的决定》（中发［1995］5号），明确了供销合作社的性质、宗旨、地位和作用，并决定恢复成立中华全国供销合作总社，提出了支持供销合作社改革发展的若干政策措施。

供销合作的发展分为四个阶段：1949年至1957年是在全国范围内建立为农服务的供销合作社系统的组织创设阶段。1958年至1981年是全面集体化背景下的艰难前行阶段。1982年至1994年是回归合作经济组织的探索成长阶段。1995年至今是供销社公司制企业与合作制企业融合共生的全新发展阶段。

1993年11月，中共十四届三中全会通过了《关于建立社会主义市场经济体制若干问题的决定》，其中要求"各级供销社要继续深化改革，真正办成农民的合作经济组织，积极探索向综合性服务组织发展的新路子"。1995年2月，党中央、国务院作出了《关于深化供销合作社改革的决定》（中发［1995］5号），明确了供销合作社的性质、宗旨、地位和作用，并决定恢复成立中华全国供销合作总社，提出了支持供销合作社改革发展的若干政策措施。

1999年，国务院发出又一个5号文件《国务院关于解决当前供销合作社几个突出问题的通知》）。根据1995年和1999年两个5号文件，全国供销总社提出并实施了"四项改造"，即以参与农业产业化经营改造基层社，以实行产权多元化改造社有企业，以实现社企分开、开放办社改造联合社，以发展现代流通方式改造传统经营网络。

2009年11月，国务院发布《关于加快供销合作社改革发展的若干意见》，要求加快推进供销合作社现代流通网络建设，推动社有企业参与农业产业化经营。供销合作社具有联系农民、产业众多、熟悉市场的综合优势，有条件的社有企业都要积极参与农业产业化经营。引导社有企业与农户结成更紧密的利益关系，为生产者提供全方位服务，把更多的利润返还给农民。依托农民专业合作经济组织，按照标准化生产的规范，加快建立水平较高的优质农产品基地，引导农民发展集约化、规模化生产。加快技术含量和附加值高的产品开发，拓展国内外市场，提升农产品竞争力。支持社有企业参与国家农业产业化、标准化示范、农业技术研发推广等项目，加大对农业综合开发供销合作社项目的支持力度。做大做强社有企业。调整优化社有资本布局，促进优势资源向骨干企业集中。推进企业并购重组，加快纵向整合和横向联合，着力在农资、棉花、农副产品、日用消费品、再生资源等领域培育一批主业突出、市场竞争力强、行业影响力大的企业集团，增强供销合作社为农服务实力。拓展社有企业经营范围和服务领域，促进工农产品双向流通、城乡产业紧密融合。支持社有企业参与"万村千乡"和"双百"市场工程以及农超对接、家电下乡、以旧换新等工作，鼓励社有企业积极利用农村物流服务体系发展专项资金、服务业发展专项资金、中小商贸企业发展专项资金开拓农村市场。

2015年4月,《中共中央国务院关于深化供销合作社综合改革的决定》发布。供销合作社综合改革拓展经营服务领域,更好地履行为农服务职责,推进供销合作社基层社改造,创新供销合作社联社治理机制,增强服务"三农"实力。

三、成功经验

（一）党中央、国务院及各级党委、政府对三农的高度重视是农业发展的前提基础。从集体经济时的以粮为纲、全党大办农业,到改革开放后连续数年中央1号文件,实施退耕还林还草无不如此。

（二）坚持农村统分结合的基本经营制度不动摇,发展壮大集体经济,夯实党在农村各项政策的根基。

（三）坚持尊重农民的首创精神,不断解放农村生产力,调动广大农民的生产经营积极性。

（四）坚持市场化、专业化、利益化的改革取向,促进农村各种所有制经济共同发展。

（五）坚持统筹城乡经济社会发展,逐步改变城乡二元结构,建立健全"以工促农、以城带乡、以商活农、以煤补农"的长效机制。

（六）坚持从山西农村农民的实际出发,坚定不移地把党和政府兴农、惠农、富民政策落到实处。

（七）坚持加强农村基层组织建设,强化党在农村的执政基础,不断推进基层民主和法制建设,全面夯实农村基层基础工作。

（八）坚持精准扶贫，"分层移民，分类指导"原则，确保扶贫移民"移得出，稳得住，能致富"。

存在的问题：

（一）农民工和留守妇儿问题。

（二）城镇化进程中城中村改造和农村征地拆迁问题。

（三）一些农村基层组织程度不同地存在软弱、涣散、瘫痪状况，个别村庄家族、村霸、宗教黑恶势力死灰复燃，利益关系、经济纠纷、土地征占矛盾日趋尖锐。

（四）"统分结合"的双层经营体制中"分"的优秀性发挥较好，但是"统"的功能没有得到很好的发挥，集体经济"空壳村"工作艰难。

（五）由于计划经济时期长期靠农业统筹，农民利益无偿付出，使得农村基础设施滞后，经济实力薄弱。农村真穷、农民真苦的局面没有彻底改变。

（六）农业基础弱、社会化服务体系差，新农村建设资金匮乏，人才大量流失，新型有知识、懂技术的劳动力不足，制约和影响着农业的发展和农村面貌的改变。

（七）农产品价格受社会物价和农资、化肥、地膜价格不断上涨的影响，价格仍然偏低，严重影响了农民种粮的积极性、主动性。

（八）基层组织建设、公共医疗服务等不能很好满足农村经济社会发展的需求，城乡差距由于户籍、上学、就业政策不太配套，农民工进城打工转移与权益保障滞后的矛盾突出。

（九）一些基层党组织和党员干部，宗旨意识差，履行全面从严治党"两个责任"不够到位,黑恶势力存在,肃清基层腐败任重道远,形式主义、官僚主义依然存在。

四、前景展望

山西是黄河流域农耕文明的摇篮,传统农业历史悠久,小杂粮和旱作农业闻名全国。但扶贫攻坚的任务十分艰巨。各级干部必须密切联系人民群众,扑下身子真抓实干。

(一)选好配强农村党支部书记仍是重中之重

改革开放以来,在农村党支部书记的选配方面,山西经历了一系列发展变化:河曲"两票制"→晋中四议五公开→县乡村三级联创(党建先进县)→整顿软、散、瘫后进支部→党员定点包扶→大学生村官→第一书记。1989年根据《中共中央关于加强党的建设的通知》(中发[1989]8号)和中共十四届四中全会《关于加强党的建设几个重大问题的决定》,省委先后下发了《关于加强农村基层党组织建设的意见》《中共山西省委贯彻〈中共中央关于加强党的建设几个重大问题的决定〉的实施意见》,要求各级地方党委重点抓好农村后进党支部的整顿,不断强化高校、企业、机关、街道党的建设,整体推进基层党组织建设。按照中央和省委的要求,全省各级党组织围绕农村党支部"五个好"(好班子、好队伍、好体制、好路子、好制度)、乡镇党委"六个好"(好班子、好队伍、好路子、好制度、好作风、好格局)目标,以责任制为手段,以创建党建先进县活动为载体,不断加强乡村两级组织建设。1990年到1994年,全省先后7批抽调10万余名机关干部驻村帮助整顿后进党支部,农村后进党支部由6000个减少到3000个,后进党支部比例由18.9%下降到10%。党的十四届四中全会后，省委作出了"规划三年、抓紧当年、力争提前"的规划，对全省农村基层党组织提出"整顿三千，建设三万"的总体安排，当年进驻1942个村帮助整顿。1996年，平陆县发生村霸欺压农民的"前村事件"，引起了省、地党委的高度重视，省委抓住这个典型案件，举一反三，围绕"由谁掌权，为谁掌权，怎样用权"的问题，又开展了半年集中整顿。全省各地采取原平市"乡乡照镜子，村村过筛子"的办法，通过乡村自查、派人调查、信访排查、问卷调查及设置举报电话、举报箱的方式，揭出有突出问题的重点乡镇155个、重点村2726个。经过三年整顿和半年集中攻坚，全省3000个后进支部有2894个得到转化。全省共调整乡镇党政一把手207人，处分49人；调整村支书、主任4780人，处分785人，其中开除党籍和撤销职务266人，判刑24人。

为了充分发挥县乡党委在农村基层组织建设中的主体作用，各地整顿中普遍实行党建目标责任制，地、县、乡、村四级书记层层签订责任状。1993年初，省委组织部会同省委有关部门联合下发《关于开展创建党建先进县（市、区）试点工作的意见》，并选定14个县作为首批试点。1995年，省委制定并印发《县（市、区）委抓好基层党组织建设责任制及考核奖惩办法（试行）的通知》（晋发［1995］24号）。责任制突出了"三定"：一是职责定位，二是工作定标，三是考核定性。要求县（市、区）委必须立足本地实际，研究决策关系全局的重要问题；注重典型示范，抓点带面，实行分类指导；统筹职能部门，形成抓基层党组织建设的合力；加强督查考核，健全整优罚劣的竞争激励机制。考核在年底进行，由地、市委组织，省委派人参与并抽查。此后，基层党建先进县创建活动全面铺开，1996年底，省委及时将活动上伸到地市，下延到乡村，形成了地县乡村四级争创、整体推进的机制。全省先后分3批命名4个县（市、区）为基层党组织建设先进县，有100个乡镇党委、1000个农村党支部受到表彰。这项工作有力地推动了农村两个文明建设，农民人均纯收入由1994年的884元增加到1998年的1738元。中组部于1996年下发《关于印发山西省委开展创建基层组织建设先进县活动经验的通报》。

为了从制度上扭转过去前整后滑、屡整屡瘫的状况，山西省在"有人管事，有钱办事，有章理事"上下功夫，着力解决一些村长期存在的决策不民主、村务不公开、办事不公道导致农村干群关系紧张，农民集体上访等问题，1992年11月，省委组织部会同省直有关部门召开全省依法治村、民主管理工作座谈会，总结推广晋中地区"两议五公开"经验。同年，忻州地委总结推广河曲县"两票制"选举农村党支部班子的经验。进入21世纪，按照中组部的决策，山西连续三年派出5万名大学生村官。党的十八大后，随着群众路线教育实践活动的展开，按照习总书记关于加强农村基层党组织建设的指示，机关大批第一书记进村工作，整后扶贫一肩挑，探索符合党意民心的选人用人发展新机制。

（二）必须发展壮大农村集体经济，振兴乡村

集体经济是增强农村党支部凝聚力、战斗力的物质基础，是加强乡村基层党组织建设的重要前提。综观新中国成立70年来山西农村的发展变化，可以说计划经济时期统得过死，但村级集体经济有了一定的基础，涌现出大寨、西沟、贾家庄等一批先进典型。1987年，山西农村集体经济由1976年的22.4%上升到34.6%。实行联产承

包责任制后，分得彻底，统得不够，在统分结合的经营体制中，统这一层薄弱，集体资产减少，水利设施损坏，农民的集体主义意识日渐淡化。全省约有60%左右的集体经济薄弱村、30%多的集体经济空壳村，严重影响到村级基层党组织的作用发挥，影响到农村的发展稳定和党的执政基础，所以，必须发展壮大集体经济。一是各级政府财政要拨出专项资金帮助广大农村恢复发展集体经济，在集体经济"千村破零"的基础上逐步发展，培植村级集体经济的实力。二是继续选派机关德才兼备的优秀干部去瘫痪、软弱、涣散的农村担任第一支部书记，整顿村级组织，整后扶贫一肩挑，带领广大村民发展集体经济，逐步迈向富裕小康。三是结合新农村建设，不断发展村级企业，壮大集体经济，结合各地实际，因地制宜，一村一策，组建各种形式的专业合作社。四是加大政策宣传教育力度，培育农民的集体主义观念意识，逐步克服等、靠、要等落后意识，增强农民发展集体经济的主体意识和自力更生的精神。

（三）必须精准施策，对症扶贫

全国14个集中连片特困地区中，山西吕梁、太行2个；全省119个县中，有58个贫困县，36个是国家扶贫开发重点县。分布在西部吕梁山黄土残垣沟壑区、东部太行山干石山区和北部高寒冷凉区三大区域。这些地方生态环境脆弱、产业发展滞后、基础设施薄弱、公共服务欠缺，农村劳动力生产技能不足，是贫中之贫、困中之困，是最难啃的硬骨头。目前全省7993个贫困村，占行政村总数的28.3%，还有232万农村贫困人口，占农村人口总数的9.6%，贫困人口数量和贫困发生率分别排全国第11位和第9位。贫困地区农民收入只有全省平均水平的64.3%，全国平均水平的53.2%。其中，58个贫困县还有10个深度贫困县、3350个深度贫困村,到2020年确保农村贫困人口实现脱贫,贫困县全部摘帽,面临的脱贫攻坚任务还十分艰巨。其特点:一是经济上的贫困落后和生态脆弱相互交织;二是能够带动农民增收的产业发展不强;三是基础设施滞后,公共服务缺乏;四是致贫原因复杂,尤其是内生动力不足。

从扶贫对象建档立卡"回头看"数据看,全省贫困户主要致贫原因中,因病因残致贫占31.7%,因学致贫占4.8%,因灾致贫占3.4%,缺劳力缺技术致贫占25.7%,缺生产发展资金致贫占24.4%,还有10%左右的贫困户属于其他原因致贫。此外,更重要的是精神的贫困和志向的贫困,有不少贫困人口"靠着墙根晒太阳,等着别人送小康",存在"等、靠、要"依赖心理,缺乏依靠自身努力脱贫致富的信心和长远规划。

各级干部必须在思想上、行动上坚持以扶贫攻坚、乡村振兴统揽农村经济社会发展全局。坚持生态优先,把脱贫攻坚与加快多元产业发展有机紧密结合。因村施策,两手齐抓,坚持产业扶贫与社会保障兜底紧密结合。内外齐动,坚持激发内生动力与外部帮扶力度紧密结合。两轮驱动,坚持鼓励改革创新与强化制度约束紧密结合。

(四)农产品电子化和期货交易是必然发展趋势

我国农产品期货市场的建立最早萌芽于清代祁县走西口的乔贵发独创的买树梢。进入20世纪90年代,我国的粮食期货以郑州粮食批发市场的成立为标志。在其后20余年的发展中,粮食期货经历了几次清理整顿。从期货交易起步之初到1993年下半年,由于缺乏统一管理、受部门和地方利益的驱动,各地纷纷创办了期货交易所和期货经纪公司,市场秩序混乱,风险频发。为遏制期货市场的盲目发展，国务院于1993年底要求对期货市场进行清理整顿。因此，自1994年开始，中国证监会对期货交易所进行了全面的审核，并对各类期货经纪公司重新审核。到1995年，15家试点期货交易所获得批准，进行交易。1998年8月再次进行清理整顿，国务院批准大连商品交易所、上海期货交易所和郑州商品交易所继续进行期货试点。同时，批准上市的农产品期货分别是大豆、豆粕、籼米、小麦、绿豆、红小豆、花生仁等，但是，实际进行交易的品种仅为大豆、豆粕和小麦。目前，我国期货市场上市了20个农产品期货品种，占已上市商品期货品种总数近一半。1999年6月2日，国务院颁布了《期货交易管理暂行条例》，此后，与之相配套的《期货交易所管理办法》《期货经纪公司管理办法》相继实施。从而进一步加强了对期货市场的监管。2000年12月19日，中国期货业协会的成立标志着期货市场三级监管体系的形成，我国期货市场开始步入规范发展的阶段。

"混合型"的交易方式在未来相当长一段时间内会成为我国农产品交易方式的主流。主要表现为：

（一）拍卖方式逐步引入，将促进批发市场的发展。

（二）期货交易市场发展空间巨大，作为我国农产品交易方式的重要组成部分，期货市场所发挥的作用不容忽视。

（三）农产品交易的电子化是必然趋势。电子商务的介入使农产品交易从传统形式发展到网络形式，使交易关系突破时间和地域的限制，延伸至网络所及之处。

目前，我国已经形成了由政府涉农网站（如农业部网站、商务部网站、供销合作社网站）、期货网上交易平台、大型网上交易平台、网络批发交易市场平台、实体交易市场网络平台、零售网站构成的多层次性的电子商务网络体系。多种形式的农产品电子交易形式也不断涌现。具体包括：企业之间的电子化交易（B2B模式），即在农产品加工企业与产地市场批发商之间，农产品加工企业与销地市场批发商、零售商之间，产地市场批发商与销地市场批发商、零售商之间，销地批发商与零售商之间交易的电子化。例如，作为第三方平台的深圳农产品交易中心年交易规模已经达到200亿元，占农产品公司实体批发市场交易额的20%左右；北京新发地批发市场在2010年也已经成立了农产品电子交易中心。零售交易电子化（B2C和C2C模式），即农产品供应商和消费者之间借助于网络完成与农产品交易相关的所有环节（B2C），单个农户与消费者之间通过网络完成农产品交易（C2C）。同时也出现了众多的生鲜农产品网络零售公司，如易果网、1号店、顺丰优选、菜管家等；而2013年，在阿里平台注册地址为乡镇的农村卖家约为72万家；淘宝网卖家为37.79万家，比2012年增加了45%。收购环节交易电子化（C2B模式），即农户生产者通过网络将农产品销售给加工企业、批发商或零售商。农户借助网络平台将自己生产的农产品进行展示或者与第三方电子商务运营商合作，发布自己产品的信息，以联系加工企业、批发企业和零售企业，实现销售。

专题三　脱贫攻坚与乡村振兴

贫困与发展是当今世界所面临的两大主题。消灭贫困与加快经济发展也是中国政府和人民一直奋斗的伟大目标。新中国成立以来，山西各级党委、政府带领全省3800万人民为摆脱贫困、走向富裕进行了持续不懈的努力，取得了显著的反贫困成就。

一、重大成就

（一）农业农村生产、生活基础设施明显改观

据不完全统计：20世纪90年代末，山西贫困地区新修改扩建县、乡、村公路1.18万公里；新增通电村庄2373个，新增用电人口45.3万人；新建人畜饮水工程3484处，新解决了3600多个自然村、135万人和23万头大牲畜的吃水问题；新解决了3260个行政村的通话问题；新建和维修校舍220多万平方米，改造土窑洞教室3.7万间，新建学校3537所，救助失学儿童2万多名，大大缓解了贫困山区上学难的问题；建设改造中心卫生院424所，新建医疗站（所）2700多个，装备了大批仪器设备，使贫困地区卫生条件得到初步改善；扶贫移民搬迁8万人，撤销山庄窝铺860个。到1998年末，山西50个贫困县中，自来水受益村达到4968个，通汽车村达到13627个，通电话村达到432个，通电村达到14201个，依次占到贫困县行政村总

数的33.8%、92.8%、41.2%、97.8%，贫困地区基本实现了镇通油路、乡通公路、村通机动车，所有的乡镇以及92%以上的村通了电，绝大多数群众的吃水和牲畜饮水得到了有效解决，基本扭转了贫困地区交通闭塞、生计难系的窘迫局面。

2009年初，山西省提出用两年时间实现"五个全覆盖"，即具备条件的建制村通水泥（油）路全覆盖，中小学校舍安全改造全覆盖，县乡村三级卫生服务体系特别是村级卫生室全覆盖，村通广播电视全覆盖，农村饮水安全全覆盖。"五个全覆盖"工程重点是贫困地区，受益主体也是贫困群众。到2010年，山西省共投入300多亿元，农村"五个全覆盖"工程全面完成，使全省农村基础设施和环境面貌焕然一新，农民的生产生活条件明显改善。

2011年6月，山西省新的"五个全覆盖"工程正式启动，山西省决定再投入300亿元，用两年时间对13.68万公里农村街巷进行硬化（其中农村主街道8.38万公里、农村巷道4.39万公里、农村通户道0.91万公里）；建设10354个行政村便民连锁店；为21239个行政村配备农家书屋，为5354个行政村建设体育健身场所，为4383个村配送价值5000元的文化活动器材；对职业高中（含职业中专）、"送教下乡"、普通中专学校和技工学校全部在校生免学费；将115个农业县（市、区）全部纳入新型农村社会养老保险试点，从而实现山西省农村街巷硬化、便民连锁商店、文化体育场所、中等职业教育免费、新型农村社会养老保险的全覆盖，这必将进一步改善贫困地区群众的生产生活条件，进一步促进贫困地区的经济发展和社会进步，有效支持和配合了全省扶贫工作的深入开展。

十八大以来的五年，山西农村民生实施"五件实事"工程、全面启动农村人居环境改善"四大工程",美丽乡村建设取得显著成效。完成农村公路建设改造12307公里,解决了349万农村居民饮水安全问题,改扩建农村幼儿园4073所,建设农村社区老年人日间照料中心3600个,启动23.35万户、66.47万人的采煤沉陷区治理搬迁,15000户农村地质灾害治理搬迁,44.7万人易地扶贫搬迁,完成41.29万户农村危房改造和3万户农村住房抗震改建工程。继续推进完善提质、农民安居、环境整治、宜居示范四大工程,2018年再启动4000户农村地质灾害治理搬迁工程和23.1万人易地扶贫搬迁。深入开展农村环境集中整治,扎实推进农村生活垃圾治理、综合污水利用行动,启动50个县农村垃圾治理示范工程和一批农村污水综合治理项目。

(二)农业生产条件大为改善

1994年到1998年之间,山西贫困县每年新增基本农田50万亩,到1998年,贫困县新增机修梯田155.52万亩,新开发耕地37.73万亩;新增水浇地38.54万亩;发展经济林360万亩;推广地膜覆盖500多万亩次。到1998年山西50个贫困县人均基本农田达到1.7亩,人均经济林1.4亩。1998年与1978年相比,全省50个贫困县农村用电量由2.18亿千瓦时增加到10.92亿千瓦时,增长4倍;有效灌溉面积由317万亩增加到350万亩,增长10.4%;农业机械总动力由118万千瓦增加到305.5万千瓦,增长1.6倍,机耕地面积由783.2万亩增加到859.5万亩,增长16.5%;农用化肥施用量(折纯量)由10.3万吨增加到25万吨,增长1.4倍。

(三)农业综合开发水平明显提高

改革开放以来,随着党和国家扶贫开发工程的实施和山西贫困地区交通、生存、生产条件的改善,贫困地区农业综合开发迈出较大步伐。

1994年至1998年间,贫困地区每年新增经济林40万亩左右,累计达到800余万亩,人均达1.02亩。沿黄河百万亩红枣林带、晋西南150万亩优质水果基地,以及岢岚、永和、天镇、榆社、武乡、垣曲、万荣等一批以牛、羊、猪为主导产业的县,均已形成一定商品生产规模。据统计,1978年到1997年,全省贫困县农业总产值(90年不变价)由26亿元增加到50.6亿元,增长94.6%;粮食总产量由225万吨增加到263.9万吨,增长17.3%;果园面积由31万亩增加到214.5万亩,增长5.9倍,水果年总产量由10万吨增加到44.6万吨,增长3.5倍,肉类总产量由5.5万吨增加到20.7万吨,增长2.8倍;奶类产量由473吨增加到10915吨,增长22倍;禽蛋产量由1.35万吨增加到5.18万吨,增长2.8倍。

2012年至2017年,全省蔬菜及食用菌总产量1339.8万吨,设施蔬菜面积达160万亩、产量682万吨,均比2012年增长1倍多。2017年全省水果种植面积达539万亩,总产量787万吨,分别比2012年增长4.9%和29.7%;水果优果率达到70%。2017年底,全省出口农产品5.91亿美元,同比增长36.7%,是2012年的近15倍。中药材产业快速发展,种植面积近300万亩。畜牧业产能稳步增长,规模化养殖比重大幅提高,全年全省农林牧渔业增加值(包括农林牧渔服务业)822.8亿元,按可比价格计算,比上年增长3.1%。全省规模养殖比重达到60%,比2012年提高17个百分点。农产品加工业发展势头强劲,销售收入10亿元以上的重点龙头企业达到10家。2017年全省农产品加工企业销售收入1627亿元,同比增长7.04%。2017年产量130

亿公斤,为历史上第四个高产年份。

(四) 农村产业结构得到较快改善

2002年,山西省全面实施了"四大扶贫增收工程"。一是旱作节水增收工程,即在35个重点贫困县通过推广集水、节水灌溉等措施,建设240万亩旱作节水高效农田,达到亩产300公斤、亩收益500元以上的标准;二是种草养畜增收工程,在全省29个县大幅度实施退耕还草,发展牛羊养殖业,靠畜牧脱贫;三是农产品加工增收工程,在35个重点贫困县扶持一批年销售收入千万元左右的农副产品加工企业,发展年销售收入百万元左右的农产品加工销售大户,组织非重点县大中型加工企业在原材料地办厂建基地,每个基地带动1000个贫困户增收;四是移民搬迁增收工程,对生存条件恶劣区人口实行移民搬迁。2005年和2008年,全省先后两次有32家企业被确定为国家级扶贫龙头企业,2011年,又确定145家省级扶贫龙头企业给予重点扶持,基本实现了扶贫龙头企业对贫困县的全覆盖。2014年,包括省属企业、省内民营企业和省外知名企业在内的200家企业,在58个贫困县开工建设项目233个,涉及总投资799亿元。

(五) "五个一批"扶贫模式成效显著

生态扶贫成效显著。退耕还林奖补、造林绿化投工、森林管护就业、经济林提质增效和林产业综合增收"五大项目"带动51.9万贫困人口增收,汪洋副总理3次批示肯定,山西生态扶贫经验在全国扶贫开发工作会议上做交流发言,全国林业扶贫现场观摩会在吕梁市召开。58个贫困县共组建扶贫造林合作社2783个,吸纳社员7.3万人,其中建档立卡贫困人口5.9万人。2017年2239个合作社通过议标的方式承揽造林任务262万亩,6.6万社员参与造林获取劳务收入6.86亿元，其中5.1万贫困社员获取劳务收入3.6亿元，人均收入达到7050元。推动合作社逐步从单纯的季节性造林向长期的经营林业转变。58个贫困县退耕还林147.5万亩，其中7.68万户贫困户退耕52.45万亩，惠及22.29万人。全省下达农户补助资金10.6亿元，其中中央补助8.15亿元，省级配套补助2.45亿元，贫困户户均增收4376元。58个贫困县共聘用护林员30652人，其中建档立卡贫困人口护林员22843人，占贫困县护林员总数的74.5%，人均增收6700元。

产业扶贫彰显特色。带动32万贫困人口增收，光伏扶贫、电商扶贫、旅游扶贫和资产收益扶贫新业态迅猛发展，全国产业扶贫现场会在长治市平顺县召开。山西地处黄土高原东部，绝大多数贫困地区光照资源充足，荒山荒坡广阔，建设光伏电站具有得天独厚的优势。2014年10月，山西被国务院扶贫办和国家能源局确定为实施光伏扶贫的首批试点省份。截至2017年底，山西建成并网发电的光伏扶贫项目装机容量达到78.96万千瓦，其中村级光伏电站713座、18.96万千瓦，集中光伏电站21座、60万千瓦，光伏扶贫收益惠及2000多个贫困村，带动7万余贫困户稳定增收。

整村搬迁取得重大突破。实施3350个自然村、16.6万贫困人口整体搬迁，已启动2487个，搬迁884个，整村拆除复垦381个。习总书记视察山西时指出，整村搬迁是解决深度贫困的有效办法。2016年搬迁10万贫困人口全部入住，2017年全省易地扶贫搬迁12万人，当年工程竣工率91.3%，入住率61.6%。3350个自然村、16.6万贫困人口整体搬迁，已启动2487个，搬迁884个，整村拆除复垦381个。搬迁群众生产有门路、生活有改善、权益有保障。

就业培训纵深拓展。精准培训农村贫困劳动力7.2万人，转移就业9万人，中央电视台《朝闻天下》连续8集120分钟报道吕梁护工。2017年省级安排1.8亿元专项资金，完成农村贫困劳动力免费职业培训7.2万人，转移就业6.5万人。对深度贫困县跨省就业的贫困劳动力，给予800元以内一次性交通补贴。组织168家省内外用人单位与贫困县劳务对接，输入地设立跟踪服务机构。吕梁护工、天镇保姆、五台泥瓦工、繁峙绣娘等特色劳务品牌广受市场欢迎。

保障兜底更加有力。农村低保提标240元，所有县全部达到或超过3200元省定扶贫标准指导线；完成农村危房改造7.79万户、土窑洞2.76万户；解决1121个贫困村、18.33万贫困人口安全饮水；教育扶贫生源地助学贷款23.39亿元、资助37万人；健康扶贫"三保险、三救助"，农村贫困人口住院总费用报销比例达到90%以上，李克强总理考察山西时给予肯定。

（六）农民收入水平逐年提高

党的十八大以来，山西省委、省政府坚持以习近平总书记系列重要讲话精神为指导，认真贯彻落实习近平总书记在深度贫困地区脱贫攻坚座谈会上的讲话精神和视察山西工作的讲话精神，把脱贫攻坚作为第一民生，摆在全省工作的突出位置，贫困地区以脱贫攻坚统揽经济社会发展全局，出台了一系列强农惠农富农政策，建立完善政策保障机制，精准施策，大胆尝试脱贫攻坚新思路、新模式，持续推进全省贫困地区脱贫攻坚，取得了明显成效。

贫困人口总量明显减少，贫困发生率显著下降。2017年末，全省农村贫困人口133万人，比2016年减少53万人，下降28.5%。贫困发生率由2016年的7.7%下降到2017年的5.5%，下降2.2个百分点，是近四年来贫困发生率下降最多的一年。党的十八大以来，贫困人口由2012年末的359万人减少至133万人，累计减少226万人；贫困发生率从2012年末的15.0%下降至5.5%，累计下降9.5个百分点。

贫困地区农民收入增速高于全国、全省农民平均水平。国家统计局山西调查总队农村贫困监测调查资料显示，2017年，山西贫困地区农村居民人均可支配收入7330元，比上年增加707元，增长10.7%，增速比全国农村居民人均可支配收入高0.2个百分点，比全省高3.7个百分点。贫困地区农村居民人均可支配收入占全省农村居民人均可支配收入的67.9%，比上年提高2.2个百分点，贫困地区农民人均可支配收入与全省平均水平的差距进一步缩小。

第一，山西贫困地区农村居民收入增速位次前移。2017年，山西贫困地区农村居民收入增速在全国有国定贫困县的22个省（市、区）中居第10位，位次前移11位。增速在中部六省中居第4位，前移2位。

第二，工资性收入平稳增长。2017年，山西贫困地区农村居民人均工资性收入2925元，比上年增加114元，增长4.0%。

第三，经营净收入稳步增长。2017年，山西贫困地区农村居民人均经营净收入2246元，比上年同期增加129元，增长6.1%，增速比全省农村平均水平高2.7个百分点。

第四，财产净收入小幅增长。山西贫困地区农村居民人均财产净收入为83元，比上年增长3.2%。

第五，转移净收入增速居首。山西贫困地区农村居民人均转移净收入为2076元，比上年增加462元，增长28.6%。转移净收入成为贫困地区农民收入增长的主要动力，增速较全省农村平均水平高11.7个百分点。

二、扶贫历程

新中国成立以来,针对不同历史时期山西农村贫困的不同特征和扶贫开发的形势与需要,山西省不断调整农村扶贫的工作重点,制定相应的战略措施,卓有成效地推动了全省贫困农村的经济发展和社会进步。回顾扶贫历程,大致可分以下阶段:

(一)分散救济式扶贫阶段(1949年—1978年)

这一阶段山西省扶贫开发主要是依托国家福利制度与社会保障体系,对全省贫困人口实施救济、扶助、赈灾等福利保障措施,并在此基础上开展针对自然灾害的生产自救。同时,依靠中央政府物资和资金的输入,依靠外部支援和财政补贴政策保障贫困农村居民生活,推动贫困农村经济社会发展。

1978年,山西农民人均纯收入为101.6元,比1965年增加15.2元,平均每年仅增加1.27元。平均农民全年生活消费支出由1965年的85元增加到90.6元,平均每年仅增加0.5元。从生活消费支出构成看,农民用于吃、穿消费占全部生活消费支出的比重由1965年的78.7%上升到81.7%。按照国家贫困县标准山西农村尚有1000万贫困人口,约占当时山西省总人口(2423.6万人)的41.3%,约占当时山西农村人口的51.1%。

(二)依靠体制改革推动扶贫开发阶段(1979年—1984年)

1.农村经济体制改革推动扶贫

1979年起至上世纪80年代初期,党和国家为促进农业发展采取了包括农村经济体制改革和农业内部结构调整在内的一系列重大政策措施。山西省根据这些政策措施大力推行农村经济体制改革,实行家庭联产承包责任制,提高粮、棉、油等主要农产品收购价格,实行调减贫困地区农产品统购统销任务等一系列休养生息政策,大力支持发展乡镇企业和多种经营,极大地激发和调动了广大农民的生产积极性,有力促进了山西农村经济的快速发展,对缓解山西农村大面积的贫困状况发挥了重要作用,山西用较短的时间就使多数农民实现了温饱,基本解决了山西农村普遍贫困问题。

2.依靠改革推动山区建设

1980年,山西省提出"大力发展林牧业,促进粮食和多种经营的发展,逐步过渡到以林牧为主"的山区建设方针,山区建设掀起了发展畜牧业的高潮。1983年,山西省委、省政府召开山区建设工作会议,会议将山区工作放到事关整个山西经济发展全局的战略地位,提出了建设、开发山区的战略方针:继续发扬自力更生、艰苦奋斗的精神,从实际出发,因地制宜,发挥当地资源优势,大力发展林业、畜牧业、采矿业和多种经营。会议还确定山区建设的目标是:在抓紧粮食生产的同时,积极地、有计划地调整山区产业结构,以煤、牧为主,积极发展多种经营,迅速改变山区贫穷落后面貌。

经过1978年至上世纪80年代初的农村经济体制改革和以改变贫困山区落后面貌为重点的山区建设,山西贫困地区经济社会迅速发展,农村贫困状况得到极大缓解。1979年至1984年,山西农民人均纯收入由101.61元增至338.78元(当年价格),农民生活水平普遍提高,农村贫困人口大大减少。按1985年规定的农民人均纯收入120元以下为贫困标准,当时山西有贫困人口348万人,涉及35个贫困县,农村贫困发生率从1978年的80%以上,下降到1985年的

16.3%。

（三）集中开发式扶贫阶段（1985年—1993年）

改革开放的前几年，山西用较短的时间实现了反贫困的突破，基本上解决了长期困扰农村和农民的普遍贫困问题。但山西农村主要贫困地区的贫困状况并没有根本改善，依然存在部分集中连片的农村贫困地区。

1984年9月，国务院发出了《关于帮助贫困地区尽快改变面貌的通知》，通知明确指出，改变贫困地区面貌的根本途径是依靠当地人民自己的力量，充分利用当地资源，发展商品生产，增强本地区经济内部活力，国家给予必要的财政扶持，集中力量解决十几个连片贫困地区的贫困问题。以国务院贫困地区经济开发领导小组的成立为标志，以向贫困地区输入资金与资源为特征的扶贫开发战略开始迅速在全国贫困地区推行。

山西省集中开发式扶贫横跨"七五"（1986年—1990年）和"八五"（1991年—1995年）时期，经历了开发扶贫和产业扶贫两个发展阶段。

1.开发扶贫

按照国务院《关于帮助贫困地区尽快改变面貌的通知》的精神，山西全面总结过去扶贫工作的经验教训，提出要改变过去单纯救济的办法，扶贫方针转向以启动贫困地区内部的经济活力为重点。1985年初，省委工作会议制定《关于帮助贫困地区改变面貌的实施方案》，提出"七五"时期扶贫工作的指导思想："帮助贫困地区改变面貌要依靠当地人民自己的力量，重在启动贫困地区内部的经济活力；扶持贫困地区的资金物资应主要用于发展生产，壮大贫困地区经济实力,逐步恢复贫困地区'造血'机制;帮助贫困地区改变面貌要从当地实际出发,因地制宜、发挥优势、突出重点、集中力量解决问题,切忌不分轻重缓急、四面出击、力量分散。"会议还提出"七五"期间山西扶贫开发工作基本目标是解决大多数贫困地区人民的温饱问题,到"七五"期末赶上全省经济发展的步伐,人均收入达到或接近全省平均水平。为此,山西采取了一系列政策措施:

(1) 减轻负担、休养生息。1985年到"七五"结束,全省对31个贫困县实行以下优惠政策:免征5年农业税;减免工商税;31个贫困县实行国库券自由认购;集体提留不得超过农民总收入3%,免除其他摊派;民办教师补贴实行工资制,乡村不脱产医生每人每年补100元,由国家负担;酌情免除中小学生学杂费;对1978年以前的呆滞贷款,实行延期还本免息或本息全部核销;取消农产品统购;对严重困难户赊销一定数量絮棉、纯棉布,为期5年。还制定了对31个贫困县进行5年不变的财政补贴政策,以增强家庭自身积累能力和经营能力。

(2) 加大资金和物资投入、提高使用效率。1985年起,山西省不断开辟新的扶贫资金投入来源。主要包括国家安排的扶贫专项贴息贷款、人民银行发放的支援老少边穷地区贷款和县办企业贷款、农业银行发放的贫困地区经济开发贷款、工商银行和建设银行发放的贫困地区县办工业贷款、财政下拨的支援不发达地区发展资金和山区建设补助费。"七五"期间,向35个贫困县投入资金11.9亿元。

表3-1　"七五"期间山西35个县扶贫资金使用情况

单位：亿元

用途	基础设施建设	政策性补贴	解决温饱问题	开发资源发展生产	其他	合计
金额	1.74	1.55	2.14	4.53	1.95	11.9

（3）大力发展基本农田建设。山西在扶贫工作中，针对农村贫困地区特别是部分农业生产条件恶劣、粮食无法自给的贫困地区，把基本农田建设作为解决温饱问题的突破口。

（4）加强贫困地区教育和人才培养。"七五"时期的扶贫工作中，山西始终把科技教育扶贫放在重要位置来抓。一是从抓基础教育入手。通过增拨教育经费、改善教学条件等手段普及小学教育；改革中学教育结构，在中学教育中发展职业教育，要求各县都要办职业中学，各乡镇中学开办职业班或实行"三加一"教学法；二是区域性的中等师范学校扩大向贫困县定向招生名额；省属大中专院校降低贫困地区考生录取分数，定向定量招收贫困地区学生，以增加为贫困地区培养和输送的大中专毕业生人数。三是组织和鼓励科技人员到贫困地区，在经济开发规划制定、项目筛选论证和承包开发、乡镇企业创办、技术咨询、技术培训等方面进行帮扶。

（5）动员和组织全社会力量扶贫。一是组织帮贫致富工作队深入贫困县。1986年起，山西省、地、县各级党委、政府每年组织万余人的帮贫致富工作队深入贫困县，宣传党的方针政策、帮助整顿农村基层组织、组织贫困户进行开发性生产。二是建立部门包干扶贫责任制。全省建立了省直机关厅（局）包县、地级机关包乡的包干扶贫责任制，1989年进一步实行省直单位挂钩扶贫制度，确定有经济实力的36个省直厅（局）和35个贫困县定点挂钩，一帮到底。三是推动大中型厂矿、企业、科研单位、大专院校组织科技人员到贫困地区帮助工作，形成全社会关心扶贫、支援扶贫的整体氛围。

（6）实施以工代赈政策。以工代赈是国家根据贫困地区资本稀缺、劳动力资源富余的特征，通过组织受赈济者参加劳动并对其支付劳动报酬的形式，采用基本建设项目管理方式，在贫困地区组织实施的一项特殊的、有效的扶贫开发政策措施，旨在改善贫困地区基础设施条件和生态环境，提高贫困人口的收入水平，从根本上促进贫困人口脱贫致富。这是国家扶持贫困地区建设基础设施、改善农村生产生活条件、促进贫困地区经济发展的一项特殊政策，也是我国扶贫开发事业的一项新的创造。1984年开始实施以工代赈以来，山西省的以工代赈工作本着开发式扶贫方针，着眼于贫困地区的长远发展，始终坚持以开展农业和农村基础设施建设、生态环境治理为重点，大力开展基本农田建设、农田水利、县乡村道路、人畜饮水、小流域治理和草场建设等六类工程，极大改善了贫困农村的基本生产生活条件，增强了贫困农民的自我积累和自我发展能力，不仅极大地调动了农民群众摆脱贫困，而且也为山西贫困农村地区的可持续发展创造了有利条件。

通过"七五"时期的开发扶贫战略及其政策的实施，山西省贫困地区的面貌发生了变化。1989年8月，山西省委、省政府提出"七五"后两年扶贫工作的意见，要求已初步解决温饱的贫困县转入区域经济开发，并对扶贫资金的来源、投资方向和使用范围、各项优惠政策等做了明确规定，为"八五"扶贫开发奠定了一定的基础。

2.产业扶贫

在"七五"扶贫开发取得明显效果的基础上,国务院提出了"八五"期间扶贫开发工作的基本目标,即实现"两个稳定"。一是"加强基本农田建设,提高粮食产量,使贫困地区贫困农户有稳定解决温饱问题的基础";二是"发展多种经营,进行资源开发,建立区域性支柱产业,使贫困农户有稳定的收入来源"。

根据这一目标,结合贫困地区开发实际,山西省制定了《山西省"八五"期间扶贫开发工作方案》,指导思想是:在基本解决大多数群众温饱问题的基础上,以农业开发为重点,以改变基本生产条件、提高农业增产水平为主要内容,大力发展种植业、养殖业、加工业,逐步形成集中连片主导产业,推进农业综合开发,转入以脱贫致富为主要目标的扶贫开发新阶段。

方案还指出,在"八五"期间,对山西50个贫困县要依据不同的实际情况实行分类指导:温饱问题尚未稳定解决的地区,要把工作重点放在建设基本农田、改变生产条件、增加粮食产量上,奠定解决温饱的基础;温饱问题基本解决的地区,要把发展多种经营、进行资源开发、增加群众收入作为重点;新增部分专项贴息贷款,集中用于连片开发,建设脱贫致富的支柱产业。方案的出台,标志着在"七五"期间解决大多数贫困地区农民温饱问题的前提下,山西要推动实现从扶持千家万户向发展联片支柱产业的产业扶贫战略转移。

经过"七五"时期及90年代初的开发扶贫和产业扶贫,山西农村贫困地区经济有了较快增长,农民收入提高。1985年至1994年,山西农民人均纯收入由358.32元涨到884.2元,年均增长10.6%,农村居民消费水平大幅提高。(见图3-1)

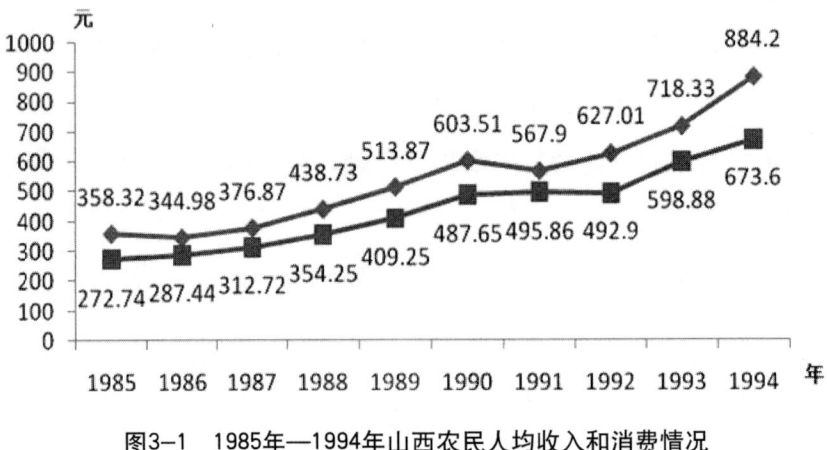

图3-1　1985年—1994年山西农民人均收入和消费情况

经过这一时期的开发扶贫和产业扶贫，山西贫困地区经济社会有了较快发展，农民生活水平明显提高，但山西农村扶贫工作的任务仍然十分艰巨。按1985年贫困标准，当年山西有贫困人口348万人，贫困发生率为16.3%。由于1990年和1991年两年大旱，山西省不达温饱的人口由"七五"末的41.7万人，增加到201万人，而根据国家统计局山西调查总队统计，到1994年末，山西农村贫困人口仍有380万左右，贫困发生率为17%，这两项指标甚至还高于1985年水平。

（四）扶贫攻坚阶段（1994年—2000年）

1994年3月，国务院制定并发布"八七"扶贫攻坚计划，力争用7年左右的时间（1994年—2000年）基本解决当时全国农村8000万贫困人口的温饱问题。国家"八七"扶贫攻坚计划的公布实施标志着我国扶贫开发正式进入攻坚阶段。

为全面贯彻"八七"计划，山西省委、省政府根据国家"八七"攻坚计划期间扶贫战略及其政策的调整，先后制定了《山西省1994年—2000年扶贫攻坚方案》和《关于"九五"期间实现扶贫目标的实施意见》，决心用7年左右的时间基本解决全省50个贫困县所属的492个贫困乡镇、381万贫困人口的温饱问题。使人均收入达到500元（按1990年不变价计算），人均占有粮食350公斤以上，50个贫困县全部稳定解决温饱问题，半数以上的县实现基本脱贫，个别县要达到小康标准。

这一时期山西省扶贫攻坚的主要政策措施有：

一是机关定点扶贫。规划了贫困县和攻坚乡分年度解决温饱问题的目标计划，重新选配贫困县和攻坚乡的主要领导干部，并实行5年任期不变的责任制和严格的奖惩制度，同时采用机关定点扶贫的办法，从省、地、县三级机关抽调21万名干部组成工作队进驻贫困乡村定点扶贫，另外全省还选派了3000名优秀中青年干部到贫困乡村任职或挂职。全省每年都有2万名以上的机关干部在贫困地区定点扶贫，所有攻坚乡镇和多数贫困村都有工作队定点包扶。各扶贫工作队在帮扶点上与当地干部群众同吃同住同劳动，帮扶基层组织建设，修路、打井、建校、引资、办实事，定点帮扶工作取得了显著成效。据不完全统计，全省扶贫工作队共筹集3亿多元资金，帮助帮扶点建设了一大批温饱工程和基础设施项目。

二是增加资金投入。1994年以来，全省各项扶贫资金都有较大幅度增加。2000年与1994年相比，中央财政扶贫资金从1620万元增加到16000万元，以工代赈扶贫资金由11800万元增加到25300万元，信贷扶贫资金由19800万元增加到45560万元，省级配套资金由5500万元增加到16500万元，分别增长了8.87倍、1.1倍、1.3倍和3倍，地县两级配套资金每年都在3000万元左右。1994年至2000年的7年间，全省各级扶贫资金总投入达到43亿多元，攻坚区贫困人口人均投入1000多元，为实现攻坚目标提供了必要的保证。在努力增加资金投入的同时，山西省根据扶贫攻坚新形势的要求，从1995年起对扶贫资金管理、投放和使用逐步进行了较大的调整和改革。一方面调整投资方向、防渗堵漏、直达乡镇。将中央和省两级下达的扶贫资金全部投向50个贫困县的492个贫困乡镇，集中用于改善生产条件和基础设施建设，用于覆盖广、见效快、大多数贫困户都能受益的种植业、养殖业和以当地农副产品为原料的加工业；另一方面试行小额信贷、共青团服务万村富民活动和科技扶贫等形式，取消抵押担保，实行信用贷款，帮助贫困户发展种养业。同时，通过行政督察、主管部门检查、年度资金审计和社会舆论监督，提高扶贫管理使用的透明度，发现问题认真查处，及时纠正。

三是实施三大温饱工程。在贫困地区大力建设六大主导产业的基础上，山西省集中人力、物力、财力，于1996年起分别在贫困人口集中、生存条件最差的吕梁山黄土沟壑丘陵区实施新修100万亩机修梯田、改造50万亩现有基本农田工程；在晋北高寒冷凉区实施150万亩地膜覆盖和秸秆地膜双覆盖高产田工程；在太行山土石山区实施新建、改造基本农田40万亩和营造34万亩经济林开发工程。到1999年，三大温饱工程新增机修梯田106万亩，改造50万亩，打旱井5万眼，发展经济林360万亩，推广地膜覆盖1278万亩次，在项目区基本实现了人均2亩基本农田、1亩经济林、1亩地膜覆盖的目标，不仅有效增加了产量和收入，提高了抗旱能力，为稳定解决温饱奠定了基础。

四是动员社会力量参与扶贫攻坚。扶贫攻坚一开始，山西省委就发出了"发动全省3000万,扶贫攻坚380万"的号召,全省社会各界向贫困山区捐款捐物,提供资全、信息、人才、技术,特别是1996年以来,太原发起了扶贫攻坚"五个一百"活动,共青团组织贫困地区的青年团员开展的"服务万村富民活动",省妇联组织贫困地区妇女开展的"连环脱贫"活动,省政协发动山西个体工商户开展的"光彩事业"活动、全省供销社系统为引导农民进入市场开展的"金桥工程"和各民主党派利用自己人才荟萃、社会关系广泛的优势,积极参加贫困地区的科技扶贫和引资活动以及省军区组织的帮军属脱贫致富活动。各地市还组织开展了党员联户帮扶、有实力的企业到贫困县帮扶办厂、城市中小学教师到贫困县任教扶贫、富裕村与贫困村"一帮一、结对子"等活动。部分外省知青及国际友人也积极到贫困县投资开发、捐资助教、贡献力量。

五是加大科教扶贫力度。为着力解决山西农村贫困地区文化教育落后、科技人才缺乏的突出问题,山西在扶贫攻坚工作中不断加大科教扶贫力度。大力普及九年义务教育,扫除青壮年文盲,发展职业教育。省属大中专院校还降低贫困地区考生录取分数,扩大贫困县定向招生名额。同时,着力推进全省科技扶贫工作。1996年,省科委牵头制定了全省科技扶贫实施方案,全面安排部署科技扶贫工作。省财政拿出500万元科技扶贫培训专项资金,围绕当地主导产业对贫困地区农民建设进行强化科技培训。在整个扶贫攻坚阶段,山西省、地、县三级累计举办各种类型的技术培训班5600期,贫困地区受训农民达200万人次;大专院校科研部门的专业技术人员6500人次深入到贫困地区,推广实用致富技术1300多项;建立科技示范乡112个、科技示范村1400多个,拓宽了科学技术通向贫困地区的渠道，提高了贫困地区农民的素质。

六是对移民扶贫进行了初步探索。扶贫攻坚之初，山西全省贫困地区有7万多户、30多万人，分散居住在5690多个山庄窝铺。这些村庄普遍存在"四多六难"的突出问题，即：文盲多、光棍多、痴呆多、穷人多，耕种难、吃水难、行路难、通电难、上学难、结婚难。改革开放后，不少山庄窝铺的贫困群众通过投亲靠友结合土地资源开发，自发进行移民开发，脱贫效果十分显著。实践证明移民开发是解决这些地区脱贫问题的最佳选择。在此背景下，山西省委、省政府先后出台了《山西省"八五"后期扶贫开发工作上台阶和贫困县达小康实施方案》和《山西省"九五"期间实现扶贫攻坚目标的实施意见》，将移民开发列为扶贫攻坚的重点措施，采取"政府引导、群众自愿、自筹自建、适当补助"的原则和办法，制定了宅基地和生产用地、公用设施建设、户籍变更、原居住地的资源利用和保护等一系列政策措施。1996年到2000年，全省共安排移民开发补助资金8134万元，移民搬迁8万人，搬迁户基本上稳定解决了温饱问题，同时也为今后山西省大规模搬迁移民积累了经验。

七是积极开展扶贫国际合作。国际扶贫合作成为山西贫困地区扩大资金、技术、信息来源的重要渠道。"八七"扶贫攻坚期间，山西省贫困地区先后成功实施了八个引资项目，包括世界银行扶贫项目，太行山中段国际农发组织支援农业综合开发项目，吕梁地区国际粮农组织粮援项目，世界银行水保项目、林业项目、养牛项目，加拿大无偿援助太行山中段养殖扶贫项目，德国无偿援助吕梁山区扶贫项目等。项目总计引进资金2亿多美元，不仅极大地弥补了山西省扶贫投入的不足，对山西贫困地区更新扶贫观念、增加扶贫经验更具有重要意义。

通过这一阶段扶贫攻坚的努力，山西贫困地区生产生活条件明显改善，农民收入显著增加，贫困人口大幅度减少。2000年，山西50个贫困县农民人均纯收入达到1305.4元，比1993年增长了157%。2000年底，全省50个贫困县中的381万贫困人口已有320万人初步解决了温饱问题，基本实现了"八七"扶贫攻坚计划预定目标。

（五）全面推进式扶贫阶段（2001年—2012年）

2000年，随着"八七"扶贫攻坚计划的目标任务基本完成，山西省的扶贫开发工作进入了一个新的发展阶段。"十一五"期间，山西省的扶贫开发工作按照《中国农村扶贫开发纲要（2001年—2010年）》和《山西省农村扶贫开发"十一五"规划》的总体要求，以科学发展观为指导，坚持开发式扶贫方针，紧紧围绕增加农民收入、减少贫困人口目标，从组织领导、社会动员、政策扶持、资金保障等各个方面，不断加大开发力度，创新扶贫开发机制，壮大扶贫开发力量，完善扶贫开发措施，扶贫开发工作取得了明显成效。

1. 整村推进

山西省的整村推进工作始于2001年，经过几年的摸索和完善，于2004年正式实施。山西省通过种草、养畜、种植经济作物、建设基本农田等措施，在全省1110个贫困村实施整村推进。到2007年底，全省共投入财政扶贫资金4.4亿多元，44.3万贫困人口受益。

2. 移民扶贫

山西省的移民扶贫探索始于1996年。进入新阶段后，移民扶贫在全省57个贫困县全面铺开。山西省移民扶贫按照"移得出、稳得住、能致富"的思路,以"群众自愿、整体搬迁、人口适度集聚、有土安置为主"为原则,以"建设移民新村、小村并大村、分散迁移和城镇安置"为路径,以"配套基础设施、解决生产用地、开展技能培训,发展后续产业"为手段,同时不断加大对移民扶贫的投入力度,到2010年底,山西省累计投入移民扶贫补助资金16.18亿元,完成移民搬迁12.97万户、50.8万人,基本解决了百人以下山庄窝铺困难群众的搬迁问题。其中有80%左右的移民群众走上稳定解决温饱进而脱贫致富道路,有近5万移民群众生活达到小康水平,取得了政府满意、社会满意和群众满意的良好效果。

3.产业扶贫

产业扶贫是新阶段以来山西省扶贫开发工作的重要措施之一,其做法主要包括对扶贫龙头企业贷款贴息和对到户贷款贴息两个方面。一是对扶贫龙头企业贷款贴息,扶持其在贫困地区建设原料生产基地,采取企业连基地、基地带农户的农业产业化经营模式,带动贫困农户增收致富。截至2010年底,山西省共为扶贫龙头企业的28.86亿元贷款安排贴息资金9044万元,带动全省数十万贫困户发展生产、增加收入。二是对到户贷款贴息,即依托农村信用社等金融机构实行贷款贴息,帮助贫困群众解决发展生产资金困难。2005年,在国务院扶贫办安排下,山西省开始实行扶贫到户贷款贴息试点,帮助贫困群众解决发展生产资金困难。2006年,山西省启动实施了"两区"开发战略,采取优先立项、贷款贴息、财政资金以资本金入股等措施,帮助晋西北和太行山革命老区加快发展,共安排资金12.34亿元,扶持各类产业项目402个。到2010年,山西省共为35个国家扶贫开发工作重点县的15.4亿元到户贷款安排贴息资金

7864万元。

4.劳动力转移培训

主要是指以贫困地区劳动力转移培训为主要内容的"雨露计划"。从2004年起，山西省以全省57个贫困县农村困难家庭初、高中毕业后未升学的"两后生"为目标，通过择优确定培训基地、开展技能培训、组织劳务输出等途径，帮助他们掌握技能、更新观念，从而实现转移就业、增加收入。截至2010年底，"雨露计划"累计投入专项资金1.24亿元，培训贫困地区劳动力41.8万人次，其中33.5万人实现转移就业，转移就业率达80%以上。

5.教育扶贫

2009年山西省正式启动教育扶贫工作，通过扶贫助学方式，资助贫困地区农村困难家庭考入大中专学校、高中和职业技校的学生完成学业。2009年至2010年全省累计安排教育扶贫专项资金1500万元，扶贫助学6396名贫困学生，其中资助贫困大学生526名、贫困中专和技校生3170名、贫困高中生2700名，从长远上奠定了贫困地区稳定脱贫的基础，提高了贫困农户的持续发展能力。

（六）精准扶贫阶段（2012年至今）

党的十八大后，党中央把贫困人口脱贫作为全面建设小康社会的底线任务和标志性指标。中共中央、国务院《关于打赢脱贫攻坚战的决定》（中发［2015］34号），进一步明确了到2020年脱贫攻坚的总体目标，即：到2020年，稳定实现农村贫困人口不愁吃、不愁穿，义务教育、基本医疗和住房安全有保障；实现贫困地区农民人均可支配收入增长幅度高于全国平均水平，基本公共服务主要领域指标接近全国平均水平；确保我国现行标准下农村贫困人口实现脱贫，贫困县全部摘帽，解决区域性整体贫困。

党的十八大以来，中央脱贫攻坚、精准扶贫的一系列决策部署，把脱贫攻坚纳入"四个全面"战略布局，贯彻创新、协调、绿色、开发、共享的发展理念，充分发挥中国特色社会主义制度优势，把精准扶贫、精准脱贫作为基本方略。坚持扶贫开发与经济社会发展相互促进；坚持精准扶贫与集中连片特困地区开发建设紧密结合；坚持扶贫开发与生态治理并重；坚持扶贫开发与社会保障有效衔接；实现全面建成小康社会和确保我国现行标准下农村贫困人口如期脱贫、贫困县全部摘帽、解决区域性整体贫困的一体推进。

为了全面贯彻落实中共中央、国务院《关于打赢脱贫攻坚战的决定》，根据省委、省政府《关于坚决打赢全省脱贫攻坚战的实施意见》，省政府制定了《山西省"十三五"脱贫攻坚规划》。《规划》围绕脱贫攻坚总体目标的实现，拟出10项脱贫攻坚的量化指标，对脱贫攻坚对象、脱贫攻坚范围、脱贫攻坚重点区域推进、脱贫攻坚进程、脱贫攻坚实施路径作出具体部署。规划依据不同类型区域扶贫开发的实际，提出精准实施特色产业扶贫、易地扶贫搬迁、培训就业扶贫、生态补偿扶贫、社会保障兜底、基础设施改善、公共服务提升、社会力量帮扶脱贫攻坚八大工程。对每项工程具体的实施项目、实施区域、模式选择、科技进步、产业融合等实施内容都提出了明确的指导意见。《规划》针对确保脱贫攻坚目标任务、脱贫攻坚八大工程实施项目的落实，提出创新精准扶贫机制、建立"三位一体"组织体系、强化规划落实措施三个方面、十七项创新脱贫攻坚保障机制的具体内容。

为了完成到2020年消除绝对贫困、确保贫困县全部摘帽、解决区域性整体贫困的目标，山西省委、省政府以精准扶贫、精准脱贫为基本方略，以扶贫攻坚统揽经济社会发展全局，全力推进，采取更加集中的支持、更加有效的举措、更加有力的工作，扎实推进深度贫困地区的脱贫攻坚，确保脱贫攻坚任务的如期完成。2017年底，已有15个贫困县摘帽，75万贫困人口实现脱贫。

三、乡村振兴展望

当前，我国正处在脱贫攻坚和乡村振兴战略实施的交汇期，打赢脱贫攻坚战是乡村振兴的前提和基础，实施乡村振兴战略是脱贫攻坚的巩固和提升。我们要以习近平新时代中国特色社会主义思想为指导，积极稳妥做好脱贫攻坚战与乡村振兴战略的有机衔接。要坚持农业农村优先发展，把乡村振兴作为新时代"三农"工作的总抓手，向产业兴旺聚焦发力，与脱贫攻坚有机结合，用实实在在的举措增加农民收入，不断满足人民群众对美好生活的向往。

（一）完善乡村产业支撑体系

产业是兴村富民之本，构建现代农业产业体系是农业发展的根本出路，要从制度上保障产业发展的连续性，完善产业支撑体系，确保一张蓝图绘到底。对于适宜当地发展的产业，不能因为倡导该产业的领导和产业带头人变更而人走戏散、改弦更张，不能换一任领导就换一个产业。在确保"两不愁、三保障"基础上，着眼长远，大力推进乡村产业发展，壮大村集体经济，提升村集体自我造血能力。要根据资源禀赋、发展环境的差异，因地制宜、因村制宜地构建具有乡土特色和资源优势的产业体系，既拓宽农民于本地就业创业的途径，也厚植形成品牌优势、培育新型经营主体的土壤，促进农村的人力资本积累、人才培养，带动智慧、资金、技术等要素向农村聚集。要注重特色发展、绿色发展、长远发展，着力打造资源节约型、环境友好型产业，保障产业发展可持续。要立足自身优势和资源禀赋，大力发展特色种植、养殖、加工及乡村旅游等一、二、三产业融合，持续优化产业布局，形成大企业、大产业、大扶贫"三大"产业扶贫格局，着力在"一村一品、一乡一业、一县一特"上做文章。

（二）完善公共服务体系

逐步破除城乡二元结构，建立填平城乡居民社保差距的长远规划和长效机制，重点解决农民养老之忧。要抓实抓细基层党建和乡村组织建设。要加大优质教育资源、医疗资源等公共服务向乡村转移，进一步改善农村人居环境、交通、水电暖等基础设施条件，让美丽宜居的乡村留得住本土人才、引得来优秀人才，培育内生动力，平衡城市"虹吸效应"对乡村振兴的影响。要支持乡村互联网建设，让农业大数据走进乡村第一线，为完善精准扶贫、智慧扶贫提供现代化服务平台。加大对典型深度贫困地区的基础设施和公共服务支持力度。组织实施贫困村提升工程，培育壮大集体经济，完善基础设施，落实脱贫攻坚政策"最后一公里"。

（三）完善乡村生态宜居环境建设

以建设美丽宜居乡村为导向，以农村垃圾、污水治理和村容村貌整治为主攻方向，全面提升农村人居环境质量。建立健全符合农村实际、方式多样的生活垃圾收运处置体系，有条件的地区推行垃圾就地分类和资源化利用。开展非正规垃圾堆放点排查整治。实施

"厕所革命",结合各地实际普及不同类型的卫生厕所,推进厕所粪污无害化处理。梯次推进农村生活污水治理,有条件的地区推动城镇污水管网向周边村庄延伸覆盖。逐步消除农村黑臭水体,加强农村饮用水水源地保护。科学规划村庄建筑布局,大力提升农房设计水平,突出乡土特色和地域特点。全面推进乡村绿化,建设具有乡村特色的绿化景观。具备条件地区集中连片建设生态宜居的美丽乡村,综合提升田水路林村风貌,促进村庄形态与自然环境相得益彰。建立农村人居环境建设和管护长效机制。

(四)完善乡村发展要素支撑体系

要发挥本土人才的作用,大力引进创新创业人才、乡土人才,引老乡、回故乡、建家乡。让愿意留在乡村、建设家乡的人"留得住、能发展",让愿意上山下乡、回报乡村的人"回得来、能安心"。全面建立职业农民制度,培养新一代爱农业、懂技术、善经营的新型职业农民,优化农业从业者结构。抓资源整合,要坚决贯彻农村集体土地所有权、承包权、经营权"三权分置",进一步整合资金资源,盘活农村集体资产,提高农村各类资源要素的配置和利用效率,多途径发展壮大集体经济。通过土地流转,让群众实现"资源变资产、资金变股金、农民变股东",推进农业生产方式的变革。

(五)完善乡村治理体系

要下大力气完善乡村治理体系,重点促进乡村公序良俗的持续完善。坚持自治为基、法治为本、德治为先,健全和创新村党组织领导的充满活力的村民自治机制,强化法律权威地位,以德治滋养法治、涵养自治,让德治贯穿乡村治理全过程。加强农村群众性自治组织建设。完善农村民主选举、民主协商、民主决策、民主管理、民主监督制度。规范村民委员会等自治组织选举办法，健全民主决策程序。依托村民代表会议、村民议事会、村民理事会等，形成民事民议、民事民办、民事民管的多层次基层协商格局。充分发挥自治章程、村规民约在农村基层治理中的独特功能。提高农民法治素养，引导干部群众学法守法用法。增强基层干部依法行政意识，把政府各项涉农工作纳入法治化轨道。维护村民委员会、农村集体经济组织、农村合作经济组织的法人地位和权利。强化道德教化作用和激励约束机制，引导农民崇德向善、孝老爱亲、重义守信、勤俭持家、自我管理、自我教育、自我服务，实现家庭和睦、邻里和谐、干群融洽。

参考文献

[1] 跨时代的飞跃——山西农村五十年.山西经济出版社，1999.

[2] 山西推进精准扶贫政策研究.中国社会出版社，2015.

[3] 中共中央、国务院关于打赢脱贫攻坚战的决定（2015年11月）.

[4] 中共山西省委、山西省人民政府关于坚决打赢全省脱贫攻坚战的实施意见（2017年9月）.

[5] 习近平总书记在深度贫困地区脱贫攻坚座谈会上的重要讲话（2017年6月23日）.

[6] 中共山西省委、山西省人民政府关于推进乡村振兴战略的实施意见（2018年1月）.

专题四 基础设施建设70年的成就

经过70年持续不断的投资建设，特别是改革开放和党的十八大以来的快速发展，全省基础设施投入不断加大，农田水利、交通运输、城镇设施建设均取得显著变化。1978年至2018年全省全社会投资中，基础设施投资累计完成24630.3亿元，基础设施建设规模空前。

一、农田水利建设的巨大成就

按当年价格计算，1949年全省农林牧渔业总产值仅为8.27亿元，1978年增至29.01亿元，到2015年达到1522.64亿元，较改革开放初增长了51倍，较新中国成立初期增长了180多倍。这一成就的取得离不开全省多年来的农田水利建设。

表4-1 改革开放以来主要年份山西省耕地情况

单位：千公顷

年份	耕地总资源	有效灌溉面积	机电排灌面积	机耕地面积
1978	3923.41	1092.48	766.30	1936.99
1980	3921.46	1115.14	775.22	1777.76
1985	3761.09	1079.10	776.98	1916.74

续表

年份	耕地总资源	有效灌溉面积	机电排灌面积	机耕地面积
1990	3692.51	1134.45	836.74	1987.08
1995	3645.09	1201.99	891.74	2143.55
2000	4341.94	1105.04	939.07	2270.24
2005	3793.19	1088.59	946.39	2042.27
2010	4064.18	1274.15	961.90	2559.72
2015	——	1460.28	1111.71	2737.03

资料来源：《山西统计年鉴2016》。

从农业机械化水平看，经过新中国成立尤其是改革开放以来全省上下的不懈努力，农业机械化水平大幅提升。新中国成立初期，全省农业机械总动力很小，基本可以忽略不计，1978年达到462.96万千瓦，到2015年增加到3351.65万千瓦，较1978年增长了6倍多；2014年大中型农用拖拉机由10台增加到13.07万台，小型拖拉机35.79万台，大中型拖拉机配套农具25.69万部；农用排灌动力机械17.29万台，联合收割机、机动脱粒机等收获机械总量达到15.58万台；农用运输车辆达到98.47万台。[1]

---

[1] 数据来源：《山西农村统计资料概要（1949—1990）》、国家统计局、《山西统计年鉴2016》、《山西四十年（1949—1989）》（白清才主编，中国统计出版社1989年版，第62—64页）。

表4-2　主要年份山西省农业机械拥有量

年份 指标	2015	2010	2005	2000	1995	1990	1985	1980	1978
农业机械总动力（万千瓦）	3351.65	2809.17	2288.7	1701.3	1359.6	1053.5	822.73	542.43	462.68
农用大中型拖拉机数量（台）	130700	73200	35928	23160	23970	31551	34861	32667	24280
农用大、中、小型拖拉机动力（万千瓦）		261.25	127.69	87.1	88	106.9	110.25	99.07	74.01
小型拖拉机数量（台）	357900	299500	251260	198058	201762	191000	113000	31000	27000
小型拖拉机动力（万千瓦）		276.82	234.78	193.66	195.8	181	102.6	27.21	23.23
大中型拖拉机配套农具（部）	256900	151700	74607	43449	37119	37000	37000	47000	38000
小型拖拉机配套农具（部）	511000	390500	305347	209028	183747	131000	56000	23000	23000
农用排灌电动机数量（台）		135300	115822	108388	109145	97000	98000	116000	117000
农用排灌电动机动力（万千瓦）		157.53	137.24	130.54	127	116.2	117.31	136.8	126.7

续表

年份\指标	2015	2010	2005	2000	1995	1990	1985	1980	1978
农用排灌柴油机数量（台）	26800	21400	18143	16397	11150	14000	23000	37000	43000
农用排灌柴油机动力(万千瓦)		29.41	22.25	19.15	15.2	18.4	31.38	45.28	49.76
联合收割机数量（台）		12800	6436	6026	3144	952	156	80	30
联合收割机动力（万千瓦）		65.06	25.32	18.15	8.3	2.7	0.74	0.32	
机动脱粒机数量（台）		60600	53724	59169	60092	59000	53000	45000	42000

资料来源：国家统计局。

从水利建设方面看，多年来全省共兴修大、中、小型水库千余座。新中国成立初期，全省没有一座水库，1954年才建成了全省第一座水库——大同天镇三十里铺水库。1978年，全省水库数量达到1089座，总库容量达到42.14亿立方米，其中大中型水库60座。到2015年末，全省水库总数为601座，总库容量达到69.17亿立方米，机电灌站和配套机电井建设也有大幅提高，极大地促进了农牧业生产，提高了抗灾能力。

从水利方面的投资看，1949年全省水利投资仅14.18万元，其中基建投资仅2万元。"一五"时期，全省水利投资累计为2772.19万元，其中水利基建投资1354万元。"十二五"期间，全省水利总投资达1257亿元，按当年价格计算，是"一五"时期的4000多倍。

1949年到2015年，全省造林面积累计达到20340万亩，新中国成立60多年来前后零星植树104亿株。[1]国家林业局公布的2015年森林资源清查结果显示，山西省森林面积321万公顷，森林覆盖率20.50%，与第八次全国森林资源清查数据相比，提高了2.47个百分点，人工林面积达到156万公顷。[2]

表4-3　新中国成立以来主要年份山西省造林规模

年份	当年造林面积（千公顷）	用材林	零星植树（万株）
1949	3.79	0.00	133
1958	40.48	0.00	4066
1966	188.57	124.09	18905
1978	173.65	123.71	21992
1980	221.57	122.94	23129
1985	243.33	137.87	28764
1990	191.05	91.31	21057
1995	405.18	128.58	21418
2000	404.86	50.84	17176
2005	140.26	0.67	10596
2010	291.10	0.01	11098
2015	280.94	1.76	10023

二、发展历程

旧中国，山西十年九旱，全省无一座水库。受地形地貌、气候、植被等因素影响，地处黄土高原的山西一直是沟壑纵横、水土流失最为严重的地区之一。新中国成立后，随着党中央和各级人民

---

[1]　根据《山西省统计年鉴》《山西农村统计资料概要（1949—1990）》各年数据累加计算。1986年及以后各年的造林面积按85%的成活率统计，其余年份按照40%的成活率统计。

[2]　乔慧、王建：《山西省森林面积321万公顷，森林覆盖率20.50%》，人民网《山西频道》，2016年4月27日，http://sx.people.com.cn/n2/2016/0427/c189132-28229349.html。

政府对农田水利建设的重视，广大干部群众参与农田水利基本建设的积极性空前高涨，掀开新中国大规模农田水利建设事业的热潮。

1.新中国成立初期的恢复发展

1949年到1952年间，全省相继建成了滹沱河、潇河、桑干河等大型拦河闸坝和御河、万益渠、民生渠等在内的共15项中型水利灌溉工程，改建了汾河八大冬堰，实施防洪工程1500多项。到1952年末，全省修复和新建农用水井5.3万眼，安装畜力水车2万多部，水浇地由新中国成立时的369万亩增加到584万亩。[1]

"一五"期间（1953年—1957年），全省贯彻执行"积极领导，稳妥前进，依靠合作组织，发动群众因地制宜地开展群众性的小型水利"这一方针，重视勘察设计和规划等基础工作。从1956年社会主义改造完成开始，全省农村掀起了一轮农田水利建设的热潮。到1957年，全省建成小型水库39座，总库容达到780万立方米；[2]万亩以上自流灌区39处，机电灌站114处，配套机电井1800多眼；全省有效灌溉面积扩大到874万亩，比新中国成立前翻了一番还多。[3]"一五"期间山西省农田水利方面重要突破有：1953年在长治县建成全省第一处小型泵站，装机37万千瓦（50万马力），设计灌溉面积1600亩；1954年在大同天镇县黑水河支流上建起全省第一座大型蓄水工程——三十里铺水库；1954年在吕梁文水县谢家寨建

---

[1] 《山西省统计局关于1957年度国民经济计划和第一个五年计划执行结果的公报》，《山西日报》，1958年5月12日。

[2] 张荷、李乾太：《山西通志·水利志》，中华书局1999年版，第159页。

[3] 白清才：《山西四十年（1949—1989）》，中国统计出版社1989年版，第69页。

立了全省最早的盐碱地改良实验站；1955年在临汾洪洞县霍泉修建了山西第一座农村水力发电工程——明姜水电站，装机容量48万千瓦。

水土保持方面，早在50年代，省人民政府就在离石县王家沟乡设立了山西省水土保持科学研究所，对千沟万壑、水土流失极其严重的吕梁山区进行试验治理，并引起苏联援华水利专家的关注。广大山区农民因时因地制宜，采取培地埂、打坝埝、筑谷坊、修水池、垒沟坝地、挖鱼鳞坑，以及植树造林、种植牧草等措施，治理水土流失面积达2674万亩，占全省待治理面积的16.71%。[1]在这一轮水土保持、治理热潮中，毛泽东高度关注，曾对离山[2]县委书记刘耀所写文章《依靠合作化开展大规模的水土保持工作是完全可能的》作了批注："这是一篇好文章，希望大家看一看，离山县委的这个水土保持规划可以作为黄河流域各县以及一切山区同类规划的参考。"

2. "大跃进"时期在挫折中前行

1956年1月，中共中央制定了《一九五六年到一九六七年全国农业发展纲要（草案）》，山西省于同年2月制定了《山西省十二年农业发展规划（草案）》。其后不久，全省就掀起了"大跃进"的高潮，"浮夸风"开始盛行。三年"大跃进"中，在"蓄水为主，小型为主，群众自办为主"方针指导下，广大农村掀起规模空前的大办水利水保的群众运动，"苦战三年，实现全省水利化，一年发展灌溉面积1700万亩"等"左"的思想盛行，到处搞"放卫星、创奇

---

[1] 高春平、杨茂林：《建国60年山西若干重大成就与思考》，山西人民出版社2009年版，第71页。

[2] 旧县名。1954年由离石、方山两县合置，治今山西省吕梁市离石区。1958年复名离石县。

迹"。据1962年的调查数据,"大跃进"期间建成的许多库容百万立方米以上的水库,因为配套工程跟不上,实际受益面积大幅缩水,60%的水利工程因设计问题不能安全度汛。

虽如此,"大跃进"在农田水利建设方面取得的成就令人瞩目。本期,全省共兴修汾河水库、册田水库、漳泽水库、关河水库、后湾水库、文峪河水库等大型水库6座及小型水库108座,在汾河、潇河、滹沱河等流域修建万亩以上灌区104处,机电站、机电井灌站1754处,机械总动力达10.6万马力,全省水利投资达10多亿元。[1]全省农业生产条件较新中国成立初期大幅改善。值得一提的是,以副省长刘开基为指挥的全省干部群众顶住各种压力,克服缺少机械、畜力等各种困难,义务劳动,大战红五月,硬是用"人力+小平车"的方式建成汾河水库。汾河水库有效调控了上游5300多平方公里流域面积的洪水,有效灌溉面积149.6万亩,且为太钢、太原一电厂等大型工业企业保障了水源供应,至今仍发挥着防洪、灌溉、供水、发电、养殖等综合效益。

3.对"大跃进"的纠正

1961年全省停建和缓建了44处经济效益不好、规模设计存在问题、脱离现实能力的大中型水利工程,对39项未达拦洪标准的大中型水库和102项小型水库的险工进行了抢修,基本保证了当年安全度汛。

1962年至1963年,全省各地在总结前几年经验教训的基础上,着手落实党的一系列农村政策和水利政策,纠正"大跃进"带来的

---

[1] 李玉明:《卫恒同志纪念文集》,山西人民出版社1992年版,第84页。

险工多、配套差、受益少等问题,重整旗鼓,调动群众兴办水利的积极性。纠正了"大跃进"年代"瞎指挥""搞浮夸"和"一平二调"的不正之风,向群众进行了退赔,调动了群众继续兴办水利的积极性,使全省农田水利出现了新的转机。1963年全省列入国家基本建设计划的水利工程压缩到18项,当年就有12项工程按计划完工,达到度汛标准;86项灌区配套工程,有70项按期完成;49项排水改碱工程,有42项按期完工,其他机电井、高扬程提灌站和重点农村小型水利工程均按计划顺利完成。[1]从1963年起,全省水浇地面积连续三年停滞不前的局面得到扭转。1965年,水利调整的任务基本完成。虽然水浇地面积仍低于1960年水平,但机电灌站和机电井灌溉面积达到250万亩,比1960年的112万亩增长了1倍多。1965年山西遭遇新中国成立后最为严重的旱灾,成灾面积2600万亩,粮食总产比上年减少15亿斤。为了进一步解决干旱对农业生产的严重威胁,当年冬,中共山西省委提出了《关于动员全民,奋战五年,建设两个1500万亩稳产高产农田的决议》。全省农村90%的生产大队立即行动起来,上马劳动力达到300万人。1965年冬到1966年春这一时期全省农田水利建设成绩斐然,净增水浇地面积263万亩,全省水浇地总面积增长到1315万亩。[2]

农田建设方面,全省梯田建设发展较快。新中国成立初期,全省仅有梯田面积13.43万亩,1958年全省掀起一轮大修梯田的高潮,到1959年全省梯田面积增加到282万亩。1964年后,在"农业学大

---

[1] 姚立新:《建国以来山西省水利建设投资发展研究》,山西大学硕士学位论文,2014年。

[2] 白清才:《山西四十年(1949—1989)》,中国统计出版社1989年版,第69页。

寨"运动中，修筑梯田更是如火如荼，参与人数最多时每日劳动力达到400万人。到1978年末，全省梯田总面积突破770万亩。[1]

4."文革"时期的曲折发展

1966年开始的"文化大革命"使全省农田水利建设事业受到干扰和破坏，各级水利部门陷入半瘫痪状态，农田水利建设一度停滞。1968年，各级革命委员会开始强调"抓革命，促生产"，各部门建立了第一线生产指挥部。中共山西省委发出了"学大寨，赶昔阳，大干快上三年变面貌"的号召，一个声势浩大的"农业学大寨"群众运动在全省范围内推开，由此带动了以改土治水为中心的农田水利基本建设。全省每年冬春都要发动几百万人大搞水利建设。当时"县县搞工程，社社队队办水利"，"书记挂帅，领导带头"，"一出勤，两送饭，早上五点半，晚上加班干"。并再一次提出许多计划和目标。如：当时提出，"1980年全省水地发展到2200万亩，1985年达到3000万亩"。从1969年冬季开始，山西省水利建设投资在"以大寨昔阳为榜样，想新的，干大的"——"左"的方针指导下，开始走上一味兴建大中型水利工程的路。单1970年新开工建设的大型水利工程就有58项，以后还逐年增加，到1977年一度增加到224项之多，其中列入国家基建项目的大型水利工程竟多达83项。1967年起，全省水浇地面积连续4年不增长，1970年水浇地面积反而比1966年减少了30多万亩。1970年国家北方地区农业会议后，以改土治水为中心的农田基本建设运动被纳入到"农业学大寨"运动中来，农田水利建设才得以逐步恢复和发展。从1971年

---

[1] 李旺明、苗长青：《当代山西经济史纲》，山西经济出版社2007年版，第241页。

起，水浇地面积恢复增长，1976年达到1631万亩。

5.改革开放后的快速发展

水土保持方面，户包治理小流域是山西的一大创举。20世纪80年代初，吕梁、忻州山区的一些农村率先出现户包治理小流域。到1982年底，吕梁、忻州两区有2462个大队、7.8万户农民，共承包了14.7万条山沟，总面积达95.4万亩。[1]在户包治理小流域过程中，涌现出了河曲县旧县公社小五村大队支书苗坤瞒、柳林县高家沟乡青年农民景彦福等先进典型。1983年1月起，户包治理小流域开始在全省推广。截至1987年底，全省小流域治理承包户发展到39万户，占全省山区总农户的11.3%；承包治理面积达到1785万亩，累计治理1074万亩，其中建成梯、坝、滩等基本农田122万亩。[2]户包治理小流域的做法得到中央肯定，除山西外，在内蒙古、甘肃等黄土高原省区推广。

"六五"期间（1981年—1986年），山西省在农田水利工作方面主要进行了以下几项开创性的工作。

第一，1981年11月，省人民政府批转发布了山西省水利厅《关于在全省推行水利工程责任制的报告》，要求全省广大农村一定要把水利责任制建立和落实下来，坚持对农村水利工程实行在统一领导下的多种形式责任制。

第二，针对山西省水资源日趋紧缺的状况，从1982年起，山西省人民政府在全国率先发布了《山西省水资源管理条例》。12月又先后通过省人民政府批转发布了《山西省地下水资源管理暂行办

---

[1] 中共山西省委、山西省人民政府：《关于加强山区建设的报告》，1983年3月9日。

[2] 郭裕怀：《坚持改革，发动群众，把小流域治理推向新阶段——在全省户包治理小流域工作会议上的讲话》，1988年9月9日。

法》《山西省泉域管理暂行办法》以及《关于严格控制打深井的通知》等一系列法规政策。

第三,1985年5月,山西省水利部门经过反复研究和试行,并报请省政府领导同意,正式出台了《山西省水利改革十条意见》。其中对发展农村水利影响较大的主要有:放宽政策,多渠道、多形式集资办水利;改革水利投资使用与管理办法,分步改革水费征收标准与办法等。

在80年代初、中期,山西的农田水利建设同全国总形势一样,处于低潮时期,投资大幅减少,工程大多下马与停缓建,由此造成全省自1980年起水浇地有效灌溉面积一直在1700万亩上下浮动,1987年下降为最低1666万亩。

1986年是"七五"计划实施第一年,针对山西省水浇地面积连年下降和干旱的现实情况,省委、省政府提出了确保水浇地1700万亩和建设坝滩地400万亩的"七五"奋斗目标。1987年全省粮食连续第三年滑坡,全省上下深刻认识到,要想使山西农业有一个持续稳定的发展,不抓抗旱不行,不大搞农田水利不行。当年10月,山西省委、省政府召开了比往年规模更大、规格更高的冬春农业生产动员会,动员全省人民迅速掀起以农田基本建设为中心的冬春农业生产热潮。同时,省政府正式下达了《关于建立农村水利劳动积累工制度》的通知,从政策上为持续有效地开展农田水利建设提供了具体有力的保证。1988年10月国务院下发了《关于开展冬春水利建设的通知》,11月又批转了《水利部关于依靠群众合作兴修农村水利的10条政策》。这些政策极大地调动了广大农民集资投劳兴办水利的积极性,全省农建上工人数达到315万人,比上年增加了近200万人。

1989年，国务院发出了《关于大力开展农田水利基本建设的决定》。这年冬天起，山西省正式启动了以赛投入、赛质量、赛效益为主要内容的农田水利基本建设先进县竞赛活动，使农田水利基本建设高潮迭起，冬季上工人数达到510万人，比1988年又增加了近200万人。经过3年大规模的农田水利基本建设，全省水浇地面积开始进入恢复性发展阶段。1990年，是群众性的农田水利基本建设效益更加突出的一年。该年1月20日，省政府对中断了近10年工作的农田水利基本建设指挥部进行了改组。由省长亲自出任总指挥，各有关部门的负责同志参加，全省12个地市、109个农业县都先后成立了由党政"一把手"挂帅的农田水利基本建设指挥部。8月下旬，经国务院批准，水利部在北京召开了全国农田水利基本建设会议。这次会议把水利提高到基础产业的战略地位。在会议精神推动下，山西广大农村的农田水利基本建设提前20天进入高潮。全省上工劳力最高时达到635万人，占农村总劳力的74%，铺开各类农田水利工程20万处。同80年代以前的水利高潮相比，不仅规模大、进度快，更为突出和重要的是：有科学规划，有技术人员严把质量关，尊重客观实际，讲求经济效益，有具体政策保护广大农民集资投劳兴办水利的积极性。到年底，全省累计投工3.5亿个，完成土石方8.6亿立方米，新修和整修各类工程12万处，新增、恢复和改善水地435万亩。到1990年，全省水浇地有效灌溉面积终于越过1700万亩大关，上升至1707.29万亩，水浇地面积已占到全省耕地面积的30.1%。

进入"八五"时期，1993年，全省资金和物质都比较缺乏，在省委书记胡富国的倡导下，省委、省政府决定开展以农建为中心的"三项建设"，在全省连续3年，冬春两季，发动全省人民大搞义务修路、农田水利基本建设和重点工程建设,全省掀起新一轮农田水利建设的高潮。到1996年,3年来全省人民开展了大规模的农田水利基本建设,大搞节水农业、水土拦蓄、旱作农业和经济林建设。3年累计投工12.4亿个,全省冬春农田水利基本建设日上工劳动力最高超过700万人,占农村劳动力的70%,3年中全省农建总投入达25亿元以上,其中群众投入约占70%;新修和整修各类农建工程30多万处,兴建了包括万家寨引黄、汾河二库、引沁入汾、浪店饮水、后湾水库扩建、禹门口提水等大小水利工程,新增水地116万亩;通过开发汾河滩涂、黄河滩涂、滹沱河滩涂,治理改造大同盆地盐碱地等,新解决和恢复解决345万人的饮水困难问题,初步治理水土流失面积1548万亩,新增基本农田353万亩,平田整地2039万亩。[1]这一时期,全省广大山区,特别是吕梁山区开展了机修梯田工程,为山区实现农业机械化打下基础。整个"八五"时期,全省机修梯田220万亩。

"九五"期间,全省累计建成高产旱地农田2000多万亩,造林3100多万亩,种草和草地改良290万亩,治理水土流失面积1.7万平方公里。进入"九五"时期,1995年山西省政府下发了《关于大力发展节水农业的决定》,并在此后连续三年召开各地节水农业现场会议,树立典型节水模范以总结节水经验,并大力推广实施,不断促进了山西节水农业的快速发展。根据山西省政府的战略部署,山西水利部门在"九五"期间实施了"123"节水工程,即每年发展管灌节水面积100万亩,平川微灌面积20万亩,以及山地微灌面积3万亩,并不

---

[1] 田玉龙:《省委书记胡富国在全省以农建为中心的"三项建设"动员会上指出:群众起来了就没有干不成的事》,《山西水利》,1996年第6期。

断通过典型引路、政策驱动、行政推动等一系列手段,不遗余力地发展节水农业。需要特别提及的是,1995年运城的王高升等几位农民通过不断的田间实验,成功地发明了"塑料细管地下滴灌(渗灌)"节水技术,把传统意义上的"浇地"变成了"浇作物",亩次灌溉用水只有15立方米,还可以同时向作物根部输肥、输药、输氧。

到1997年6月,全省共建成"闸沟蓄水微灌工程"300多处,加上利用水保骨干坝的蓄水灌溉,年节水扩浇20多万亩。[1]全省利用山地节水灌溉扩浇20万亩旱地,几乎相当于山西目前最大的汾河灌区的受益面积。

1997年初,山西省在连续几年大搞规模节水片区建设的基础上,开始探索"高产高效节水园区"建设。园区建设主要是围绕农业产业化建设,以建设现代化农业为目标,农业、林业、园林、水利四部门协作,大胆尝试节水增产园区建设,把节水灌溉、农业种植、园林技术融为一体,作为一个完整的节水农业工程来建设。1997年全省共建成节水园区150个,节水面积30万亩。经过全省人民群众持续不断的努力,农业节水灌溉建设取得长足进展。这些节水工程每年可节水约6亿立方米,年增产粮食8亿吨。此外,全省还发展渗灌和旱井集雨微灌节水及流动喷灌节水扩浇面积100万亩。1998年全省粮食总产首次突破百亿公斤大关,这同节水工程的发展是分不开的。

世纪之交,山西的农业灌溉发展前景十分严峻。全省水资源总量继续衰减,能源工业和城镇生活用水不断增加,致使工农业

---

[1] 王建瑜、解放庆:《山西省发展农业节水灌溉的探讨》,《节水灌溉》,2000年第2期。

争水矛盾日趋尖锐。山西省政府提出《关于大力发展节水农业的决定》，连续召开节水农业现场会，不断推动节水农业的快速发展。通过进行大规模节水片区建设，发展流动水泵、渗灌、滴灌等技术，灌溉粮田面积约占山西耕地总面积的1/3，生产了全省2/3的粮食。

6.新时代的新成就

从2010年开始，山西加快了高标准农田建设步伐，先后实施了国家新增千亿斤粮食产能建设项目、高标准农田建设项目、高标准基本农田整理项目。据统计，2011年至2013年，全省共建成高标准农田407.89万亩，为山西实施高标准农田建设奠定了良好基础，积累了成功经验。通过工程建设，项目区田、水、渠、林、路得到综合治理，农田基础设施和农业生产条件得到明显改善，耕地抗拒自然灾害能力和农业综合生产能力明显提高，粮食产量实现四连增，基本实现了总量的自求平衡。

"十一五"期间，为寻求解决山西水资源短缺的治本之策，省委、省政府做出加强水利建设、实施兴水战略的重大决定，集中力量实施了应急水源、农田灌溉、水保淤地坝等工程建设。农田灌溉工程实现跨越式发展，夹马口北扩、北赵引黄两处大型灌区相继建成，十大灌区续建配套和六大泵站更新改造加快推进，出台了灌溉电价、水价补贴政策，引黄灌溉用水量由2005年的1.2亿立方米增加到5.8亿立方米，2010年实灌面积达到1713万亩，较"十五"末净增513万亩。水保淤地坝工程扎实推进。重点开展了黄土高原淤地坝、京津风沙源治理、首都水资源等重点治理项目，综合治理水土流失面积1.54万平方公里，新增生态修复面积2.36万平方公里，新建淤地坝2086座。

农田灌溉条件明显改善。"十一五"以来，山西先后开展大中型水利骨干工程建设、小泉小水水源工程建设、灌溉水网工程建设，农田灌溉条件显著改善，农业用水效率和效益明显提高，为保障粮食安全和农业可持续发展创造了条件。此外，农业科技应用水平明显提升。"十一五"以来，山西农业科技应用步伐加快，通过推广良种良法、高产创建、测土配方施肥、土壤有机质提升、深耕深松、旱作节水、农林病虫害统防统治等一批稳产高产防灾减灾实用技术，促进了粮食的连续稳产高产，粮食平均亩产水平达到250公斤以上。2013年全省主要粮食品种良种覆盖率达90%，商品化供种水平达60%，测土配方施肥技术应用普及率达77.24%，农业科技贡献率达54%。

"十二五"期间，山西依托中央安排的灌区节水改造、泵站更新改造和小型农田水利重点县、项目县建设，因地制宜大力实施农田水利建设，全省农田实灌面积平均年增100万亩以上。[1]

山西农田水利建设需要完善的方面：

1. 农田基础设施依然薄弱

自上世纪80年代实行农村联产承包责任制以来，农村集体经济弱化、缺失，导致公共农田水利基础设施的投入和管护得不到保障，一些水利渠系、梯田、机耕路等农田基础设施损毁严重。

2. 耕地质量总体水平仍然较低

山西省是粮食自求平衡省，同时亦是我国水土流失严重、农业生态环境脆弱的地区之一。从耕地总体质量看，据2013年数据，全

---

[1] 赵建军：《我省实现农村人均一亩水浇地》，《山西日报》，2016年2月14日。

省耕地面积6092.6万亩中，水田、水浇地1604.83万亩，占耕地总面积的26.34%，其余73.66%的耕地都是"靠天吃饭"的旱耕地。按照农业部全国耕地类型区、耕地地力等级标准划分，全省一等的高产田1544.19万亩，占耕地面积的25.35%；二等的中产田1677.7万亩，占比27.54%；三等低产田2870.71万亩，占比47.11%。可见，中低产田占全省耕地总面积约3/4。中低产田主要为旱地，基础设施薄弱，肥力水平低，抗灾能力差，作物产量低而不稳，是制约山西农业综合生产能力提高的主要瓶颈。

此外，耕地质量方面还存在一些薄弱环节。一是未建成梯田的坡耕地面积较大。山西6°至25°的坡耕地面积达2184.95万亩。二是盐碱地类型复杂，改造难度较大。三是管理粗放，部分区域耕地质量退化与污染趋势加剧。另外，长期以来受大气环境、工业"三废"及人为活动的影响，全省的工业企业区、城市郊区及污水灌溉区的耕地受到不同程度的污染，农产品安全缺乏基础保障。

3.水利设施投资及管理机制不完善

一是缺乏统一规划；二是缺乏统一建设标准；三是工程措施与农艺农机结合不紧密；四是建后管护措施落实不到位。

4.水土流失及水污染加剧的趋势未得到有效遏制

全省目前还有5万多平方公里的水土流失面积有待治理，人为水土流失加剧的趋势尚未得到有效遏制，保护生态环境面临严峻挑战。水资源的不合理开发及水污染加剧，导致河道断流，河流纳污、自净能力基本丧失，部分河段水体已失去使用功能，浅层地下水遭受大面积污染，深层地下水已出现水质变差的现象。

三、前景展望

基于山西省农田水利建设面临的形势和已有的发展条件,在"十三五"乃至更为长远的新时期,要按照建设资源节约型和环境友好型社会的总体要求,建设高标准农田,完善基础设施,优化体制机制,确保农田水利建设事业持续、健康、稳步发展。

农田建设方面,继续推进旱作农业、节水农业,保护和提升耕地质量,大力推进主要农作物生产全程机械化。着眼于确保谷物自给、口粮安全和生态优化,立足于夯实粮食生产的物质基础,加强统筹规划,强化政策支持,加大投入力度,科学有序推进高标准农田建设。着力改善农田基础设施、培肥地力,实现田、土、水、路、林、电综合配套,稳步提高水土资源利用率和耕地产出率;着力规范建设标准,整合资源,建立和完善部门协调推进机制;落实管护主体,建立健全建管结合、用养并重的耕地质量建设管理长效机制;着力推进农业发展方式转变,节约集约利用资源,保护生态环境,坚持不懈推进耕地质量建设,为提高粮食生产、保障农产品有效供给、实现农业可持续发展奠定坚实基础。

水利建设方面,稳步推进山西大水网工程、汾河等五大流域生态修复工程、水资源配置和城乡供水保障工程、农村水利工程、防洪抗旱减灾工程。加快构建与全面建成小康社会目标任务相衔接、与人民群众期待相适应、符合山西实际、具有山西特色的水安全保障体系。以大水网建设为龙头,加快推进骨干供水工程建设,分批启动实施县域小水网配套工程,构建"两纵十横、六河连通、覆盖全省"的高保障率供水体系。以保障水资源可持续利用为核心,全面推进最严格水资源管理和节水型社会建设。实施采煤沉陷区和山、老区农村的饮水安全巩固提升工程，提高农村饮水工程的供水保障率、水质合格率和自来水普及率。加强抗旱减灾能力建设，加快小型水库、抗旱应急水源工程和"五小水利"工程建设，提高水源战略储备和雨水集蓄利用能力。以建设"三大灌溉基地"为目标，加快实施灌区续建配套和泵站更新改造工程，抓好小型农田水利重点县项目。

体制改革创新方面，统筹推进农村水权、小型水利工程产权、农业综合水价、水利投融资、水利市场化和水管单位体制等，努力提升水利保障能力和综合服务水平。推进病险水库除险加固和水库标准化、信息化建设，抓好3000平方公里以上重要支流和中小河流治理，加快实施河流确权划界和河道治导线划定工作，推进河湖管护体制机制创新。落实户包治理小流域鼓励政策，确保全省2035座大中型淤地坝安全运行。

四、交通建设的巨大成就

新中国成立初期，山西的交通十分闭塞落后，由于战争的破坏，全省铁路濒于瘫痪，只有50公里勉强通行；公路实际可以通车1288公里；汽车很少，运输工具仍以马车、牛车、驴车为主。经过70年发展，特别是改革开放40年来，山西交通在基础设施建设、通车里程、货物流量诸方面都发生了质的飞跃，民用航空、高速公路从无到有，已经形成了以铁路、公路和民用航空等多种运输方式组成的综合交通运输网络，陆空呼应，干支衔接，省内省外，四通八达。截至2018年底，全省已建成高速公路5604.8公里，比1995年增长58.5倍，年均增长19.4%，建成高速公路出省口10个。铁路营业里程达5316.8公里，其中国家铁路4989.7公里、地方铁路327.1公里。2017年，太原武宿机场年旅客吞吐量首次突破1000万，达到1200万人次，进入全国繁忙机场行列。全省货物运输总量由1949年的82万吨增加到2018年的211502.5万吨；旅客运输总量由140万人次增加到25679万人次。山西70年交通建设的辉煌成就值得大书特写，可归纳为以下方面：

（一）省会太原到省辖市3小时高速通达，规划中的高速公路"人字骨架、九横九环"路网已建成"人字骨架、一横三环"，通车总里程1965公里

"九五""十五"期间，山西省的交通建设，特别是高速公路建设高歌猛进，从太旧高速公路建成通车到省会至省辖市3小时通达，实现了一个历史性的突破。一个世纪的跨越——先后完成投资584亿元，其中"九五"期间完成投资123亿元，"十五"期间完成投资361亿元。开工建设了大运、运三、长邯、太长等19个高速公路项目，共计1400公里。截至2005年底，全省高速公路通车里程达到了1686公里，在全国排第9位，在中部排第2位。[1]

1996年是山西公路交通史上具有里程碑意义的一年，这一年全长156公里、贯穿山西中部和东部的太旧高速公路建成通车，实现了山西高速公路"零的突破"，标志着山西公路建设进入"高速时代"。1998年9月，作为大同至运城高速公路阶段工程的原（平）太（原）高速公路建成通车。

2003年8月，大运高速公路全线贯通。作为纵贯山西南北的"大

---

[1]《山西交通运输业发展现状及其对国民经济发展的贡献研究》，山西统计信息网，2006年11月7日。

动脉"——大运路北起大同市南郊区冯庄村,南至运城市盐湖区,全长666公里,途经大同、朔州、忻州、太原、晋中、吕梁、临汾、运城8个省辖市,连接31个县(市、区)、132个乡镇、495个行政村,是山西省"人"字主骨架高速公路网最重要的中轴主干线,也是山西省迄今为止投资最多、战线最长的基础设施工程,穿越山西省产业集中区、资源富集区、经济发达区和人口稠密区。此路的建成,大大缩短了山西与周边省市的时空距离,有力地推动了全省的对内、对外开放和经济发展,"大运经济带"成为全省最具活力、最具效益的经济高地。[1]

2005年,伴随着大运、太原环城、晋阳、晋焦、运风、运三、京大、夏汾、长邯、得大、汾离和太长等高速公路的通车运营,省会太原到省辖市3小时高速通达目标得以实现。其后,晋(城)侯(马)、离(石)军(渡)、大同绕城等几条高速公路相继通车,山西省高速公路建设再上一个新台阶。截至2008年底,规划中的高速公路"人字骨架""九横九环"路网已建成"人字骨架、一横三环",通车总里程1965公里,[2]打通7条通往周边的出省通道,省际联系更加紧密,一个以太原为中心、辐射市县、覆盖全省、南通中原、北出长城、东联京冀、西达秦蜀的高速公路网初具规模。同时,各市到所辖县(市、区)也实现2小时通达,各县(市、区)到所辖乡镇实现1小时通达,形成省到市、市到县、县到乡、乡到村4级循环。干支相连、纵贯全省、通达四邻、安全便捷的公路网络得以形成。

---

[1] 《挺起新山西崛起的脊梁——改革开放30年山西交通运输事业发展回眸》,《中国交通报》,2009年1月14日。

[2] 《"九横九环"变为"两纵十一横十二环" 我省将新增加2000余公里高速路》,《山西新闻网》,2009年1月24日。

（二）2007年山西公路通车里程达到119868.633公里，是新中国成立初期实际可以通车里程1288公里的93倍强；农村交通建设取得重大突破——村村通公路、通油（水泥）路初步实现

据统计，由于经济的制约和战争的破坏，1949年5月，山西全省的公里里程名为5858公里，但实际可以通车的仅有1288公里。[1] 经过60年的不断建设，截至2007年底山西公路的通车里程已达到119868.633公里（如表4-4所示），是新中国成立初期实际可以通车里程1288公里的93倍强。

表4-4　山西省全省公路通车里程（2007年）

单位：公里

市　名	行政村总数	通公路	通油路	通公路村比重（%）	通油路村比重（%）	不通公路
全　省	28100	28072	23789	99.90	84.66	28
太原市	1019	1019	1014	100.00	99.51	0
大同市	1948	1948	1816	100.00	93.22	0
阳泉市	959	959	943	100.00	98.33	0
长治市	3424	3422	3311	99.94	96.70	2
晋城市	2221	2218	1987	99.86	89.46	3
朔州市	1675	1675	1401	100.00	83.64	0
晋中市	2752	2752	2684	100.00	97.53	0
运城市	3185	3185	3177	100.00	99.75	0
忻州市	4851	4828	3076	99.53	63.41	23
临汾市	2958	2958	2497	100.00	84.42	0
吕梁市	3108	3108	1883	100.00	60.59	0

资料来源：山西省交通厅综合规划处，山西交通网，2008年11月10日。

鉴于"截至2004年，全省仍有1175个行政村不通公路、11771个行政村不通水泥路或油路。为了彻底改变农村公路落后的状况，党

---

[1]《山西通志·交通志·公路水运篇》第一章"道路"，中华书局1999年版。

的十六大以来,全省开展了轰轰烈烈的农村公路建设"[1]。从2003年全面启动村村通公路工程以来,经过历时四年的努力建设,到2007年底全省通村公路达到15.2万公里,100%的乡镇、84.6%的行政村通了水泥路(油路)。[2]具体情况如表4-5所示:

表4-5　2007年山西省村村通公路、通油路情况统计

市　名	行政村总数	通公路	通油路	通公路村比重(%)	通油路村比重(%)	不通公路
全　省	28100	28072	23789	99.90	84.66	28
太原市	1019	1019	1014	100.00	99.51	0
大同市	1948	1948	1816	100.00	93.22	0
阳泉市	959	959	943	100.00	98.33	0
长治市	3424	3422	3311	99.94	96.70	2
晋城市	2221	2218	1987	99.86	89.46	3
朔州市	1675	1675	1401	100.00	83.64	0
晋中市	2752	2752	2684	100.00	97.53	0
运城市	3185	3185	3177	100.00	99.75	0
忻州市	4851	4828	3076	99.53	63.41	23
临汾市	2958	2958	2497	100.00	84.42	0
吕梁市	3108	3108	1883	100.00	60.59	0

资料来源:山西省交通厅综合规划处,山西交通网,2008年11月10日。

(三)"大"字形铁路干线网跃然三晋大地之上

从1909年山西第一条铁路——正太(石太)铁路竣工通车,到中华人民共和国成立时的1949年,40年中全省共修正太、京包、同蒲等干支线1542.376公里。此后的70年间,特别是改革开放40年间,山西铁路建设如同其他各项建设事业一样发生了一个质的飞跃——以南、北同蒲线和石太线为主干,由石太、京原、京包、太

---

[1] 李旺明、苗长青:《当代山西经济史纲》,山西经济出版社2007年版,第481页。

[2] 《山西交通30年:道路越走越宽广》,山西视听网,2008年11月18日。

焦、邯长、侯月、大秦和南北同蒲等9条大铁路干线以及13条主要支线和400多条专用线构成的铁路运输网络已经形成。中国西煤东运的主要通道之一、山西重要的出海通道——大秦铁路的改建，太中银干线铁路工程的实施，更使得山西既有铁路网如虎添翼。

大秦铁路自山西省大同市至河北省秦皇岛市，纵贯山西、河北、北京、天津，全长653公里，是中国西煤东运的主要通道之一。大秦铁路是中国的国铁1级线路，沿线共设37个车站。铁路分两期建成：一期工程于1985年1月开工，1988年12月28日开通运营；二期工程于1988年6月开工，1992年12月21日开通运营。铁路最初的设计能力为5000万吨/年，1997年改造后形成1亿吨/年的运输能力。目前正在进行新一轮改造，完成后年运输能力将达2.5亿吨以上。[1]

太原至中卫（银川）铁路，简称"太中银铁路"，全长944公里，其中太原至中卫正线752公里。太中银铁路是铁道部推进西部大开发，完善路网布局的战略举措。2006年破土动工，东端自山西太原枢纽的榆次站引出，向西经汾阳、离石、绥德、定边等县市，在黄羊湾站与包兰铁路接轨至宁夏中卫。太中银铁路是一条新的大能力能源通道和高原铁路，设计运输能力为客车40对/日、货运6000万吨/年。其设计时速为160公里，铁路等级为1级，工程总投资额为303.2亿元，由铁道部和山西省、陕西省、宁夏回族自治区政府共同组建合资铁路公司，负责项目建设和营运管理，项目工期为4年半。太中银铁路东与石太线相连，直通河北省；西出黄河，向陕西、宁夏两省延伸，进一步完善了山西铁路路网的布局，一个纵横

---

[1]《大秦铁路》，百度百科。

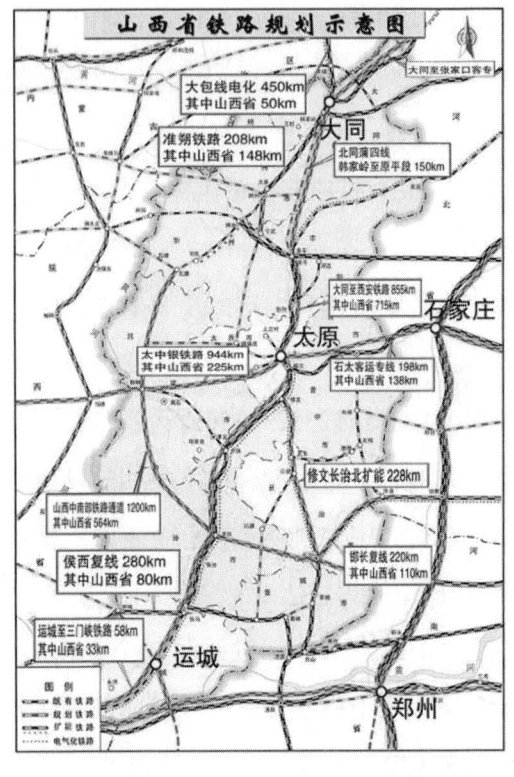

图4-1 山西省铁路规划示意图

交错的"大"字形铁路主骨架跃然三晋大地之上。(见图4-1)。

(四)"动车组"——开启山西铁路的高速时代

2009年3月30日下午,太原铁路局正式通过媒体发布:石太铁路客运专线4月1日开通,一场改变人民生活、促进区域经济快速发展的运输革命拉开帷幕,山西铁路的高速时代宣告开启。

石太铁路(原名正太铁路)穿越太行山脉,横跨晋、冀两省,东连京广,西接同蒲,是山西通往京、津、沪及江南各地的主要通道。据统计,从1907年到2008年,历经百年沧桑,石太线的年货运量增加了200余倍。然而,随着经济社会的快速发展,运能不足的问题日益突出。有鉴于此,2004年,交通部的《中长期铁路网规划》出台后,石太铁路客运专线作为全国铁路网络"四纵四横"中的"一横",提上建设日程。2005年6月11日,石太铁路客运专线正式开工兴建。2008年底,顺利完成基本建设任务,达到货运开通试运营条件。2009年1日1日,开行了首列货运列车。2009年4月1日零时整，石太铁路客运专线伴随着全国铁路新列车运行图的全面实施正式开通运营，并且一次开通运营就达到了时速250公里的速度目标值。

石太铁路客运专线，东起石家庄北站，途经河北省石家庄市、鹿泉市、井陉县，以及山西省盂县、寿阳县、阳曲县和太原市，止于太原站。正线线路全长189.92公里。其中，河北省境内59.97公里，山西省境内129.95公里。全线采用双线、全封闭、全立交设计，电力牵引，目标时速为250公里。作为我国铁路"四纵四横"快速客运网中太原至青岛客运专线的重要组成部分，石太铁路客运专线是继京津城际铁路、合宁等客运专线投入运营后，大规模铁路建设取得的又一成果。石太铁路客运专线的建成和全面投入运营意味着一条大容量的出省快捷客运通道已经形成，从而大大缩短了山西与京津塘环渤海地区和河北、山东等相邻省份的时空距离，显著增加了通道能力和晋煤外运能力，对于缓解煤炭运输紧张状况、促进经济平稳较快发展具有重要意义。

随着大同—运城—西安客运专线及外省高速铁路开通运营，山西省会太原和全国各大城市将实现700公里内3小时到达、1000公里内4小时到达、1500公里内6小时到达，山西人民的出行将在全国位居前列。[1]同时带来人流、物流、信息流、资金流快速流动，对促进山西经济社会又好又快发展将发挥巨大推动作用。

---

[1] 山西新闻网，2009年4月1日。

(五) 2001年至2006年太原机场的旅客吞吐量增加了6倍;2008年太原武宿国际机场新航站楼落成,年旅客吞吐量可达600万人次

2001年,民航太原空中交通管理中心成立。2006年,民航太原空中交通管理中心改制为民航华北空中交通管理局山西分局。据新成立的山西空管分局统计,2001年民航太原空中交通管理中心成立时,太原区域的航班日飞行量不足200架次,2006年达到400多架次,增加了一倍;2001年,太原机场的旅客吞吐量约40万人次,2006年达到284万人次,是2001年的7倍;2001年,太原机场的货邮吞吐量约1万吨,2006年达到3.83万吨,增长两倍多。在2006年中国146个民航机场吞吐量排名中太原名列第29位,在中部六省的省会中位列第4位,具体排名情况见下表:

表4-6 2006年中部六省省会机场吞吐量排名情况统计表

机场	排名	2006年旅客吞吐量	增加(%)	起降架次
长沙	1	6592602	24.4	71139
武汉	2	6100582	28.6	66687
郑州	3	3879949	30.7	44211
太原	4	2843482	26.9	38356
南昌	5	2764420	20.0	29547
合肥	6	1851464	22.5	24000

资料来源:百度太原吧。

2008年太原武宿机场的年旅客吞吐量再上一个台阶,首次突破400万人次。

为适应开放程度进一步加大和社会经济发展,作为2008年北京奥运会的主要备降场之一的服务要求,太原武宿国际机场改扩建工程于

2006年3月26日奠基,通过两年建设,主要项目已基本完工。改扩建后,飞行区等级达到4E级运行标准,可满足A380飞机的备降需要,新航站楼面积为5.5万平方米。机场的配套设施使用最新技术,服务功能得到明显改进。不仅可满足目前太原武宿机场现有40余条航线的运营需要,而且可以满足未来600万人次年旅客吞吐量的保障需要。[1]

(六)综合交通有效支撑"一核一圈三群"为主体的城镇化格局,客运交通体系有力地服务旅游精品线路建设

通过加强公路、铁路等交通设施建设,完善了太原都市区、都市圈,晋北中部城镇群、晋南中部城镇群、晋东南中部城镇群之间的联系,形成"一核一圈三群"城镇空间布局,推进了区域性国土开发进程,壮大了大运、太焦城镇发展轴线,支撑县城和重点镇建设,使其成为承载区域人口和产业转移的重要增长极,有效促进了城乡统筹和区域协调发展。尤其是重点推进了联系五台山、平遥古城、云冈石窟、关帝庙、八路军太行纪念馆五大景区的旅游目的地的有关交通基础设施项目建设,提升完善了古建宗教、晋商文化、寻根觅祖、太行山水、红色经典、黄河文明六条精品旅游线路。

铁路客运专线建设快速推进,省会太原形成大西、太焦、石太三线交会的高铁枢纽。大西客专太原至西安段已于2014年7月1日通车,大西客专太原至原平段于2018年10月1日通车,2019年5月1日怀仁东站至太原南开通运营。

截至2019年,山西省公路密度87公里/百平方公里,高速公路通车里程达到6000公里,108个县(市、区)通高速公路。形成了纵

---

[1] 中国政府网,2008年6月30日。

贯南北、承东启西、覆盖全省、通达四邻的高速公路网，实现省会到相邻省会、省会到地级市、相邻地级市之间高速通达，连接城镇人口超过15万的所有城市。全省约90%的市县能在1小时内到达高速公路，为经济发展、居民出行、企业发展提供了便捷高效的交通运输服务，为经济社会的转型发展提供了强有力的交通支撑。通过县乡公路改造，实施旅游景区、农林产业区、工业园区"三区"公路连通工程，实现城乡交通协调发展。

五、发展历程

（一）1949年以前山西交通概况

历史上，山西的交通发展经历了一个由践草为径的自然土路到较固定的晋商开拓的万里茶路、驮运路、牛马车路、黄河晋蒙粮油古水道，再到民国年间屡经修建而成的沙土公路等几个阶段。由于历史和时代的局限，经过数千年的文明发展，一直到20世纪初，山西的道路还停留在马车道、驮运路的水平上，居于崇山峻岭中的山民，依然在"左悬崖，右靠山，脚下不过半尺宽"的山间小道上攀行。

1949年山西全境解放时，由于战争的破坏，全省铁路濒于瘫痪，能勉强通行的只有50公里，行车速度20至30公里，列车牵引重量为300吨左右。[1]

山西境内河流较多，渡口也为数不少，散见于文献记载的约有200余处。其中禹门口渡、茅津渡、风陵渡、军渡、保德渡等黄河渡口曾经是山西通向河南、陕西等省的重要津渡，在历史上发挥过很

---

[1]《当代中国的山西》，中国社会科学出版社1991年版，第408页。

大的作用。1949年前,渡口的摆渡方式原始落后,加之个人经营,管理混乱,缺乏必要安全设施,经常发生船毁人亡的悲剧。1949年初,全省共有渡口136个,其中黄河渡口61个、汾河渡口75个。[1]

(二)初步发展的山西交通(1949年—1978年)

1949年到1978年是山西交通得到初步发展的30年。这一阶段山西公路交通初步改善,铁路建设进入黄金发展时代,民用航空事业从无到有。

1.公路交通得到初步改善

"从1950年到1952年,全省共修建公路1000余公里。到1952年底,全省公路通车里程达到2350公里。"[2]从1953年开始,按照"分期改善,逐步提高"的方针,对太大线(太原至晋城)、邯长线(邯郸至长治)、太军线(太原至柳林)、黑砂线(兴县至繁峙)等干线按六级公路标准进行了改建和修建。经过三年恢复和四年建设,到1956年底,全省公路通车里程达到7060公里,其中有10%的公路铺装了沙砾路面。1956年,全省掀起了大规模的群众性筑路热潮,成绩卓著,全省除汾西、平鲁两县外,其余县城全部通了汽车。1959年底,全省公路通车里程达16896公里。[3]

1957年,在太谷七五三厂通向干线公路的5.5公里专用公路上试铺了全省第一处沥青路面。此后,公路开始向黑色路面迈进,公路技术等级逐步提高。"1963年,在试铺了71公里油路的基础上,

---

[1] 《山西通志·交通志·民用航空篇》,中华书局1999年版。
[2] 李旺明、苗长青:《当代山西经济史纲》,山西经济出版社2007年版,第30页。
[3] 《当代中国的山西》,中国社会科学出版社1991年版,第414页。

1964年，开始了大面积铺装。到1978年底，全省油路已近6000公里，占总里程的29%，平均每年以400多公里的速度递增。"[1]

20世纪70年代初，省交通厅提出了"三通（县县通油路、社社通公路、队队通汽车）、两环（地区境内循环、县境内循环）、一提高（通过养护提高公路等级）"的公路建养方针，公路部门在修建公路、铺筑油路、建造桥涵的同时，加强了公路养护。1976年，运城地区在全省率先实现县县通油路、社社通公路。次年，稷山县实现"三通"，在全省独占鳌头。从此，山西公路面貌焕然一新，路面标准有了很大的提高。截至1978年底，全省等级公路增加到2.04万公里，其中二级路141公里、三级路3114公里、四级路1.58万公里。[2]

表4-7 1949年—1978年山西省公路运输运量表

年份	民用汽车数			货运量（万吨）	货运周转量(万吨公里)	客运量（万人次）	客运周转量（万人公里）
	合计	其中营运车辆					
		货车	客车				
1949	210	175	25	7.2	569	9.5	816
1950	365	269	86	15.3	989	24	1777
1951	588	393	175	88.1	2396	55	2890
1952	606	367	205	634	7618	75	4280
1953	850	490	306	853	10122	129	7987
1954	1466	969	408	1112	13716	127	8706
1955	2245	1535	544	1411	16206	179	12407
1956	3880	2971	715	1980	17769	238	16364
1957	4209	3129	821	2450	20457	369	20954
1958	6493	5037	1135	2662	32815	451	26127
1959	8125	6385	1235	3683	47398	680	34239
1960	8650	6904	1328	2998	48857	826	38428
1961	8071	6971	793	1387	22811	556	33712
1962	8839	7104	1399	1101	17022	661	38620
1963	8926	6833	1459	1392	18302	660	31739
1964	9080	6756	1577	1856	22408	614	30782

[1] 《当代中国的山西》，中国社会科学出版社1991年版，第415页。
[2] 《当代中国的山西》，中国社会科学出版社1991年版，第416页。

续表

年份	民用汽车数			货运量(万吨)	货运周转量(万吨公里)	客运量(万人次)	客运周转量(万人公里)
	合计	其中营运车辆					
		货车	客车				
1965	9475	6825	1783	2320	29287	769	39384
1966	10284	7358	1965	2312	32263	915	46824
1967	11001	7864	2085	2200	31549	956	46737
1968	11480	8166	2128	1811	27813	981	45517
1969	12365	8815	2306	1985	33030	872	45261
1970	14275	10398	2610	2555	43316	1096	55192
1971	17220	12686	3057	2713	49337	1397	74034
1974	27334	20529	5043	4230	65909	1495	72534
1975	30840	24176	5744	4572	71055	1445	75967
1976	34973	26307	6449	4417	72263	1622	84453
1977	39461	29568	7353	5752	94310	2004	100119
1978	45716	34383	8423	6443	111483	2374	116416

资料来源：《山西通志·交通志·公路水运篇》，中华书局1999年版，第313—314页。

2.铁路建设进入黄金发展时代

与公路交通一样，面对战争的严重破坏，铁路交通首先需要的也是修复。"从1950—1952年，全省修复铁路1100公里，其中重点修复了南北同蒲线和石太线。到1952年底，全省铁路通车里程达到1245公里。"[1]至此，山西原有的铁路全部恢复通车。之后，山西铁路建设进入了迅速发展的黄金时代。

（1）改造旧线

铁道部针对山西铁路标准低、质量差、设备简陋、运能不足的现状，统一规划，全面推进，从1951年开始，先后投入大量资金对石太线、南北同蒲线、京包线进行了扩建站场、加固桥梁、放大弯道、整固路基、拨宽轨距、改造通信信号、增建双线、开通电气化

---

[1] 李旺明、苗长青：《当代山西经济史纲》，山西经济出版社2007年版，第30页。

等一系列技术改造。

石太线全面技术改造从1951年9月起,首先对全线实行整体技术改造,然后于1956年3月至1969年4月增建双线铁路,接着从1975年5月至1982年9月在全线开通电气化铁路。

同蒲铁路的技术改造分南北两段进行。1955年12月至1956年1月,首先将南同蒲线窄轨拨宽为1.435米准轨铁路,从而结束了山西铁路近50年的窄轨历史,开始与全国铁路干线实行联运。1956年6月至1962年,对南同蒲全线的路基、桥梁、隧道、正线、站线进行全面技术改造。1970年6月,南同蒲与陇海联络线及黄河大桥一并交付使用,使线路通过能力在原有基础上提高了56.3%。从1981年7月起对南同蒲全线开始分段双线施工,到1985年底完成部分区段任务。北同蒲线的技改工程从1957年2月开始,1960年1月完成并进行验收交接,通过能力提高了25.9%。与此同时,从1958年10月起,北同蒲线开始双线和电气化区段施工。1983年5月第二次电气化工程上马,1985年底完成部分区段工程。

京包线郭磊庄至大同段技改工程于1956年初开始,至1957年底完成。从1958年5月起双线建设全面开工,到1974年4月双线竣工,完成投资5694.1万元。双线建成后,上下行通过能力平均提高了65%。

(2) 新建干线

随着社会主义革命和建设的深入发展,为适应工农业生产的需要,从1958年开始进行新线建设。先后建成京原线、太焦线、邯长线等三条新干线。

京原线,东起北京石景山,西止原平,全长418.6公里,省境内长207.1公里。1958年10月开工,1971年10月接轨,1973年1月正式营运。到1977年完成全部配套工程。

太焦线，北起修文、南至月山，全长381.7公里，省境内长362.9公里。全线分期分段施工：南段于1957年由焦作向北施工到五阳，1960年10月通车；北段从五阳至修文，于1970年续建。1974年月山至晋城双线工程完工。1975年全线建成通车。

邯长线，东起京广线邯郸站，西至太焦线长治北站，呈东西横向型走向，全长219.3公里，省境内长84.7公里。邯长线由三段组成：邯郸至磁山段是1940年修建的；磁山至涉县段于1959年9月开始修建；涉县至长治段于1974年开工兴建。1981年，全线建成通车，年输送能力600万吨。[1]

(3) 支线和枢纽建设

1949年以前，山西境内铁路支线仅有大同口泉和太原西山两条，共长35.7公里。在积极改造旧线、新建干线的同时，为了满足全省工农业迅速发展的需求，从50年代到70年代末先后新建兰村、礼垣、介西、宁岢、二峰山、太岚等6条支线，共长301.4公里。

与此同时，山西境内的铁路枢纽和地方铁路建设也有了不可忽视的进步。从1955年10月起，对太原、大同两个枢纽进行了分期分段改建和扩建。太原枢纽是同蒲、石太、太焦干线和兰村、太岚、西山支线的交会点；大同枢纽是京包、北同蒲干线的交汇点。1972年11月，位于太原市五一广场东侧、迎泽大街东起点上的太原新火车站破土动工。1975年太原新火车站建成投入使用，站房建筑面积11000平方米。两大枢纽工程扩建完工后，加速了机车往返和车辆周

---

[1] 《当代中国的山西》，中国社会科学出版社1991年版，第409页。

转,提高了铁路的运输能力。

到80年代中期,客货运量迅速增长。1985年全省铁路运送旅客3391万人,比1951年增长5.5倍;完成旅客周转量62.14亿人公里,比1953年增长8.2倍;完成货运量16110万吨、煤运量14068万吨,比1951年分别增长22.7倍和30.9倍;完成货物周转量308.7亿吨公里,比1953年增长21.3倍。[1]详见下表。

表4-8 1951年—1978年机车配属数统计表

机务段台数 年度	太原北机	阳泉	太原东机	大同	临汾	长治北	总计
1951		37	50	53			140
1952			50	47			97
1953			71	50			121
1954			64	40			104
1955			69	42			111
1956	19		72	43	22		156
1957	28		80	49	32		189
1958	30	56	84	68	39		277
1959	29	45	75	106	34		289
1960	33	47	75	100	27		282
1961	32	42	67	112	26		279
1962	36	38	64	112	23	24	297
1963	35	38	65	98	24	22	282
1964	37	36	61	96	24	22	276
1965	35	36	61	79	23	25	259
1966	35	36	63	82	23	16	255
1967	39	36	60	81	27	18	261
1968						21	260
1969						21	262
1970						19	285
1971	42	42	65	91	44	23	307
1972	51	46	69	92	48	25	331
1973	46	46	77	98	63	24	354
1974	59	45	71	103	63	24	365
1975	60	47	76	107	74	25	389
1976	60	47	76	119	73	27	402
1977	67	49	72	120	76	25	409
1978	67	50	70	128	77	25	417

资料来源:《山西通志·铁路志》,中华书局1997年版,第169—170页。

---

[1] 《山西通志·铁路志》,中华书局1997年版。

表4-9　1949年—1978年山西铁路旅客运输量统计表

年份	旅客发送量（万人）	旅客周转量（万人公里）	全省人口数量（万人）	全省平均每年每人乘车次数（人次）
1949	130		1281	0.10
1950	400		1312	0.30
1951	526		1352	0.32
1952	572		1395	0.41
1953	724	67360	1427	0.51
1954	807	78160	1465	0.55
1955	810	81540	1509	0.54
1956	825	88620	1554	0.53
1957	1013	100980	1587	0.64
1958	1068	131600	1621	0.66
1959	1546	144490	1667	0.93
1960	1923	185500	1703	1.13
1961	2467	246240	1710	1.44
1962	2172	236470	1745	1.24
1963	1531	140540	1790	0.86
1964	1330	130080	1824	0.73
1965	1240	133040	1872	0.66
1966	1243	139840	1911	0.65
1967	1434	172420	1947	0.78
1968	1617	191100	2000	0.81
1969	1471	206700	2049	0.72
1970	1549	191450	2111	0.73
1971	1586	199590	2164	0.73
1972	1698	228990	2213	0.77
1973	1729	237600	3357	0.77
1974	1703	235400	2302	0.74
1975	1739	237800	2340	0.74
1976	1743	232200	2373	0.73
1977	1951	241300	2398	0.81
1978	2124	270950	2424	0.88

资料来源：《山西通志·铁路志》，中华书局1997年版，第377—378页。

表4-10　1949年—1978年山西铁路货物运输量统计表

年份	货物发送量（万吨）		货物到达量（万吨）	货物周转量（万吨公里）
	合计	其中运往外省		
1949	75			
1950	257			
1951	679	258	357	
1952	865	312	442	
1953	1003	563	556	138220
1954	1387	932	698	192930
1955	1689	1152	771	236320
1956	1860	1232	1010	296350
1957	2282	1574	1020	391280
1958	3194	2331	1266	613790
1959	3856	2478	1884	767240
1960	4486	2612	2480	844060
1961	3351	1942	1818	631560
1962	2970	1947	1317	534070
1963	3178	2259	1242	593810
1964	3530	2454	1498	658530
1965	3913	2626	1860	791490
1966	4507	3122	2093	914040
1967	3494	2298	1747	691280
1968	3256	2319	1431	631930
1969	4154	3092	1658	719460
1970	5380	3667	2478	1030300
1971	5491	3512	2832	1122350
1972	6021	3796	3159	1225500
1973	6333	4055	2870	1182900
1974	6064	4000	3295	1053800
1975	7263	4824	2664	1274600
1976	6363	4444	3622	1129900
1977	8053	5386	4189	1415800
1978	9166	6152	4055	1784790

资料来源：《山西通志·铁路志》，中华书局1997年版，第430—431页。

表4-11 1949年—1978年山西铁路煤炭运量统计表

年份	铁路煤运量（万吨）	其中：运往外省（万吨）	全省煤产量（万吨）	产运系数（%）
1949			267	
1950			380	
1951	441	209	603	73.2
1952	601	238	994	60.4
1953	641	444	906	70.7
1954	984	787	1310	75.1
1955	1294	1024	1696	76.3
1956	1316	1082	1930	68.2
1957	1704	1378	2368	72.0
1958	2414	2051	3715	65.0
1959	2773	2122	4355	63.7
1960	3140	2258	4412	71.2
1961	2603	1630	3258	79.9
1962	2508	1766	3180	78.9
1963	2683	2045	3466	77.4
1964	2835	2155	3597	78.8
1965	2977	2228	3927	75.8
1966	3512	2693	4198	83.7
1967	2655	1964	3386	78.4
1968	2663	2062	3664	72.7
1969	3443	2754	4465	77.1
1970	4304	3215	5298	81.2
1971	4440	3080	5487	80.9
1972	4800	3285	5994	80.1
1973	5048	3495	6398	78.9
1974	4935	3494	6796	72.6
1975	6015	4244	7542	79.8
1976	5319	3913	7720	68.9
1977	6757	4773	8754	77.2
1978	7541	5412	9825	76.8

资料来源：《山西通志·铁路志》，中华书局1997年版，第449—450页。

3.民用航空从无到有，方兴未艾

1923年太原城北机场建成，但一直到1949年民用航空没什么发展。1949年初，山西境内没有一架直管飞机。从1949年到改革开放前的1978年，山西的民用航空经历了一个从无到有的过程。

太原解放后，人民政府多次对民用航空机场进行整修扩建，为民用航空事业的发展创造条件。1950年7月1日，太原民航站成立，使用太原城北机场；1951年夏，迁址城南亲贤机场。1958年2月，中国民航局划归交通部建制后，太原航空站改组为地方民用航空管理局。1959年9月，民航改归国务院建制，地方民用航空管理局改称民航山西省局。此后，鉴于山西自然、地理状况，民航山西省局致力于发展航空运输，先后新建、改建和扩建了长治、大同、临汾和太原机场，初步建起山西境内的航空运输网。

1968年，国务院和民航总局批准扩建太原武宿飞机场。1970年10月1日，新跑道建成试飞。1971年6月，民航山西省局迁址太原武宿机场。扩建后的武宿机场能起降伊尔-18型等飞机，山西民航的发展具备了初步的基础。与此同时，山西民航开始有了自己的直管飞机。1966年2月，中国民用航空第十八飞行大队由北京迁驻山西省长治市王村机场，同年4月扩编为中国民用航空第二飞行总队。与此同时，山西民航的直管飞机从无到有，机型、机种不断更新换代。20世纪70年代，民航第二飞行总队先后引进和购进安-30型飞机3架、双水獭型飞机6架、国产运-5型飞机9架，引进旋翼型BO-105型直升机4架、米-8型直升机5架。到70年代末，机群队伍已形成规模，各种机型总数已达60多架，在一定程度上适应了护林、航空摄影、航空物理探矿、灭蝗等通用航空任务的需要。

除上述运输机场外，山西自1959年开始使用飞机执行农林飞行任务后，还在芮城、万荣、稷山、临猗、永济、安泽、交城、汾阳、岚县、原平、朔县、忻州、五寨、天镇、怀仁、阳高等县和管涔山林区先后修建了18个临时简易通用航空机场。[1]

---

[1] 《山西通志·交通志·民用航空篇》，中华书局1999年版。

(三) 腾飞的山西交通 (1979年—2009年)

改革开放前30年,山西的交通状况明显改观,然而与国民经济的整体发展水平相比,发展步伐相对缓慢。长期以来,交通运力不足的问题令人困扰,公路拥堵,火车车皮难求,民用航空微不足道……改革开放以来,经济的飞速发展与运力严重不足的矛盾日益凸显,交通成为经济发展的瓶颈。有鉴于此,为适应改革开放大形势、改善老百姓出行条件、提高社会整体发展水平,省委、省政府花大力气发展交通,山西交通迎来了一个腾飞的时代。最近10年,山西交通运输业完成的客、货运输周转量的年平均增长速度分别达到了7.4%和7.6%。

据《山西省2008年国民经济和社会发展统计公报》的统计:2008年山西"全省交通运输、仓储和邮政业增加值467.52亿元,比上年增长4.4%。公路线路年末里程12.5万公里,其中高速公路1965.2公里"。"年末全省民用汽车保有量达到203.7万辆(包括三轮汽车和低速货车29.5万辆),比上年末增长17.5%,其中私人汽车147.1万辆,增长21.2%。年末轿车保有量77.1万辆,比上年末增长28.1%,其中私人轿车61.0万辆,增长33.0%。"

改革开放30年间,山西的铁路、公路、民航建设都取得了巨大成就,为全省乃至全国经济的腾飞做出了巨大的贡献。[1]

1.高速公路网四通八达,国道和省道纵横交错,公路运输能力显著提高

长期以来,山西的公路建设相对发展缓慢,全省公路密度小、

---

[1] 山西省统计局:《改革开放30年山西交通运输由"瓶颈"变通途》,山西统计信息网,2009年2月6日。

等级低。有资料表明，上世纪60年代前的山西，公路大部分是由大车路拓宽改造而成，路况低下，截至1978年底，全省通车里程仅有27261公里，符合技术标准的公路只占通车里程的73%，且大部分仅能达到现在二级路的水平。[1]1992年，全省尚有21个乡不通公路，1000多个村不通机动车。[2]全省没有一条高速公路。交通的相对落后成为山西经济发展的严重制约因素。知耻而后勇，面对严峻的现实，省委、省政府决心花大力气改善交通，自上而下的修路热潮由此兴起。

改革开放以来，山西共用于公路事业的投资达1558.5亿元，占全社会固定投资的9.89%；特别是1998年至2007年的10年间，公路固定资产投资达1356.7亿元，是前20年的6.7倍多，从而带来了交通运输业的迅速发展，交通面貌焕然一新。1997年底，全省公路里程4.4万公里，公路密度23.2公里/平方公里。[3]到2007年底，全省公路通车里程已达119869公里，公路密度提高到76.5公里/平方公里。全省高速公路从无到有，等级公路已建设107102公里，比1980年增长16.2倍，平均每年增长11.1%；每万人拥有公路达到35.52公里。具体数据如表4-12所示。

---

[1] 《挺起新山西崛起的脊梁——改革开放30年山西交通运输事业发展回眸》，《中国交通报》，2009年1月14日。

[2] 胡富国：《在全省扶贫工作会议上的讲话》（1995年7月22日）。

[3] 《山西改革发展30年·概述卷》，中共党史出版社2008年版，第464页。

表4-12　2007年山西省公路和汽车密度统计表

公路汽车里程（公里）	土地面积（百平方公里）	人口平均（万人）	每百平方公里有公路（公里）	平均每万人有公路（公里）
119868.633	1567.12	3374.57	76.49	35.52

资料来源：《山西交通年鉴2008》，山西人民出版社2008年版，第859页。

首先是高速公路从无到有，形成网络。

太旧高速公路是交通部"八五"公路建设重点项目之一。它是东出山西通向环渤海经济圈，沟通东西部地区的重要交通干线，对振兴山西经济具有重大意义。1991年勘察设计，1993年6月破土动工，1996年6月25日全线通车。全长140.7公里，途经山西黄土高原与太行山脉两大地貌地带，横跨汾河河谷平原，沿线地形复杂，施工困难，是我国最早进入山岭重丘区的高速公路。该路总投资概算301446万元，实际投资省自筹150608万元、交通部67800万元、国家开发银行贷款30000万元、建设银行贷款10000万元、交通部委托贷款35000万元，共计293408万元，比概算少8038万元。[1]1997年4月，太旧路通过交通部的竣工验收，工程质量达到优良等级，同年12月获全国建筑行业质量最高奖——鲁班奖。

太旧高速标志着山西高速公路从无到有。一花引来万花开，其后10年，一个四通八达的高速公路网形成。1996年起，太原东山过境、晋城至阳城高速、原太高速、晋焦高速、大运高速、运风高速、运三高速、京大高速、夏汾高速、长邯高速、得大高速、汾离高速、太长高速等相继建成通车，实现省会到市3小时通达。通过与青（岛）银（川）高速公路衔接，为山西增添难得出海口。青银

---

[1]　《太旧高速公路》，百度百科。

高速是横贯中国北部五纵七横的一条国道横向主干线，全长1610公里，途经鲁、冀、晋、陕、宁五省，对加强西北和东部沿海经济发展作用非凡。该路山西段以2007年12月汾柳高速离柳段通车标志全线贯通。[1]

2007年4月27日，全省重点公路工程建设第一次联席会议指出："高速公路建设是当前全省公路建设的重中之重，省委、省政府高度重视，省第九次党代会上明确提出2010年全省高速公路里程达到3000公里。"[2]2008年12月25日，《山西省高速公路网调整规划》通过，高速路网布局从最初"人字骨架、九横九环"，调整为"人字骨架、两纵十一横十二环"。高速公路规模由4050公里增到6160公里。[3]

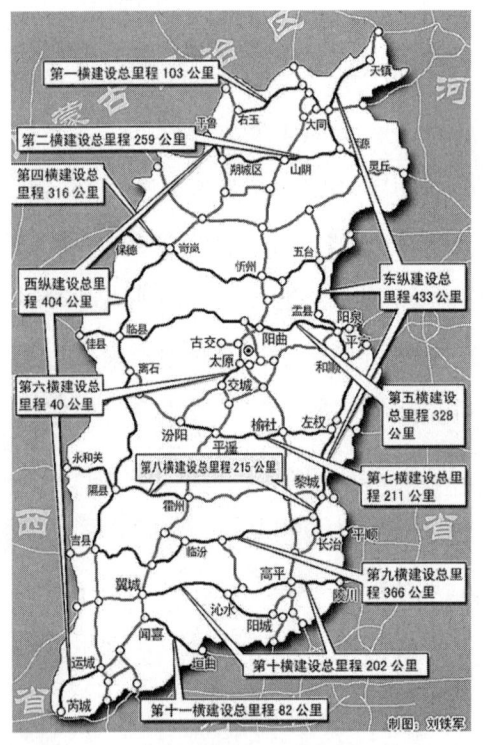

图4-2 "人字骨架、两纵十一横十二环"高速网路图

资料来源：《山西日报》，2008年12月27日。

---

[1]《青银高速公路》，百度百科。
[2]《山西交通年鉴2008》，山西人民出版社2008年版，第619页。
[3]《"九横九环"变为"两纵十一横十二环" 我省将新增加2000余公里高速路》，《山西新闻网》，2009年1月24日。

2009年6月10日，随着灵丘至山阴高速公路项目的开工建设，山西高速在建项目达到了13个，建设里程1133.4公里，投资653.2亿元。此外还有13条高速公路建设项目正在紧张的前期准备工作当中，建设总里程1125.6公里，总投资741.8亿元。这13个项目也将在年内开工建设，标志着山西高速公路的建设步伐加快，进入一个新的阶段。[1]

在高速公路大干快上的同时，国道、省道的建设也是一步一个大台阶。1997年，穿越山西省境之国道计有108线、109线、207线、208线、209线、307线、309线等7条。其相关数据如表4-13所示：

表4-13 穿越山西省境之国道相关数据统计表（1997年）

单位：公里

路线名称	起止地点	里程	汽车专用公路			一般公路		
			高速	一级	二级	二级	三级	四级
小计		3554	170	209	422	1532	812	384
108线	起于灵丘县下白泉 止于河津县禹门口	739	26	86		551	76	
109线	起于阳高县孙启庄 止于平鲁县二道梁	211				140	61	10
207线	起于盂县十八盘 止于晋城道宝河	444		9	99	125	143	68
208线	起于代县阳明堡 止于长治市八一广场	389		58	143	49	80	59
209线	起于偏关县水泉堡 止于三门峡黄河大桥	765		15	6	398	141	180
307线	起于平定县旧关 止于柳林县军渡	543	144	41	174	132	133	
309线	起于黎城县下浣村 止于吉县七狼窝	382				137	178	67

资料来源：《山西通志·交通志·公路水运篇》，中华书局1999年版。

---

[1]《我省高速公路建设步伐明显加快》，《山西日报》，2009年6月23日。

据1993年至1997年的统计，5年间，全省新增公路2.63万公里，是前10年增长数的7.2倍；新增油路里程2万公里，是前10年增长数的5.1倍；新增二级公路3963公里，是前10年增长数的2.6倍。[1][2]

2000年以来，公路建设再上一个新台阶——公路通车里程大幅度增加、高等级公路所占比例稳步提高。据山西省交通厅综合规划处公布的数字，截至2007年底，山西全省的公路等级里程达到107102公里，而等外里程只有12766公里，等级里程占到总里程的89.35%。其分布情况见表4-14。

表4-14 山西省2007年公路等级里程

单位：公里

市名	等级里程	其中					等外里程	等级里程占比
		高速	一级	二级	三级	四级		
全省	107102.034	1893.051	1265.209	12628.179	16364.846	74950.749	12766.599	89.35
太原市	5631.666	165.051	177.736	741.61	934.66	3612.609	228.263	96.105
大同市	10025.856	147.596	24.364	1042.568	1550.87	7260.458	495.21	95.293
阳泉市	4870.662	66.72	54.154	339.567	603.392	3806.829	301.383	94.173
长治市	9135.776	180.972	105.012	1101.639	1148.999	6599.154	1193.951	88.442

[1]《五年修路超常规，三年蓝图更辉煌》，《山西日报》，1997年12月2日。

[2] 李旺明、苗长青：《当代山西经济史纲》，山西经济出版社2007年版，第428页。

续表

市名	等级里程	其中					等外里程	等级里程占比
		高速	一级	二级	三级	四级		
朔州市	7898.15	127.868	64.087	900.552	1250.852	5554.791	531.977	93.69
晋中市	13277.681	273.997	263.016	1684.832	1517.837	9537.999	208.854	98.451
运城市	14028.1	298.493	141.808	1309.943	1933.741	10344.115	38.912	99.723
忻州市	13133.08	111.674	6.284	1534.273	1618.05	9862.799	2684.404	83.029
临汾市	12331.712	198.263	203.429	1624.952	2663.08	7641.988	2047.311	85.762
吕梁市	10212.562	191.873	141.112	1759.203	1761.227	6359.147	4255.691	70.586

资料来源：山西省交通厅综合规划处，山西交通网，2008年11月10日。

随着村村通水泥路、村村通客车等政策的落实，山西省交通落后的面貌得到了更进一步的改善。普查结果显示，至2006年末，山西省二级以上公路通过率占48.2%，比全国平均水平高2.1个百分点。至2006年末，96.1%的村和87.0%的自然村通公路，均高于全国平均水平。[1]

与此同时，20世纪80年代以来，山西的公路桥梁也逐渐增多。截至2006年底，山西省共有9648座公路桥梁，其中有特大桥16座、大桥818座、中桥2345座、小桥6469座。[2]代表性的公路桥梁有三门峡黄河公路大桥（1993年12月30日建成通车）、风陵渡黄河公路大

---

[1] 《要想富，先修路》，湖北民营经济网，2008年5月27日。
[2] 《山西省公路桥梁工作会议召开》，交通部网，2007年8月7日。

桥（1994年10月21日建成通车）、武宿立交枢纽（1996年8月28日建成通车）等。这些公路桥梁，尤其是黄河公路桥梁的建成通车，使"天堑变通途"的梦想成为现实。

公路建设的发展还表现为公路运输能力显著提高。据统计，1997年山西的民用汽车数达到423831辆，是1979年52868辆的8倍多。1997年的客运周转量为956849万人/公里，是1979年121194万人/公里的7.9倍；1997年的货运周转量为2007454万吨/公里，是1979年145699万吨/公里的13.78倍。截至2007年底，全省客运周转量达到2071400万人/公里，货运周转量达到4274569万吨/公里，分别是1997年客货运周转量的2.16倍和2.14倍。其逐年发展及分布情况见下表。

表4-15　1979年—1997年山西省公路运输运量表

年份	民用汽车数			货运量（万吨）	货运周转量（万吨公里）	客运量（万人次）	客运周转量（万人公里）
	合计	其中营运车辆					
		货车	客车				
1979	52868	40172	9239	7032	145699	2743	121194
1980	62401	47872	10427	7004	157126	3342	141477
1981	73382	57295	11509	6871	174479	3896	158142
1982	79819	63211	12250	8573	23614	4463	185074
1983	87899	70005	13010	8858	286231	5282	216945
1984	105502	84198	14805	10839	394616	5920	254573
1985	129286	102033	20968	13072	522878	7173	310428
1986	139016	105812	26418	15809	639748	8741	375742
1987	160646	120901	31398	17431	733937	10170	448355
1988	180435	134634	37177	20231	881590	11775	559230
1989	208217	157103	41277	24509	1030024	13183	626165
1990	232625	174618	46390	26706	1152520	12728	587953
1991	259157	206035	53122	29261	1291386	13823	655819
1992	283622	207844	64402	31088	1353375	14967	715481
1993	322367	230050	79743	33715	1502029	15802	753505
1994	346024	243186	93505	36786	1668914	17081	811875
1995	332886	212493	106924	39776	1815463	17956	861061
1996	384126			43559	2007887	20079	935486
1997	423831	240609	159968	42765	2007454	19120	956849

资料来源：《山西通志·交通志·公路水运篇》，中华书局1999年版，第314—315页。

表4-16　2007年山西省公路客货运输量

市名	客运量（万人）	旅客周转量（万人公里）	货运量（万吨）	货物周转量（万吨公里）
全省	39632	2071400	82084	4274569
太原市	2276	152276	13819	514326
大同市	2118	88684	6800	263900
阳泉市	3219	111649	7932	371117
长治市	4674	276515	7691	579670
晋城市	6270	226100	7930	327915
朔州市	1700	77200	8500	286300
晋中市	3079	163576	7167	465406
运城市	5350	358185	3340	314200
忻州市	3173	229980	5713	400015
临汾市	5545	233402	8310	438045
吕梁市	2228	153833	4882	313675

资料来源：山西省交通厅综合规划处，山西交通网，2008年11月10日。

2.铁路运输业得到长足发展，设施不断增加和改善，运输能力显著提高

进入80年代以后，在山西2000余公里的铁路线上，247个大小车站如银河系的点点繁星闪闪发光，呈现出一派龙腾虎跃的繁忙运输景象。仅1985年全省完成货运量16110万吨，占全国铁路货运量的12.7%，是1949年75万吨的213倍；完成货物周转量308659百万吨/公里，是1953年1382.2百万吨/公里的222倍；完成煤运量14068万吨，占全国铁路煤运量的27.1%，其中晋煤外运量为12191万吨，比1980年增长68.8%；客运量3391万人，是1949年130万人的25倍；旅客周转量6213.6百万人/公里，是1953年673.6百万人/公里的8.2倍，承担全省旅客周转量的66.6%。1985年山西铁路每营业公里的换算周转量为1710万吨公里，承担着全省客、货周转量的1/2和3/4，4/5的晋煤外运量由铁路承担。

国铁相继建成朔黄铁路、北同蒲原平—太原增建二线改造工程、忻河支线改造及新建河边—东冶联络线工程和南同蒲侯马—东

镇增建二线工程，完成大秦线2亿吨、侯月线1亿吨和南同蒲线扩能改造工程。地方铁路相继建成孝柳、武墨、宁静、沁沁、阳涉铁路，开工建设岢瓦铁路。至2006年末，山西省有火车站的乡镇占全部乡镇的15.1%，超过全国平均水平。[1]到2007年底，全省铁路营业里程达到2784公里，其中国家铁路2512公里、地方铁路272公里。每百平方公里拥有铁路1.78公里，比1978年增长35.3%。特别是山西地方铁路均分布在贫困山区和革命老区，地方铁路的兴建，对于贫困山区早日脱贫致富、振兴山西经济发挥了极其重要的作用。

铁路设施显著改善，机客车拥有量逐年增加。1978年，全省铁路系统只有机车442台、客车491辆，其中机车大多是蒸汽机车，客车大多是硬座车。1988年，机车增加到675台，客车增加到942辆。1998年，机车增加到828台，客车增加到1478辆。截至2007年底，机车达1431台，比1978年增长2.2倍，其中内燃机车和电力机车占绝对比重，由1978年的5.7%扩大到100%。与1978年相比，机车种类发生了质的飞跃，1978年以燃烧煤炭为动力的蒸汽机车是机车的绝对主体，占机车总量的94.3%，现在已全部为内燃机车和电力机车所取代。[2]

运输效率大幅度提高，货运机车日产量由1978年的58.8万吨/公里增加到142.9万吨/公里。铁路客车拥有量1656辆，比1978年增长2.4倍。其中将近一半是软卧、硬卧、软座车，比重由1978年的11.2%提高到44.7%。客车运行速度经过90年代以后的六次大提速，达到平均

---

[1] 《要想富，先修路》，湖北民营经济网，2008年5月27日。
[2] 山西省统计局：《改革开放30年山西交通运输由"瓶颈"变通途》，山西统计信息网，2009年2月6日。

每小时53.4公里，比1978年的平均每小时28.2公里提高25.2公里。[1]

本期铁路建设值得一提的是大秦线、侯西线、侯月线等铁路干线的建成通车以及铁路的电气化工程。

大秦铁路西起大同，在北同蒲线韩家岭站接轨，分两期。第一期工程经河北阳原、涿鹿，进入北京市延庆，至河北省三河县大石庄，经联络线引入京秦铁路，在秦皇岛站外吴庄出岔，经秦皇岛、柳村到达新建的秦皇岛三期煤港码头，正线长410.8公里，1985年1月开工，1988年12月28日建成通车。第二期工程自大石庄，经天津市蓟县、河北省玉田、遵化、迁西、迁安、卢龙、抚宁，在吴庄与一期工程修建的三期煤港码头的引入线相接。二期工程于1988年下半年开工。1992年12月21日建成投入运营，全线贯通。大秦线发挥了大通道、大运量的优势，对确保晋煤外运，加速晋、陕、蒙煤田开发，加速现代化建设意义重大。大秦一期工程开通第一年就完成晋煤外运2007万吨。全线贯通后一年一个新台阶，1994年突破5000万大关，1995年完成5587万吨，占分局煤炭运量的55.1%。

侯西线东起侯马站与南同蒲相连，西经新绛、稷山、河津三县（市），在禹门口跨黄河进入陕西省，经韩城、蒲城等县，在阎良站与咸（阳）铜（川）线相连，全长289公里，其中山西境内79.6公里。其西与陇海线相连，东与侯月线衔接，1988年6月1日正式开通运营。侯西线侯禹段初期年运量829万吨，其中以山西铝厂为主的运量占86%，远期年运输能力1200万吨。

侯（马）月（山）铁路是国家"八五"重点建设项目之一。该

---

[1] 山西省统计局：《改革开放30年山西交通运输由"瓶颈"变通途》，山西统计信息网，2009年2月6日。

线西起南同蒲的侯马北编组站,东至焦枝线的月山编组站,左线长252.6公里,右线长252.8公里,为国家1级双电气化铁路干线,是晋煤外运的南部主要通道。侯月铁路1988年8月被列为国家计委大中型基本建设项目。1995年11月底工程基本完成,1995年12月26日起交付北京、郑州两局临管运营,复线工程继续施工。[1]

大秦线是我国建成的第一条双线电气化开行重载单元列车的运煤专用铁路,是路、港、矿、电综合规划,装、运、卸能力配套的庞大系统工程。大秦线建成前后,山西铁路的电气化改造工程陆续实施,石太线、京包线、太焦线、侯西线以及南北同蒲线部分路段先后实现了双线电气化。截至2007年底,全省铁路营业里程达到2512公里,其中电气化里程1229公里。[2]

2005年3月18日,铁道部撤销太原铁路分局和大同铁路分局,组建太原铁路局,实行太原局直接管理站段的体制。太原铁路局拥有铁路总延展长度7279.8公里,营业里程2755.47公里。管辖范围东起秦皇岛、西至黄河禹门口、北到大同、南至风陵渡,路网纵贯三晋南北,横跨晋冀京津两省两市,与全国最大煤港秦皇岛港形成路港联运,是全国18个铁路局中货运量最大、运输收入最高的铁路局。[3]

3.民用航空从小到大,机场建设实现了跨越式发展,基本形成以太原为中心、辐射全国的空中运输网

据统计,1978年太原机场客运量不足2万人,旅客周转量仅508

---

[1] 《山西通志·铁路志》,中华书局1997年版。
[2] 山西省统计局:《改革开放30年山西交通运输由"瓶颈"变通途》,山西统计信息网,2009年2月6日。
[3] 《山西改革发展30年·概述卷》,中共党史出版社2008年版,第470页。

万人/公里,货运量只有900吨,货物周转量只有77万吨/公里。[1]航空事业发展的不足严重制约着山西经济的发展。十一届三中全会以后,随着改革开放的进一步深入,省委、省政府针对山西的实际情况,制定了一系列调整产业结构的政策,在花大力气进行公路建设的同时,促进航空事业的发展方面也卓有成效。回头来看,近30年来山西航空事业的发展可圈可点之处比比皆是——民用航空从小到大,机场建设实现了跨越式发展,基本形成了以太原为中心辐射全国的空中运输网。

民用航空的从小到大,由太原武宿机场的旅客吞吐量的变化可见一斑:2001年,其旅客吞吐量是40万人次;2003年,突破100万关口,跨入国内繁忙机场的行列;2006年,达到284万人次,相当于2001年40万人次的7倍多、1978年的百倍。2007年太原武宿机场的年旅客吞吐量再上一个台阶,达到360万人次;2008年12月2日,太原机场旅客吞吐量突破400万人次。[2]这意味着30年中旅客吞吐量增长了200倍,其发展速度毫无疑问是超乎寻常的,也是30年前所难以想象的。

随着经济持续快速发展、客流量上升,山西航空市场需求日渐旺盛,吸引了国内各航空公司纷纷进驻。目前,驻地航空公司已由5年前的两三家增加到十几家,除东航、海航外,新增了山东航空、南方航空、上海航空、厦门航空、重庆航空、四川航空、深圳航空、上海吉祥航空、祥鹏航空等。同时,太原机场的机型也悄然发生着变化,大型豪华客机增加,原来的主要机型之一"运七"已经停飞;波音

---

[1] 山西省统计局:《改革开放30年山西交通运输由"瓶颈"变通途》,山西统计信息网,2009年2月6日。

[2] 人大报道组:《布"北斗七星阵" 山西空中通道全贯通》,《山西青年报》,2009年1月15日。

系列飞机在原有的737-300基础上，增加了737-700、737-800，以及757、767，空客319、320，麦道90，道尼尔328，EMB145等机型。[1]

"十五""十一五"期间，山西省在改造太原机场，力争使太原机场成为国际性机场的同时，重点建设省内支线机场，完成了长治、运城、五台山机场的扩建改造，以及大同机场的建设，形成了航空支线网络，从而与公路、铁路构成了立体交通网络，为建设山西现代化物流网奠定了基础。[2]

大同机场是国家民航总局支线机场建设网络的重要组成部分，是山西第二民用机场，省、市重点工程项目。大同机场位于大同县倍加造镇北，机场等级为3C。大同机场于2001年7月29日正式奠基开工。经过四年的艰苦努力，于2005年12月实现了通航，占地2159亩，机场跑道呈西北、东南走向，长2400米，宽48米，道面厚度32厘米，候机楼面积4273平方米，可起降波音737等中型以下客机。[3]目前已有7条航线，分别飞往北京、上海、广州、西安、武汉、郑州、海口等地。

运城关公机场是山西省"十五"计划重点工程。机场第一次改扩建工程2002年5月开工，2005年11月完成主体工程项目的施工任务，占地2900亩，跑道长2400米，可起降波音737系列的各型飞机，年设计客运能力22万人。2008年8月28日，运城机场飞行区扩建工程全面竣工投入使用，扩建后的机场飞行区等级由3C升为4D。截至

---

[1] 《太原空管中心运行五年见证太原民航迅猛发展》，《太原晚报》，2007年9月26日。

[2] 《山西交通运输业发展现状及其对国民经济发展的贡献研究》，山西统计信息网，2006年11月7日。

[3] 《大同机场》，百度百科。

2008年12月28日，年客流量达到301070人次。[1]目前已有7条航线，分别飞往北京、上海、广州、深圳、重庆、成都和太原等地。

长治机场是1958年建成的军民两用机场，当时跑道长960米、宽50米。虽多次扩建，但直到1965年跑道才延长至2600米。1999年，长治机场因跑道年久失修，不能满足飞机起降而停航。2002年6月12日进行了复航改造，改造后的长治机场跑道长2440米、宽45米，候机楼1831平方米，仍为军民两用机场。2003年9月8日正式复航。2007年，年旅客吞吐量达到16万人次，严重地超负荷运转。经省民航机场集团公司和长治市人民政府协商，双方共同出资1300余万元，对机场航站楼进行改扩建，2007年10月10日，长治机场航站楼改扩建工程正式开工。扩建后，候机楼4534平方米，旅客吞吐量26.202万人次，机场飞行区等级达到了国家4C标准，已开通5条通达北京、上海、广州、成都、大同的航线。

太原武宿机场作为北京2008年奥运会的国际备降机场，2006年，由国家和山西省共同投资约15亿元人民币。改扩建工程项目主要由飞行区、航站区、空中管制系统、航油系统四部分组成。机场改扩建后规模宏大，美观漂亮，航空设施显著改善，跑道扩展延伸，可起降的机型由波音747提高到波音767，同时满足A380的备降需要，飞行区等级由目前4D级升格为4E级。航站区新建成一座5万平方米的候机楼及配套设施，并将新旧候机楼连为一体，形成一座面积近6万平方米的大型候机区域，极大地方便了乘客需求。通过改扩建，到2015年，完全可以满足机场旅客吞吐量600万人次、货物运输吞吐量10万吨、高

---

[1] 《运城关公机场》，百度百科。

峰小时旅客2500人、高峰小时起降飞机30架次的需要。中国民航总局要求太原机场改扩建工程必须坚持"一次设计,分步实施"的原则,要适度超前、高标准设计、高质量建设,保证至少20年不落后。

太原武宿机场国际客货运业务都取得了长足发展。客运方面,先后开通了太原至香港的定期航班,开通太原至日本、韩国、泰国、新加坡等国际包机航线,以及太原经北京至伦敦、纽约、旧金山、巴黎、法兰克福和太原经广州至新加坡、吉隆坡、槟城等8条代码共享国际航线,共保证出入境旅客15万余人次。货运方面,自1998年6月开展独联体货运包机业务以来,共保障运输起降8000余架次,输出货物20多万吨。2009年,中国民用航空总局批准太原武宿机场更名为"太原武宿国际机场"。此次升格为备降的国际航班提供全方位保障。[1]

(四)巨变的山西交通(2010年至今)

截至2019年,山西省"十三五"规划提出的打造"一轴两纵三辐射,四网五横六枢纽"的现代综合交通网络构架,实现省会到各地级市高速公路3小时通达、相邻地级市2小时通达、地级市到本行政区各县(市、区)1小时通达和省会到省内主要区域性中心城市航空1小时通达的目标已基本完成。

1.公路

"三纵十一横十一环"高速公路网基本成型,截至2019年,山西省公路密度87公里/百平方公里,高速公路通车里程达到6000公里,108个县(市、区)通高速公路。形成了纵贯南北、承东启西、覆盖全省、通达四邻的高速公路网,实现省会到相邻省会、省会到地级市、相邻地

---

[1]《太原武宿机场升格为"国际机场"》,《中国民航报》,2009年4月4日。

级市之间高速通达，连接城镇人口超过15万的所有城市。全省约90%的市县能在1小时内到达高速公路，为居民出行、企业发展提供了便捷高效的交通服务，为经济社会的发展提供了强有力的交通支撑。

2.铁路

客运专线建设快速推进，省会太原形成大西、太焦、石太三线交会的高铁枢纽。大西客专太原至西安段已于2014年7月1日通车；大西客专太原至原平段于2018年10月1日通车；2019年5月1日怀仁东站至太原南开通运营。大同至张家口高速铁路2019年底通车。太原至焦作高速铁路预计2020年通车。太原经忻州、五台山至保定第二条进京高速铁路通道稳步推进。

晋煤外运通道得到进一步完善：建成中南部铁路通道、准朔铁路、太原枢纽货运东环线等铁路以及和顺至邢台、运城至三门峡、榆次编组站扩建等项目。

蒙西至华中铁路煤运通道项目将于2019年10月1日全线通车。蒙华铁路是在建的唯一一条国家干线重载货运通道铁路，全长1814.5公里，跨越蒙、陕、晋、豫、鄂、湘、赣七省区，起点为中国煤炭最重要的生产基地——"三西"地区（内蒙古西部、陕西和山西），贯穿长江中游城市群，衔接多条煤运线路，是点网结合、铁水联运的大能力、高效煤炭运输系统。蒙华铁路是北煤南运南北方向煤运干线通道，是继大秦铁路之后中国又一条超长距离运煤大通道，是晋煤外运专用通道神朔铁路、侯月铁路之后的又一条新增干线通道。

晋陕运煤新通道黄（陵）韩（城）侯（马）铁路已于2015年底通车，新建了偏关至瓦塘、太兴铁路等地方铁路，完成了以石太线、京原线和太焦线、南同蒲等为代表的既有线的扩能改造。

3.航空

进一步完善全省机场布局。2018年太原武宿国际机场旅客吞吐量达1350万人,排名全国第29位,为区域枢纽机场。除太原武宿机场外,运城国际机场也将改造为4E级国际机场,支线及通勤机场建设方面,完成了大同、吕梁、五台山、临汾机场扩建新建工程,迁建长治机场,新增平朔机场、平遥通勤机场。大力发展经停航线,提高中转服务品质,构建省内轮辐式航线网络。推进民航机场建设。提升运城、大同、长治机场的综合保障功能,完善各航线网络,提高通航能力。建成五台山支线机场。2018年底,拥有7个机场(太原武宿机场、长治机场、运城关公机场和大同机场、临汾机场、五台山机场、吕梁机场),空中航线达227余条,通航城市约140个,基本形成了以太原为中心、辐射全国的空中运输网络。

4.综合运输枢纽

按照"零距离换乘"和"无缝化衔接"的要求,重点建设了太原、大同、运城、临汾、长治、吕梁6个国家综合运输枢纽和晋城、忻州、晋中、阳泉、朔州5个省级综合运输枢纽。

5.城市轨道交通建设

太原轨道交通2号线一期工程预计于2020年试运营,《太原市城市轨道交通1号线一期工程可行性研究报告》已编制完成,标志着山西省会太原正式进入"地铁时代"。

六、成功经验

(一) 指导思想——"要想富,先修路"

山西东有太行屏蔽、西有吕梁雄踞、北有长城锁关、南有黄河襟带，境内多山地丘陵，囿于"表里山河"阻隔，交通相对落后。截至1992年，尽管山西省公路总通车里程为3.12万公里，居全国第18位，但晴雨通车里程却只居全国第29位，而且公路标准低、运输能力差，远远满足不了经济发展和社会进步的需要，大量出省的煤炭等物资要经过"三装三卸"的繁杂运输过程，货运成本高，损耗大。另外，山西是中华民族的发祥地之一，名胜古迹遍布全省，地上文物的70%集中在山西，由于缺少发达的交通，重峦叠嶂，使成千上万的国内外游客望"山"兴叹。交通成为山西社会经济发展的"瓶颈"。[1]山西省委、省政府审时度势，充分认识到要充分发挥山西的资源优势，加快经济建设的步伐，必须改善交通状况，快修路，修好路。曾几何时，"要想富、先修路"成为山西全省上下共识，改善山西投资环境、加强基础设施建设成为山西人的奋斗目标。正是因为始终坚持"要想富，先修路"的指导思想，山西的交通状况才有了根本性的改观。

（二）交通先行——加大财政投入

70年来，尤其是改革开放40年，国家用于山西交通发展方面的投资呈递增之势——"一五"期间，国家对山西的交通运输及邮电事业方面的投资比国民经济恢复时期增加了7.4倍。[2]"七五"期间，山西用于公路交通建设的投资为11.35亿元；1983年至1992年的10年间总计共投资37亿元；1992年到1995年底更达到132亿元，是1983年至1992年10年投资37亿元的3.6倍。"九五"期间，全省公路

---

[1]　《穿越太行山》，《中国公路》，2008年12月11日。

[2]　《山西省统计局关于1957年度国民经济计划和第一个五年计划执行结果的公报》，《山西日报》，1958年5月12日。

建设累计完成投资338亿元，是1992年到1995年底投资132亿元的2.5倍。"十五"时期，是全省交通事业继续保持高速发展的五年。省委、省政府以科学发展观统领全局，以调整路网结构和运输结构为主线，大力实施"三小时高速通达"、县际公路改造、乡通油路、村村通水泥路"四大工程"。五年间，全省公路建设完成投资700亿元，是"九五"时期的2.1倍，占"十五"全省固定资产总投资的12%。改革开放40年，山西用于公路事业的投资共达1558.5亿元，占全社会固定投资的9.89%。特别是1998年至2007年，公路固定资产投资达1356.7亿元，是前20年的6.7倍。交通运输迅速发展，面貌焕然一新。[1]

（三）太旧精神——自力更生，集资修路

上世纪80年代末期，山西人想从太原乘坐汽车前往北京、天津、河北等地，只有一条道路可走，那就是307国道。作为山西东部的主通道，原307国道仅为四级山区公路，车流量却达到了设计标准的10倍，因而事故频发，堵车严重，几乎是小堵天天有、大堵三六九，少则七至八小时，多则三到四天，甚至更多，被称为"亚洲三大交通热点之一"，是全省交通"瓶颈"中的"瓶颈"。那时候，这条路一堵就是几十公里，堵上两三天是家常便饭，堵七八天也不稀罕！甚至交通部部长也在山西被堵过。每逢堵车，路边村民提着水壶，拿着方便面、火腿肠到国道上叫卖，成了307国道的独特"风景"。曾任山西省委书记的胡富国说过，人家一进山西大门就看到堵车，"凤凰"不来，"蚂蚁"也不会来，还谈什么对外开放、市场经济？

---

[1] 山西省统计局：《改革开放30年山西交通运输由"瓶颈"变通途》，山西统计信息网，2009年2月6日。

作为全国能源重化工基地的山西，被交通卡了"脖子"。山西必须奋起直追。于是，省委、省政府祭出一个前所未有的大手笔，那就是打通山西的东大门，修建太原至旧关的高速公路。

修路之难，难于上青天！太旧高速公路全长144公里，有122公里路段穿行在太行山腹地的崇山峻岭之中；30亿元人民币的投资相当于全省半年的财政收入……其建设困难之大、投入资金之巨，在山西建路史上空前。百余次引资、合资谈判，均未能如愿……"就是卖了省委大楼，也要把太旧高速公路修好！"1994年3月4日，省委书记胡富国表达了省委建设太旧高速公路的决心。关键时刻，3000万父老乡亲齐心协力，众志成城，描绘了一幅气势磅礴的画卷：省委、省政府领导率先垂范，每人拿出半年工资捐助太旧路；全省人民有钱的出钱、有力的出力，舍小顾大；为了太旧路，沿线群众拆新房、迁祖坟，寿阳献出吨粮田，有如战争年代支前；5万名建设者冒酷暑、战严寒，倾心竭力，有的甚至献出宝贵的生命。太旧路的建设是全省自上而下在改革开放的大好形势下艰苦奋斗、开拓进取的缩影。[1]短短数月，全省人民为太旧路捐资捐物2.3亿元，省内自筹资金15亿元，终于使太旧路建设资金全面落实。

1996年6月25日，山西第一条高速公路——太旧高速公路全线通车，实现了"5年工期3年完""概算不突破30亿元""质量创全国一流"的三大目标。太旧高速公路建设中孕育的"自力更生、艰苦奋斗、不屈不挠、勇于奉献"的太旧精神，为山西交通的大干快上树立了一座丰碑。

---

[1]《山西高速"零"的突破——太旧高速公路是山西改革开放的"黄金通道"》，《中国交通报》，2009年1月14日。

（四）锡崖沟精神——不屈不挠，勇于献身

锡崖沟，在陵川县域最东端，晋豫两省交界之处。《陵川县志》称：东有马东岭之屏障，西有桦山之阻隔，北有王莽岭之险峰，南有青峰巍之对峙，四山夹隙之地称作锡崖沟。锡崖沟村217户人家、840口人，散居在方圆3至4公里的17个自然村中，自古以来，因周围地势险要，几乎与外界没有交通，"沟人多自给自足、自生自灭，偶有壮侠之士舍命出入"。走出大山，成了锡崖沟人昼思夜盼的一个梦。为打破大山的封锁，在村党支部的领导下，锡崖沟人民从1962年起到1991年止，历时30载，向大山宣战，经过几代人的奋斗，硬是在悬崖峭壁上，用钢钎、铁锤和双手凿开了一个又一个的山洞，用生命和鲜血铸就了一条7.5公里长的"之"字形挂壁公路，创造了罕见的人间奇迹。

锡崖沟人在几十年如一日修路不止的实践活动中表现出来的不屈不挠、勇于献身的精神，是中华民族优秀品质的集中体现，是山西人民为改变交通落后面貌，艰苦奋斗、不怕牺牲精神的集中展现，也是山西交通发展的内生动力。

1993年10月28日，《山西日报》以《悬崖凿出致富路——陵川县锡崖沟人民劈山筑路纪实》为题，隆重报道了锡崖沟人民的英雄壮举，1994年6月22日，《人民日报》又在头版位置，向全国人民介绍了锡崖沟人民的事迹。中共山西省委及时作出向锡崖沟精神学习的决定。广泛开展学习锡崖沟精神活动，极大地鼓舞了全省人民的义务修路热情，锡崖沟精神在三晋大地到处开花。[1]

---

[1] 李旺明、苗长青：《当代山西经济史纲》，山西经济出版社2007年版，第430—431页。

山西交通运输在新中国成立70年中取得了巨大成就。百尺竿头，更进一步。今后，可以"两个倾斜"、一个"调整"作为基本对策。

"两个倾斜"：一是指在整个固定资产投资中向交通运输设施投资倾斜；二是指在交通运输投资中向吕梁、太行等相对落后地区倾斜。

所谓一个"调整"，即是纠正交通运输"黑白比例"失调，促进产业结构的调整目标实现。回头看，新中国成立初期山西的产业布局结构还较合理，煤、轻、重平衡发展。这种态势持续了30年。上世纪80年代开始的能源重化工基地建设打破了均势，煤焦生产突飞猛进带来了经济布局的严重失衡，电、煤、焦的大量输出导致了交通一边倒——山西铁路几乎成了运煤专线，公路上跑的货车90%是煤焦专用。为了满足煤焦外运，省内不但多对客车相继停运，大量"白货"运力也被挤占，铁路运输的"黑白比例"长期是8∶2。在2008年开始出现的经济危机的冲击下，由于煤炭和钢铁等原材料价格大幅下跌，山西工业下滑明显，2008年10月份规模以上工业增加值仅完成283亿元，同比下降9.9%，首次出现月度负增长。[1]为应对经济下行，省委、省政府再次将经济工作重点转向结构调整。希望通过铁路、公路运输网线的平衡和完善，使一度困扰山西交通运输的"黑白比例"失调有根本性改观。

---

[1] 《山西2010年前将投1500亿建铁路2000公里》，《21世纪经济报道》，2008年12月9日。

七、前景展望

统筹交通运输网络建设。通过增量的快速扩张和存量的升级优化，形成布局协调、能力充分、优势互补、衔接顺畅的综合运输大通道和综合运输枢纽。提高运输组织和服务水平，降低运输在产成品中的费用开支，优化黑白比、客货比结构，初步形成运输方式多样、点线面衔接、集疏运配套的客货运输服务体系。

发展绿色交通，加快构建低碳交通运输体系，实行公共交通优先，加强轨道交通建设，鼓励自行车等绿色出行。实施新能源汽车推广计划。重视道路主骨架建设，加强路网和停车场建设。坚持公交优先原则，完善城市道路交通系统。

货运交通建设重点发力优化大宗商品运输方式结构：根据《山西省推进运输结构调整实施方案》，加大了对地方铁路、铁路专用线、战略装车点及集运站建设的投入。《方案》提出到2020年，山西省重点煤矿企业全部接入铁路专用线，煤炭、焦炭铁路运输比例达到80%以上，出省煤炭、焦炭基本上全部采用铁路运输，山西省铁路货运量比2017年增加2亿吨的目标。

根据区域经济，发展相关路网建设。实现大同到北京的高速客运，成为山西北部进京的快速铁路专线。项目建成之后，太原与北京及周边中心城市的时空距离大幅缩短，太原至石家庄1小时、至北京2.5小时、至西安2小时、至郑州2.5小时，将带来人流、物流、信息流、资金流的快速流动，对促进山西经济社会又好又快发展将发挥巨大的推动作用。[1]

---

[1] 山西新闻网，2008年12月8日。

未来，七大机场、大同轻型飞机制造有限公司、中美航线、中欧班列将真正开辟山西全面对外开放的空中大走廊时代。一幅公路、铁路、航空立体交叉的交通发展蓝图，一个方便、快捷、高速的交通网络和通航产业正在形成，山西正在打造通航示范强省，古老文明的三晋大地一定能崛起腾飞！

参考文献

[1] 当代中国的山西.中国社会科学出版社，1991.

[2] 山西通志·交通志·公路水运篇.中华书局，1999.

[3] 山西通志·铁路志.中华书局，1997.

[4] 山西通志·交通志·民用航空篇.中华书局，1999.

[5] 山西交通年鉴.山西人民出版社，2006.

[6] 山西交通年鉴.山西人民出版社，2007.

[7] 山西交通年鉴.山西人民出版社，2008.

[8] 山西改革发展30年·概述卷.中共党史出版社，2008.

[9] 刘泽民主编.山西通史.卷10.山西人民出版社，2001.

[10] 李旺明，苗长青.当代山西经济史纲.山西经济出版社，2007.

[11] 景占魁.阎锡山与同蒲铁路.山西人民出版社，2003.

[12] 中国交通报.

[13] 中国民航报.

[14] 中国公路.

[15] 山西日报.

[16] 山西晚报.

[17] 三晋都市报.

[18] 山西青年报.

专题五　前进中的山西民主政治建设

新中国成立后，在党的领导下，经过长期不懈的努力奋斗和大胆探索，建立起了一整套实现人民当家作主的民主政治制度，成功开辟和坚持了中国特色社会主义民主政治发展道路。山西地方民主政治建设依据国家的宪法和法律规定，遵循党和国家的方针政策，结合山西发展实际要求，不断探索、勇于实践，取得巨大成就，已走上中国特色社会主义的地方民主政治发展道路。

一、巨大成就

新中国成立70年，特别是改革开放以来的理论探索和实践创新，山西已建立起一整套地方民主政治制度，为我国地方民主政治建设积累了宝贵经验。

（一）坚持中国特色社会主义民主道路，不断发展地方各级人民代表大会制度

人民代表大会制度是我国社会主义的根本政治制度。山西省人民代表大会是山西省地方国家权力机关，是山西人民依法管理国家事务的组织形式。它是在中国共产党领导下，随着革命和建设的进

程而产生、发展并逐步完善起来的。[1]

各级人民代表大会自身建设不断加强。新中国成立以后,全省普遍召开了各级各届人民代表会议,代行人民代表大会职权。1953年,在全省各级各届人民代表会议基础上,自下而上地召开了全省人民代表大会,标志着社会主义政治制度在山西的基本确立。"文化大革命"期间,山西各级人民代表大会被迫停止活动。1979年,山西省人民代表大会恢复活动,县以上地方各级人民代表大会设立常委会,作为省人民代表大会的常设机构,在大会闭会期间行使法律规定的职权。自此以后,各级人大常委会机构及其人员配置不断加强,各专门委员会和办事机构充分发挥各自的职能作用,各种议事规则、工作职责和规章制度得到制定和不断完善,工作效率显著提高。目前,山西省人民代表大会设有法制委员会、监察和司法委员会、财政经济委员会及社会建设委员会等4个专门委员会,省人大常委会除主任会议、秘书长会议、代表资格审查委员会外,还设立了办公厅、法制工作委员会、科教文卫工作委员会、财经工作委员会、农村工作委员会、城乡建设环境保护工作委员会、人事代表工作委员会、民族宗教侨务外事工作委员会、预算工作委员会、研究室、信访局等一整套完善的工作机构。

根据1982年和1986年修改的《地方组织法》的规定,太原市、大同市作为省会城市和经国务院批准的较大的市获得了地方立法权。2015年,山西省十二届人大二十三次会议表决通过运城、晋城市人大及其常委会开始制定地方性法规的决定。按照十二届全国人

---

[1] 《山西通志·政务志·人民代表大会篇》,第33卷,中华书局1998年版,第1页。

大三次会议赋予所有设区的市地方立法权的规定，山西省逐步放开设区的市地方立法权。

立法程序和制度不断完善，立法数量和质量不断提高。从省八届人大以来，省人大常委会一直把立法工作作为首要任务，制定了五年立法规划，并本着急用先立、突出重点的原则，制定了年度立法计划。20世纪90年代上半期，省人大常委会研究制定了《山西省人大常委会关于立法工作方面若干问题的意见》以及补充意见，使地方立法工作逐步法制化和制度化。据统计，1979年至2018年，省人大常委会先后制定、修改、废止地方性法规309件（次），审查批准市级人大常委会制定的地方性法规277件。同时，省人大不断拓宽立法起草渠道，完善立法民主参与机制，山西立法步伐明显加快，法规质量不断提高。

监督工作不断加强和完善，力度不断加大。在工作中，省人大通过听取和审议一府两院的工作报告，组织常委和代表视察，办理代表议案，督促办理代表建议、批评和意见，受理人民群众来信来访，开展执法检查，进行述职评议等形式，不断加强和改善监督工作，强化力量，建立健全制度，注重实效，监督效果明显加强，比较充分地发挥了地方权力机关的作用。2008年至2018年，省人大常委会听取和审议"一府两院"专项工作报告228项，就44件法律法规及常委会决定开展了执法检查，就重大事项作出决议决定39项，对推动山西改革、发展与稳定起到了重要的作用。

70年的实践表明，县级以上人民代表大会制度的不断完善和发展，使山西各级人大作为国家权力机关的作用逐步得到了较为充分的发挥；山西省地方性法规的制定与实施，扩大了地方政府权限，在保证全国法制统一和政令统一的前提下,很好地适应了山西政治、经济、文化和社会发展的需求,使山西省的各个方面和各个领域逐步走上了法制化发展的轨道。特别是山西省重视和突出立法工作,加强和完善监督工作,对保障山西省改革开放、经济建设和各项事业的顺利发展,促进社会主义市场经济体制的建立和完善都起了重要的作用,也使社会主义法律体系在山西逐渐完备起来。[1]

(二)坚持多党合作与政治协商,不断完善各级政协组织参政议政制度

新中国成立70年来,山西各级地方党委坚持"长期共存、互相监督、肝胆相照、荣辱与共"的方针,充分发挥人民政协政治协商、民主监督、参政议政的作用。山西各级政协组织以爱国主义、社会主义为旗帜,围绕团结与民主主题,认真开展工作,积极履行职能,在山西经济社会发展的重大问题上向党和政府提出了许多重要而有价值的建议,并积极协调关系,化解矛盾,理顺情绪,调动政协委员和他们所联系的社会各界人士发挥聪明才智。

山西各级政协组织和民主党派组织长足发展。1955年,全国政协山西省委员会组建,其前身是1950年组建的山西省各界人民代表会议协商委员会。"文化大革命"期间,政协山西省委员会及其办事机构及民主党派组织大都陷入瘫痪,工作被迫停止。1977年,省政协正式恢复了组织与活动,这标志着山西省政协工作进入了一个新的发展时期。从1983年开始,全省陆续在尚未设立政协组织的市、县(区)建立了政协组织。进入90年代,全省又设立了各地区

---

[1] 武正国主编:《山西政治文明建设论》,山西人民出版社2003年版,第41—47页。

政协工作委员会，作为省政协的派出机构。全省各级政协的全体委员会议、常委会议、主席会议等工作制度以及各专门委员会和政协机关等工作机构普遍建立并逐步健全，如省政协已形成9个委员会和一整套办事机构，有效地加强了政协的基础性工作。而且，根据新的形势和任务，人民政协的内部构成也在不断调整。从政协第十二届山西省委员会情况看，550名省政协委员中，中共委员219名，占39.8%，非中共委员331名，占60.2%，民主党派成员174名，占31.6%，非公有制经济人士96名，占17.5%，妇女委员133名，占24.2%，少数民族委员18名，占3.3%，港澳人士20名，占3.6%。与此同时，民盟、民革的工作相继恢复，民建、民进、九三学社、农工民主党也先后建立了省级地方组织，民主党派的市、县组织或支部也得到显著发展。

多党合作和政治协商工作逐步迈入规范化和制度化的轨道。改革开放以来，山西省委根据中央部署并结合山西实际进行了积极探索，取得了很多重要的制度性的成果。第一，省委要求县以上党政领导机关和领导干部把进行政治协商、接受民主监督、发挥参政议政作用纳入责任目标的范畴，作为年终总结评比工作的一项重要内容。第二，明确规定各级政协主席列席同级党委常委会议，各级政协中有一名副主席列席同级政府常务会议。第三，把政治协商纳入决策程序，坚持"三在前、三在先"原则。各级党政领导要出席各级政协全委会、常委会及其他重要协商座谈会，当面听取意见建议并形成制度。第四，建立政协重要建议、函件批复制度，党委、政府办公厅（室）设专人负责此事。第五，坚持每年两次向政协通报本地政治经济形势和有关情况的制度，建立省长接待政协委员日制度，党委、政府有关部门与政协专委会对口联系制度，党委、政府机关报刊等加强宣传政协的工作制度等。[1]与此同时,省政协不断建立和完善政协履职的各种规章制度,先后出台了关于推进履行职能规范化和制度化的办法、议事规则、工作条例等文件,并加大落实力度,逐步把政协工作纳入了规范化、制度化的轨道,为政协工作的进一步开展奠定了坚实的基础。

各级政协和民主党派组织工作卓有成效,自身优势不断发挥。新中国成立以后,人民政协和民主党派组织为社会主义改造和建设做出了突出贡献。改革开放以来,各级政协和民主党派在拨乱反正、清除"左"的错误影响,调整统一战线内部关系等方面做了大量工作。围绕国家和山西的中心任务,各级政协和民主党派组织积极开展建言献策活动。他们抓住山西各个不同时期具有全局性、战略性的重大问题,进行深入的调查研究,组织专家学者论证,通过提出建议案、建议和有关报告,组织委员视察、考察,办理委员提案,参加党政部门组织的调查和检查活动等多种形式,认真履行民主监督的职能。各级政协和各民主党派自觉使自己的工作服从和服务于全省工作大局,较好地实现了"尽职而不越位,帮忙而不添乱,切实而不表面"的职责要求,使山西政协工作得到迅速发展。

新中国成立以来的历史表明,山西在实践中国共产党领导的多党合作和政治协商制度中取得了重大成就。山西各级政协组织坚持围绕全省经济建设这个中心,服务大局,讲质量,上水平,求实效,在政协工作中逐步形成党委重视、政府支持、政协主动的格

---

[1] 武正国主编:《山西政治文明建设论》,山西人民出版社,2003年版,第123—124页。

局，各级政协组织及政协内部的合力也不断增强，使发挥人民政协的职能作用开始成为党委和政府决策的重要机制。[1]山西省各级政协组织和各民主党派组织的工作实践对加强和改善党的领导，对围绕中心、服务大局、推动山西的社会主义现代化建设，完善民主监督机制和提高监督实效，巩固和发展全省安定团结的政治局面，都起了重大作用。

（三）坚持人民当家作主，全面推进基层民主政治制度

中国民主政治制度的本质与核心是人民当家作主。改革开放以来，根据《村民委员会组织法》《居民委员会组织法》，山西逐步完善了村民委员会和居民委员会制度，发展了基层群众自治，基层民主政治建设在健全民主制度，丰富民主形式，扩大公民有序参与，依法保障公民的知情权、参与权、表达权、选择权、监督权，保证人民依法直接行使民主权利等方面，都取得了显著成就。

坚持村民自治，农村基层民主政治走上了规范化、制度化的道路。1987年，全国人大常委会通过了《中华人民共和国村民委员会组织法（试行）》，使村民自治作为一种新型的群众自治制度和直接的民主制度在法律上正式确定下来。山西省根据相关要求，在省人大、省政府推动下，逐步开展村民自治示范活动。1999年，省九届人大常委会通过《山西省实施〈中华人民共和国村民委员会组织法〉办法》，各县（市）根据《村组法》和《山西省实施〈村组法〉办法》，修订完善了本县（市）的《村民委员会实施办法》及《村民会议和村民代表会议规定》，各乡镇也建立和完善了《乡镇人民政府指

---

[1] 《山西通志·政务志·政治协商会议篇》，第33卷，中华书局1998年版，第3页。

导委员会工作办法》，各村委会完善了《村规民约》或《村民自治章程》以及村一级的民主选举制度、村民会议和村民代表会议制度、村务公开制度等村民自治制度，形成了以《村组法》为核心、以地方性法规和村民自治章程为主干的法律和制度体系，使山西的村民自治走上了规范化、制度化的道路。截至2015年，山西省28104个村委会依法进行了十届村委会换届选举。在换届选举中，山西省始终注意尊重群众首创精神，尊重农村民主实践，对农村选举中的"海选"模式、竞职模式、村民自治示范活动、村务公开、村民代表会议、村民自治章程、秘密划票的经验和做法进行认真总结，使其逐步上升为制度性的程序和办法，极大地丰富了基层民主的内容。同时，山西省依法积极推动村民自治在法律范围内进行，保障村民自治健康发展，有效地提升了农村基层民主政治建设水平。全省先后出台了《山西省村务公开协调领导组落实中办17号文件目标任务分工》《村务公开民主管理规范示范单位创建意见》等文件规定，对进一步建立和完善村务公开制度，保障农民群众知情权的内容、工作任务和具体落实单位等都作了明确规定。根据这些规定，村务公开示范单位创建活动深入开展，所有村都建立了村务公开制度，比较规范的达到95%。各地也不断创新，在实践中引入了民主听证会、现代信息技术等方式和手段，创造性地推进了村民自治活动。实践表明，山西省通过村民自治，基本上完成了村干部由乡镇政府任命到村民选举的平稳过渡，同时在民主选举基础上，民主监督、民主管理、民主决策各个方面都取得了显著成就。村民选举不仅培育了农民的民主法制意识，提高了农民的政治参与能力，拓展了农村管理人才的选用渠道，提高了农村干部的整体素质，密切了干群关系，而且改善了党对农村工作的领导作风，增强了基层党组织的战斗力和凝聚力。

坚持居民自治，城市基层民主不断推进，城市社区建设迅速发展。居民委员会是中国城市基层社会生活中的群众性自治组织。新中国成立初期，山西就在城市居民区建立了群众广泛参与的自治性的居民委员会组织。随着改革开放的不断深入，居委会组织建设进入了一个新的时期。2000年，山西省根据《居委会组织法》和中共中央办公厅、国务院办公厅转发的《民政部关于在全国推进城市社区建设的意见》，按照扩大民主、居民自治的指导方针，制定和出台了《山西省城市社区建设实验方案》，开展了社区建设示范活动。2001年，山西省委、省人民政府下发《关于大力推进城市社区建设的意见》，全省10个地市、12个县级市和所有县城所在镇全面开展规划新社区、组建新的社区组织体系的社区建设，基本上完成了新社区的划分。社区体制改革后，社区居委会干部各方面素质有了很大提高，年龄和知识等结构更趋向于合理，社区工作展示了新的活力。目前，山西已形成政府领导、民政部门牵头、有关部门配合、社区居委会主办、社会力量支持、群众广泛参与的运行机制，努力通过加强管理、理顺关系、完善功能、创建文明社区示范点和模范社区活动，逐步实现社区工作社会化、社区自治民主化、社区产业服务化、社区融资多元化、社区管理法制化，从而形成具有山西特色的城市社区建设发展规模。山西省的城市居民自治，由于借鉴了发达国家和国内发达地区的建设经验，起点较高，效果明显，从一开始就显现出良好的发展势头。近年来，城市基层正在发生新的深刻变革，社区居民委员会承担的社会管理任务更加繁重，维护社会稳定的功能更加突出，山西各级党委和政府采取有力措施，不断加强城市社区居民委员会建设，推动社区建设向纵深发展,山西城市社区建设工作在发展群众自治组织、提升社区服务功能、推进城市建设和管理、促进社会和谐发展等方面发挥了不可替代的作用。

山西省基层民主政治建设的实践和成就表明,作为社会主义民主政治建设的基础性工作,基层民主自治对于稳定基层社会、发展地方经济、丰富群众生活等方面都具有十分重要的地位,发挥着不可或缺的作用。

(四)坚持职能转变,不断改革和完善行政管理体制

新中国成立后,山西省各级政府的政务活动,始终围绕党在各个时期的中心任务进行工作,大力发展本地区的经济、社会、文化事业,取得了重大成就。改革开放以来,山西省委、省政府领导全省人民实现了工作重点转移,全省国民经济由调整进入了全面改革,逐步走上了可持续、协调、稳定的发展轨道。山西省各级政府适应新形势、新任务的需要,通过政府机构改革和行政体制改革,对政府职能转变进行了积极探索,取得了许多有益成果。

以经济建设为中心,不断改革和调整政府机构。1949年9月1日,山西省人民政府宣布正式成立。十一届三中全会后,山西各级政府由"文化大革命"体制回归正常体制。20世纪80年代初,根据中央部署,全省开始进行政府机构改革。这次改革采取撤合改降的办法对原有机构进行调整,改革后山西省政府的工作部门(即其主要负责人为省政府组成人员)有38个,比原来减少27个,精简38.7%;其后,根据工作需要,省政府又新成立了一些机构。[1]截至

---

[1]《山西通志·政务志·政府篇》,第33卷,中华书局1998年版,第351—354页。

目前，山西省已进行了六次政府机构改革。其中，1982年、1994年和1999年的机构改革在加强和配备领导班子、精简机构、减少中间层次、提高政府工作效率等方面起了积极作用；2009年的机构改革紧跟国务院"大部制"向前推进，加大了机构整合力度，促使政府职能向社会管理和公共服务方面转变，逐步由全能管治型政府转向权责相符的公共服务型政府；2018年的机构改革，进一步完善了党的领导体系和政府治理体系，能更加有效地调动各方面的积极性、主动性、创造性，深入推进治理体系和治理能力现代化。

以市场经济体制建设为中心，不断转变政府职能。1985年，党的十二届四中全会首次提出转变政府职能的要求；1987年，党的十六大正式提出转变政府职能是行政体制改革的关键。自此，政府职能转变成为国家和地方行政体制改革的核心内容。20世纪90年代上半期，山西省针对政府履行职责的侧重点，提出要根据发展社会主义市场经济的要求，结合全省的实际，以职能转变为重点进行改革，把政府的经济管理职能由微观管理、直接管理、部门管理为主转变为宏观管理、间接管理、行业管理为主，在此以后的历次改革中，政府职能转变都是一个核心内容。如1999年的改革提出要转变地方政府职能，并重点对省级、市级、县级政府的职能做了明确划分和规定；2009年改革的首要任务就是转变政府职能，加快推进政企分开、政资分开、政事分开、政府与市场中介组织分开，强调在改善经济调节、严格市场监管、加强社会管理、注重公共服务的重要职能上狠下功夫，增强了改革的针对性和回应性。2018年的改革更是通过对综合经济管理和市场监管领域的机构职能进行大幅调整优化，最大限度减少政府对市场资源的直接配置、对市场活动的直接干预，同时发挥党和政府的积极作用，管好市场管不了或管不好的事情，充分发挥市场和政府的各自优势，构建实现高质量发展的体制机制。

以建设服务型政府为目标，全面正确履行政府职责。党的十七大报告明确提出建设服务型政府要以转变职能为核心与重点。按照这个目标及其要求，在政府职能转变过程中，山西省不断加强制度建设，落实保障机制。在严格依法行政方面，2001年，山西下发了《山西省人民政府全面推进依法行政的决定》，要求从严治政，建设廉洁高效、勤政务实的政府；2005年，山西省人大常委会颁行了《山西省行政执法条例》，目的是推进依法治省，促进依法行政；2008年，山西省政府公布了《关于进一步加强市县政府依法行政的意见》。这些法规和文件对用制度管权、管事、管人起到了积极作用。在加强政务公开、增强服务质量方面，山西省政府也采取了大量的改革措施，2014年，山西省人民政府公布了《山西省政府信息公开规定》，除行政机关外，教育、医疗卫生、供水、供电、环保等与群众利益密切相关的公共企事业单位也纳入了《规定》的调整范围；2015年，山西省政府在全省全面清理行政权力，推行权力清单制度及责任清单制度，推进行政权力公开规范运行，构建了边界清晰、分工合理、权责一致、运转高效、依法保障的政府职能体系；2016年，山西省人民政府办公厅下发了《关于深化行政审批制度改革，加强事中事后监管的意见》，深入推进简政放权、放管结合、优化服务，政府部门工作重心从规范市场主体活动资格向规范市场主体行为转变、从事前审批向事中事后监管转变。2017年，山西省人民政府发布了《关于加快推进"互联网+政务服务"工作的实施意见》，结合山西省政务服务平台建设总体方案，运用互联网、大数据手段，推进"互联网+政务服务"，便利群众办事创业，提高政府服务效率和透明度。在推行绩效管理和行政问责制度方面，2009年，山西省印发了《山西省全面推进依法行政规划（2008—2012年）》，要求认真实施《山西省行政执法条例》《山西省重大行政处罚决定备案办法》，加强行政执法监督，同时要求建立程序合理的政府绩效评估指标体系和评估机制，推行政府绩效管理，以及建立行政问责制。山西省在县乡两级政权机关开展"公开、承诺、监督、追究"的活动，收到明显成效。2016年，山西省政府常务会议通过了《政府绩效第三方评估管理办法》，积极、稳妥、有效地开展政府绩效第三方评估工作，不断提高政府工作效能。

以社会管理和公共服务为中心，不断推进决策科学化和民主化。为落实政府社会管理和公共服务的职能要求，保证决策科学化和民主化，山西省委、省政府坚持从实际出发，在重大决策之前，首先进行深入调查研究，并反复讨论和征求意见，以增强决策的科学性。在这方面，全省各级政府及有关部门不同程度地建立了社会调查、新闻发言人和听证制度，使党委和政府的决策与当地实际相适应。山西各级党委、政府围绕发展社会事业和解决民生问题之重点，注重对土地征收征用、城镇房屋拆迁、涉法涉诉、企业重组改制和破产、食品和药品制售、安全生产、上学难、看病贵、环境污染、"棚户区和采煤塌陷区"治理等事关群众利益的突出问题进行了认真调研，并将之纳入决策范围，提出并实施了许多反映群众意愿、维护群众利益的具体措施，真正为百姓解决实际问题，得到了广大群众的支持。

实践证明，积极推进政府职能转变，弱化政府微观管理职能，强化宏观管理职能以及社会管理和公共服务方面的职能，对于服务型政府建设、推进地方经济社会发展、维护和发展人民群众的合法权益都有十分重要的意义。

（五）坚持司法公正，不断建设和完善司法体制和制度

新中国成立以后，山西司法制度经历了曲折发展的过程。改革开放以来，山西司法制度建设不断完善，司法工作取得重大成就，建立与完善了科学、公正、符合现代法治要求的司法制度，建立了一支精通法律、忠于法律、廉洁奉公的司法队伍，充分发挥了司法机关在建设法治山西中的重要作用。

司法组织机构逐步建立健全。新中国成立以后，山西省司法组织机构一直不够完善，全省各级司法机构量少质弱。十一届三中全会以后，山西司法系统大力加强队伍建设，组织机构不断健全，队伍数量日益壮大，整体素质显著提升。1979年全省司法系统即着手增调干部编制，同时从应届大中专毕业生、军转干部和其他部门中选调人员来充实和加强政法队伍建设。进入20世纪80年代，为了适应经济社会发展的需要，加大运用审判职能为经济社会服务的力度，山西省陆续组建了经济审判庭、行政审判庭、经济调解庭、民事审判庭、告诉申诉审判庭、执行庭、法警队等机构，增强了法院审判力量，完善了司法审判体制，对全省司法审判工作的深入开展起了重大的推动作用。检察机关的内设机构是检察权行使的载体，也是司法公正的组织保障。2010年，山西省人民检察院启动案件管理改革，成立案件管理机构，全面实施案件集中管理。截至2011年5月，山西全省11个省辖市人民检察院、90%的基层人民检察院成立了独立编制的案件管理机构。2015年，山西作为全国第二批司法体

制改革试点省份，开始全面启动司法体制改革，健全权责明确、相互配合、相互制约、高效运转的司法体制。目前，山西司法体制改革主体框架已基本确立，符合司法规律的体制机制在逐步形成。

司法工作逐渐全面开展。在改革开放中，山西省各级人民法院适应经济社会发展的需求，审判范围不断扩大，审判能力日益增强。各级人民法院在刑事审判工作中，严格执行《刑法》《刑事诉讼法》，对一些影响大、有教育意义的案件进行开庭审判，有力地震慑了犯罪分子，促进了社会治安的明显好转。面对日益增多的各种经济纠纷案件，各级法院普遍设立了经济审判庭，并针对与深化国有企业改革有关的案件、与农村经济发展有关的案件、与宏观调控有关的案件，以及新类型和涉外经济案件等，逐步展开了经济审判工作。为了适应政府转变职能、规范行政行为、依法行政的新任务，从1987年逐步开展了行政审判试点工作。随着《中华人民共和国行政诉讼法》正式实施，全省各级法院逐步建立行政审判机构，积极主动地受理了一大批行政案件，建立起了一定规模的行政审判队伍。[1]党的十八大以来，山西全省法院牢牢坚持司法为民、公正司法工作主线，全面深化司法改革，大力加强信息化建设，努力促进司法公正；全省检察机关紧紧围绕全省工作大局，全面加强法律监督，积极配合搞好监察体制改革，构建起公正、高效、权威的检察权运行模式，全省检察工作取得新的发展和进步。

司法制度不断完善发展。根据1978年宪法和1979年、1983年修改的《人民法院组织法》的规定，山西省逐步建立并完善了地方司

---

[1] 武正国主编：《山西政治文明建设论》，山西人民出版社2003年版，第57—61页。

法审判制度。其中主要有：第一，审判制度。山西省审判机关实行三级两审制，人民法院的审级分为基层人民法院、中级人民法院、高级人民法院，一般案件实行两审终审制。第二，合议制度。山西省各级法院审判案件，认真地执行了这一制度。进入80年代以后，合议制度更加完善。第三，审判委员会制度。山西各级法院均设立审判委员会，并在90年代后更加重视这一制度的完善。第四，公开审判制度。山西省各级人民法院在办案中都依法执行了公开审判制度。进入90年代后，山西省高级人民法院多次组织公开审判的观摩学习，使公开审理制度得到进一步的完善和提高。第五，辩护制度。山西各级人民法院在审判中认真贯彻并在审判实践中不断完善这一制度，使其更加具体，在完善法制建设中发挥了重大作用。第六，告诉申诉审判制度。80年代以来，告诉申诉制度开始建立，全省各级人民法院先后增设了告申庭，加强了处理人民群众来信来访和申诉案件的力量，许多法院积极探索并实施了多种告申措施，如立案回执制度、接待日制度，按照审判程序对群众的申诉进行及时审理。为加强人民检察院对诉讼活动的法律监督，各级人民检察院明确了对诉讼活动的法律监督的程序、措施和范围，完善了减刑、假释、保外就医、暂予监外执行、服刑地变更的条件和裁定程序，依法推进教育矫治、司法鉴定、刑事赔偿、司法考试等制度，健全涉法涉诉信访工作机制，改革司法管理制度和司法财政保障机制，基本建立了一套公正、高效、权威的社会主义司法制度体系。

  山西省司法工作在解决影响司法公正与效率的突出问题，规范司法行为，以及建立健全公正、高效的司法工作机制和高素质的司法队伍等方面，都做了大量工作，逐步建立抵制行政干扰司法工作的各项制度，促进审判机关、检察机关依法独立行使审判权、检察权，充分发挥司法维护公平正义的职能作用，有力地维护了社会的和谐稳定，保障了全省改革开放的顺利进行。

（六）坚持"四化"标准和德才兼备原则，不断改革和完善干部人事制度

中国共产党历来重视干部队伍建设，革命时期是这样，建设时期也是这样。山西省干部人事制度改革虽然起步艰难，但始终把坚持党管干部的原则与改善党管干部的制度结合起来，积极探索新的时期党管干部的有效途径，有计划有步骤地推进了干部人事制度改革，在干部工作科学化、民主化、制度化方面进行了积极的探索和实践，逐步实现了领导干部选用、考察、交流、监督等工作方面的规范化管理，营造了有利于人才脱颖而出、健康成长的良好氛围。

干部队伍"四化"建设成效显著。20世纪80年代上半期，山西省委根据中央部署，提出逐步实现领导班子成员革命化、年轻化、知识化、专业化要求。党的十二大以后，山西省干部队伍"四化"建设步伐加快，山西省委先是按照"四化"方针选拔一批德才兼备、年富力强、能开创新局面的干部进入各级领导班子，后来又对71个省直一级厅局领导班子和6个地市领导班子进行调整和充实，对44个县（市、区）的主要领导进行调整和配备，使全省14000名优秀中青年干部走上了县团级以上领导岗位。经过调整充实，各级领导班子的年龄结构、文化结构趋于合理，为实现干部"四化"迈出了重要一步。[1]党的十四大、特别是十八大以来，山西干部队伍的

---

[1]《山西人事四十年》，山西人民出版社1991年版，第13页。

"四化"建设又有了新进展,通过换届,各级领导班子整体结构趋于合理,素质进一步提高,战斗力明显增强。近年来,全省县乡换届工作对加强基层干部队伍建设起着越来越大的作用。2016年,全省顺利完成了市、县、乡三级党委班子的换届工作,各级领导班子年龄、经历、学历、专业等方面结构得到优化。市党政班子中47岁以下干部占比由换届前的10.7%提高到21.2%,全日制本科学历干部由换届前的48.3%提高到74.7%,市县两级领导班子中有下一级党政正职经历的干部占到38.6%,乡镇领导班子中具有两年以上乡镇工作经历的干部占到90.5%,共选拔2095名"三类人员"(乡镇事业编制人员、优秀村干部、大学生村干部)进入乡镇领导班子。换届后,"四化"程度较以前有明显改善,为各地发展提供了组织保障。

干部管理权限下放效果明显。新中国成立后,山西省国家机关干部任免主要采用委任制和选任制。这种制度在"文化大革命"期间遭到破坏。改革开放初期,根据新时期的需要和人事制度改革的精神,山西根据中央要求,下放各级党委管理权力,改下管两级为下管一级,使管理干部范围缩小,所管人数大大减少。[1]1984年,山西根据中央改革干部管理体制的精神,本着管少、管好、管活的原则,结合当地实际,有步骤地下放了省直各部、委、办、厅、局的正副处级干部的管理权限,由各单位党组(党委)管理;下放了地(市)的部、委、局一级干部和县一级的副书记、副县长、县人大主任、县政协主席的管理权限,由各地(市)管理。这些干部的职务任免,要报省委组织部备案。1994年,山西省进一步放权,规定

---

[1]《山西通志·政务志·政府篇》,第33卷,中华书局1998年版,第512页。

除县（市、区）委书记由省委直接管理外，其他人员由地（市）委进行管理。同时，山西也逐步调整企事业单位干部管理范围，下放企事业干部管理权限，不断扩大了企事业单位人事管理自主权，这不仅使人尽其才、才尽其用，而且明显地增强了社会活力。

干部民主推荐和公开选拔制度日益完善。山西省委在干部任用上努力探索，大胆创新，拓宽了干部选用的途径和渠道。首先是改革和完善了选任制度。在县（市、区）以上党委、人大、政府领导班子换届时，普遍实行了差额选举。其次是改进和完善了委任制度。按照程序，所有委任干部都走群众路线，要在本人所在单位干部群众中进行民意测验或民主推荐，然后通过组织人事部门考察和党委集体讨论决定。再次是推行了公开选拔制度，按照考试与考察相结合的办法，公开选拔副厅级干部，并逐步形成了比较完善的公开选拔领导干部的制度。从1991年开始，全省就不断推进领导干部公开选拔工作。2005年，山西省委组织部出台了《山西省公开选拔党政领导干部工作办法》。根据省委的安排部署，各地（市）都在公开选拔工作方面进行了积极探索，推进了公开选拔领导干部的常规化和制度化发展。山西省委明确提出，全省每年提拔的副厅级领导干部中，公开选拔的要占到1/3以上。山西省委抓住干部推荐、考察、讨论决定等关键环节，集中出台了《山西省推荐领导干部工作规定》《山西省考察领导干部工作规定》和《山西省讨论决定领导干部工作决定》等制度，形成了较为完备的干部选拔任用和监督管理的制度体系，为从制度上解决干部工作、特别是选人用人中存在的突出问题提供了保证。

国家公务员制度建设逐渐步入正轨。自1993年《国家公务员暂行条例》发布以来，山西省委就开始全面推行公务员制度。1995年至1996年，山西省顺利完成了公务员过渡考试、省级参照机关各项工作以及省级行政机关和参照机关补充工作人员考试，有力地配合了全省公务员制度的实行。1997年山西省按照突出重点、抓好基础、整体推进的思路，在地（市）国家行政机关全面建立和推行公务员制度，同时组织了特殊专业应届毕业生进入县级及县级以上公安、安全、工商、税务等国家机关和省法院的考试等，这一做法在全国引起积极反响。1998年，山西省级行政机关公务员制度已全部到位，公务员考录工作全面铺开。2007年，山西省制定了《山西省公务员考核实施办法》，2011年又出台了《山西省公务员日常登记管理实施办法》《山西省公务员公开遴选办法（试行）》，山西省公务员竞争激励机制逐步形成，公务员权利有了制度保障，公务员管理制度进入完善阶段。山西省公务员制度建设、队伍建设的各项工作在整体推进中有重点突破，为全省改革开放的不断深入提供了制度保证和组织保证。

干部民主考评制度不断完善。1987年，山西省结合省人大、省政府、省政协换届，对政府序列的34个厅局和5个地区的201名地市厅局级领导干部进行民主考评。这是山西干部考核制度的一次有益尝试，为以后工作奠定了基础。1989年，山西在全省普遍开展了各级领导干部和后备干部的考察工作；1990年，又对领导干部的德才情况作了全面考察，共有1300多名省管干部和25000多名县处级干部及后备干部接受了考察。在连续几年对领导干部进行考核的基础上，山西省逐步实行了考核工作责任制。1999年，山西省制定《山西省省管干部年度考核办法》，并下发《关于印发〈山西省省管干部年度考核办法〉的通知》，揭开了山西省干部年度考核工作的序幕。进入新世纪，山西省结合实际需要，制定并施行了两个针对县市党政领导班子和主要领导干部的考评办法，以及针对一般领导干部的"百分制量化考核办法"，研制开发了"山西省干部心理素质测评系统"以及相应的测评办法。这几个办法配套衔接，初步形成了有山西特色的科学系统的干部综合考评体系。这套体系在2006年全省市县乡党委换届、省直厅局干部调整以及2007年县乡换届选举中得到了普遍应用，取得了明显效果。

其他干部人事制度的建立和完善。在上述制度建设的同时，山西省干部人事制度在其他方面也取得了积极成果。一是干部后备制度。为调整充实领导班子做好组织准备工作，山西省在20世纪80年代上半期普遍开始进行第三梯队建设。从1986年开始，山西省委逐步加强对后备干部的考核、调整、补充工作，并注重在关键岗位上锻炼他们，这样就使后备干部在选拔、培养和使用各个环节上得到了统一。同时，山西还采取集中培训、下派锻炼和学习等办法，加强了后备干部的培训工作，为进一步推进领导班子年轻化准备了充足的后备人才资源。二是干部实践锻炼制度。山西省干部实践锻炼主要是干部挂职制度。从1994年开始，山西省从省直机关选派年轻干部到县、乡两级挂职锻炼。在选派省直机关干部到基层挂职的基础上，山西省还试行了"双向挂职"，从县（区）机关党政班子中选择副县级干部到省直单位挂职锻炼。2008年，省委从省直单位和部分高校选派一批正处级年轻干部到全省119个县（市、区）挂职锻炼，进一步加大了对优秀年轻干部的培养力度，为有效解决锻炼与选拔相脱节的问题迈出了新的一步。2017年，为进一步充实全省乡镇工作力量，加大脱贫攻坚推进力度，加强"三基"建设，培养锻炼年轻干部，山西省从省、市、县三级机关事业单位选派10000名干部到乡镇挂职工作2年，覆盖全省1196个乡镇。此外，山西省还逐步建立和完善了干部交流制度、干部培训学习制度、干部统计制度等。所有这些制度对干部人事管理工作的发展与进步都起了积极的推动作用。[1]

干部人事管理制度的改革和完善，为山西"拨乱反正"、把工作中心转移到经济建设上来，建立和完善社会主义市场经济体制，推进经济、政治、文化和社会的全面发展，实现党和国家提出的现代化目标，提供了政治保障和人才保证。在这方面，山西省委以创新精神推进组织工作，坚持正确的用人导向，深化人才发展体制机制改革，为深入推进山西改革开放和发展进程，培养和造就了大批领导骨干和中坚力量。

二、实践进程

近代中国是一个经济文化落后的农业大国。建设社会主义是一项崭新的实践。由于社会主义运动历史不长，社会主义国家建设历史更短，我们对于社会主义的发展规律更多地处于探索之中，既有成功经验，也有失败教训。正是中国共产党带领全国各族人民不断探索和创新，成功地走出了一条中国特色社会主义发展道路。在国家发展战略格局中具有重要地位的山西，在中国特色社会主义发展道路的探索中，坚持解放思想，不断改革开放，探索创新实践，推

---

[1] 武正国主编：《山西政治文明建设论》，山西人民出版社2003年版，第147—165页。

动民主政治建设，促进了经济、政治、文化、社会、生态建设的全面协调发展。这些既是中国特色社会主义民主政治发展理论和实践的重要组成部分，也是山西坚持中国特色社会主义道路的具体体现。

（一）山西民主政治的初创和曲折发展时期（1949年5月—1966年9月）

1949年新中国成立到1966年"文化大革命"爆发，是中国人民开始探索建设社会主义道路的17年，也是当代中国民主政治由起步到曲折发展的17年。[1]山西民主政治建设也不例外，经历了中国民主政治初创并稳定发展的阶段，也经历了民主政治建设进程遭遇挫折与曲折发展的阶段。

1.山西社会主义制度确立和民主政治初创的阶段（1949年5月—1956年8月）

这一阶段，山西地方民主政治建设有两个基本进程。第一个进程大致从1949年到1952年，是山西省过渡时期政治体制的形成时期。1949年5月，山西全境解放，进入了崭新的历史时期。同年8月1日，山西建制正式恢复；9月1日，山西省委、省军区、省人民政府宣告成立。1950年初，山西省委和省人民政府根据《省、市、县各级各界人民代表会议组织通则》的规定，决定召开各级各界人民代表会议，代行各级人民代表大会的职权，为普选的人民代表大会召开做好准备。到1951年底，全省普遍召开了各级各界人民代表会议，选举产生了各级人民政府。在省、市、县各级地方人民政权普遍建立基础上，根据中央统一部署，全省城乡普遍建立了基层人民

---

[1] 包玉娥、闫小波：《20世纪中国政治发展》，南京大学出版社2002年版，第235—300页。

政权。1952年，山西省胜利完成了全省范围内的民主建设工作，建立了新民主主义的政治制度，为恢复和发展国民经济奠定了政治基础。

与此同时，为了加强社会治安，保卫新生的人民政权，山西省根据中央要求，相继开展了肃匪工作、镇压反革命运动和取缔或清除旧社会遗留下来的各种社会污泥浊水和恶习陋俗工作，稳定了社会秩序，社会风气焕然一新。同时根据中央部署，山西省开展了加强廉政建设、克服官僚主义运动，进一步纯洁了干部队伍，提高了他们的素质。值得提及的是，山西省党组织特别注重加强党的建设工作。新中国成立以后，由于环境和条件的变化，一些党员干部的思想和作风起了变化。这些问题虽然表现在极少数人身上，但影响极坏，严重地侵蚀了党的肌体，败坏了党和人民政府的形象。1950年，山西省委召开第一次代表会议，提出要克服命令主义作风，树立科学的正确的密切联系群众的作风。1950年7月，山西省委开始领导全省各级党组织进行整风，1954年春结束。这次整党提高了全体党员的思想政治水平，清除了一些坏分子，纯洁了党组织，增强了党的战斗力，从而保障了党在恢复时期各项任务的顺利完成。

第二个进程大致从1953年到1956年，是社会主义政治制度在山西基本确立的时期。1953年12月，山西省按照中央统一部署，在全省各级各界人民代表会议基础上，自下而上地召开了全省各级人民代表大会。参加各级人民代表大会的代表是由人民选举产生的。这表明过去召开地方各级各界人民代表会议代行人民代表大会职权的办法，过渡到了完备的人民代表大会制度，标志着社会主义政治制度在山西的基本确立。1955年2月，山西省第一届人民代表大会在太原召开，大会根据宪法规定的法律程序和有关规定，选举产生了山西省人民委员会的领导机构。同时，山西基层政权也进行了变革。根据中央指示，山西省人民政府改变抗日战争以来根据地实行的行政村制，作出合并行政村、建立规模较大的乡镇、把乡镇作为基层政权的决定，并颁发了实施方案、具体规定、工作程序等文件，这项工作于1956年完成。

与此同时，按照中央统一部署，山西省从1955年7月至1958年底开展了肃反运动，清查出大批暗藏的反革命分子，沉重打击了阶级敌人的破坏活动，为社会安定和顺利进行社会主义改造创造了条件。同时，山西省党建工作继续开展。1956年7月至8月间，在全省社会主义改造基本完成、全面建设社会主义的历史阶段即将开始的重要历史时刻，中共山西省第一次代表大会隆重召开。

2.山西民主政治建设遭遇挫折的阶段（1956年9月—1966年9月）

新中国成立以后，我国确立了以民主集中制为核心的人民代表大会制度，并在一定历史条件下发挥了重要作用，但这并不意味着民主政治体制在中国就生根了。事实上，党的权力国家化和权力高度集中于党和党的领导人的现象在这一时期开始发生了，到20世纪50年代末终于形成了党的一元化领导的中央高度集权的政治体制，其基本特征是在政治生活中不断突出党的领导，以至于党的领导凌驾于政府之上，党中央直接插手行政部门事务的不正常局面公开化，最终造成了以党代政的局面。

这一阶段，党的一元化领导的政治体制在山西逐步形成。50年代后期，党中央向政府部门横向集权的趋势很快延伸到了地方，党政集权化的现象在山西也越来越严重。其主要表现是：第一，"大权独揽，小权分散"，一切重大问题由各级党委决定。第二，与政府机构对应设立党的工作机构。按照中央要求，山西省各级党委设立了工交部、财贸工作部和文教工作部，有的还设立了政法工作部，这些部门以管理干部为主要职能，兼及一些检查指导的工作和基层党组织的管理工作。在集权化总趋势下，山西省在中央领导下，也对地方、基层、企事业单位普遍存在的党政不分、以党代政的现象进行过初步整理和纠正，并在一定程度上扭转了省、地、县的党政不分现象。但在当时条件下，由于刚刚进行社会主义建设，人们对党与政府的具体职能并没有认真而科学的划分，因此，党政不分、党对企事业单位实行直接领导的制度还难以得到根本的改变。

这一阶段，整风运动和反右派斗争扩大化产生了严重后果。社会主义改造基本完成以后，党和政府在全省人民心中享有崇高的威信。同时，党员干部中的官僚主义、宗派主义和主观主义等不良风气开始滋长起来。当时，山西社会秩序稳定，但人民内部矛盾日益突出，城乡差别、工农差别开始出现，全省陆续出现了一些社员退社、工人罢工、学生罢课事件。1957年5月，山西省委制定和发布了《关于开展整风运动的计划》，规定了整风的要求、步骤、方法，并在全省各地县以上领导机关、较大厂矿、高等院校内相继开始整风。广大共产党员、知识分子与党外人士就各自所处单位或国家、地方政治生活中的问题发表了看法，其中大部分言论是正确或基本正确的，有不少意见切中时弊。但同时也出现了不少言辞激烈且错误的言论，特别是极少数资产阶级右派分子乘机向党和新生的社会主义制度发动进攻。根据中央部署，山西省委领导全省人民开展了大规模的反右派斗争，但在彻底击败右派进攻的同时，也出现了严重的扩大化问题。从三中全会之后落实政策的情况看，全省反右派斗争共揭发和确定了11274名右派分子，其中错划为右派分子的11062人，占总数的98.12%；全省真正的右派分子212人，只占实划右派人数的1.88%。山西省一大批知识分子、民主人士、党员干部被错误地打成右派，受到不公正处理。反右派斗争及其扩大化实际上中断了山西政治民主建设的发展进程。

　　这一阶段，山西地方党和国家的政治生活遭遇了挫折。反右扩大化造成了一种单调沉闷的政治空气，使全省民主法制建设稳步推进的良好势头受到阻碍，地方政治生活遭遇挫折：首先，反右派扩大化开启的"大民主"之风使各种群众性政治运动频繁发生。其中，"大跃进"运动、人民公社化运动、反右倾运动、"四清"运动等无一例外地破坏了社会主义民主政治建设，助长了法律虚无主义，其直接后果是以政治运动的方式强化了集权型领导体制。其次，民主法制建设不断削弱。山西省人民代表大会及其常委会作为山西从事社会主义民主法制建设的重要机关，在地方国家政治生活中的地位逐渐下降，职能不断削弱，始终无法担负起继续推进民主法制建设的重要任务。中国共产党与民主党派的关系以及群众团体的性质不断异化，党外民主监督形同虚设。第三，个人崇拜逐渐抬头，一直没有得到有效制止，导致个人专断局面愈演愈烈，党的民主集中制和党的集体领导原则终于被一言堂和家长制代替，其结果是，山西各级政府的作用被淡化了，党的自身建设被严重忽视了，党的各级组织的整体力量被严重削弱了。

（二）山西民主政治建设的断裂时期（1966年10月—1976年10月）

1966年5月中央政治局会议的召开和"五一六"通知的发表，是我国开始进入"文化大革命"时期的标志。"文化大革命"期间，我国民主政治遭到巨大破坏，从中央到地方的政治体系趋于解体，民主法制荡然无存，"五四宪法"所确立的国家政治体制发生了畸变，集权型政治体制发展到了极致。随着"五一六"通知的下达，山西省逐步陷入了"全面内乱"。其主要表现：一是全面造反。1966年10月至12月间，山西"造反派"组织冲击省委机关，反复围攻和批斗省委主要负责人，省委第一书记卫恒同志被迫害致死。二是全面夺权。1966年12月，山西"造反派"指挥造反组织冲击省委、省人委等机关，抢公章，夺档案，逮捕人，查封办公室，并宣布夺取了地方政权。三是全面武斗。"文化大革命"开始后，山西出现了许多"造反派"组织并演变为两大派别，双方口诛笔伐，继而拳打脚踢、棍棒相加。直到"七二三"布告以及山西省革委会成立后，持续两年的武斗才逐渐平息，"文化大革命"以来的混乱局面才开始安定下来。

与此同时，山西地方政治体制发生畸变，地方民主政治进程出现断裂。首先，地方政权陷于瘫痪，民主政治停滞不前。山西夺权以后，省、地、县各级党政主要负责人被强加以"走资本主义道路的当权派"等罪名，相继被关进监狱；到1967年2月底，上自山西省委、省人委及其所属部委厅局，大专院校，地市委和专员公署、市人委，下至各县委、县人委的权力以及上万个企事业单位的党政领导权和生产指挥权全部被夺走，山西各级党政机构停止运转，各级人民代表大会和政治协商会议停止活动，山西建立多年的地方政权基本崩溃。其次，省"革委会"体制建立，集权型政治走向极端。1967年3月，山西省革命委员会成立，开始行使原省人民委员会的一切权力，形成了由中共山西省核心小组取代中共山西省委，由省革命委员会取代省人民委员会的领导体制。到1969年9月，山西省所有地、市、县都建立了革命委员会，绝大多数基层单位也建立了革命委员会。革委会是在排斥社会主义民主和社会正常秩序的前提下，按照"三结合"原则建立起来的权力机关。同全国一样，山西省革委会是在山西地方国家政权组织、党组织和群众组织全部瘫痪的情况下出现的，它以集党政军司检的职能于一身的形式将地方集权型政治体制推向了极端。第三，军队"三支两军"推波助澜，始终起着重要作用。1967年1月，中共中央、国务院、中央军委、中央文革小组作出了"三支两军"的决定，目的是支持所谓的革命"左派"造反夺权。山西的"三支两军"在支持造反夺权和助长社会混乱的同时，又对夺权后稳定山西社会秩序起了重要作用。[1]山西省各地方常设机关瘫痪以后，军管会担负起了维持地方秩序的任务。随着山西省革委会的成立，军管会退出了历史舞台，但军队继续在山西地方政治中发挥着特殊的作用。

到"文化大革命"中后期，山西省各项工作开始逐步恢复。党的九大的召开标志着"文化大革命"转入了中后期。自此，山西工作开始摆脱"全面内乱"的状态，逐步走上了恢复的道路。首先，山西省党的地方各级组织开始恢复。1971年4月，在全省各地、市、县以至基层党组织尚未完全恢复，大多数党员还没有恢复组织

---

[1] 刘泽民、原崇信、梁志祥、张国祥主编：《山西通史·当代卷》（上），山西人民出版社2001年版，第455—456页。

生活的情况下,山西省委第三次代表大会召开了。出席这次会议的代表是通过所谓的"自上而下和自下而上充分酝酿、反复协调"的原则和程序确定的,因此造反派组织的代表、"支左"的解放军代表成为会议代表的主体,占代表总数的76.96%。大会选举产生了中共山西省第三届委员会,这标志着山西省委的恢复和中共山西省核心小组的自动撤销。会后,全省各地、市、县陆续召开了党的代表大会,重新成立了党的各级地方组织,恢复了大多数党员的组织生活,一批老干部也先后被解放出来,参加了各级党委的领导工作。其次,山西省革委会体制发生变化。随着山西省地方党组织的恢复,山西省革委会体制的党政一体、无所不包的功能开始出现变化:由党的代表大会产生的党的正式领导机构行使党的领导职能,革委会成为各级党委领导之下的政府机构。而且,由于地方党委工作职能的恢复,以前"三支两军"时期军队党委代行地方党委职能的状况也得到了改变。这些变化初步恢复了党政领导体制和调整了不正常的党政军关系。但是,由于革委会体制不仅排斥了必要的现代政治分工,而且没有从根本上触及党政不分的一元化领导体制,所以不可能真正解决民主政治建设问题。第三,山西省在组织上开始逐步落实干部政策。"九一三"事件后,根据党中央指示,山西省开始落实党的干部政策,继续解放和任用了大批老干部和知识分子,把下放的一大批干部陆续分配回各级领导机关。到1973年底,全省90%以上的老干部复职,是当时全国落实干部政策最早、最好的省份之一。[1]同时,山西省委成立了政策落实领导小组,下设办公

---

[1] 刘泽民、原崇信、梁志祥、张国祥主编:《山西通史·当代卷》(上),山西人民出版社2001年版,第519页。

室，开始平反冤假错案工作。第四，山西省在思想上开始批判极左思潮。随着全国开始对极左思潮进行反思，1972年10月至11月间，山西省委召开会议，决定在全省开展批判极左思潮和无政府主义的群众运动。这场批判运动对于帮助广大干部群众认识极左思潮的危害性起到了积极作用，但由于各种干扰，这场斗争没有坚持下来。

由于"我们没有能把党内民主和国家政治社会的民主加以制度化、法制化，或者虽然制定了法律，却没有应有的权威。这就提供了一种条件，使党的权力过分集中于个人，党内个人专断和个人崇拜现象滋长起来，也就使党和国家难于防止和制止'文化大革命'的发动和发展"[1]。事实证明，任何取消和破坏党和国家民主政治建设的理论和实践，只会给国家和社会带来空前的政治灾难。

（三）山西民主政治建设的"徘徊"时期（1976年11月—1978年11月）

1976年10月6日，中共中央政治局采取断然措施，对"四人帮"实行了隔离审查；10月18日，中共中央发出通知，要求将粉碎"四人帮"事件通报全党和全国人民。山西省委根据中央指示并联系山西实际，领导全省人民开展了深入揭批"四人帮"的斗争。这一运动经过了重点揭批其篡党夺权的阴谋和罪行、揭批其反革命面目和罪恶历史、揭批其反革命政治纲领和理论等三个阶段，特点是紧密联系山西实际，既全面揭露"四人帮"的反革命罪行及其实质，又基本分清了被"四人帮"搞乱的理论是非、路线是非和政策是非。1976年12月，山西省委根据中央统一部署，成立了清查小组，在全

---

[1]《关于建国以来党的若干历史问题的决议》（注释本），人民出版社1983年版，第38—39页。

省开展了清查与"四人帮"篡党夺权阴谋活动有牵连的人和事的运动,清查工作于1978年3月结束。但是,由于派性干扰,以及受"左"的思想理论和历次政治运动中形成的"左"的一套做法的影响,清查工作发生了不同程度的偏差。据统计,山西省当时清查的7365人中,后来经过审查落实,确定有三类人员(帮派骨干分子、犯严重错误人员、犯政治错误人员)328人,说错话、办错事的4641人,完全错查的1095人,有问题但不属于清查范围的301人,完全错查人员占被清查对象的14.9%。[1]

与此同时,山西省开始落实政策和开展平反工作。为了迅速实现安定团结的政治局面,充分调动各方面人士的积极性,山西省成立了省、地(市)、县各级落实政策领导小组,召开会议和制定政策,在全省范围内开展平反工作。截至1979年5月,共复查处理了全省"文化大革命"期间形成的各种案件193200件,占立案总数的95.2%。在复查处理的案件中,有123000多件属冤假错案,占已复查案件总数的63.6%。在对"文化大革命"时期冤假错案进行甄别平反的基础上,山西省委也开始对新中国成立以来各个历史时期的遗留问题进行清理和解决。通过平反和清理工作,理顺了各方面的关系,调动了山西广大干部群众进行社会主义现代化建设的积极性,促成了安定团结的政治局面,为党的十一届三中全会以后全省工作重点的转移创造了积极条件。

但是,思想不够解放给山西发展带来了消极影响。由于"左"的思想理论特别是历次政治运动中形成的"左"的思维和行为的惯

---

[1] 刘泽民、原崇信、梁志祥、张国祥主编:《山西通史·当代卷》(上),山西人民出版社2001年版,第619页。

性，山西省在政治领域里"左"的倾向浓厚、"左"的行为严重，突出的是山西省委开始在这一时期推行昔阳县"左"的一套做法，在继续大搞农田水利基本建设的同时，大力推广大寨和昔阳所谓的"穷过渡"取消自留地、取消集市贸易的"左"的一套做法，造成了严重后果。山西省"左"的思想和行为的另外一个突出表现就是山西真理标准问题讨论比全国慢了一大步，对于《实践是检验真理的唯一标准》一文引发的全国性真理标准问题大讨论，全省直到1978年8月下旬理论界才开始讨论，10月下旬山西省委才第一次公开表态支持这场讨论。山西在大讨论中不仅起步晚、参加单位少，而且在领悟大讨论的实质、要害和作用方面没有到位，落在了全国后面。这在许多方面迟滞和影响了山西改革开放的进程。

（四）山西民主政治建设的恢复与逐步发展时期（1978年12月—1984年12月）

真理标准问题大讨论引发了思想解放运动，使中国民主政治建设出现了新的根本性的转机。1978年，党的十一届三中全会做出了一系列重要决定，开始全面认真地纠正"文化大革命"时期及以前的"左"倾错误。邓小平说，"在总结经验的基础上，党的十一届三中全会提出了一系列新的政策。就国内政策而言，最重大的有两条，一条是政治上发展民主，一条是经济进行改革，同时相应的进行社会其他领域的改革"[1]。

1980年，邓小平在《党和国家领导体制的改革》一文中指出，"重点是切实改革并完善党和国家的制度，从制度上保证党和国家

---

[1] 《邓小平文选》第2卷，人民出版社1993年版，第116页。

政治生活民主化、经济管理社会化、整个社会生活民主化,促进现代化事业的顺利发展"。这对中国民主政治建设具有重大的指导意义。1981年6月,党的十一届六中全会通过了《关于建国以来党的若干历史问题的决议》,把恢复、健全党和国家的各项基本政治制度、体制,重建党和政府的权威作为首当其冲的任务提上了日程。1982年12月,第五届全国人大第五次全体会议通过了新宪法,对国家基本政治制度及国家机构做了一些重要规定,提出了新时期我国政治发展的新任务,体现了这种发展的基本趋向。山西民主政治建设的恢复和逐步发展就是在上述条件下展开的。

首先,山西省恢复和重建了省委领导机构和调整了省委领导班子。改革开放是党领导下的伟大实践,只有作为领导力量的党和党的建设本身的发展,改革开放才能不断深入进行。1983年,中央对山西省委领导班子作了重大调整。在此过程中,山西省委在坚持党的民主集中制原则,探索党内民主制度,防止个人集权和专断等方面,做了一些探索性工作。同时,党的纪检监察工作也得到恢复和发展。1978年,中共山西省委纪律检查委员会重新建立;1984年,为了加强纪检监察工作,山西省委纪委改为山西省纪委,并开始了积极有效的实践探索活动。

其次,山西省地方人民代表大会制度和行政制度、司法制度也得到了恢复和发展。第一,1977年12月,山西省第五届人民代表大会第一次会议召开,省人大各项工作开始走上正轨。1979年12月,省五届人大二次会议召开,选举产生了山西省人民代表大会常务委员会主任、副主任和委员;同时决定县以上地方人大普遍设立常委会。县以上地方人大常委会的建立,标志着新时期山西人民代表大会制度的正式确立。为适应山西经济、政治、文化和社会发展的需要，1983年，山西省六届人大常委会第三次会议决定设立财政经济工作委员会、政治法律工作委员会、教科文卫工作委员会和农村工作委员会；1984年，依据《山西省人民代表大会常务委员会工作条例（试行）》，设立了法制室。山西省人大常委组织机构不断完善。根据《宪法》和《地方组织法》赋予的权限，山西省各级人大及其常委会积极开展了工作，包括讨论和决定本地区的重大事项，开展对"一府两院"的监督，组织代表开展活动，做好人大会议的各项准备工作，以及根据本行政区域的具体情况和实际需要制定地方性法规等。第二，1979年12月，山西省革委会改为山西省人民政府，山西省各级政府由"文化大革命"体制逐步回归正常体制，初步改变了权力过分集中的党政和政企的权力格局，初步适应了经济建设为中心的工作重点转移。值得提及的是，1982年，山西省开始进行政府机构改革，取得了积极效果：一是按照规定的领导职数调整和加强了各级领导班子，以及按照"四化"要求选拔了一批德才兼备、年富力强、能够开拓创新的干部进入各级领导岗位。各级领导班子平均年龄下降，文化程度提高，为山西发展奠定了组织基础。二是按照效率、精简、合理分工等要求，撤销了党政机关中职能交叉、重复的机构，合并了业务相近的机构，调整了分工不清的机构，清理了临时机构，使政府职能部门的结构趋于合理，人员编制大为减少，并在一定程度上提高了政府工作效率。三是在农村地区改变政社合一的人民公社体制，恢复了乡（镇）人民政府建制。1982年，山西省开始进行试点工作；1984年，山西省委、省政府发出了《关于切实搞好政社分开，建立乡政府工作的通知》，省政府也制定了《关于政社分开和建立乡（镇）人民政府的工作方案》，开始逐步在全省推进政社分开工作。这项工作解决了农村范围内党政不分、政企不分的问题，并从体制上消除了瞎指挥和"一平二调"的社会基础，激发了农村各类经济组织发展农村经济的积极性和创造性，推动了农村经济的发展。第三，十一届三中全会后，山西省法院系统在干部队伍、组织机构等建设方面都加大了工作力度，为全省司法审判工作进一步发展奠定了组织和制度基础。

最后，中国共产党领导的多党合作和政治协商制度也得到了恢复和发展。从全国看，人民政治协商会议和各民主党派相继恢复活动并逐步得到了发展。在此背景下，1977年，山西省政协恢复工作；1979年，大部分"文化大革命"前建立的市、县（区）政协也陆续得到恢复。根据中央和山西省委的指示精神，1983年4月，政协山西省五届委员会第一次会议召开，选举产生了省政协第五届委员会主席和副主席；此后，全省陆续在尚未设立政协组织的市、县（区）建立了政协组织。从此，人民政协在山西进入了一个新的历史时期，政治协商、民主监督作用开始显现，逐步走向制度化、经常化；随着大量非中共党员委员、知识分子委员进入各级政协组织，其阵容进一步扩大，代表面更加广泛。同时，山西各民主党派组织发展也很迅速。1979年民主党派组织恢复时，全省仅有民革、民盟和九三学社三个省级民主党派组织，共1600余人；到1984年，民建、民进、农工民主党也建立了省级组织。

这一时期，山西民主政治建设适应改革开放初期的发展要求，在宪法和法律以及国家政策指导下，逐步恢复了原有的政治制度，同时初步发展了新的制度内容，总的趋势是社会主义民主法制原则逐步得到确认，社会主义民主法制建设逐步提上日程，人民参加国家、社会管理的权力逐步扩大并得到保障，人民代表直接选举的范围有所扩大，省级地方人大开始行使制定和颁布地方性法规的立法权限等，这些都成为山西地方民主政治走向进步的基础和起点。

（五）山西民主政治建设的日趋完善时期（1985年1月—1999年12月）

山西民主政治建设围绕城市经济体制的改革和社会主义市场经济体制的建立，基本上经历了两个阶段：首先是由计划经济向市场经济转变的发展阶段，然后是适应中国特色社会主义市场经济体制建设要求和任务的发展阶段。

1.山西民主政治建设逐步全面展开阶段（1985年1月—1991年12月）

1982年，党的十二大提出了"建设有中国特色的社会主义"的崭新命题以及全面推进经济体制改革的重大任务，我国经济改革的重心逐步由农村向城市转移。1984年，党的十二届三中全会制定了《关于经济体制改革的决定》，重点是彻底改革计划经济体制，探索建立市场经济体制。在这种情况下，党和国家不失时机地提出了政治体制改革的任务。这不仅适应了经济体制改革的要求，也是全面认识、反思和总结我国过去几十年政治体制的弊端和"文化大革命"教训的结果。山西这一时期的民主政治建设面临着改革开放的新形势与新任务。1985年3月，山西省委、省政府制定和颁发了《山西省以增强企业活力为中心的经济体制改革实施方案》，标志着山西国有企业改革进入了新的阶段以及经济体制改革开始了全面启动。同年6月召开的山西省委第五次代表大会，根据山西省实际情况提出了山西经济和社会发展的战略方针，确立了战略发展目标，提出要积极推进经济体制改革以及科教体制改革，加强社会主义精神文明建设，进一步健全社会主义民主和法制，并强调要搞好党的建设，发挥党在领导社会主义现代化建设中的核心作用。围绕经济体制改革与经济社会发展的任务和要求，山西民主政治建设逐渐全面展开。

这一时期，山西省政治体制改革迈出新的步伐。党的十三大召开前后，山西省委、省政府即成立了山西省政治体制改革领导组，在其下成立了山西省政治体制实施方案起草小组。该起草小组在山西省委、省政府领导下，依据十三大报告的精神，在广泛进行调查研究基础上，先后起草了关于党政分开、政企分开、机构改革、权力下放、民主与法制等五个专题改革方案。在具体操作过程中，山西主要抓住党政分开这个任务开展了工作。1988年1月，山西省委、省政府下发了《关于改革国营企业组织人事制度的暂行规定》，改革了国营企业党组织对本单位实行"一元化"领导体制，实行了厂长（经理）负责制，推动了国营企业人事制度的改革。从1988年的统计看，当年全省就有约96.3%的国营工业企业、70.2%的国营商业企业实行了党政分开和厂长（经理）负责制，企业党组织的职能转向了主要起保证和监督的作用。1988年3月，山西省委印发了《关于党政分开的实施方案》。根据这一《方案》，山西省撤销了各级党委中与政府机构重叠对口的部门，如省委的农工部，地（市）委的工业部、政法委员会；撤销了分管政府工作的各级党委专职书记或常委；陆续撤销了省纪委派驻省直24个行政厅局的纪检组，组建了行政检察机构等。

与此同时，山西民主政治建设进一步适应山西经济社会发展需要，各级人民代表大会制度和行政制度、司法制度有了新的发展。首先，在山西各级人民代表大会及其常委会工作上，有三个方面的发展比较突出：其一，省人大常委会组织机构基本成型。从1985年到1988年，省人大常委会在原有组织机构基础上，又分别设立了环境保护工作委员会、人事代表工作委员会、外事组和妇女工作组，合并成立法制工作委员会，从而形成了较为完备的办事机构。1989年7月，山西雁北、忻州、吕梁、晋中、临汾、运城六个地区的人大工作联络组由中共地委的办事机构改为省人大常委会的派出机构。在省人大常委会指导下，各市、县（区）、乡的人大工作出现了新局面，开始能按时召开人民代表大会和常委会会议（或主席会议），并依照《地方组织法》有关规定，以及《山西省乡镇人民代表大会工作条例》开展工作，基本上解决了乡镇人大组织涣散的问题。其二，各级人大常委会的工作逐步进入了制度化、规范化和程序化的轨道。为了有效、准确地依法行使职权，充分发挥各级人大的作用，省人大常委会制定了一系列工作制度和规则，如《山西省人民代表大会常务委员会工作条例（试行）》《山西省人民代表大会常务委员会制定地方法规的程序（试行）》《山西省人民代表大会代表视察办法》《山西省各级人民代表大会常务委员会监督工作条例（试行）》《山西省人大常委会议事规则》等；为适应修改后的地方组织法，省人民代表大会通过了《关于授权常务委员会对代表大会制定的地方性法规进行部分补充和修改的决定》。这些条例、规定、规则或决定较为系统地总结了山西人大工作的经验，并根据山西省的发展需要把有关的国家立法的规定具体化了，从而使地方各级人大的工作制度、活动规则和议事程序更加健全了。其三，各级人民代表大会及其常委会逐渐全方位开展工作，较为有效地行使了职权。一是依据职权和山西需要，积极开展地方立法工作。这一时期，山西省人大及其常委会先后制定了《山西省市县区人民代表大会组织通则》《山西省保护老年人合法权益的规定》《山西省各级人民代表大会选举实施细则》等地方性法规。[1]二是实事求是，依法行使决定权，包括依法审议批准各项工作报告、国民经济计划和预算及其调整报告，以及审议批准《"三北"防护林体系建设山西部分第二期工程规划》和《山西省国民经济和社会发展第八个五年计划纲要》，依法审议批准政府提请任命的政府组成人员，依法清理有关地方政权组织方面的法规性文件并确认清理结果，依法确认省人代会代表的代表资格等权力。三是加强民主监督，依法行使监督权。1987年，省人大常委会开始进行执法检查；特别是1988年以来，省人大常委会的执法检查工作有了迅速发展，分别组织常委会组成人员、省人大代表和在晋的全国人大代表，就教育、环保、计划生育、地方性经济法律、土地和基本农田保护、妇女儿童权益保护、农业技术推广等法律法规的执行情况，进行了全面检查。1989年，省人大常委会开始对政府、法院、检察院的工作进行评议，分别评议了晋中地区法院、临汾地区两院、雁北两院及省公安厅、工商局、物价局、税务局的工作，收到了预期的效果。此外，省人大受理信访工作也逐步展开，从1985年到1991年，共接待人民群众来信来访3.4万余人次、立案1193余件、监督纠正和

---

[1]《山西通志·政务志·人民代表大会篇》，第33卷，中华书局1998年版，第230页。

结案450余件,维护了当事人的合法权益,维护了法律的尊严。[1]

其次,在政府管理和行政制度方面,随着城市改革的深入发展,山西省在省政府工作机构上也做了一些调整和变化。[2]1988年,随着城市改革的逐步深入进行,党和国家不失时机地推动了行政管理体制改革,并历史性地提出了"转变政府职能是机构改革的关键"的命题。根据这一精神,山西省于1989年开始进行第三次政府机构改革,但由于全国范围内开展了治理整顿工作,这次改革没有进行下去。值得说明的是,这次改革提出的政府职能转变一直是国家和地方行政改革所要解决的关键问题。

第三,山西省司法工作和司法制度建设适应地方改革开放的需要,出现了新发展。第一,审判队伍迅速发展,增编方式有所改变。1979年底,全省司法干警编制人数为349人,1985年发展到5200人,到1990年,迅速增加到7025人。而且,随着国家人事管理制度的改革,司法干警增编方式逐步由国家分配或选调改变为文化考试与个人表现考查、考核相结合,显著地提高了新增人员的政治和文化素质。[3]第二,各级人民法庭和基层法庭建设迈上新台阶。从1984年开始,在省委、省政府的高度重视和支持下,各级政府先后拨出上亿元资金,陆续建成一批庄严大方、经济实用的审判大厅和人民法庭,大大改变了办公条件和审判条件,走在了全国法院"两庭"

---

[1] 《山西通志·政务志·人民代表大会篇》,第33卷,中华书局1998年版,第301—304、311—313、320—321页。

[2] 《山西通志·政务志·人民代表大会篇》,第33卷,中华书局1998年版,第353—354页。

[3] 《山西通志·政务志·审判篇》,第34卷,中华书局1990年版,第40页。

建设的前列。第三，加强"严打"斗争，维护经济秩序和社会稳定。针对改革开放形势下各种刑事案件和经济案件增多的情况，山西省贯彻全国人大常委会《关于严惩严重危害社会治安的犯罪分子的决定》，贯彻依法"从重从快"的方针，从1983年开始进行"严打"斗争。据统计，1985年至1988年，全省共判处各类刑事案件24252余件，判处刑事犯罪分子3857余人，有力地保证了全省社会治安秩序平稳的局面。从1985年开始，全省开展了打击贪污、行贿、走私、投机倒把、诈骗和盗窃公共财物等各类严重经济犯罪案件的斗争。据统计，1985年到1988年，全省共审判严重经济犯罪案件5230件，判处严重经济犯罪分子7915人，其中仅1987年、1988年就为国家挽回经济损失1400余万元，有力地维护了正常的经济发展秩序，保证了全省经济建设和改革的顺利进行。值得提及的是，在加强刑事审判、经济审判、民事审判的同时，从1987年开始，山西省积极稳妥地开展了行政审判工作，促进了地方各级政府行政管理的法治化进程。

这一时期，山西省政协的工作有了明显发展，全省各市、县（区）都基本上建立了政协组织，还有许多市、县（区）的乡镇建立了政协小组，各级政协组织的委员达到10000余人，分别代表了28个界面。各级政协积极加强组织建设，将原先的工作组形式改设为工作委员会，并广泛吸收社会各界有识之士进入政协组织，注重培养和选拔有专业特长的人员进入各级政协领导班子，从而壮大了各级政协组织的力量。同时，山西省各级政协组织坚持党的领导，积极参与地方事务管理，主动就地方的政治、经济、文教及社会问题提出意见或建议，协助地方各级党委和政府搞好建设和改革开放工作，效果突出。如山西省政协就1985年以来全省粮食产量严重下降问题，主动组织有关方面的专家学者进行实地调查分析，提出了全省农业生产应该注意的若干问题；针对全省高等教育存在的问题，省政协向省政府提出了在"七五"计划期间，山西应把高校建设的重点放在老校和缓建新校的建议，被省政府采纳；省政协还对解决山西水资源短缺等问题提出了具体的对策建议。[1]与此同时，山西民主党派发展迅速。除民革、民盟和九三学社外，又新成立了民建、农工党等三个省级民主党派组织，1991年底，已经发展到9000余人。各民主党派、无党派人士积极参与山西民主政治建设和经济建设，充分发挥了智囊和参谋的作用。

这一时期，山西省基层民主政治建设、特别是村民自治有了明显进展。1989年，山西省政府办公厅、民政厅按照《村组法（试行）》的要求，在深入调查研究基础上，选择阳曲县、临猗县、河曲县作为村民自治的试点，以摸索和积累经验，推动村民自治的普遍实施。1990年9月，省民政厅根据国家民政部《关于在全国农村开展村民自治示范活动的通知》，制订了《开展村民自治示范活动的方案》，指导全省的村民自治示范活动。在试点和示范工作期间，按照《村组法（试行）》的要求，省人大常委会结合本省实际制定和通过了《山西省村民委员会组织实施办法》，对村委会的性质和活动范围作了具体界定。根据该办法，山西省村民自治示范县的县人大和人民政府相继出台了具体规定，直接应用于村民自治的组织指导工作，收效很大。

这一时期，山西省干部人事制度方面也有了较大变化。1982

---

[1] 《山西通志·政务志·人民代表大会篇》第33卷，中华书局1998年版，第151—174、211—214页。

年，中央组织部提出加快干部队伍"四化"的规划设想，按照这种部署，山西省各级领导班子"四化"建设步伐明显加快。在新的一届省委领导下，山西省不断调整充实各级各部门领导班子，初步形成了以德才兼备的中青年干部为主体的干部梯队，建立了具有较强的决策能力、组织管理能力的领导集体，为山西的改革开放及其长远发展奠定了组织基础。值得提及的是，这一时期，山西省人民代表大会在坚持党管干部原则、依法办事基础上，开始通过差额选举的方式选举地方政府领导人。1987年以来，省、市、县（区）各级人民政府普遍实行了差额选举，这标志着地方人大选举制度和干部人事制度改革迈出了新的步伐。[1]

2.山西民主政治建设不断深入发展阶段（1992年1月—1999年12月）

1992年，中国开始建设社会主义市场经济体制，从而对政治体制改革提出了新的要求，所以实行政企分开、转变政府职能、提高政府效率、加强法治建设等就成为民主政治建设要解决的迫切问题。

党的十四大以后，山西省各级人民代表大会制度和行政管理制度、司法制度不断完善。这一时期，山西省人大自身建设有了新的发展。1993年，省人大常委会工作机构由一厅六委增为一厅一室七委；1998年，为了更好地履行职责，省人大常委会修订了《省人大常委会地区工作委员会工作条例》，并结合各专门委员会和各工作机构特点，制定和完善了议事规则、工作职责和规章制度，提高了工作效率，逐步走上了制度化、规范化和程序化的道路。尤为突

---

[1] 《山西通史·当代卷》（下），山西人民出版社2001年版，第956—966页。

出的是，山西省人大的立法程序和制度不断完善，立法质量不断提高。从省八届人大以来，特别是党的十四大提出建立社会主义市场经济体制的目标以后，省人大常委会进一步加强了以立法工作为主要内容的法制建设，实行了立法工作负责制。1993年，省人大常委会研究制定了《山西省人大常委会关于立法工作方面若干问题的意见》，1994年又出台了修改补充意见，使地方立法工作更加法制化和制度化。从立法进程上看，从1979年到1997年，省人大常委会先后制定、修订和批准了133个地方性法规，其中109个是1993年1月到1996年12月之间完成和发布的，占18年来地方立法总量的75%左右。在立法过程中，山西省人大十分注重提高立法质量，加强相关工作。与此同时，省人大的监督工作不断加强，述职评议活动、执法检查、视察等项工作制度不断完善，力度不断加大。山西各级人大的立法和监督工作，不断丰富了中国特色社会主义的法律体系，保障和促进了山西省经济、社会、文化等项事业的顺利发展。

同时，在行政管理制度改革方面，山西省各级政府的宏观管理职能和行政管理综合配套改革等有了显著变化。1994年，山西省以转变政府职能为中心开始进行政府机构改革。这次改革的主要任务是转变政府职能，加强宏观管理，减少具体审批事务，加强对本地区生产、交通、流通领域以及社会发展中重点问题的综合协调，加强对农业和农村工作的领导和协调；精简内设机构，推进人员分流，充分调动富余人员的积极性，发挥他们的作用；对部分事业单位进行了初步改革。[1]但是，在这次改革中，职能转变并没有到位，

---

[1] 《山西通志·政务志·政府篇》，第33卷，中华书局1998年版，第354—358页。

机构和人员反弹也很严重，所以，1999年，山西省按照党的十五大精神和中央具体部署，开始实施一系列的改革措施。这次改革把侧重点放在了五个方面，即转变地方政府职能，调整地方政府机构和地区建制，实行政企分开，精简机构和人员编制，以及推进"依法行政"。其从以往简单的撤并增减，发展到行政区域体制、政府职能、管理机构、人员编制、运行机制相结合的综合配套改革，在内容和范围方面都超越了之前的改革，对地方政府管理和行政体制变革都有承前启后的意义。

而且，山西省在司法审判制度建设方面也有了深入进展。进入20世纪90年代，山西省各级人民法院适应经济社会发展需求，审判范围不断扩大，工作日益繁重。1992年之后，山西省各级法院继续把"严打"作为刑事审判的中心工作，同时严厉打击经济领域内的严重犯罪活动，取得了积极效果。在司法改革实践上，从20世纪80年代末至90年代后半期，全国法院系统主要是探索和完善案件审判方式，包括强化当事人的举证责任、庭审功能和公开审判等。为此，山西省各级法院从1989年开始推行审判方式改革，重点是公开审判和当事人的举证责任，并在实践中探索出了"一二三三"审判机制，即贯彻公开审判原则，实行一步到庭；强调当事人的举证责任及合议庭与主审法官的办案责任；探索立审分离、审执分离、审监分离，推行办案责任制、案件督察制、错案追究责任制。这一改革机制明显地提高了办案效率，增加了案件的透明度，促进了司法廉政建设。

这一时期，山西省各级政协组织和民主党派组织有了显著发展。党的十四大以来，山西省委不仅自觉接受民主党派和各族各界人士的民主监督，而且始终坚持对人民政协和民主党派实施政治领导,坚持重大决策前的协商,坚持定期听取政协统战工作汇报,研究政协统战工作。1995年,山西省委先后出台了《中共山西省委关于进一步加强人民政协工作的决定》《中共山西省委关于进一步推进中国共产党领导的多党合作与政治协商制度规范化实施办法》;1996年,山西省委又召开全省政协工作会议,要求各级党委把对政协统战工作的支持作为年终总结工作和考核评比的一项重要内容。全省各级政协在自觉、主动地坚持和服从党的领导的同时,认真履行三项职能,以工作实绩赢得了党委和政府的重视和支持,以及社会各界的尊重和认可。同时,山西各级政协也积极加强自身建设。1996年,根据山西省委对《山西省各级政协机构改革方案》和《政协山西省委员会机构设置、职能配置、人员编制方案》的批复,全省各地区设立了政协工作委员会,作为省政协的派出机构积极地开展了工作。在实践中,山西省政协工作已逐步形成"党委重视、政府支持、政协主动"的合力,这是山西实践中国共产党领导的多党合作和政治协商制度的最重要、最宝贵的经验。[1]

这一时期,山西省基层民主政治也在不断深入。首先,村民自治开始全面推进。在前一时期开展村民自治示范活动基础上,山西省民政厅在全省各地进行了更多的村民自治试点,选好选准村民自治试点成为许多地区工作的重点。如吕梁地区从1994年起就全力抓了第三届村委会换届选举,同时对任届期满的农村党支部全部实行"两票制"选举办法。在换届选举基础上,许多示范区把工作重点转向了民主监督、民主管理和民主决策等方面,取得了显著成绩。

---

[1] 武正国主编:《山西政治文明建设论》,山西人民出版社2003年版,第122页。

1998年4月，中共中央办公厅、国务院办公厅下发了《关于在农村普遍实行村务公开的民主管理制度的通知》。为此，山西省委、省政府召开了全省农村村务公开现场会，使村务公开出现了各级领导重视、部门齐抓共管、公开形式多样的良好局面。1999年9月，省九届人大常委会通过了《山西省实施〈中华人民共和国村民委员会组织法〉办法》，规定县以上人民政府的民政部门负有贯彻《村组法》的主要职责，并明确了村委会与乡政府、党支部的关系，村委会的产生、职责、任务、罢免、补选，村民会议和村民代表会议制度，民主选举、民主管理、民主监督和民主决策制度等内容。各县（市）根据《村组法》和《山西省实施〈村组法〉办法》，修订完善了本县（市）的《村民委员会实施办法》和《村民会议和村民代表会议规定》，各乡镇也建立和完善了《乡镇人民政府指导委员会工作办法》，各个村委会完善了《村规民约》或《村民自治章程》以及村一级的民主选举制度、村民会议和村民代表会议制度、村务公开制度等村民自治制度，建立健全了地方各级村民自治的配套法规和规章制度，确保了村民自治在各地顺利地贯彻实施。在实践中，山西的村委会选举已经形成党委领导、人大监督、政府实施、有关部门密切配合的工作机制，基层民主与法制建设进一步加强。[1]

其次，山西省城市社区建设也得到迅速发展。1989年12月，七届人大常委会重新修订了《城市居民委员会组织条例》，并更名为《中华人民共和国居民委员会组织法》，它对居委会的性质、任务、组织等作了明确规定，使居委会工作有法可依，走上了健康发

---

[1] 参见武正国主编：《山西政治文明建设论》，山西人民出版社2003年版，第284—287页。

展的道路。2000年11月，山西省根据《居委会组织法》和中共中央办公厅、国务院办公厅转发的《民政部关于在全国推进城市社区建设的意见》，制定和出台了《山西省城市社区建设实验方案》，并选取示范点，借鉴国内外城市社区建设的经验和做法，开展了社区建设示范活动。山西省居委会建设由此开始向社区建设迈进，原有的居委会经过重新组合成为社区居委会。为了切实推进城市社区建设，山西省积极探索建立城市社区建设的管理体制和运行机制。2001年，山西省委、省政府下发《关于大力推进城市社区建设的意见》，提出了山西社区建设的基本内容、指导思想、总体目标和发展规划，制定了调整划定新社区、组建社区组织体系和建设高素质的社区工作队伍的制度，并要求各级党委和政府高度重视，调动山西省全社会的力量，大力推进社区建设。根据这个意见，全省10个地市、12个县级市和所有县城所在镇全面开展规划新社区、组建新的社区组织体系的建设。[1]据此，山西形成了各级政府领导、民政部门牵头、有关部门配合、社区居委会主办、社会力量支持、群众广泛参与的运行机制。

（六）山西民主政治建设的全面发展时期（2000年1月至今）

进入新世纪，我国民主政治建设进入了全面发展的新时期。党领导人民坚持中国特色社会主义政治发展道路，在建设社会主义长期实践中不断完善和发展中国特色社会主义民主政治制度，我国社会主义民主政治展现出更加旺盛的生命力。在这种背景和条件下，山西省委、省政府坚持党的领导、人民当家作主和依法治国的有机

---

[1] 参见武正国主编：《山西政治文明建设论》，山西人民出版社2003年版，第314页。

统一，积极推进本地区民主政治建设，不断在山西范围内丰富和完善了中国特色社会主义民主政治制度，为推进全省经济社会全面发展提供了坚强的政治保证。

1.山西民主政治建设全面协调发展阶段（2000年1月—2012年11月）

党的十六大以来，山西省委、省政府围绕全面、协调、可持续发展的总体要求，以科学发展观为指导，统筹谋划好民主政治建设与其他建设的关系，以及民主政治建设内部各要素、各环节之间的关系，形成了协调发展的民主政治建设的新格局。

这一时期，山西省按照党的十六大、十七大关于政治体制改革的基本精神，坚持和进一步完善人民代表大会制度，积极推进政府职能转变，大力推动司法审判工作全面展开，取得了新的成就。山西省委围绕地方各级人大组织建设，先后出台了一系列制度性的规定、意见和决定，积极支持人大及其常委会依法履行职责，保证立法、决定重大事项、人事任免、开展监督等工作顺利进行，推进了地方民主政治建设。在山西省委领导下，省人大常委会在立法工作上坚持科学发展观，以宪法和法律为依据，使各项立法具有更强的针对性、适时性和可操作性。如针对山西煤焦企业盲目扩张污染环境、浪费资源、危害人民健康的突出问题，省人大常委会制定了《山西省焦化产业管理条例》；针对山西重大特大煤矿事故不断的情况，制定了《关于严厉打击非法违法煤矿有效遏制重大特大事故的决定》，并及时修订了《山西省实施中华人民共和国矿山安全法办法》；为了维护农民工的合法权益，制定了《山西省农民工权益保护条例》，成为中国法律史上第一部维权性地方性法规。这些立法有力地维护了人民群众的合法权益。2002年以来，省人大及其常委会坚持把立法的着眼点和落脚点放在落实科学发展观、促进经济社会的全面协调可持续发展上，放在促进依法治省、营造良好的法制环境上，先后研究、出台了一系列促进经济社会发展的地方性法规，到2007年底，省人大常委会共制定了地方性法规42件，修订19件，废止23件，批准太原市、大同市地方性法规59件。这些立法工作对全省改革、发展和稳定起了重要的支持和保障作用。

与此同时，山西省围绕加强政府社会管理和公共服务职能这一任务，在省委统一部署下，始终坚持依法行政，从严治政，全面深化行政管理体制改革，大力推进政府职能转变工作。其一，山西省各级政府为更好地履行服务职能、改善服务方式、增强服务质量，普遍抓住以政企分开、政资分开、政社分开为突出要求的职能转变工作，通过合理界定政府职能，优化政府结构，提高了行政效能。其二，山西省各级党委和政府以发展社会事业和解决民生问题为重点，优化公共资源配置，完善基本公共服务体系，注重解决群众反映强烈的问题，加强了对危害群众生命安全问题的处理。其三，山西省以政务公开为抓手，在全省11个市和绝大部分县实行了政务公开制度，设立了政务大厅，在30多个省直厅局设立了行政审批服务"窗口"，开展了政风行风民主评议活动，建立了重大事项通报制度、行政责任追究制度等，推动了行政管理工作的创新发展。其四，山西省十分重视决策科学化、民主化工作，省委、省政府坚持从实际出发，坚持在深入调查研究、科学论证基础上进行重大决策，并积极探索和试行了重大事项公示、重大决策咨询、网络民意表达等制度化渠道。值得提及的是，2009年，山西省根据全国范围新一轮地方政府机构改革精神，围绕深化行政管理体制改革的总体目标，结合各地实际，加大了机构整合力度，推动政府职能更多地逐步地向社会管理和公共服务方面转变。

而且，山西省坚持以司法公正为目标，稳步推进司法体制和工作机制改革，努力纠正有法不依、执法不严、违法不纠的现象，在严肃查处徇私枉法、执法犯法方面取得了显著进展。山西省在实施"五五"普法教育过程中，在深入开展依法治理，建设法治政府，抓好政法队伍建设，保证严格、公正、文明执法和提高执法人员素质等方面，都采取了积极有效的措施，为全省上下形成遵纪守法、依法办事的良好风气起了推动作用。山西省紧紧抓住审判工作，就群众反映强烈的影响司法公正与效率的突出问题，加大了对用审判权、执行权的人和事的查处力度，进一步规范了司法行为，促进了司法公正。值得说明的是，在建立和推行错案责任追究制、努力遏制司法腐败方面，山西省司法审判机关切实接受人大的监督，注重监督检查的落实，同时积极发挥司法机关内部监督制约机制的作用，收到了积极效果。

这一时期，党领导的多党合作与政治协商制度在山西的实践得到全面发展。山西省委围绕各级政协的工作，先后出台了一系列制度性的规定、意见和决定，如2006年制定、出台了《关于进一步加强新时期人民政协工作的决定》等。同时，山西省委积极支持各级政协组织有效履行政治协商、民主监督和参政议政职能，把人民政协作为深入了解民情、充分反映民意、广泛集中民智，促进党委、政府决策科学化、民主化的重要途径。在山西省委领导下，山西省政协组织带领全省500多名政协委员，坚持围绕中心，服务大局，牢牢把握团结与民主两大主题，积极履行了政治协商、民主监督、参政议政职能，充分发挥了协调关系、汇聚力量、建言献策、服务大局的作用。从九届省政协的情况看，政协工作全面开展的主要表现是：第一，把政治协商纳入决策程序，加强对重大问题的协商讨论；第二，完善民主监督机制，加大民主监督力度；第三，提高调研质量和水平，增强参政议政的实效。值得指出的是，山西人民群众关心和关注的热点、难点问题，始终是山西省政协参政议政的着力点。

这一时期，山西干部人事制度改革获得了更加全面的发展。进入新世纪，特别是党的十六大以来，山西省委按照科学发展观的要求，以干部人事制度改革为动力，在推进干部工作科学化、民主化、制度化方面进行了积极探索，逐步实现了领导干部选拔任用、考核、交流、监督等工作的规范化，营造出了有利于优秀人才脱颖而出、健康成长的良好环境。第一，山西省委积极利用体现科学发展观要求的综合考核评价办法，加强和改进干部考察工作，客观评价和反映干部的德才表现，防止和克服选人用人的不正之风。第二，山西各级党组织按照省委要求，在干部使用、领导班子配备、党委换届等工作中，广泛采用公开选拔、竞争上岗、干部交流、全委会票决制等方式，使按照德才兼备原则配备领导班子和领导干部工作具备了制度保障。山西省坚持把扩大民主贯穿于干部选拔任用工作的全过程，党员和群众的知情权、参与权、选择权和监督权进一步落实。第三，在构建制度管人管事的干部选拔任用长效机制方面，山西省也进行了创新性探索。2005年，省委抓住干部推荐、考察、讨论决定等关键环节，集中出台了相应的制度和措施，形成了较为完备的干部选拔任用和监督管理的机制,为解决全省选人用人中存在的突出问题提供了制度保证。

党的十七大以来,山西省把发展基层民主"作为发展社会主义民主政治的基础性工程重点推进"。依据十七大精神,山西省扎扎实实开展了全省村委会换届选举工作,有力地促进了农村基层民主建设。2005年7月,省十届人大常委会正式通过《山西省村民委员会选举办法》,对选举工作的组织领导和工作机构、选民登记的特殊情况、候选人条件确定、委托投票、竞职承诺、罢免以及"贿选"等问题,都做了具体的、便于操作的、富于创新性的规定,做到了有法可依和全面推进。特别是在选举程序中引入不设候选人的"一次直选法",对简化选举环节、节约选举成本和提高选举成功率,起到了积极作用。2006年初,全省第七届村委会换届选举圆满结束,换届率达到99.99%。通过换届选举,山西省各地区村委会班子建设明显加强,广大农民群众的民主法制意识显著提高,干群关系有所改善。在村民自治建设中,山西省重点抓住村务公开这一关键环节开展工作,取得了实效;同时,各地还积极探索包括民主听证会、利用现代信息技术创新村务公开形式和手段等方式,使村务公开得到了实质性的推进。

这一时期,山西省也十分重视社区自治建设,推动社区服务功能不断强化,在城市基层民主建设方面迈出了新步伐。2012年,山西省委、省人民政府印发《关于进一步加强城市社区居民委员会建设工作的实施意见》,加强城市社区居民委员会组织建设,加快推进基层社会管理创新,巩固党在基层的执政基础。山西省广泛开展了社区建设情况调研,总结推广了大同、阳泉社区建设经验,推动了社区建设向纵深发展，社区建设在尊重居民意愿、反映居民要求和为居民解难、为居民服务，特别是在帮助社区弱势群体、推进社区就业再就业、提高社区居民生活质量等方面发挥了重要作用。

2.山西民主政治建设全面创新发展阶段（2012年12月至今）

党的十八大以来，在以习近平同志为核心的党中央坚强领导下，山西经历了一次极不平常的重大转折，各级党组织和广大干部经历了一场极不平常的政治考验。山西省委、省政府按照"四个全面"战略布局和中央对山西工作的重要指示要求，坚持以政治建设为统领，坚持"一个指引、两手硬"，以改革创新精神，着力推进"六大发展"，全面实施"六权治本"，深化法治山西实践，推动政治生态由"乱"转"治"，为新形势下山西转型发展提供了科学思路、有力举措和坚强保证。

这一时期，山西省人大持续加强自身建设，加强常委会机关制度、组织、作风、队伍建设，不断激发机关干部和各级人大的战斗力、凝聚力和创造力，为依法履职提供了有力保障。2013年，省人大常委会在太原召开全省人大机关信息化建设推进会，帮助80个县级人大建成电子表决系统，提升了工作效率和科学化水平。2017年，为贯彻党中央、全国人大关于加强县乡人大工作和建设的决策部署和落实省委《关于加强县乡人大工作机构建设的若干规定》要求，省人大常委会出台了《关于加强县乡人大工作机构建设的若干规定》，根本解决了长期困扰基层县级人大的"一人一委"、乡镇人大"单枪匹马"问题，有力增强了基层人大队伍建设。在山西省委领导下，省人大牢牢抓住立法质量这个关键，积极推进科学立法、民主立法、依法立法，不断增强立法的及时性、针对性、有效性。2013年至2017年，常委会积极主动回应经济社会发展中亟须立法规范的重大问题，制定、修改、废止地方性法规74件（次），审查批准11个市的地方性法规98件，备案审查规范性文件210件，保障和促进了全省各项事业健康发展。省人大常委会积极探索监督与支持并重的有效路径，2016年，在全国率先出台各级人大常委会专题询问办法，保证专题询问公开透明、注重实效。省人大常委会认真行使重大事项决定权，2013年至2017年，作出实质性决议决定25项，把省委重大决策及时转化为全省人民的共同意志。根据中央关于"健全人大讨论决定重大事项制度"的要求，修改了《山西省人民代表大会及其常务委员会讨论、决定重大事项的规定》，明确各类重大事项范围及决定程序，提高了行使重大事项决定权的科学化、法治化水平。省人大常委会把发挥代表作用作为坚持完善人民代表大会制度的重要内容，出台了"加强和改进代表工作""完善代表与人民群众的联系""常委会组成人员分工联系代表"等制度，构建起常委会统一负责、代表联络部门综合协调、各机构与代表密切联系、选举单位发挥基础作用的代表工作机制新格局。这些工作，更好地发挥了省人大地方国家权力机关的职能作用，为新时代山西发展营造了良好的法治环境，提供了有力的法治保障。

与此同时，山西省全面加强政府自身建设，深化行政管理体制改革，坚持依法行政，推进法治政府建设，转变政府职能，围绕建设服务型政府，提升政务服务水平，政府效能不断提升。2018年，山西省遵循中央顶层设计，突出山西地方特色，完成了省级政府机构改革。改革后的省政府工作部门机构设置总数由47个减少到37个，其中办公厅和组成部门23个、直属特设机构1个、直属机构13

个。通过这次机构改革，进一步完善了党的领导体系和政府治理体系，构建了系统完备、科学规范、运行高效的党政机构职能体系，能更加有效地调动各方面积极性、主动性、创造性，深入推进治理体系和治理能力现代化。山西省政府坚持依法行政，扎实推进法治政府建设，严格执行人大及其常委会的决议决定，主动接受人大、政协监督。2013年至2018年，共办理人大代表建议5049件、政协提案4846件；省政府向人大常委会提请审议地方性法规（草案）51件，出台省政府规章33件。各级政府持续深化"放管服效"改革，省、市、县三级行政机构权力清单、责任清单公布运行，累计取消、下放和调整省级行政审批等事项543项，省级行政审批事项审批时间大幅压缩，项目落地周期平均缩短三分之一；对省政府49个工作部门的232项行政审批中介服务事项进行清理规范，对保留的47项实行清单管理。各级政府效能不断提升，省市两级政务服务"两平台、一张网"建成运行，一体化在线政务服务平台实现省、市、县、乡四级全覆盖，山西公安"一网通一次办"平台用户突破1000万；覆盖省、市、县、乡四级政府的"13710"信息督办系统建成运行，构建起横向到边、纵向到底的抓落实体系。大力开展"六最"营商环境建设，牢固树立"人人代表政府形象""事事体现营商环境"理念，积极落实国家各项减税降费政策，商事制度改革成效明显，到2017年，企业数量达到52.5万户，比改革前的2013年增长87.1%。通过开展"3545"专项改革，山西省多项营商环境指标在全国位次大幅前移。

而且，山西司法工作在省委的正确领导下，在省人大及其常委会的有力监督下，各项工作呈现出全面推进、重点突破、亮点纷呈的良好态势，为保障全省创新驱动、转型发展，改善民生福祉，创造了良好的政治环境、法治环境、社会环境。近年来，山西深入推进司法体制改革，维护司法公平正义，在庭审直播、阳光检务等方面进行了改革探索，走在了全国前列。山西全省法院牢牢坚持司法为民、公正司法工作主线，全力攻坚"基本解决执行难"，大力营造法治化营商环境，加快推进智慧法院建设，深入开展扫黑除恶专项斗争，努力打造过硬队伍，办案质效稳中有升，以审判执行为中心的各项工作取得新进展。2015年以来，山西作为全国第二批司法体制改革试点省份，全面启动了司法体制改革，入额法官一线办案率100%，"让审理者裁判，由裁判者负责"的新型审判权运行机制基本形成。特别是2017年，结案率跃居全国法院第三位，审判质效大幅提升，跨入全国法院第一方阵。省高院还会同省检察院、省公安厅等联合出台"全面推进以审判为中心的刑事诉讼制度改革系列文件"，大力推进庭审实质化，确保有罪的人受到公正惩罚、无罪的人不受刑事追究，全省法院刑事诉讼制度改革已走在全国前列。2013年以来，全省法院建成数字法庭系统592个，建成执行指挥中心119个，大力开展电子卷宗随案同步生成应用，推进审判执行全业务网上办理、全流程要素公开。2017年，全省法院共直播庭审24865场，居全国法院第6位。近年来，山西检察工作取得新的发展和进步，为山西实现振兴崛起、塑造美好形象提供了坚强有力的司法保障。全省检察机关全面完成司法体制改革任务，构建起公正、高效、权威的检察权运行模式。全面完成人员分类改革，共遴选员额检察官2616名，确定检察辅助人员2526名、司法行政人员1027名；全面落实司法责任制，共组建检察官办案组366个，独任检察官1845

个；推行"捕诉合一"工作机制，办案周期平均缩短30%。全省检察机关全面推行介入命案工作机制、检察官首办责任制，命案办理质量大幅提高，推行阳光检察工作机制，建立了139个"一站式"检务大厅，推行网上办案制，80%的工作量通过软件完成。全省检察机关健全完善服务大局工作机制，先后出台保障转型综改试验区、非公有制经济、产权保护、优化营商环境等10个实施意见，加大对民营经济司法保护力度，为全省经济社会发展提供有力司法保障。全面加强查办和预防职务犯罪工作，加大办案力度，深入推进反腐败斗争，2013年至2016年，共查办各类职务犯罪5380件7575人，追缴赃款24.9亿元。全省检察机关全面加强侦查监督、刑事诉讼监督和民事行政检察监督，维护司法公平正义，全力推动检察监督转型发展，探索出了强化检察监督的"山西路径"。

  这一时期，山西各级政协组织始终围绕全省工作大局，积极履行政协职能，着力做好思想引导、汇聚力量、议政建言、服务大局各项工作，团结动员参加政协的各党派团体和各族各界人士积极作为、进取创新，努力为山西省构建良好政治生态、推进经济转型发展、加快全面建成小康社会进程建言献策、协调关系、汇聚力量，人民政协事业取得新的成就、实现了新的发展。从提案工作情况看，提案数量明显增加，提案质量得到进一步提高。2013年至2017年，广大政协委员、政协各参加单位和政协各专门委员会，提出提案4930件，其中立案4312件，立案率为87.46%，被采纳、已经解决和正在解决的占93%，列入计划安排逐步解决的占6.9%，因客观条件所限尚未采纳的占0.81%。山西各级政协倾力服务全省大局，建言献策，取得积极成效。聚焦推进经济转型、打造能源革命排头兵，全面深化改革，实施乡村振兴、加快脱贫攻坚、加强污染防治、建设生态文明、持久风清气正、构建良好政治生态，运用调研、提案等履职方式，积极建言献策。此外，山西各级政协坚持以人民为中心，关切群众诉求、积极化解民忧，围绕医养结合养老服务体系建设、高等教育"1331"工程实施、安全生产、低收入人群参加公务员考试报名费减免等民生关切，调研建言，促进了相关问题的解决。为加强委员队伍建设，省政协出台了《关于加强委员队伍建设、发挥委员主体作用的意见（试行）》，全面落实"懂政协、会协商、善议政""守纪律、讲规矩、重品行"和提升政治把握、调查研究、联系群众、合作共事能力的要求；出台了《主席、副主席接待和走访界别委员工作规则（试行）》《主席会议成员联系界别委员的意见》，依托专委会创建"委员之家"，服务委员更为活跃经常、公开透明、规范有序；制定了《委员履职激励考核管理办法》，建立委员履职档案，开展委员履职年度考核，及时通报履职情况，引导激励委员勇于担当作为、严守纪律规矩，做好岗位工作和政协履职"两份作业"。

  这一时期，山西扎实推进人事管理创新，充分激发干部队伍的积极性、主动性、创造性，助推经济发展方式转变。山西各级党委按照"好干部标准"，加强党政正职、关键岗位干部的培养选拔，拓宽社会优秀人才进入党政干部队伍渠道，加大后备干部和优秀年轻干部培养力度，重视培养选拔女干部、党外干部，完善干部交流制度。2016年，山西省委出台激励干部担当作为干事创业、支持干部改革创新合理容错两个办法，明确6个方面绩效考评表彰和15种容错情形，为敢于担当的干部担当，对敢于负责的干部负责，强化

"为官必为"意识，提高"为官会为"能力，追究"为官不为"责任，营造"为官愿为"环境。推进干部能上能下，调整不适宜担任现职领导干部98名，形成能者上、庸者下、劣者汰的选人用人导向。考察考核干部既重政绩又重政德，从考准政治素质、注重人岗相适、激励爱岗敬业、突出业绩评价等方面发力，从提高考核准确性、强化差异化考核、加强考核结果运用等方面发力，从建立容纠并举会商机制、落实关心关爱政策、帮助犯过错误的干部等方面发力，从实施精准培训、强化实践锻炼、统筹选调优秀年轻干部等方面发力，着力解决干部队伍担当作为、增强本领中存在的突出问题。2018年，省委十一届六次全会审议通过了《中共山西省委关于进一步激励广大干部新时代新担当新作为，努力建设高素质专业化干部队伍的实施意见》，从担当作为和增强本领的结合上，提出7个方面27条举措要求，就进一步激励干部队伍积极作为、奋发进取作出整体性部署和制度化安排。

这一时期，山西省着眼于保证基层群众依法行使民主选举、民主管理、民主监督、民主决策权利，大力推进基层群众自治，完善基层民主制度，健全居民村民监督机制，加强社会组织民主机制建设。2014年开始，山西省村党组织和第十届村民委员会集中进行换届，涉及28104个村。选好"领头雁"，事关农村发展、农业兴旺、农民福祉。为此，省委办公厅、省政府办公厅下发了《关于认真做好第十届村民委员会换届选举工作的意见》，省委组织部下发了《关于认真做好村党组织换届工作的通知》，并召开全省村"两委"换届工作动员会，对换届工作进行安排部署。在这次村"两委"换届选举中，全省创新"先定事后定人揭榜竞选"选举模式和"先晒业绩、后绘蓝图、再选班子"的做法，把不作为者止于门外，形成正确的选人用人导向，保证了换届工作风清气正。同时创新选任方式，通过"三选三任"，即引导党员群众推选、鼓励动员回村参选、重点培养择优选，县乡机关派任、优秀书记兼任、邻村干部跨任，把各类优秀人才推选到村干部岗位。在选优配强村干部基础上，继续深化村民自治，健全村级民主监督机制，探索创新农村社区治理新模式。2018年，山西省人大常委会公布了新修订的《山西省实施〈村组法〉办法》，进一步完善了村民委员会的民主议事制度及村级民主管理和民主监督制度。

与此同时，山西进一步加强城市社区治理体系和治理能力建设。公共服务是最好的基层社会治理，面对日益多样化的"民有所需"，单靠政府一个公共服务的"供应商"，显然已经力不从心。在推进基层社会治理创新、提高基层基础服务能力方面，山西强力推进城市社区服务建设，全面推进"三社联动"社区治理，即通过社区建设、社会组织培育和社会工作现代化体制，形成政府与社会之间互联、互动、互补的社会治理新格局。在社区建设方面，将把社区居民委员会工作用房和居民公益性服务设施纳入城市规划、土地利用规划和社区发展相关专项规划，通过筹资新建、开发配建、政府购买、驻地单位援助、调剂置换等方式，加大社区综合服务设施建设力度。在社会组织方面，通过简化登记备案手续，培育发展社会组织，学习借鉴全国社会组织孵化基地先进经验，加大社会组织孵化基地建设力度，重点培育公益服务、社会事务、文化体育、慈善救济、社区维权等五类社区社会组织，实施公益项目外包化、社会组织项目化，加强支持性和枢纽型社会组织建设。在社工方面，大力推进社会工作专业化和职业化建设，采取试点县（市、区）内调整与加大对试点社区工作者培训等方法来充实试点社区专业社工队伍，保证每个社区至少有2至3名专业社会工作者，同时引导更多义工、志愿者为居民提供志愿服务。目前，山西"三社联动"基层社会治理机制初见成效，通过创新基层社会治理、完善社区服务体系，为巩固党的执政基础提供了有力支撑，并推动了全省社区治理工作再上新台阶。

三、启示与展望

山西民主政治建设的实践历程，无论是经验还是教训，都显示出了地方民主政治建设的一些有益启示。山西民主政治建设在70年里取得了重大成就，但问题依然不少，建设任务仍然十分繁重。

（一）启示

第一，地方民主政治建设必须坚持党的领导、人民当家作主和依法治国的有机统一。事实证明，这种有机统一是我国民主政治的质的规定性，也是我国政治发展得以形成的决定性因素。这种特质和决定性因素不是从天上掉下来的，而是历史和人民的选择，是中国改革开放、繁荣富强的根本政治要求。因此，作为中国特色社会主义民主政治发展的重要组成部分，地方民主政治建设必须坚持中国特色社会主义发展道路，坚持民主与法治的统一，坚持以实践作为检验真理的唯一标准。

第二，地方民主政治建设必须坚持科学理论的指引，保障和推进地方经济社会的可持续发展。事实证明，习近平新时代中国特色社会主义民主政治思想和中国特色社会主义政治制度有利于形成代表本地区人民的整体利益、长远利益和根本利益的方针政策,使本地区全体人民的利益最大化;有利于协调和兼顾各方利益,妥善化解人民内部矛盾,实现社会整合;有利于维护本地区长期稳定发展,使经济、社会事业发展更有效率和秩序;有利于集中力量办大事,借助很强的组织动员能力和社会掌控能力,办成具有全局性、战略性和前瞻性的事情。在地方民主政治建设中,只有坚持和完善这样一种政治制度,才能为地方现代化建设提供基本条件和政治保障。

第三,地方民主政治建设必须坚持以人为本,把实现好、维护好、发展好最广大人民群众的根本利益作为必须遵循的宗旨、方向和目的,积极维护和充分保障其合法权益。事实证明,以人为本、维护和发展人民群众的根本利益在政治上的要求和表现就是:推进人民群众依法选举人民代表,直接有序地参与法律法规以及政策的制定,反映和表达自己的愿望和要求;推进广大人民在基层自治中依法行使民主权利,对所在基层组织中的公共事务和公益事业进行民主管理;推进广大人民群众在社会生活的各个层次上,采取法律、舆论等多种手段对党和政府及干部实施监督。地方民主政治建设尤其如此,只有这样,才能提高人民群众行使民主权利、维护自身利益的觉醒程度和实践能力,也才能保证地方各项事业的发展符合人民的利益和意愿。

第四,地方民主政治建设必须遵循民主政治发展的一般规律,同时必须坚持从国情出发,结合地方实际进行。西方价值观强调个人权利有利于发挥个人能动性和创造性,但过分强调却不利于社会资源整合;中国传统价值观过分强调集体因素,容易忽视个人权利和抹杀个性自由,导致国家权力过分集中。我国在政治制度设计及其改革与完善中,吸收了传统的"民本"思想和西方价值观强调个人价值的方面,从而在价值观上将整体利益和个人利益有效地结合起来,既能充分调动个人的能动性,维护个人利益,又能充分发挥国家整合资源以实现其维护公共利益的功能。这种价值观体现在中国的政治制度上,就是既遵循民主政治发展的一般规律,又坚持从国情出发,从而形成了中国特色社会主义政治制度模式。因此,在地方实践和发展这种模式,必须坚持根本制度和基本制度,但同时也要注重结合地方实际,在具体工作制度和运行机制方面不断创新,使其本质和优势在推进地方经济社会可持续发展中得到最大展现和发挥。山西民主政治建设的实践表明,上述几个方面结合好了,地方就能顺利发展,反之就会遭遇挫折。

(二) 思考

新中国成立70年来,山西民主政治建设取得了重大成就。但是,无论思想上还是实践上,仍存在许多值得思考和需要解决的问题。

首先,在思想方面还有明显的封闭、保守和落后的倾向,这一直是山西民主政治建设深入进行的首要的直接的制约因素。山西省委七届十次会议曾经指出,"山西与先进省份的差距最根本的是解放思想,更新观念。观念落后,'等、靠、要'思想严重。企业不盯市场盯市长,领导干部和职能部门在推进改革上顾虑多,胆子小,怕担风险,不愿承担责任。从领导班子来讲,一是'怕',不敢'闯',不敢'冒',怕担风险;二是'满',满足现状,不思进取,小富即安,甚至夜郎自大;三是'僵',思想僵化,不善于把中央的精神同本地的实际有机地结合起来,创造性工作"。山西这样一个受计划经济影响较深的内陆省份，改革开放40年来，与先进地区和全国的差距，根本的还是解放思想上的差距，表现为资源依赖和思维封闭严重，官本位观念突出，小富即安、不思进取、墨守成规、等靠要的消极倾向，创新思维不够活跃，行动上跟不上先进地区和全国改革开放的步伐。这些陈旧思想观念和封闭意识长期存在，迄今没有得到根本转变，确实应该引起人们的深思。这些计划经济思维模式、保守封闭思想、消极落后观念反映在山西民主政治建设方面，就突出地表现为：一、特权意识强烈，民主法治观念淡薄。长期以来，山西受传统政治的"人治"思想影响深重，过分依赖权力，极端服从权威，所以，民主观念不强，法治意识淡薄，带来了极为严重的负面效果，如一些地方政府或党政领导干部特权观念重而规则意识差，有法不依、执法不严、违法不究、知法犯法等问题相当严重。二、权力意识强烈，服务意识淡漠。在山西，一些领导干部权力意识强烈，"官本位"思想严重，思想作风和工作方式简单粗暴，"权力寻租"等腐败行为较为严重，致使山西一段时间发生系统性塌方式严重腐败，政治生态出了问题。与此同时，一些地方政府和官员缺乏服务意识，不同程度存在制约和束缚生产力解放、创造力释放的因素，极大地影响了山西改革开放和经济社会转型发展的环境和进程。三、依赖意识严重，"公民主体"意识淡薄。现代民主政治要求培育人们的主体观念，提高其责任感。但在社会政治生活中，人们对"当家作主"的内涵和意义认识不够，所以在实践中对法律赋予自己的选举、监督、罢免等权力的重要性理解不透，参与意识和参与能力总体上比较低弱，参与效果不够理想。这些思想观念体现出一种比较落后的政治态度、价值观和政治文化，它们实际上严重迟滞着山西民主政治建设的步伐。因此，对山西而言，站在新的发展起点上，实事求是，解放思想，就是要学习好运用好习近平新时代中国特色社会主义理论体系，紧跟时代进步潮流、适应事业发展要求，抓住建设国家资源型经济转型综改试验区的机遇，真正缩小山西与发达地区的差距。一句话，山西必须把解放思想体现在研究解决改革深入进行所面临的新情况、新问题上，以思想的大解放促进事业的大发展。

其次，在实践中还有许多待解决的问题。在地方人大方面，立法建设尚需进一步完备，部分地方性法规趋向于部门利益，不符合社会主义市场经济的规律和要求，不利于山西市场经济的发展；监督功能如审议工作、评议述职、视察等监督形式作用不够明显，还有质询、撤销不适当决议或决定、组织特定问题调查委员会等监督形式尚未得到广泛应用；各级地方人大同人民群众或选民的联系不够密切，人大代表的作用没有充分发挥出来。在基本政治制度建设方面，各级政协组织履行职能、民主党派参政议政等方面的制度建设还需进一步加强和完善；基层民主自治的整体状况也不容乐观，村委会的各种违法行为对村民权利的侵犯，党群干群关系激化，村委会与党支部关系的矛盾与不协调，乡镇政府干预甚至操纵村委会选举等问题依然存在，基层民主自治发展极不平衡。在地方政府管理方面，政府职能转变尚未完全到位，政府缺位、越位、错位现象仍然突出，热衷于具体项目审批、投资等微观管理，在决策、规划、协调、社会服务和保障等宏观服务上缺位严重，基本公共服务供给不足，行政不作为严重，造成了很多地方政府失信于民的现象时有发生。在司法公正方面，地方党委、地方权力机关、地方政府

"侵蚀"司法机关现象依然存在,而且司法机关内部监督机制软弱,所以执法不严现象和司法腐败问题屡禁不止。在干部管理方面,竞争机制尚未普遍引入,不能胜任工作的干部的调整还没有形成相应的制度。上述这些问题都是影响山西民主政治建设深入持续发展的关键,其根子还在于山西没有按照社会主义市场经济的规律和要求办事。所以,对山西而言,必须紧紧围绕人民群众的合法权益,妥善处理各种问题,积极化解各种矛盾,把社会主义民主政治建设贯穿于新时代山西改革开放和发展的全过程,在促进山西资源型经济转型发展、全面建成小康社会的新发展中发挥重要的作用。

(三) 展望

从根本上说,我国社会主义的国家性质决定了其政治体制的形式,因此也就决定了其制度特征和政治优势。但客观而言,由于时间尚短和实践曲折的原因,我国政治制度的潜在优势和功能特征还没有完全显现出来,而且由于它所面临的多是新问题或新矛盾,因此还存在着许多不相适应的地方。这些情况都与政治制度不够完善有直接关系。政治制度不完善所导致的问题,只能通过建立健全政治制度的方法和途径加以解决。从发展的观点看,一个国家政治制度的不断完善、政治优势的逐步发挥以及解决问题能力与水平的不断提高,也必须通过调整和改革政治体制的方法和途径来实现。

从历史的经验教训看,地方民主政治建设必须始终坚持"三个高度统一":一是坚持原则和与时俱进的"高度统一",既始终坚持原则性,任何时候都坚持中国特色社会主义政治发展道路,同时又着眼于新变化新问题,不断在具体制度上做出新的探索;二是坚持理论与发展实践的"高度统一",既遵循马克思主义基本政治原则和思想方法,同时又结合具体国情和地方实际,不断在具体工作中实现新的发展;三是立足国情与放眼世界的"高度统一",既高度自觉地研究国家和地方的各种矛盾和问题,同时又主动研究世界范围内出现的新情况新变化,不断探索既符合国情和地方实际又反映人类发展规律的政治发展道路,并在政治制度、运行机制和工作方法上逐步形成既符合实际又成功解决问题的政治发展模式。为此,需要从以下几个方面不断努力:

一是坚定信念,坚持中国特色社会主义民主政治发展道路,始终做到不动摇、不懈怠、不折腾。地方民主政治建设要走充满生机活力的新路,不能走实践已经证明是封闭僵化的老路,更不能走那种放弃党的领导、放弃中国特色社会主义的斜路。这条道路对山西全面、协调、可持续发展有重大意义。社会主义愈发展,民主也愈发展。要切实用习近平新时代中国特色社会主义思想武装头脑,坚持走中国特色社会主义民主政治发展道路,用开拓创新、积极进取精神谱写山西政治文明的新篇章。

二是解放思想,实事求是,与时俱进,坚定不移地完善与发展地方民主政治制度。其中关键的是摆脱各种不合时宜的思想和做法。如破除对西方体制的迷信,但借鉴其中能够体现人类共同文明成果的形式和做法;摆脱对马克思主义的教条式的理解,坚持用科学的、活着的马克思主义来指导中国政治发展;最重要的是摆脱各种封建余毒的束缚和影响,包括家长制、一言堂、特权意识、官本位思想等,坚持以人民本位和科学的权力观来研究和解决问题。

三是从国情和地方实际出发,正确把握改革、稳定和发展的关系,扎扎实实、循序渐进地推进地方政治体制改革。政治体制改革有一个前提,即在实践上要有可操作性,要保持政策的连续性和稳定性,防止为改革支付巨大的社会成本。民主多一点还是集中多一点,要根据国家政治、经济、文化发展的进程来适度把握,绝不能走极端。前苏联改革在方向和步骤上的失误,不仅丢掉了社会主义而且造成了政治与社会的动荡。我国地方民主政治发展实践也证明,循序渐进地推进政治体制改革,在一个短时期内,步子不大、速度不快,但只要扎实进行,不出现大的挫折和反复,从长远和全局看,前进的步伐可能并不慢。

四是要以世界眼光和战略思维,把握时代特征,在研究和借鉴国际经验中发展地方民主政治制度。我们在强调高度自觉地坚持中国特色的同时,还要强调以高度自觉向外国学习。对国际经验,我们还要继续老老实实地学习和借鉴下去,归根到底是要形成中国的特色。任何一个国家和民族要加快发展和进步,都不可能在完全封闭的状态下实现。因此,我们需要以马克思主义的宽广胸怀观察世界,以主动的姿态面对世界,以积极的态度学习和了解世界,大胆吸收和借鉴人类社会创造的一切有益成果,并结合我国实际加以消化、吸收、再创新,不断改进和完善地方民主政治制度。我们相信,中国特色社会主义地方民主政治制度将在海纳百川、博采众长的基础上更加具有旺盛的活力和强大的生命力。

五是适应信息化时代的民主政治诉求,不断公开地方政治活动的透明度。推动政务活动公开化,是现代国家制度的重要特征,也是现代政治发展的必然趋势。列宁曾经精辟地论述过政治与公开性的关系,他说,"没有公开性来谈民主制是可笑的",苏维埃政权"是绝大多数人的专政,它是完全依靠广大群众的信任,完全依靠不加限制地、最广泛地、有力地吸引全体群众参加政权来维持的，丝毫没有什么隐私和秘密。"党的十七大报告中指出，"确保权力正确行使，必须让权力在阳光下运行"。因此，在日益发展的信息技术时代，要重视电子信息，加强电子政务建设，以最大的可能、在最大的限度内实现地方政务活动的公开性和透明度。只有这样，才能避免暗箱操作，从根本上消除腐败，确保人民赋予的权力始终用来为人民办事。

六是要进一步加强和改进地方各级党组织的领导方式和执政方式。首先是要完善地方党组织的领导制度，发展党内民主，避免权力过分集中，建立健全科学执政、民主执政、依法执政的体制机制；其次是要实现从过去主要依靠政策治国向主要依靠法律治理国家的转变，使党的正确主张通过地方国家权力机关变为地方性法规，成为地方全体人民的共同行为规范，从而增强党和政府的活力，充分调动人民的积极性；三是结合新形势和地方实际需要，不断发现和解决党建过程中的新问题，从而增强党的先进性，提高党的领导水平和执政能力。特别是要全面推进地方各级党组织的思想、组织、作风、制度和反腐倡廉建设，充分发挥基层党组织推动发展、服务群众、凝聚人心、促进和谐的作用，使地方各级党组织和广大党员干部以一流的工作、务实的作风、良好的形象赢得人民群众的信赖，固牢党的执政基础。

我国地方民主政治建设是一个认识不断深化、程度不断提高、结果不断完善的过程。70年的经验证明，要在国家和地方政治生活中和更为广泛的社会生活中实现人民当家作主，使其所具有的优势充分发挥出来，就必须不断地推动民主政治制度向更高的水平发展。省十一次党代会指出,随着经济社会深刻变革,发展更加广泛、更加充分、更加健全的人民民主,保证有法必依、执法必严、违法必究,显得越来越重要。要坚持党的领导、人民当家作主、依法治国有机统一,推进社会主义民主政治建设和法治建设,更好地调动人民群众的积极性。山西的民主政治建设任重而道远,山西的未来一定会更加美好。

专题六　山西历史文化的发展

华夏文明五千年。山西是这一古老文明孕育和发展过程中历史最长、亮点最多的地区之一。山西历史文化脉络清晰、文明进程从未间断。深度解析山西历史文化的发展脉络,对于全国的文化开发和利用有一定的指导和借鉴意义。

一、山西历史文化历述

1.山西历史文化的价值内涵

早在旧石器时代早期,山西就有原始人类的活动,芮城西侯度遗址是目前华北地区发现的最早的一处古人类文化遗迹,根据地磁测定,其地层年代距今约180万年,早于我国发现的最早的元谋人约10万年。承其而下的是襄汾丁村遗址和阳高许家窑遗址及朔州峙峪遗址,甚至一直到代表旧石器向新石器时期过渡的吉县柿子滩文化。这些遗址的文化不仅具有一定的承接性,而且地域特色、文化特质相当明显。

众多学者认为,大致在距今4500年前后,也就是古史传说中的尧舜时代,晋南已经成为当时诸多邦国活动的中心区域之一,或者说这一时期"文明的曙光"已初现端倪。襄汾陶寺遗址的重大发现对这一观点构成强有力的支撑,为学界所公认。

自古以来，山西就是中原与北方各民族文化交汇融合的天然通道，是中原农耕经济与北方游牧经济冲撞对接的前沿地带。秦汉以降，从某种角度看，山西的历史就是一部民族融合史。关于民族融合，山西在春秋时期的晋国就有"华戎和亲""魏绛和戎"的光辉典范。两晋时，民族融合的规模再次升级，征战讨伐互有进退。这一时期统治时间最长、民族融合度最大的一个北方民族，则是在平城（今山西大同）建立北魏政权的鲜卑拓跋部。后来北魏政权分裂为东魏、西魏，尤其是东魏改为北齐之后，晋阳成为北齐的别都，北齐皇帝长年住在晋阳，太原的晋祠、天龙山等名胜在这个时期得到修葺。北朝时期，先后在山西建立政权或活动的北方民族政权还有羌族石勒建立的后赵、鲜卑建立的西燕、氐族苻坚建立的前秦等，这些政权虽然在我国历史上存在的时间不太长，但是建立政权的过程中，却不断地促进了汉族与北方各民族之间的融合，这种民族融合同时促进了文化的再发展。值得指出的是，这一时期，佛教在山西得到快速发展，大同云冈石窟、太原天龙山石窟等都是当时留下的艺术佳作。

隋唐时期，国家处于相对平静的大一统局面，社会发展迅速，此时山西在政治宽松、经济繁荣的大背景下，文化长足发展。唐代是我国诗歌的黄金时代，唐初的王绩、王勃、宋之问，盛唐的王之涣、王翰、王昌龄、王维，中唐的白居易、柳宗元、卢纶，晚唐的司空图、温庭筠等，不仅在三晋文坛而且在全国具有相当的影响力。

山西古建筑具有鲜明的艺术特色和很高的文化价值。中国古代的建筑门类和建筑艺术，在山西几乎都能找到实物。南禅寺、佛光寺就是山西地区唐代木构建筑的杰出代表。

宋辽金元一直到明朝，中国历史再次进入动荡不安时期，尽管中间有短暂的统一，但长时间段看，分裂占据相当长的时间。此时的山西再次扮演了较为重要的角色，它的重要性同样表现在民族文化的多样性上。辽、金作为统治中国北部和中原地区的北方民族政权，大量吸收汉族文化，用汉族工匠修建宫殿、佛寺，在继承传统的基础上勇于创新，留下了一些规模宏大、风格独特的建筑精品。由于特殊的历史和地理原因，山西保存了这个时期许多木构建筑。这一时期的代表建筑如大同善化寺及华严寺、洪洞广胜寺、芮城永乐宫、临汾牛王庙、翼城乔泽庙戏台、霍州署大堂等。建于辽代的应县木塔规模宏大、健硕华美，是我国古代建筑功能、技术、造型艺术有机统一的完美范例，是有建造木塔历史以来保存下来的最古老的一座木塔，是中国乃至世界现存最高大的木结构建筑，展现了中国古代木构建筑艺术的重大成就。

宋辽金元时期，三晋文坛再创辉煌。伟大的史学家司马光以19年之艰辛编撰的《资治通鉴》，为中华民族文化史留下了不朽的篇章。被誉为"元曲四大家"之中的白朴、郑光祖，伟大的戏曲大师关汉卿，金代的杰出诗人元好问等，都是这一时期三晋的骄傲。

明清时期，山西商业快速发展，执全国商业金融之牛耳。山西商人兴起与明代开中法实施有密切关联。据史料记载，从15世纪到19世纪的全国经济来看，山西商号，尤其是金融票号、茶票庄星罗棋布，汇通天下，万里茶道独领风骚。伴随着晋人商业与金融业的繁荣辉煌，大批的晋商宅院拔地而起，其富甲一方的气势从今天晋中晋商大院就可见一斑。今天，晋商大院文化也成为三晋历史文化一个独具地方特色的重要组成部分。

从清王朝灭亡到新中国建立前的半个世纪，整个中国可以说满目疮痍，甚至面临亡国之灾。山西因其特殊的地理位置和地理环境，从某种意义上讲对文化的发展和保护起到的非常重要的作用，比较明显的就是阎锡山统治山西的前期和抗日根据地建立以后到抗战胜利这两个时期。就前一个时期讲，阎锡山统治山西时，山西是一个相对封闭的小环境，内外力量处于一个比较平衡的历史时期，所以就山西这一小区域来说，其本身原有的历史文化没有因外部环境动荡而遭受大的破坏，相反，在教育、文化等方面都还有不错的发展。

山西，作为华北抗战的主战场，在民族存亡的生死抗争中发挥了独特的作用。就历史文化发展来看，这一时期，尽管很多的历史遗迹、古建筑等遭受兵燹，但作为抗日根据地的立足点，从抗战之初，山西的文化特征便显现出了当时时代的主旋律，那就是同仇敌忾、一致对外和保家卫国的红色基调。今天来看，山西晋东南、晋西北的很多爱国主义教育基地就是当时所留下来的部分遗迹，也是今天红色旅游线路必经之处。

2.山西不同历史时期的文化构成及其区域特征

学术界一般将山西的历史文化发展过程分为古代历史文化时期（史前到明清时期）、近现代时期（包括晚清、辛亥革命到抗战胜利）和当代（上世纪50年代至今）三个大的主要历史发展阶段。

首先是古代时期。

山西历史文化发展时间久远，早在180万年前山西的南部就有了人类的活动，可以说西侯度遗址不仅是山西旧石器时代早期的遗址,也是华北地区的典型代表。山西历史文化发展的主线,是民族文化交流与融合。史载,早在商周时期,山西就是一个多民族活动的地区,可以说上起商周下迄明清,漫长的2500余年里,山西多民族之间相互影响、相互融合就没有间断,而且其表现形式主要集中在战争、贸易和通婚三个方面。

在阎锡山统治山西时期,由于实施"六政三事",加之整个山西内部实力较强,山西的教育、文化等都有很好的发展,教育体系初步形成。与此同时,其他文化事业也相应得到了发展,如山西教育图书博物馆的落成、文物保护法案的通过等。

抗日战争时期,山西的太行、吕梁成为共产党开展敌后抗日根据地的主战场,社会文化发展的主基调也表现为合作、抗日等积极因素。特点主要是写实性和群众性相结合,表现形式上以戏剧、诗歌、小说、绘画等为主要手段。此时,山西涌现出了以赵树理、马烽、西戎等为代表的一批山西作家,他们的作品如《小二黑结婚》《李有才板话》《吕梁英雄传》等都是反映农村百姓生活、富有山西乡土特色的文学作品。不可回避的是,在土改运动中,由于受到"左"的思想影响,文化教育发展受到冲击,一定程度上制约了文化的发展。

新中国成立初期,政治清明,国民经济稳步恢复,这一切都为文学的发展提供了土壤。文化建设是山西省建制恢复后的三大基本任务之一。此时除中小学教育获得长足发展外,高等教育获得新生,像山西大学、山西农学院等都在这个时期得到发展。这一时期,山西文学创作成果丰硕,代表作品有赵树理的《田寡妇看瓜》、李束为的《春秋图》等。同时期创作的如歌曲《南泥湾》、舞蹈《放风筝》、漫画《从过去看将来》等一大批音乐、戏剧、绘画作品如今都成为时代的经典之作。

像全国其他地方一样,"大跃进"和"文革"期间山西文化事业发展进入历史的低谷。十多年间,民心浮躁,思想狂热,像"大跃进"期间提出的"人人写小说""人人搞创作"错误口号的提出,致使文化单位盲目增多,机构极具膨胀。

1966年在全国掀起"破四旧"狂潮,对山西来说无疑是一场传统文化的严重浩劫。在这场运动中,文物古迹被毁,史籍档案被焚,许多民间艺人遭到冲击。"运动严重混淆了封建社会物质文明与封建主义思想和制度的区别","在破除封建主义的旗帜下,破坏了的是民族文化和古代人民的物质文明的成果,却在一定程度上保留和发展了封建主义"[1]。尤其是大串联开始后,学校停课,许多文化事业单位、文化名人接连被冲击,历史文化事业在这一时期不仅没有发展,反而原有的文化积淀很多又遭到破坏,具有开创性的发散思维也同样被禁锢。

"文革"结束后,山西各项文化事业开始得到恢复,学校秩序得到整顿,知识分子政策得到落实,文化事业在经历十年的重创后再次萌发出盎然生机。继马烽、西戎之后,一批文学新人脱颖而出,代表人物有成一、韩石山等。山西古典戏剧、民歌等在"文革"期间被视为"封资修黑货"的各种艺术形式又出现了空前繁荣的局面。尤其是改革开放后,山西的文化事业进入快速发展时期。从文学艺术上讲,这一时期作品的特点主要表现在回忆性(如揭露

---

[1] 山西省史志研究院编:《山西通史·当代卷》(上),山西人民出版社2001年版,第423页。

和批判"左"的路线的"伤痕文学")、时代性(如讴歌改革开放新气象、主旋律等)和现实性(如以反腐倡廉为题材的文学作品)。这一时期的代表人物和代表作品有柯云路的《新星》、张平的《抉择》等,这些作品不仅时代感强烈,而且更具有人性化特色。"晋军崛起,引人注目"[1]。

改革开放以来,随着文化、科技、教育等建设战略地位的提高,文化事业和文化产业得到国家的高度重视。从党的十五届五中全会"文化产业"概念首次提出到党的十六大报告明确区分文化事业与文化产业,再到2009年国务院通过《文化产业振兴规划》,文化产业发展已上升到了国家战略层面。特别是党的十八大以来,进一步提升了文化产业的战略地位,把文化产业成为国民经济支柱性产业列为全面建成小康社会的目标之一,把文化产业发展提升到推动社会主义文化繁荣兴盛的战略高度加以推动。相应地,山西省各级党委、政府通过改革,不断从各个方面推动文化事业的发展。

在政策上,山西相继制定并出台了《山西省文化体制改革工作实施方案》《山西省支持文化产业加快发展的若干措施》《山西省建设文化强省发展规划纲要》《关于进一步支持经营性文化事业单位转企改制和文化企业改革发展若干政策的意见》《山西省金融支持文化和旅游产业发展实施意见》等系列文件,并始终把文化产业作为战略性支柱产业来加以培育,开创了全省文化产业发展的新格局。为了打造文化产业合作发展平台,山西省自2013年起每两年举办一次文化产业博览交易会,成为观察和研究山西省文化改革发

---

[1] 山西省史志研究院编:《山西通史·当代卷》(下),山西人民出版社2001年版,第1377页。

展趋势的重要窗口。2017年举办的第三届文博会,以"文化三晋 开放山西"为主题,展会的交易性、开放性、现代性水平进一步提高,展会规模、质量、成交额等方面刷新历届文博会的记录,集中展示了山西省文化体制改革成果和文化产业发展成就。

作品是文化成就的主要体现方式。2000年以来,《解放》《粉墨春秋》《西厢记》《生命如歌》《傅山进京》《于成龙》《三关明月》《走西口》等以山西地方历史为背景的重量级艺术作品相继推出,社会反响热烈。2017年,又隆重推出大型音乐舞蹈史诗《为有牺牲多壮志——右玉和他的县委书记们》、晋剧《日升昌票号》、上党梆子《太行娘亲》、蒲剧《老鹳窝》、话剧《热泉》等一批优秀剧目;音乐剧《火花》入选国家舞台艺术精品创作扶持工程"十大重点扶持剧目"。文艺精品创作演出在丰富文艺舞台的同时,也取得了良好的经济效益。

二、山西红色革命精神

红色文化资源是一个复合概念,其中一是红色、二是文化、三是资源。这三个关键词可以组合成意义相同、相近或具有种属关系的四个概念,一是红色文化,二是红色资源,三是文化资源,四是红色文化资源。

红色文化资源是红色、文化和资源三个概念的有机整合,是中国共产党领导中国人民在革命战争年代进行的革命活动及结果,简称为红色文化或者红色资源。在山西以太行精神和右玉精神最具代表性。党的十八大以来,以习近平同志为核心的党中央高度重视党史学习,强调历史是最好的教科书,中国革命历史是最好的营养剂，并将学习党史提到坚持和发展中国特色社会主义、把党和国家各项事业继续推向前进的"必修课"的战略高度。

1.太行精神

太行精神是在抗日战争这一特殊历史时期形成的一种具有革命意义的伟大民族精神。爱国主义贯穿其中，既有强烈的时代感，又有显著的民族特征。太行精神是以毛泽东为代表的中国共产党人把马克思主义理论与中华民族优良传统和中国革命具体实践相结合而形成的，也是中国共产党领导英雄的八路军和太行人民用鲜血和生命谱写而成的。在伟大的抗日战争期间，八路军总部和中共中央北方局长期驻扎太行山区，朱德、彭德怀、左权、刘伯承、邓小平、杨尚昆等老一辈无产阶级革命家转战太行，在这块土地上领导和指挥敌后抗日军民建立了晋绥、晋察冀、晋冀鲁豫三大块抗日根据地。为抗击日军，中国共产党领导八路军以高度的民族责任感和义不容辞的使命感，挺进山西，与太行人民一起建立敌后抗日根据地。面对日军疯狂的"扫荡"和残酷的杀戮，太行军民有钱出钱、有力出力，呈现出"母亲叫儿打东洋，妻子送郎上战场"的感人场面，用鲜血和生命与日本侵略者进行了顽强的搏斗，战胜一个又一个困难，度过一个又一个险境，取得了一次又一次的胜利，最终使日军陷入了人民战争的汪洋大海之中。他们与日军浴血奋战，谱写了惊天地、泣鬼神的伟大诗篇，焕发出不畏艰险、不怕牺牲、敢于战斗、敢于胜利的英雄气概，充分展示出中华民族不畏强权、不惧死难、敢于追求民族独立、反抗外敌入侵的爱国主义精神，谱写了光辉篇章。全太行区有261840名人民子弟参加了人民军队，有17万优秀儿女为革命献出了宝贵的生命，在生产和战斗中涌现出了3000

多名人民功臣和英雄模范人物。

八年抗战中,中国共产党领导八路军和太行儿女不怕牺牲、不畏艰险,在极其艰苦的条件下百折不挠、艰苦奋斗,为民族的解放和人民利益英勇奋斗、无私奉献。

(1) 太行精神是以爱国主义为核心的民族精神

当中华民族处于亡国灭种的危急关头时,是共产党、八路军发动、组织、武装民众奋起抗击,救亡图存,粉碎了日本帝国主义灭亡中国的野心和阴谋,捍卫了国家主权和民主独立。在卢沟桥事变发生、华北危难、国民党节节溃退的危急关头,共产党领导的八路军挺身而出,毅然奔赴山西抗日前线,在太行山上点燃了抗日烽火,建立起华北最大的抗日根据地,并很快通过发动、组织、武装人民群众,将根据地扩展到河北、山东,使华北成为全国抗战的主战场。

(2) 太行精神是在极端艰苦困难的环境中形成的军民一家、鱼水依存、并肩作战、百折不挠、艰苦朴素的团结精神

共产党、八路军之所以能在四面受敌、前狼后虎、围攻"扫荡"不断的恶劣环境下生存发展为敌后不可抗拒的力量,最关键的是人民群众的支持和拥护。在根据地,共产党实行了解放妇女、精兵简政、减租减息、发展生产等符合实际的政策和改革措施,得到广大农民的拥护。八路军始终和人民同呼吸、共命运,这是根据地立于不败之地的根本原因。抗战期间,八路军上到朱总司令下到普通士兵,军民团结一心,共渡难关,太行山的每一寸土地,都留下军民团结斗敌、鱼水深情、艰苦奋斗的事迹。

八年抗战中,八路军不仅以英勇善战著名,更以爱民言行被

老百姓称道；八路军走到哪里，就把铁的纪律带到哪里，严格执行《三大纪律八项注意》。八路军在行军打仗时往往露宿，不打扰当地群众。平时住在老百姓家，总是帮助群众挑水、扫地、种田。可以说，太行精神是在任何时候都把人民放在心中的民本精神。

作为党和国家的宝贵精神财富，我们要像研究井冈山精神、长征精神、延安精神、西柏坡精神那样，研究和宣传太行精神，让老八路精神代代相传。不仅要加强对太行革命根据地史料和实物的挖掘、保护和运用，进行爱国主义和革命传统教育，更要将弘扬太行精神落实到各方面的实际工作中，努力以新的实践探索和工作成绩不断丰富太行精神的时代内涵。要把太行精神与科学发展观有机结合，以太行精神染绿上党大地，打造生态文明、经济发展、社会持续进步的美好家园。

总之，太行精神是在抗战时期形成的以爱国御敌为核心的民族精神。其内涵是极其丰富的，但是最本质的是为国家独立、求民族解放、谋人类幸福，敢于赴汤蹈火，不怕流血牺牲、不畏艰难险阻的大无畏革命英雄主义精神。在八年抗战中，八路军团结民众歼日军、肃内奸、斗顽敌，前赴后继、浴血奋战、艰苦卓绝、无私奉献。他们的英雄壮举，极大地鼓舞了全国民众，为民族解放建立了不朽业绩。[1]

2.右玉精神

右玉精神是右玉人民久久为功、改造自然、修复生态的壮举，是无畏、睿智、坚韧、坦诚与担当的集中展现。右玉精神是右玉人

---

[1] 高春平：《八路军与太行山精神》，《前进》，2005年第9期。

精神的整体化、系统化的反映,是使右玉实现全面科学发展的除可见实体投入之外的那部分最可宝贵的无形精神资产。

右玉民谣中说:"一年一场风,从春吹到冬;白天点油灯,黑夜土堵门;男人走口外,女人挖苦菜。"困难时他们只能靠国家救济粮生活。不改变就没有活路,这是当时右玉干部群众的共识。首任县委书记张荣怀和县长江永济通过实地考察和走访后提出:"右玉要想富,必须风沙住;要使风沙住,就得多栽树。"右玉县自此揭开了植树造林的篇章,植树造林的接力棒传了一代又一代。不管国际国内发展环境如何变化,右玉政府和人民坚持植树改善生态环境的宗旨始终不变,正是这种坚持不懈才成就了今日满目葱茏、空气清新、人民满意、来客惊叹的新右玉,才成就了红遍三晋、走向全国的右玉精神。

科学认知是发展和进步的前提。当代右玉人正是对自然状况有了正确的量度,才有了"一把铁锹两只手,一任接着一任干"的绿化伟业。

"科学发展"体现了右玉精神中关注民生、以人为本的核心理念,从植树造林为了百姓生存入手,发展到现在合理利用资源,优化投资环境,民本意识深化为执政为民的政治理念,使右玉成为百姓的安居乐园。

坚持与坚韧,不仅是右玉精神力量之体现,也构成右玉精神的核心和本质。在未来的发展中,右玉精神必将因其新的时代内涵的加入而变得更加饱满有力。这就要求我们在推广学习右玉精神的过程中,要深入挖掘其中蕴含的对不同地区发展有着借鉴意义的时代精神,那就是艰苦奋斗、持之以恒的工作精神,人民公仆、领头雁的基层领导作用,科学发展、因地制宜的长远战略眼光和干群一体的团结创业精神。

这三者并不是独立形成的,而是互相促进、共同发展的,一旦形成这种良性互动,就会使社会经济发展成为可能。可以说,大力弘扬右玉精神,对于山西转型发展意义重大。

首先,弘扬右玉精神,增强干部政治担当。

弘扬右玉精神,就是要弘扬他们对党忠诚、为党分忧、为党尽职、为民造福的政治担当。对党忠诚是政治担当的内在要求,为党分忧和为党尽职是政治担当的实现路径,为民造福是政治担当的目标追求。右玉县委20任书记不忘初心、始终如一、植树不止,他们一张蓝图干到底、久久为功的政绩观是对党忠诚、为党分忧、为党尽职、为民造福的政治担当的具体体现。

其次,弘扬右玉精神,增强干部历史担当。

弘扬右玉精神,就是要弘扬他们时不我待、只争朝夕、勇立潮头的历史担当。习近平指出:"历史只会眷顾坚定者、奋进者、搏击者,而不会等待犹豫者、懈怠者、畏难者。"作为党员领导干部,必须明确自己承担的历史使命,清醒地认识到肩负的历史责任。勇担历史难题,直面现实问题,敢为未来破题。

第三,弘扬右玉精神,增强干部责任担当。

弘扬右玉精神,就是要弘扬他们守土有责、守土负责、守土尽责的责任担当。

党的十九大提出新时代中国共产党的历史使命,进一步明确了中国特色社会主义进入新时代后中国共产党要承担的历史责任,明确了向着中华民族伟大复兴继续前进的基本战略安排。对于全党、对于每一个党组织和每一名共产党员来说，这都是深切的历史召唤，都是一份沉甸甸的责任。习近平指出，要坚持行使权力和担当责任相统一，紧紧咬住"责任"二字。党员领导干部要有干事创业的责任担当，"责任"贵在"担当"，必须明确责任所在，心有所系、行有所戒、"责"有所问。右玉干部做的是确确实实的事情，取得是确确实实的成效，他们的求真务实、真抓实干是守土有责、守土负责、守土尽责的责任担当的具体体现。

三、山西历史文化资源保护与发展现状

1.山西历史文化资源的保护、开发与利用状况

从现有统计数据看，2001年到2007年，山西文化产业始终保持了快速增长势头，年均增长速度达到21.58%；2007年，文化产业增加值是2000年的4倍之多。如果我们单从数据表面看，似乎一片繁荣，但仔细分析一下后，我们不难发现，这种快增长是建立在靠基础设施投资，靠网络、电子出版物等新兴文化建设的基础之上，而对山西历史"软文化"的投入却没有有力的反映。

据统计，到2007年全省共建有文化站1351个，从业人员1918人，全年举办各种展览1421个，组织文艺活动8373次，举办培训班2831次，培训学员171千人次。全省农村有文化大院569个，农民书屋498个，农村个体放映队424个，民办剧团341个。到2017年，全省共有公共图书馆128个、群众艺术馆（文化馆）131个、博物馆140个，分别比1978年增加67个、7个、125个。全省公共图书馆总藏量、总流通人次分别达到17572千册、11896千人次，全省博物馆藏品、参观人数分别达到1626580件、33254千人次。"省市县三级公

益文化设施建设达标率"达到83.62%，比2010年提高31.56个百分点。全省文化产业法人单位实现增加值由2012年的200.30亿元增加到2016年的291.78亿元，比同期全省GDP增速快8.2个百分点；占全省GDP的比重由1.65%提高到2.24%，提高了0.59个百分点。到2016年，全省文化服务业实现增加值223.99亿元，占比76.8%，成为文化产业发展的绝对主体。全省文化制造业、文化产品批发和零售业实现增加值分别是37.46亿元、30.33亿元，占比依次为12.8%、10.4%。截至2017年，全省文化产业法人单位营业收入创历史最好水平，达到364.05亿元，比2016年增长21.87%。全省规模以上文化产业法人单位以其1.5%的单位数量占比创造了210亿元的营业收入、508亿元的资产总额，在全省文化产业法人单位中其占比分别达到58%、39%。

尤其在近10年来，全省文化产业保持强劲发展势头，增速始终高于GDP增速。但数字并不代表一切，文化发展水平高不高还要从整体来衡量，还必须了解基层，从实际出发，因地制宜发展区域特色文化，不能为了追求数字和形象而跟风、盲从。

2.山西历史文化资源与周边省份之比较

三晋文化是华夏文化的重要组成部分。山西文化源远流长，"三千年中国看陕西，五千年文明看山西。"如果把中国历史文化比作一棵大树或者一条长河的话，山西的历史文化堪称这棵大树的一条直根，演进、贯通了五千年。无论文献记载还是考古发现，其文化的独特性、密集性、关联性都是值得称道的。这种浓郁的文化积淀和表里山河的地理优势，以及三晋人民的勤劳与智慧，使三晋文化展现出无与伦比的完整性、先进性以及艺术性，对中华民族的精神、风俗、习惯的形成产生了重要影响，对华夏五千年文明史产生了巨大的辐射力和渗透力，也使山西成为地方文化特色最浓厚的地区之一。

拿窑洞文化为例，可以说全国的六大窑洞居住区中，山西、陕西和河南最为典型，这些地区的窑洞无论从数量还是形式上都有类似的特点，因为这三个区域具有类似的地理和地貌环境。就山西来说，山西的窑洞不仅类型全、集中度高，而且部分地区还具有相当的原始气息，这是其他地方所无法比拟的。但山西的窑洞文化发展得怎样？对其开发和利用的程度如何？这个答案是显而易见的。我们不否认近年来山西在文化建设上所取得的成绩，像山西省在推进文化产业快速发展的过程中，从整合资源入手，举办了一系列强势文化活动。如《华夏文明看山西》展览、平遥国际摄影大展、大同云冈恒山国际旅游节、五台山佛教文化节、关公文化节等重大文化活动，产生了一定影响，同时也推出了一批强势文化精品，如《立秋》《一把酸枣》《走西口》等，在社会效益和经济效益上取得了一定成效。但一个根本性的东西——本土文化意识与文化氛围没有得到很好发展。

挖掘和利用山西优秀历史文化资源存在的问题：

山西作为文化资源大省，五千年绵延不绝的中华文明给这块土地留下了大量的瑰宝和丰厚的文化积淀，成为实现人文资源大省向经济强省和文化强省跨越的希望。从2003年开始，省委、省政府开始实施"文化强省"战略，开启了彰显山西历史文化优势、宣传三晋品牌的新契机。但从近几年的发展情况看，尽管做了很多工作，依然是成效与投入不成比例，资源占有与价值利用严重失衡。

1."文化强省"思想意识不到位，制度建设与执行乏力

早在2002年，山西省委、省政府就提出建设文化强省的发展战略，要把丰富的文化资源转变为现代化建设的精神动力和新兴产业。紧接着，到2003年8月，山西就正式出台了《山西省建设文化强省发展规划纲要（2003—2010）》（以下简称《纲要》），决心把文化产业作为文化强省的突破口，要利用丰富的文化资源发展文化产业，在结构调整中探索新的经济增长点。具体目标是用8年时间实现"五强两大"——构建"强势文化人才、强势人文学科、强势文化活动、强势文化产业和强势文化品牌"；实现"文化及其产业对山西国民生产总值增长的贡献大，对山西经济社会可持续发展的作用大"。

2.思维机械，缺乏开放与创新理念，动力明显不足

《纲要》颁布以来，为了尽快实现文化强省的发展目标，全省相继建立了8个能够体现山西特色文化的研究中心，即山西省文化产业研究中心、晋学研究中心、晋商研究中心、华夏文明研究中心、五台山文化研究中心、区域社会发展研究中心和山西北朝文化研究中心以及文化创新研究中心。其出发点就是要以这些中心为基础，以课题设计和研究为出发点，从而推动山西区域特色文化的发展。我们不妨从另一个角度来审视一下这些中心，那就是其中的部分中心是否真正能够切切实实发挥其应有的作用？一个研究部门不仅要有合理的组织机构、充足的配套经费、科学的人才梯队配置，更重要的还要有实实在在的研究工作。不怕机构少，怕的是"鸡多不下蛋"。

山西历史文化复杂，人文历史和教育水平各不相同，因而建设

的侧重点和力度也就相应不同,我们要做的是尽量使不同的文化尽显本质特色,不应强求一律。要有一批潜心于文化事业和文化产业研究与发展的科研工作者与开拓者,同时还要有资金的投入,需要发展资本市场,需要有文化产业资本的投资、融资体制改革,甚至是市场化的经营模式。建设文化强省、发展文化事业不应仅仅停留在文化的表层,而是要从深层次去挖掘蕴含在文化内部的人文精神。

3.急功近利,资源占有与投入不平衡

众所周知,保护和弘扬地区文化固然重要,但不能急功近利,不能单独为了发展历史文化而"创造文化"。比如对历史建筑来说,最有可能导致的问题是其文化内涵的丧失,外观上则表现为建筑物对历史原真性的曲解或损害,直接或根据猜测改变,或"创造建筑物外观"。近二三十年来,随着基础建设的快速推进,文物古迹周围与之相协调的环境遭到破坏的现象时有发生,使得建筑的历史特色和历史内涵大打折扣。由于对历史文化的曲解,许多人认为保护就是复古、就是重建,结果是拆了真的造假的,片面地追求发展旅游业获得经济回报,导致出现了许多地方旅游发展过热,历史原真性丧失。

综观近年来山西历史文化旅游开发的景点,其中就不乏有画蛇添足、东拼西凑之嫌,甚至不惜破坏原有的东西而生搬硬套,造出一批所谓时髦的"文化产品"来,结果非但没有保护和弘扬了历史文化,反而使原有的东西遭到亵渎和戕害!政府部门在协调保护和利用的关系方面认识不完善,政府的管理职能部门权责不清、权限重叠,这些都使社会各方面保护意识不能增强,保护动力欠缺。另外,资金是保护与发展的有力保证,资金缺乏或到位不及时都会使遗产保护不完善。

山西的历史文化底蕴深厚,资源丰富,尤其是文化资源同其他资源相比较具有稳定性、价值含量高、可重复开发的特点。尽管山西的历史文化已被世人关注,但开发和利用的规模程度明显滞后。

半个多世纪以来,山西不仅经历了战争的洗礼,经济受到重创,而且山西民众的思想在一定程度上也显得僵化死板。首先,受战争的影响,人民不可能在很短的和平时期就获得足够的文化知识,人们的第一要务就是生存。其次,政治运动在某种程度上比战争更可怕。战争给人们带来最多的是肉体的伤害,而政治运动和政治迫害则是肉体和精神的双重打击。相比较而言,政治迫害更可怕、更具有杀伤力。山西在抗战期间是华北抗战的主战场,从根据地建立之初,"红色"基调就开始在老百姓头脑中生根,这种高度统一的思想在抗战期间发挥了重要的作用,但革命胜利后却在某种程度上又成为思想解放的藩篱和障碍。战争结束不久,紧接着又是"四清""文革"运动,由于受到极左思想影响,人们的思想遭受到了严重打击,文化的发展相应进入历史的冰期,于是人们没有了思想、没有了方向,也不敢有方向。改革开放后,虽说政策方针发生了历史性转变,但山西本土仍没有甩开膀子干的苗头,究其因就是人们"怕了"!因此说,要想改变现状,思想观念亟待更新。

山西拥有丰富的煤炭资源,长期以来,形成了高度依赖煤炭资源的经济结构,导致固步自封和对自然资源过度依赖。人们往往把文化排斥在经济发展的总体规划之外,对文化事业的认识肤浅,对文化发展潜力认识不足。因此,经济发展结构单一、文化产业落后就在所难免了。所以说,革新思想势在必行,改革必须彻底。领导要自省,群众要响应,治标更得治本,要下力气扭转经济为主、文化为辅的错误观念,要在高层思想得到统一的基础上倡导群众群起群策,因为离开群众的参与,发展历史文化就是空中楼阁。

综合当前山西各地的实际情况看,农村尤其是山区居民的生活水平还不足以达到自觉开展文化活动的程度,人们的思想还基本停留在一个"看热闹"的层面,即使有活动也大多不是出于自愿,而是政府为了完成任务采取物质鼓励的方式临时应急罢了。撇开目的不说,一定时期内物质刺激和奖励对于促进农村尤其是边远山区的文化建设的确是行之有效的一种办法。同时,我们也应认识到,要想真正使老百姓从"看热闹"到"凑热闹"再到主动"办热闹"是一个长期的过程。除了政府对舆论的积极引导,更多的还是要靠物质的投入,在此基础上最终实现百姓文化活动从"被迫"到"自觉"的蜕变。

四、"文化强省"展望

1.尊重客观、实事求是的科学发展理念

历史文化是一个地区的灵魂,具有不可估量的潜力和价值。发展地方文化事业首先就是要深挖历史文化内涵,突出地域文化特色。因此就要在进一步科学分析山西深厚的历史文化资源的基础上,把握其本质特征,整合其成长优势,创新其发展模式,实现其产业价值。历史文化的发展必须立足于现状,脚踏实地;"不是盲目随波逐流、模仿照搬,而是立足于本省实际得出的科学判断"。在经济全球化条件下,研究山西历史文化的发展,必须起步要

高，要将其置于国际大背景下进行考察，并从我国文化产业与国外文化产业的比较中进行分析和判断，从而得出科学的论断，做到扬长避短、有的放矢。当然，这些问题都应付诸制度的可行和不断完善。

要加强制度建设，使文化发展能够得到强有力的法律和政策支撑。相比较国际平均水平，我国目前法制建设滞后，许多法规条文比较死板，而许多地区详细规划又不具有相应的法律效力，操作性不强。法律的不完备、"人治"现象相当普遍，这也是当前伪建设、伪保护现象存在的一个主要因素。只有依法保护才能有效克服保护与建设的矛盾，只有用法律规范领导行为，才能更好地克服"人治"现象。因此，加强历史文化保护的法制建设特别是地方性法规建设，是促进文化健康发展的关键所在。

近年来，山西在文化政策的制定上紧跟文化发展的步伐，文化法规进一步健全，文化法律框架体系初步形成。比如：制定了《山西省建设文化强省发展规划纲要（2003年—2010年）》，先后编制了全省"十二五""十三五"文化改革发展规划等，为全省文化健康发展提供了根本保障。虽然如此，相比较发达地区而言，山西文化产业相关政策法规较为落后，针对文化产业本身，缺乏与之相适应的法规，使得近年来处于增长期的文化产业与其地方法规不协调，制约着文化产业的发展。在山西这样一个内陆省份，尤其是对一个相对落后的地区，要使民众意识到法律对文化保护和建设的重要性是一个复杂而长期的过程，是一个逐步完善的过程。因为"法律的修编既要解决管理部门的职能权限问题，也要考虑到在保护与发展中逐渐发展的概念体系的完善过程"。这就需要政府坚定文化自信，树立正确的创新文化产业理念，尊重科学发展规律，以人民为中心，将文化经济理念融入到文化产业建设中，且在发展过程中要兼顾其经济效益和社会效益。政府要合理调整文化产业产品结构，要处理好在市场经济条件下，市场需求与产品生产的关系问题，从实际出发，生产既要符合人民需求，又要迎合当前文化发展的主基调。同时，在文化产业技术方面，要积极发展以数字技术、网络技术为支撑的新兴文化产业，实现传统文化的现代化产业发展道路。

2.大开放、大格局的多元发展布局

要有大开放、大格局的文化发展思路，首先必须把自身的文化特质弄懂、吃透，犹如庖丁解牛，如数家珍。要从深层次认识和把握山西历史文化的精髓，加深理解发展和开发历史文化的重要性。历史文化对一个国家和地区来说，其内在的软实力越来越重要，而历史文化作为山西软实力的一个基本方面，已逐步成为其发展的核心竞争力量。从全球化发展历史看，当一个国家或地区实现其经济社会转型的时候，精神内涵或精神性文化都会相应地发生变化，出现一些新的基本的特质，对经济社会转型起着积极的推动作用。有了这种变化和特质，经济社会转型就会顺利，变革程度就会深刻；没有或不具备这种变化和特质，经济社会转型就会遭受挫折。可见，精神内涵或精神性文化始终起着决定性的作用。

从现代化和全球化视角看，我们可以发现，山西历史文化中始终存在并产生负面影响的三个问题，即重传统积累轻求异精神、重物质积累轻科学精神，以及重经验积累轻理性精神。究其因，关键在于我们没有从根本上进行反思和批判，以至于在改革开放和全球化背景下,其优秀的精神内涵没有很好地继承下来并发扬光大,而其落后的、与全球化发展格格不入的思想和因素却还在影响着我们的思维方式和价值取向,迟滞着我们改革开放的步伐。当然,作为一种文化现象,一个时代的精神内涵或精神性文化不会自动地建立起来,它需要人们不断地摸索,在探索中超越既定的文化范式。所以,精神内涵或精神性文化既是一个时代的产物,又是一个时代的表征,更是一个时代的推动力量。无论哪个国家或地区的文化都注定是要变革的,都存在着使自身的精神内涵或精神性文化符合历史发展,并用当代先进的思维方式和价值取向来统摄物质、精神和制度各个方面的必要性。这就决定我们要对传统进行认真的反省、梳理、批判和发掘,并在借鉴和吸收一切文明成果的基础上实现对传统的继承和超越,才能使我们的精神内涵或精神性文化成为支撑山西文化发展的源动力。

发展历史文化不能局限在对仅存的文化实物的保护和开发上,因为文化是一个有机的整体,必须从系统的观点出发,厘清其结构组织关系,真正反映地域文化的特色风貌。因此,仅对历史文化进行功能定位、地块划分和形式设定等有限指标是不够的,还需建立整体设计理念和高超的开发技巧。要从保护、开发和利用整体上下功夫,尤其在利用上要注重实效性和长期性的有机结合。历史文化是现代文化发展的根基,因此对历史文化的发展要注意实现功能、文化的延续。文化事业的发展必须要有新鲜的血液作为补充,要注重内外的文化交流,吐故纳新。区域历史文化的保护与发展,是一项系统的工程,需要各方面人力、物力的相互协作。因此加强不同区域之间的横向交流、互助互利,可以形成有机的合作体系和经济运作体系，在交流中找差距、学先进、推经验。这样不仅可以少走很多弯路，节省很多人力和财力，而且还能将自身的文化特色宣传出去。

文化无国界。开放发展的理念和实践要求山西文化产业加快"走出去"步伐，更好地参与国际文化交流与合作，在借鉴、吸收、创新、发展的同时，不断展示自身的独特魅力，提升山西的形象与影响力。近年来，山西省以"山西品牌丝路行"为载体，先后组团赴匈牙利、捷克、波兰和哈萨克斯坦、格鲁吉亚、白俄罗斯开展文化交流合作。鼓乐、歌舞和戏剧等90多个团组先后出访数十个国家和地区，对外交流100多批次。2017年，山西组团赴比利时、瑞士、德国、哈萨克斯坦等国家交流演出，尤其值得称道的是山西华晋舞剧团作为文化使者，数十次出色完成国家委派的对外文化交流演出出访任务，是第一支在法国戛纳电影宫演出的中国舞蹈团体。表现晋商题材的舞剧《一把酸枣》赴美国连演4场，成为第一部在肯尼迪艺术中心演出的中国民族舞剧。这些历史题材绵绵不断地向中外传递山西"诚实守信、开拓进取、和衷共济、务实经营、经世济民"的晋商精神，为外国友人带来文化大餐的同时，也赢得欧洲主流文化圈的高度赞赏。

3.注重人才培养，走多渠道融资的可持续发展之路

历史文化资源开发具有可重复开发、多层次同时开发和持续开发的优势，这使它可以真正成为山西可持续发展的朝阳产业和绿色产业。"文化产业的这一特性与日益枯竭、形成污染的不可持续发展的煤炭产业形成鲜明的对照"。由此可见，文化产业是应人们的精神文化需求而诞生的，是人们文化利益的体现，符合科学发

展观的要求。它的兴起本身就体现了以人为本的本质特征。文化的建设、创新和发展离不开人才。习近平指出:"办好中国的事情,关键在党,关键在人,关键在人才。综合国力竞争说到底是人才竞争。要加大改革落实工作力度,把《关于深化人才发展体制机制改革的意见》落到实处,加快构建具有全球竞争力的人才制度体系,聚天下英才而用之。要着力破除体制机制障碍,向用人主体放权,为人才松绑,让人才创新创造活力充分迸发,使各方面人才各得其所、尽展其长。"所以,山西的文化企业要在政府领导下,拓宽人才选拔途径,不断优化自身人才结构,营造良好人才发展环境,建立起长效激励机制,培养出具有积极性、主动性、创造性的文化人才,这样才能为文化的发展培根铸魂。作为政府,要通过政策倾斜,积极引进各类相关人才,不断储备和培养具有经营管理和科技创新等高素质的高级复合型人才梯队,促进山西文化企业的发展。

当前,资金短缺问题是困扰历史文化发展的一大难题,党的十八大以来,全省财政对文化事业的投入达到了历史最高水平。文化事业费逐年增加,由1978年的0.2亿元增加到2017年的22.25亿元,年均增长12.8%。但相较发达地区而言,这种财政固定投资在整个GDP中占比还很小。同时,应当指出的是,由于山西对文化产业进入壁垒设置较高,导致社会大量闲置资本无法进入文化产业,这也导致了文化产业的资金投入严重不足、基础设施落后,极不利于山西文化产业的发展。

但不能因为资金紧张就放弃或减缓对文化的投入和发展。对于文化产业,尤其是对历史文化的开发,政府不仅要有专项资金,而且地方也要有相应的配套资金,始终坚持有一个适当的比例。同时，在保护开发和利用历史文化方面，要将目光投向市场，将市场化的运作方式引入到文化开发上来。文化企业和事业单位要努力拓宽文化产业发展的资金渠道，鼓励非公有制资本进入文化产业领域，积极吸纳国内外资本，继续引导省内民间资本从煤、焦、电等传统行业进入文化产业，充分调动企业、民间、外商对我国文化产业投资的积极性，营造有利于文化发展的投资环境，推动文化产业的跨越式发展。

结语：

山西现在正面临着巨大的历史性转折。要实现这个历史性转折，首先就要从思想上寻找突破口。山西历史文化具有强大的思想能力，也有巨大的创新和发展空间，只要不断发展，敢于创新，勇于交流，就能够为山西的思想解放、科学发展持续地提供前进的动力。习近平指出："提高国家文化软实力，要努力夯实国家文化软实力的根基。要坚持走中国特色社会主义文化发展道路，深化文化体制改革，深入开展社会主义核心价值体系学习教育，广泛开展理想信念教育，大力弘扬民族精神和时代精神，推动文化事业全面繁荣、文化产业快速发展。"毫无疑问，"软实力"业已成为当今国际综合国力较量的重要因素之一，其在综合国力竞争中的地位和作用也越来越明显。文化"软实力"的提高，关系到"两个一百年"奋斗目标和中华民族伟大复兴"中国梦"的实现。党的十八大将发展文化产业推向一个新的历史高度，被视为国民经济的支柱性产业。当前，山西正处于产业结构转型跨越期，发展文化产业是实现新的历史时期转型跨越发展第一要义。

专题七　文化产业与旅游产业的崛起

新中国成立以来，特别是改革开放40年来，山西文化产业和旅游产业发展与时代发展同向、与祖国繁荣同步、与山西经济社会发展同行，经历了从曲折发展到迅速壮大、从社会事业向经济产业的逐步转变、从高速度增长向高质量发展转变等重大变革。山西是名副其实的文化旅游资源大省，其文化旅游资源禀赋之佳、价值之大、数量之丰富、发展后劲之足，在全国的文化旅游总体大格局中占有极其重要的地位。目前，文化旅游业进入文化与旅游产业融合发展新阶段，已经成为山西重点培育的战略性支柱产业。

党的十八大以来，习近平总书记就文化和旅游工作发表了一系列重要论述，科学回答了事关文化产业和旅游产业建设、发展的方向性、根本性、全局性问题。特别是十九大之后，新一轮国家机构改革，文化和旅游部正式挂牌，"诗与远方"走在一起，文化与旅游资源共享、优势互补、协同并进，为文化旅游发展提供新引擎、新动力，形成发展新优势。站在新时代、新战略、新起点上，回顾山西文化产业和旅游产业的发展进程，总结取得的重大历史成就，分析发展中存在的主要问题，提出进一步促进山西文化产业和旅游发展的对策建议，意义重大。

一、文化产业的重大成就

新中国成立70年，山西文化产业经历了从无到有、从小到大的发展过程。改革开放以来，特别是十八大以来，山西省提出"建设文化强省"战略，山西文化产业迅速崛起，近年来取得了可喜的成就。山西各级党委政府大力推动文化改革发展，始终把文化产业作为战略性支柱产业来培育，深入推进文化体制改革，开创了全省文化产业发展的新格局，发展持续快速，人民群众的文化获得感明显提升，文化"走出去"的影响力不断增强。山西文化产业的重大成就主要表现在：

（一）文化产业整体实力明显增强

山西文化产业异军突起，从无到有，由小到大，呈现出快速发展、实力增强的新气象。近年来，全省文化产业增速始终高于GDP增速，保持强劲发展势头。全省文化产业法人单位实现增加值由2012年的200.30亿元增加到2016年的291.78亿元，年均增长9.9%，比同期全省GDP增速快8.2个百分点；占全省GDP的比重由1.65%提高到2.24%，提高了0.59个百分点。2017年全省文化产业法人单位营业收入创历史最好水平，达到364.05亿元，比2016年增长21.87%。文化产业在全省转型发展大局中的作用日益凸显，成为扩大就业空间、促进经济增长的新动能。

1.文化体制改革释放活力

山西文化体制改革促进了文化产业的快速发展。山西文化改革发展注重顶层设计，从局部到整体，从机制创新到体制改革，不断探索，不断推进，不断深化，取得明显实效，走在全国前列。在组织上，2006年，成立了山西省深化文化体制改革领导组，2009年，山西省深化文化体制改革领导组更名为山西省文化体制改革和发展工作领导小组，组长由省长兼任，统一指导、协调文化体制改革和文化产业发展工作。全省11个市、117个县相应全部成立了机构，在全省形成上下联动、齐抓共管的新局面。在政策上，坚持点面结合，短、中、长期统筹，推出一系列"组合拳"。比如，制定了《山西省文化体制改革工作实施方案》，出台了《山西省支持文化产业加快发展的若干措施》《山西省建设文化强省发展规划纲要》《关于进一步支持经营性文化事业单位转企改制和文化企业改革发展若干政策的意见》，印发《山西省金融支持文化和旅游产业发展实施意见》等文件，全面推进文化体制机制改革创新。省政府设立了文化产业发展投资基金和旅游文化体育产业投资基金；《山西省支持文化产业加快发展的若干措施》《关于深入推进文化金融合作的实施意见》《山西省推进文化创意和设计服务与相关产业融合发展行动计划》《关于支持外贸稳定增长的实施意见》《促进文化与旅游融合发展合作意向书》等一系列促进和支持文化产业发展的专项政策或意见陆续推出，山西文化体制改革"四轮驱动"改革经验在全国推广，连续四次被评为"全国文化体制改革先进地区"。此外，文化法规进一步健全，文化法律框架体系初步形成。比如：制定了《山西省建设文化强省发展规划纲要（2003年—2010年）》，先后编制了全省"十二五""十三五"文化改革发展规划等，为全省文化健康发展提供了根本保障。

在资金保障上，山西出台了一系列促进文化建设的政策，持续加大财政文化投入、建立文化产业基金、引导文化公益捐赠、支持社会力量兴办文化事业、扩大市场准入等，使长期困扰文化建设的投入不足、资金短缺等难题得到一定程度的缓解。特别是十八大以来，全省财政对文化事业的投入达到了历史最高水平。文化事业经费逐年增加，全省文化事业经费由1978年的0.2亿元增加到2017年的22.25亿元，年均增长12.8%。

在转企改制上，先后组建了山西出版传媒集团、山西广电信息网络（集团）有限责任公司等七大省属文化企业集团，涵盖了网络、演艺、传媒、报业、影视、出版、工艺等领域，共同组成"文化晋军"的旗舰编队。

2.文化产业规模日益壮大

一是文化单位持续扩增。全省文化及相关产业（以下简称"文化产业"）法人单位由2004年的0.57万个增加到2017年的2.36万个，增加1.79万个。其中，规模以上文化产业法人单位共有364家，双双创历史最高水平。二是区域发展竞相赶超。2016年，太原市文化产业法人单位实现增加值突破100亿元大关，达到106.23亿元，占到全省的36.4%，成为全省文化产业发展"领头羊"；晋中、运城、长治、临汾文化产业增加值均在20亿元以上，占到全省的36.8%，形成文化大市引领、各地竞相发展的格局。三是规模以上文化企业带动作用凸显。2017年，全省规模以上文化产业法人单位以其1.5%的单位数量占比创造了210亿元的营业收入、508亿元的资产总额，在全省文化产业法人单位中其占比分别达到58%、39%。其中，省属七大文化企业集团担当发展主力，2017年共实现营业收入80.6亿元，净利润3.8亿元。

3.文化市场主体、市场体系建设有力有效

近年来,山西始终坚持一手抓繁荣、一手抓管理,大力培育文化市场主体,体系更加完善,市场更加繁荣。从三大类别看,2016年,全省文化服务业实现增加值223.99亿元,占比76.8%,成为文化产业发展的绝对主体。全省文化制造业、文化产品批发和零售业实现增加值分别是37.46亿元、30.33亿元,占比依次为12.8%、10.4%。

文博会、艺术节繁荣市场。2013年、2015年、2017年先后以"文化三晋 美丽山西""文化三晋 开放山西"为主题,成功举办三届文博会,成为推动文化产业发展的新引擎、繁荣文化市场的新平台。2017年举办的首届山西艺术节,创造了参评参展艺术作品最多、艺术种类最全、艺术水准最高、活动规模最大、群众参与最广等多个"山西文艺活动之最",成为一场空前的"文化盛宴"

骨干企业园区示范引领。9家国家级和41家省级文化产业示范基地,引领示范作用不可替代;七大省属文化企业集团实力日益壮大,资产总额达到114元,在推动全省文化产业发展中地位举足轻重。投融资服务体系初具规模。山西积极争取中央文化产业专项资金,2012年至2017年,山西90个项目累计争取资金4亿元;发挥财政资金的引导作用,省级文化产业专项资金累计投入1.84亿元,共扶持465个文化产业重点项目;创新资金投入机制,建立了山西省文化产业发展投资基金和旅游文化体育产业投资基金,支持文化产业项目建设;推进文化产业嫁接资本市场,山西宇达等5家文化企业在新三板挂牌,为企业发展插上了资本翅膀;举办全省文化金融资本对接交流会,成立山西省文化金融投资发展联盟;认真落实税收优惠

政策，2017年全省667家文化企业享受税收优惠6.15亿元。

"文化+"深度融合。第一，推进文化旅游融合发展。组建了全省唯一以文化旅游为主业的省属国有大型企业，即山西省文化旅游投资控股集团，融合发展的成效初步显现；大力引导各类社会资本进入文化旅游产业，目前，全省已有200多家资源型企业投资文化旅游，总投资额超过400亿元，带动社会资本达1700亿元；积极推进"文艺进景区"，打造出《又见平遥》《又见五台山》等经典旅游剧目。第二，推进文化科技融合。太原高新区国家级文化和科技融合示范基地聚集文化科技类企业326家。其中，文化创意企业243家；山西文化云平台全面上线，促进文化服务水平提质增效，成为山西文化科技融合的示范项目。

文化消费持续增长。文化惠民力度逐步加大，太原市累计发放4万张文化惠民消费卡，发挥了文化惠民与文化消费的双向拉动作用。居民文化消费不断增加，1978年至2017年，全省城镇居民、农村居民人均教育文化娱乐消费服务支出分别由20元、2元增加到2559元、1127元，年均增长分别为13.2%、17.6%，农村居民文化消费增长明显快于城镇。在体量增大的同时，文化产业质量效益持续提升，初步构建起结构比较合理、门类比较齐全、具有一定科技含量和竞争力、富有创意的现代文化产业体系，基本形成了由娱乐市场、演出市场、音像市场、电影市场、网络文化市场、艺术品市场等组成的统一、开放、竞争、有序的文化市场体系，构建起多样化、多层次、多渠道的文化产品供给新格局和传播快、覆盖广、容量大的文化产品流通新网络，建立起以综合行政执法、社会监督、行业自律、技术监控为主要内容的文化市场监管体系。

（二）重点文化行业全面开花

山西统筹文化事业和文化产业，以文化强省建设推动文化产业发展，着力做大做强产业，各重点行业协调发展，实现了社会效益与经济效益"双效统一"，在促进全省经济发展中发挥了积极作用。

1.精品力作频现，演艺业繁荣兴盛

山西文艺创作呈现出百花竞放、异彩纷呈的新气象，文艺创作演出日益发展，注重发挥民族民间文化艺术和革命根据地文化两个优势，创作出一大批具有独特地方特色和风格的优秀艺术作品。2017年，隆重推出大型音乐舞蹈史诗《为有牺牲多壮志——右玉和他的县委书记们》、晋剧《日升昌票号》、上党梆子《太行娘亲》、蒲剧《老鹳窝》、话剧《热泉》等一批优秀剧目；音乐剧《火花》入选国家舞台艺术精品创作扶持工程"十大重点扶持剧目"。至此，山西已有9部作品荣膺国家舞台艺术精品工程，艺术精品创作继续位居全国第一方阵；绛州鼓乐艺术团打造的绛州鼓乐名扬海内外，被评为全国先进民营文艺表演团体。山西文艺精品创作演出在丰富文艺舞台的同时，也取得了良好的经济效益。2017年全省共有艺术表演团体665个，比1978年增加518个；从业人员21055人，共演出102.6千场次，观众56930千人次；演出收入37032万元，比2001年增长12.5倍。

2.广播影视业成绩斐然

广电综合实力逐步壮大。截止到2017年，山西现有广播电视台117家（省级1家，市级11家，县级105家），开通广播频率116套，电视频道114套，广播、电视节目制作时间分别为209147小时、

103483小时。特别是整合后的山西广播电视台在改革中发展、在发展中壮大，拥有山西卫视等7个电视频道、3个数字付费频道、2个外宣电视频道和综合广播等7套广播频率。其中全力打造的山西卫视，通过中星6B卫星覆盖全国及周边国家和地区，有效覆盖人口达5亿多，地面电视频道覆盖全省11个地市，是全省公众获取信息的主要渠道，成为在省内最具实力、在国内有一定影响力的广电"航母"。

影视剧产业繁荣发展。一是影视剧创作能力持续提升，精品力作不断呈现。2017年，全省可统计票房影院达240家，银幕1066块，放映场次186.6万场，观影人数2258.7万人，拉动就业9300人；全省城市影院票房达7.87亿元，比上年增长24.3%，比全国票房增速高出10.85个百分点，创历史新高。电影衍生产业发展加快，广告和卖品已成为影院新的利润增长点。

广电公共服务体系日益完善。一是广播电视覆盖能力全面提高。到2017年，全省有线广播电视传输网络干线总长10.79万公里，有线电视用户数429.32万户；全省广播人口综合覆盖率达98.8%，比1980年提高54.3个百分点，电视人口综合覆盖率99.5%，比1980年提高52.9个百分点，农村听广播、看电视难的问题得到有效解决。二是公益电影放映惠及三晋百姓。全面落实"一村一月放映一场公益电影"的工作目标，2017年，农村公益电影和农村寄宿制学校优秀教育影片放映36万场次，组织开展了好电影公益展映季、"红色记忆"、"电影进农家，共筑中国梦"等特色主题放映活动。

3.推动优化升级，新闻出版业不断壮大

山西新闻出版业伴随着改革开放的步伐，以组建山西出版传媒集团为标志，实现了新闻出版机构从事业到企业的转变，焕发出新的生机，图书、报纸、杂志、音像制品等出版物的种类空前丰富、品质不断跃升。量质齐升，精品图书报刊打造三晋新名片。一是坚持创新创优，图书出版成果丰硕。1978年至2017年，全省图书出版由290种增加到3517种，增加3227种；总印数由6422万册增加到10899万册，增加4477万册。特别是近两年图书出版精品佳作频现、业绩更加突出。2016年，《中国家规》荣获全国"五个一工程"奖，2种图书2种电子音像作品获第六届"中华优秀出版物奖"，15种图书入选全国重点图书出版项目，110种图书、18种电子音像作品获山西出版政府奖。2017年，《中国共产党经济思想史》《中国家规》《为英雄正名》等20种图书入选国家重点出版物选题、国家出版基金资助项目、中华优秀出版物奖；《三体3·死神永生》获世界级科幻奖"轨迹奖"；《为英雄正名》《中国精神·我们的故事》《一诺的家风》等20余种图书电子音像作品入选国家重点选题项目或奖项；累计出版《于成龙集》等252册；传承和发展山西优秀传统文化的大型丛书《山西文华》编纂出版工程扎实推进，经过两年多的编纂，已出版著述、史料、图录33种164册。二是坚持提质增效，期刊报纸齐头并进。2017年达到60种报纸，总印数由17869万份增加到201110万份，增加183241万份；2017年达到201种期刊，总印数由598万册增加到2217万册，增加1619万册。在第三届全国"百强报刊"评选中，《山西日报》《语文报》被评为"百强报纸"，《编辑之友》被评为"百强社科期刊"，《燃料化学学报》被评为"百强科技期刊"。一批像《山西日报》《语文报》《经济问题》《煤炭转化》等知名报刊荣获全省"十强报刊"称号，作为文化品牌引领全省报刊行业发展。

4.公共文化服务体系建设卓有成效

一是公共文化设施逐步完善、服务水平不断提高。以山西大剧院、省图书馆新馆、山西体育中心、山西科技馆、太原美术馆等为代表的标志性大型文化设施相继建成使用的同时,积极指导支持省、市、县三级公共文化设施标准化建设,2017年,山西晋剧艺术中心主体封顶,大同市图书馆新馆、太原市图书馆新馆建成开放,以县级公共图书馆、文化馆、美术馆为代表的"百县强基"工程推进有力,市级"五馆一院"(博物馆、公共图书馆、文化〈群众艺术〉馆、科技馆、体育馆、剧院〈场〉),县级"三馆一院"(文化〈博〉馆、体育馆〈场〉、图书馆和多厅影院)建设卓有成效,在县有文化(图书)馆和乡文化站的基础上,普遍实现了村有文化室的目标,公共图书馆、文化馆、美术馆、博物馆全部实现免费开放。到2017年,全省共有公共图书馆128个、群众艺术馆(文化馆)131个、博物馆140个,分别比1978年增加67个、7个、125个。全省公共图书馆总藏量、总流通人次分别达到17572千册、11896千人次,全省博物馆藏品、参观人数分别达到1626580件、33254千人次。"省市县三级公益文化设施建设达标率"达到83.62%,比2010年提高31.56个百分点。以上成绩的取得标志着全省公共文化服务水平明显提升,公共文化产品和服务供给日趋丰富。二是积极推进政府购买公共演出服务,走在全国前列。出台省级购买公共演出服务实施方案和实施细则,把政府购买公共文化服务资金列入省、市、县三级财政预算;2017年,圆满并超额完成"免费送戏下乡一万场"演出任务,兑现了省政府本年度承诺办理的6件民生实事之一;

调动近200个省、市、县文艺院团,演出15349场,实现全省国贫、省贫县全覆盖;省、市、县各级共落实购买资金9000余万元,购买演出15349场,成为全省文化惠民的一道靓丽景观。三是有效实施农家书屋等一批惠民文化工程。全省行政村农家书屋实现全覆盖,2017年农家书屋补充出版物147万册,农村群众读书看报难问题得到初步解决。

(三)文化"走出去"步伐加快

党的十八大以来,山西文化"走出去"的步伐不断加快,对外文化交流日益活跃,国际传播能力逐步提高,山西文化的国际影响力进一步增强。

1.文化"走出去"成效明显

山西大力鼓励支持文化企业进入国际市场,出台了山西省文化产品和服务出口指导目录,确定了山西宇达等10家文化重点出口企业和绛州鼓乐《千年回响》等一批文化出口重点项目,初步形成以影视、动漫、书报刊、演艺、工艺美术品为主要内容的文化产品和服务出口体系,加快了全省文化企业"走出去"步伐,文化产品出口规模不断扩大,贸易额逐步增加。此外,山西不断加大文化对外投资,山西省图书馆毛里求斯分馆开馆,海外文化阵地取得突破。

2.文化品牌成为走向世界的通行证

一是"一带一路"文化交流顺利推进。近年来,山西以"山西品牌丝路行"为载体,先后组团赴匈牙利、捷克、波兰和哈萨克斯坦、格鲁吉亚、白俄罗斯开展文化交流合作。近年来,鼓乐、歌舞和戏剧等90多个团组先后出访数十个国家和地区,对外交流100多批次;组团赴加拿大、葡萄牙、瑞士以及台湾、香港等国家和地区参加"中华风韵""欢乐春节"等活动,深受当地观众和华人、华侨好评;山西广播电视台制作的栏目《人说山西好风光》得到英国著名的《经济学人》杂志的关注和深入报道;2017年,组团赴比利时、瑞士、德国、哈萨克斯坦等国家交流演出,11种图书输出到法国等国家。尤其值得称道的是山西华晋舞剧团作为文化使者,数十次出色完成国家委派的对外文化交流演出出访任务,是第一支在法国戛纳电影宫演出的中国舞蹈团体。打造的国家舞台艺术精品《粉墨春秋》《一把酸枣》两剧演出突破1300场,足迹遍布五大洲;表现晋商题材的舞剧《一把酸枣》赴美国连演4场,成为第一部在肯尼迪艺术中心演出的中国民族舞剧。10年间演出近千场,绵绵不断地向中外传递"诚实守信、开拓进取、和衷共济、务实经营、经世济民"的晋商精神;舞剧《粉墨春秋》在澳大利亚悉尼歌剧院歌剧厅上演,是第一部在该剧院演出的中国剧目;2017年,舞剧《粉墨春秋》走进欧洲,在布鲁塞尔、日内瓦和法兰克福连演6场,舞动"欧洲心脏",为外国友人带来文化大餐,赢得欧洲主流文化圈的高度赞赏。

山西著名科幻作家刘慈欣的作品《三体3·死神永生》荣膺国际科幻小说大奖"雨果奖",成为科幻小说亚洲第一人;十二栋文化等一批文化新业态代表走出国门,成功打开日韩等动漫强国的市场。旗下形象IP"长草颜团子"与日本地标东京塔、名古屋三越百货达成合作;绛州鼓乐艺术团作为县级民营剧团的代表,多次组团赴国外和港澳台地区商业演出,打出了品牌,赢得了市场;中国黄河电视台节目覆盖美洲、澳洲和东南亚,服务全省开放战略,积极传播三晋文化,提升山西文化影响力。

3.文博会、电影节成为扩大对外开放、文化交流的新平台

从2013年开始,两年一度的山西文博会已成功举办三届,山西文化渐受外商青睐,展会的国际化程度进一步提升,助推山西文化产品"走出去"。首届平遥国际电影展成功举办,共展映52部来自全球各地的本年度优秀电影、18万人次参与,成为山西又一扇重要的对外文化交流窗口。

二、发展历程

文化产业在中国是20世纪末兴起的朝阳产业,山西文化产业的正式起步,也是在2003年"建设文化强省"战略提出之后。新中国成立70年来,山西文化随着中国整体历史进程的发展,在旧有的文化体制作用下,在曲折中继承传统,同时推陈创新,到步入市场经济的新时代,走上文化与经济结合、文化产业化市场化的道路,这个过程大致分为下述四个时期。

(一)文化事业体制管理期(1949年—1978年)

这一时期,在传统的计划经济体制下,我国普遍实行文化事业管理体制,山西也在文化事业的轨道上继承文化传统,基本不存在文化产业。

1.演艺业

音乐。山西素有"民歌海洋"的美称。晋西北、晋中、左权、定襄、离石、沁源和万荣民歌等,都具有鲜明的特点。新中国成立后,山西音乐作品曾在全国获奖,不同时期的音乐作品体现了不同的时代特色和浓郁的山西地方特色。1953年8月,文化部和中国音协举办了三年来群众歌曲评奖,山西《自由结婚小唱》(方冰词、邬

析零曲)、《新中国力量大》(西稚词曲)获二等奖,《捐献飞机大炮,消灭美国强盗》(李娜词、洪飞曲)、《我的姐姐王秀兰》(杰民词、介云曲)获三等奖。这些作品歌颂了新生的美好的中国。昔阳县农民史掌元是新中国培养出的青年作曲家的杰出代表,他创作的歌曲《唱得幸福满山坡》,参加了全国业余创作歌曲比赛,荣获一等奖。这首歌曾经在全国各地广为传唱,并被翻译成多种文字流传国外。

舞蹈。新中国成立后,山西成立了专业性的歌舞剧院和众多的民间业余季节性舞蹈演出团队。在深入学习优秀民间舞蹈的基础上,加工、整理、改编出一批优秀舞蹈节目,如晋南《花鼓》、晋中小花戏《放风筝》、晋北踢鼓子秧歌《落帽》、原平秧歌《过大年》等;创作、演出了一批具有浓郁山西地方特色和乡土气息的舞蹈节目,如《下井之前》《黄河夜渡》《春蝶》《小萝卜头》《云冈力士》,以及大型歌舞剧、组舞《壮志易山河》《晋水咽》《云冈乐舞》《胡兰就义》等。

戏曲。戏曲在山西有着悠久的历史,新中国成立前就已经形成四大梆子曲坛齐放的局面。四大梆子即中路梆子(又称晋剧)、蒲州梆子(又称蒲剧)、上党梆子和北路梆子。新中国成立初期,除北路梆子外,都成立了许多著名的剧团,演出经过改编整理的传统剧和新编现代剧。晋剧表演艺术家丁果仙、牛桂英、冀美莲、张美琴、王银桂、梁小云、刘仙玲、郭凤英等在1952年10月全国第一届戏曲会演中分别获得表演一、二、三等奖,老艺人乔国瑞获荣誉奖。1961年8月,山西省晋剧青年演出团首次进京演出了经过加工整理的《小宴》《杀宫》《算粮》《含嫣》等传统戏,青年演员王爱爱、田桂兰、马玉楼、冀萍等的表演，受到了首都戏剧专家和观众的赞扬。蒲剧主要流行于山西南部地区，剧目繁多。1952年，民声蒲剧团等参加了第一次全国戏曲会演，获得了广泛的赞誉。1963年4月，晋南蒲剧团赴京、津演出历史剧《港口驿》和折子戏《挂画》《烤火》《徐策跑城》等，周恩来、董必武等国家领导人观看了演出并和全体演职人员合影留念。粉碎"四人帮"后，戏曲获得解放，出现了空前繁荣的局面。1977年5月，阳泉市晋剧团率先恢复上演了新编历史剧《逼上梁山》，冲破了十余年来对所谓"帝王将相、才子佳人"戏的禁忌，戏曲界为之轰动，连演80余场，观众约16万人次。

话剧、歌剧。新中国成立后，山西成立了许多文工团、队，演出歌剧，一段时间，《钢骨铁筋》《小红帽》《王秀鸾》《赤叶河》四部歌剧，分别由4个文工团在太原同时演出，造成了极大的社会影响。1964年，省话剧团进京演出了大型话剧《刘胡兰》，周恩来观看演出并给予热情鼓励。

2.广播影视业

山西的广播影视业，是在继承新中国成立前革命胜利成果的基础上发展起来的。

广播。在太原解放的第二天开始播音，山西人民广播事业正式建立。1949年底，电台为全省各县训练了第一批播音员，并给各县配发了收音机。从1950年12月20日起，太原人民广播电台正式改为山西人民广播电台，增加了发射功率，向全省广播。

电视。1960年5月25日，太原实验电视台正式试验播出。当时，只有1部工业用的摄像机和1台自己安装的50千瓦发射机播发有线电视。不久改为无线播出。1968年国庆节前夕,北京经由太原到成都的微波干线开通,太原电视台每周转播中央电视台节目3至4次,从此太原的观众看到了彩色电视节目。

电影。1949年,全省只在太原有4座电影院。1957年,全省有影剧院64座。新中国成立后到"文革"前,山西电影产生了几部在全国有很大影响的作品,其中的主题歌或插曲成为人们广为传唱之作。1958年,马烽创作了电影文学剧本《我们村里的年轻人》,随后又创作续集。这部电影的插曲即为著名的《人说山西好风光》(乔羽词,张棨昌曲),这首歌曲成为赞美山西秀丽风光的千古绝唱,至今传唱不衰。

3.新闻出版业

新中国成立70年来,由于种种原因,山西报刊事业走过曲折的道路,然而,总的说来,它和时代同步,在通过积极发挥自己的独特作用,推动社会主义革命和建设向前发展的过程中,逐步得到发展和壮大。

1949年4月26日,太原解放的第三天,《山西日报》创刊。至1958年,全省有报纸120种。同年,中共山西省委主办的理论刊物《前进》创刊,报刊事业进入兴盛时期。1958年,毛泽东向刘建勋、韦国清推荐全国办得比较好的几家省报,《山西日报》是其中之一。国民经济调整时期,由于经费、纸张困难,90多个县的报纸大部分停办,其余各家报纸经过总结经验教训,又走上了正确轨道。

中华人民共和国成立后,1951年11月5日,山西省独立的出版机构——山西人民出版社成立。这是一个编辑出版政治、经济、文学艺术、文化教育、科学技术、儿童读物等各类图书的综合出版社。图书发行工作与图书编辑出版工作同步发展。从1960年开始，创办以印刷图书为主的印刷厂。至此，形成出版、印刷、发行三位一体的出版事业机构。在1951年至1966年的15年中，山西出版事业虽经曲折但基本上是向前发展的。这一时期，山西人民出版社贯彻执行中央规定的"通俗化、地方化、群众化"的方针，以本省读者为主要读者对象，本着"字大、本薄、图多、价廉"的出书要求，结合山西的实际，出版了一批较好的通俗政治理论读物和文化教育、文学艺术读物。15年中，共出版各类图书2473种。其中，1955年至1960年平均每年出书近200种。这一时期出版了一些通俗读物，还有《太行风云》《汾水长流》《晋阳秋》《连心锁》《我们村里的年轻人》等一批反映山西历史和现实题材的文艺书籍。山西的图书印刷事业是从1960年开始创建的。1960年，山西第一家图书印刷厂——山西新华印刷厂建立。山西图书发行事业始于太原解放后，新华书店太原分店随军入城，接管了国民党的文化服务社和黄河书店。之后，又与太行、太岳、晋绥三个根据地的新华书店合并，建立了山西省新华书店。到1966年，全省新华书店系统的发行网点达142个，供销社系统的发行网点发展到2300个，全年发行图书8559万册。

4.群众文化及艺术教育业

群众文化也是文化产业重要的组成部分，新中国成立以来，山西广大农村农民通过群众文化艺术馆、各县文化馆参与文化活动，文化普及程度日益提高。改革开放以来，群众文化也渐渐走上了产业化的道路。1952年，全省各县都建立了文化馆，60%的县文化馆每年都能坚持8个月的"文化担"活动，肩挑步行，把图书、幻灯、文艺表演送到山庄窝铺。1957年,全省农村俱乐部发展到1.35万多个,图书室877个,业余剧团9172个。1960年,全国农村文化工作会议在太原召开,来自全国各地的代表参观了昔阳、临猗等县的群众文化活动。到1966年"文化大革命"前,山西共有县文化馆102个,农村图书室7346个,农村俱乐部(文化室)1.3万多个,农村业余文艺宣传队7100个,农村业余文化活动骨干分子达27万人,形成了一支强大的农村群众文化工作队伍。

山西艺术教育业新中国成立以后发展很快,1950年创建了山西艺术学校,1956年成立了太原市戏剧学校,这是山西省举办正规艺术教育的开端。到1960年,已拥有山西省艺术学院、山西省戏曲学校等6所艺术教育机构。

(二)产业萌芽与探索期(1978年—2000年)

改革开放之后,国内部分文化事业单位开始推行"以文养文"的收费服务模式,这一模式也成为山西文化产业发展的最初形态。其后,随着市场化改革的推进,文化单位在保持计划体制不变的基础上,开始依托自身资源开展市场化经营,从而形成了计划体制和市场体制并存的双轨期。双轨制阶段是山西文化产业的探索期,主要呈现两个特点:一是一些文化产品开始了规模化生产,报刊、书籍、录音带、录像带等大众文化消费品开始出现,文化精品大量涌现;二是文化市场不断发育,美术、演艺、电影、音像、书刊、艺术品等行业开始从简单市场向专业市场过渡。

1.演艺业

音乐。改革开放时期,山西的音乐家们创作和推出了许多优美动听的歌曲和器乐曲,其中,《年轻的朋友来相会》(张枚同词、谷建芬曲）、《我爱我的称呼美》（贺东久、任红举词，胡苹曲）等曾成为重要的流行歌曲，传唱一时，《我爱我的称呼美》1983年先后获"全国优秀群众歌曲奖"和"首届解放军文艺奖"，1987年被编入《中国新文艺大系（1949—1966）：音乐集》。

山西在音乐方面突出的成就，是锣鼓艺术威震全国。山西的锣鼓艺术分布广泛，种类繁多，约有四五十种，如流行于晋南临汾、洪洞一带的威风锣鼓，新绛的绛州鼓乐，万荣、临猗、翼城等地的晋南花鼓、软槌锣鼓等。改革开放伊始，晋南的威风锣鼓开始出现在各种隆重的庆典活动上。1989年8月，中央电视台邀请临汾地区威风锣鼓队参加了国庆40周年大型文艺晚会《我爱你，中国》的演出。此后，山西的威风锣鼓频频亮相于国家各项重大庆典活动。比如1990年参加了在北京举行的第11届亚运会开幕式，演出了首场大型文艺节目《欢庆锣鼓》，赢得了"天下第一鼓"的称誉。

舞蹈。山西民间舞蹈内容丰富，形式多样，据统计约有200多种。20世纪80年代是山西舞蹈最辉煌的时期，以黄河三部曲为代表的山西歌舞红遍大江南北。1987年，山西省歌舞剧院排练出一部具有民族特色和地方风格的大型民间歌舞——《黄河儿女情》。《黄河儿女情》参加了在河北省承德市举行的第五届华北音乐舞蹈节，引起轰动，被音乐、舞蹈界誉为音乐舞蹈节期间最好的一台节目。据1987年12月份的统计，从7月在承德首场演出到当年11月底，《黄河儿女情》共演出51场，场场满座，创此前几年间全省各类演出上座率的最高纪录。1990年9月，《黄河儿女情》应邀参加了第11届亚运会艺术节。1992年5月，《黄河儿女情》荣获文化部第二届"文华奖"。1989年3月，山西省歌舞剧院又编导出大型民俗系列舞蹈《黄河一方土》。1997年山西省歌舞剧院历时5年,创作完成了大型舞蹈诗剧《黄河水长流》,从而最终形成了在国内产生重大影响的"黄河三部曲"。1997年8月26日,国家文化部第五届"文华奖"揭晓,《黄河水长流》一举夺得5项大奖。

戏曲。到1985年,全省创作、改编的现代戏、古代戏以及推陈出新的传统戏约130多个,其他艺术形式的剧目、曲目近百个。其中,晋剧新编历史戏《宏图大业》,获1985年文化部与国家民族事务委员会颁发的民族团结奖;蒲剧《挂画》,获1985年全国戏曲观摩演出的演出奖;戏曲现代小戏《小店迪斯科》,获全国农民小戏录像调演三等奖。由临汾蒲剧团编创的蒲剧现代戏《土炕上的女人》深受观众喜爱,久演不衰,共演出500余场,先后荣获"曹禺优秀剧目奖""文华奖"和中宣部"五个一工程"等大奖。90年代,山西成为自中宣部开展精神文明建设"五个一工程"评奖以来,荣获"四连冠"佳绩的省份。

改革开放以来,在话剧、舞剧、歌剧方面,比较重要的获奖剧目有省话剧团编创并演出的话剧《黄河魂》《矿工啊矿工》《孔繁森》,大同市歌舞团编创并演出的舞剧《就义》,省剧协作家寒声创作的歌剧《晋水咽》等。

除此之外,山西杂技在全国比赛中也获得过一些奖励。1987年、1991年和1995年,在文化部举办的第二届、第三届和第四届全国杂技比赛中,太原市杂技团表演的杂技《高车踢碗》《空中顶技》和《大球顶杆顶技》,先后获特别奖、铜狮奖和银狮奖。

2.广播影视业

广播。20世纪80年代,山西的广播影视业取得了突飞猛进的发展,转播和制作技术手段不断改进,到1985年,全省已有省、地、市级无线广播电台6座,调频广播转播台10座,中波广播发射台和转播台12座,有线广播电台(广播站)114座,有67个县的有线广播实现了广播线路标准化、入户喇叭规格化。山西电台制作播出的许多节目在全国优秀广播节目评比中获奖,取得了良好的社会效益。

中共十一届三中全会以后,山西的电视事业进入了迅速发展的新时期。1978年8月1日,太原电视台改名为山西电视台,从此,太原地区可以收看到两套电视节目。到1981年,山西电视台录制和播出的节目基本上实现了彩色化。到1985年底,全省城乡电视机发展到100多万台。省城太原可以看到3套电视节目,大同、阳泉、长治市及部分地区机关所在地,也可以同时收看到中央和省的2套电视节目。

改革开放以来,山西电视台在电视剧的制作上做出了突出的贡献,丰富了广大人民群众的文化生活。从1980年制作第一部电视剧《祝你们幸福》以来,到1995年,先后共制作了126部451集电视剧。其中引起较大社会反响的有《杨家将》(32集)、《罗贯中》(8集)、《昌晋源票号》(8集)等。此外,太原电视台摄制的《新星》(12集)、《天网》(13集)等也引起了较大的社会反响。这些剧目大都在全国性评比中获得了各种大奖。《上党战役》(7集)、《大敌当前》(6集)、《临汾攻坚战》(6集)、《晋中大捷》(8集)、《攻克太原》(10集)、《红军东征》(8集)、《百团大战》(8集)、《毛主席过山西》(5集)等革命历史题材的电视连续剧,宣传了中共党史和山西人民革命斗争史,取得了很好的社会效果。《村官》《赵树理》《吕梁英雄传》《八路军》等作品，先后在中央电视台黄金时间播出，获得较高收视率。

在改革开放初期，电影得到了较快的发展。80年代初期是山西电影事业的黄金时期。这一时期，不仅电影院及其他电影放映场所达到了前所未有的数量，而且电影拥有广大的观众。当时，电影院一般一天要连续放映多场电影。售票口前不是排成长龙，便是拥挤不堪。一般机关和学校逢年过节都要组织放映电影。农村经常巡回放映电影，每次放映都会形成"万人空巷"的盛况。从1979年以来，由山西作家编剧或由山西电影制片厂摄制的电影多次获奖，如《泪痕》获文化部1979年优秀影片奖、第三届电影"百花奖"（最佳故事片奖）；《咱们的退伍兵》获广播电影电视部1985年优秀影片奖、中国电影家协会主办的第六届电影"金鸡奖"（故事片特别奖）、《大众电影》杂志社主办的第九届电影"百花奖"（最佳故事片奖）。山西电影制片厂拍摄了《暖春》《暖情》等多部优秀影片，先后荣获中国电影华表奖。《暖春》总投入200万元，放映以后受到全国观众的普遍好评，票房收入达到1800多万元，创造了"小厂家、小投入、大效益、大影响"的奇迹。张平的反腐倡廉小说《抉择》2000年11月荣获中国作家协会主办的第五届茅盾文学奖，获得巨大社会反响之后，上海电影制片厂把这一力作改编为《生死抉择》搬上银幕，在全国公映后引起了更大的社会反响。至1985年，山西城乡共有各类电影放映单位6527个，其中电影院210个，影剧院34个，对社会开放的礼堂、俱乐部77个，电影放映队6206个。全省97.2%的乡村都能看到电影。

3.新闻出版业

1976年粉碎"四人帮"以后，山西报刊事业阔步前进。在报纸方面，已初步形成一个以中共党报为核心的多样化、多层次的面向全社会的报纸体系。除中共山西省委机关报《山西日报》和中共各地委、市委机关报属于综合性的报纸外，《山西农民》《山西青年报》分别于1979年、1985年复刊，省总工会、省妇联、省司法厅、省科委、省经委、省教育厅、省计划生育委员会等单位也先后创办了《山西工人报》《山西妇女报》《山西法制报》《山西科技报》《科技信息报》《山西经济报》《山西教育报》《山西人口报》等，还有应运而生的《语文报》《山西广播电视报》《市场信息报》和《太钢报》等三十多家企业报。在刊物方面，《支部建设》《山西青年》等得以复刊，新创办了《晋阳学刊》《名作欣赏》《山西文学》《山西民间文学》等。这众多的报刊，都各具特色，富有时代气息，向广大读者提供了良好的精神食粮。

中共十一届三中全会以后，山西的出版工作进入了前所未有的繁荣时期。山西省作家协会继承"山药蛋"流派的传统，发挥"晋军"作家的优势，实现丰富的文化资源与强势的文学艺术创作队伍相结合，组织创作了一批优秀的文学艺术作品，努力推动山西第三次文学创作高潮的形成。1984年，为适应出版事业发展的需要，除原山西人民出版社外，另成立了3个专业出版社——北岳文艺出版社、希望出版社（出版青少年读物）、山西科学教育出版社。1979年至1985年，4个出版社共出书2253种。在改革开放的新形势下，山西先后出版了一批记载革命传统的图书、思想政治读物，影印出版了《山右丛书初编》《霜红龛集》等古籍名著。

（三）体制机制改革期（2001年—2011年）

2001年至2003年是山西文化体制改革的过渡期，这一时期确定了山西文化产业的改革走向，并规划了下一步改革的目标和路径。2002年，党的十六大报告首次区分文化事业和文化产业，把积极发展文化产业作为市场经济条件下繁荣社会主义文化、满足人民群众精神文化需求的重要途径，全国范围内开始了大规模、大范围、时间跨度长达10年的文化体制机制改革，2003年，省委、省政府出台《山西省建设文化强省规划纲要（2003—2010）》，山西文化产业也开始迈入快速发展轨道。这一阶段主要呈现几个特点：一是进入快速发展轨道，产业规模不断壮大，成为拉动全省经济增长的重要动力。二是所有制结构出现显著变化，私营企业成为文化经营单位的主要类型，一些走在改革前列的文化企业成长为山西文化产业的重要品牌，三是文化体制机制改革取得突出成果。

第二次全国经济普查数据显示，2008年，山西文化及相关产业实现增加值207.75亿元，比2004年增加124.39亿元，年均增长25.6%，超过同期GDP增速；文化产业增加值占GDP的比重由2004年的2.33%提高到2008年的2.84%，对全省经济增长的贡献率达到3.1%。

1.演艺业

到2007年，戏剧"梅花奖"获奖演员达40人，列全国之首。从新剧目数量看，全年新剧目81个，其中戏曲剧目73个，占90%。从演出场次来看，全年演出场次总计2.8万余场，戏曲剧团的演出场次达2.55万场，占91%。从国内观众人次看，全省艺术院团的观众人次达2816.9万人，戏曲剧团的观众人次达2484.9万人，占88%。以上这些表明，戏剧演出仍然是山西演艺业的主体。2004年开始演出的话剧《立秋》几年之间叫好又叫座，是山西文化产业发展的里程碑。

2.广播影视业

2001年后,山西制作的许多优秀电影、电视作品在央视播出,获得了各种国家级奖项,在全国产生了极大的反响。"十五"期末,全省广播电视播出机构达到115个,节目套数由129套发展到161套;省级广播频率由5个增加到7个,电视频道由3个增加到11个(含两个数字频道);市级广播全部开通,市级电视频道达到27个,全省各县均开办了电视节目;大力推进"村村通"工程、数字电视工程、对外宣传"走出去"工程;有线用户由225万户发展到300万户;数字电视用户发展到20多万户。经营收入大幅提升,省级广播影视经营收入由2000年的0.9亿元增长到2005年的4.24亿元;全省广播影视系统经营收入由2000年的3.2亿元增长到2005年的13.2亿元,收入水平翻了两番。2007年底全省广播电视系统资产总额达46亿元,比"十五"期末增加43.7%;广播影视总收入达15.97亿元,比"十五"期末增长21%,广播影视产业保持较快发展态势。

3.新闻出版业

2007年,山西省共有报纸77种,其中,省级党报及地市党报12种,行业专业报26种,晚报都市类报8种,生活服务类报纸4种,其他类报纸27种。期刊199种,其中,社科期刊113种、科技期刊86种、内部资料性出版物404种。2007年全省报纸总发行量为211804.3万份,期刊总印数4441万册。其中,《山西晚报》以8232万元的年度广告收入,位居山西省报纸广告营业额第一名。

2007年,山西省有图书出版社8家,出版图书1945种,码洋254792.74万元,年创利润6952.35万元。音像电子出版社3家,年出版音像电子出版物92.53万张（盘），销售收入798.44万元。其中私营独资企业占所有登记注册内资企业的46.91%。如山西教育出版社成为全国文教图书市场上一支重要的新生力量，被誉为"文教新六家"之一；《英语周报》《语文报》《童话大王》等报刊成为全国发行市场的佼佼者。

2004年4月，山西日报报业集团挂牌成立，集团以《山西日报》为龙头，属下《山西晚报》《山西农民报》等10张子报，《先锋队》等3份期刊和山西新闻网网站共15种各类媒体，以集团化优势参与市场竞争。2006年12月，山西出版集团挂牌成立，标志着山西文化体制改革又迈出重要的一步，出版事业和出版产业进入一个崭新的发展阶段。山西出版集团是一个集编辑、印刷、发行、供应为一体，传统出版与现代出版相融合的大型出版传媒集团，拥有山西人民出版社、山西教育出版社、希望出版社、北岳文艺出版社、山西科技出版社、山西经济出版社、书海出版社、山西春秋电子音像出版社、山西画报社等10个出版单位，以及山西新华书店发行集团、山西新华印业集团、山西新闻出版纸张公司、山西印刷物资总公司等若干子公司、分公司，总资产23亿人民币，职工近万人。近三年年均销售收入超过26亿元，是以图书、报刊、音像、电子、网络出版、印制、发行为主业，包括出版科研、版权贸易、教育培训等业务在内的大型出版传媒企业。

2001年，山西全省有各类印刷、制版企业92家。新组建的山西新华印业有限责任公司，总体规模进入了全国印刷企业的前10位，其中，资产总额名列全国第三，产品销售收入名列全国第六。2006年底，山西省有印刷企业3501家，其中，出版物印刷企业168家，包装装潢印刷企业284家，其他印刷品印刷企业912家，全省印刷工业产值40亿元。

4.群众文化

2001年，山西省共有群众艺术馆、文化馆129个，文化站1240个，集镇文化中心740个，自然村文化室8914个，文化户21582户，群众业余文娱演出队（团）1058支。全省群艺馆、文化馆、文化站举办各种展览1724次，组织文艺活动4527次，举办文化艺术培训班1405次。近几年，山西农村兴起的"文化大院"，成为农村群众文化活动蓬勃发展的典型。壶关县有文化大院720户，其中歌舞大院50户、说唱大院80户。在晋西北地区，家庭"二人台"唱红了黄河两岸。河曲县有家庭"二人台"剧团20个，从业人员500多人，2001年演出5000余场，人均收入3000元以上。这种以家庭形式组成的"二人台"剧团，利用河曲民间流行的1万多首民歌和80多台传统曲目等文化资源，农忙时种地，农闲时唱戏，成为当地群众文化活动中一道亮丽的风景线。神池县的磨沟村是一个300口人的小村庄，全村有3个秧歌队和1个道情剧团，能自编自演40多个节目，其中有一出戏在晋、陕、蒙三省的21个县52个村庄巡回演出100多场。这些群众文化娱乐活动的案例为农村文化如何向产业规模发展提供了借鉴。

这一时期文化产业发展最突出的成就是文化体制改革，截至2011年底，全省488家经营性文化单位全部完成改革任务，核销事业单位编制1.5万余个，120家出版发行单位、154家电影发行放映和电视剧制作单位完成转企改革，163家文艺院团全部完成改革，组建了山西出版传媒集团、山西广电网络集团、山西演艺集团、山西日报传媒集团、山西广电传媒集团、山西影视集团等省级六大文化集团。

(四) 产业优化调整与提升期 (2012年至今)

党的十八大以来,经过深入的体制改革,山西文化产业发展的体制障碍得到有效扫除,全省文化产业发展迸发出勃勃活力。2013年以来,山西文化产业继续保持快速增长势头,并呈现出优化、调整、提升的特点,主要表现为文化企业发展迅速、文化精品创作取得丰硕成果、文化体制改革走在全国前列。

综合看,山西文化及相关产业的平均增速达13.8%,远高于国民经济其他产业的平均增速。截至2015年底,全省文化及相关产业增加值达到268.65亿元,较上一年增长12.11%,占全省GDP的比重上升为2.10%,全省文化法人单位数为1.6万个,其中规模以上文化企业350家;山西文化产业的平均增速高于全国文化产业增速1个百分点,综合发展水平在全国位于第二梯队,山西连续位居中国人民大学发布的文化产业发展驱动力指数前10位。

说唱剧《解放》、舞剧《粉墨春秋》等8部剧目入选国家舞台艺术精品工程,在全国名列前茅。大型广播剧《种树人》、话剧《立秋》等一批优秀文化作品荣获国家"五个一工程"奖;山西剪纸、面塑、漆器、陶瓷等一大批工艺美术作品入选"中国工艺美术百花奖"文化精品;电视剧《于成龙》、大型文化旅游类电视竞演栏目《人说山西好风光》实现收视率与口碑双丰收,成为"现象级"电视作品;2010年至2017年,电视剧、电影年均制作分别为6部、15部,2017年分别达到13部、24部。电视剧《于成龙》《铁血将军》在央视热播,收获良好口碑;电影《七儿娘》《山村母亲》获金鸡奖提名奖。同时,《歌从黄河来》《走进大戏台》《人说山西好风光》等一批广播电视节目获全国广电节目创新奖。《山西民歌音乐动画》等6部动画片入选"中国民间故事动漫工程"。电影产业快速发展，平遥国际电影展成功举办，电影院线观影人数和票房持续攀升。

平遥国际摄影大展连续举办16届，成为中国最具国际影响力的十大著名节庆之一，2013年、2015年、2017年成功举办第一届、第二届、第三届山西文化产业博览会。

组建成立了七大国有骨干文化集团，并涌现出太原高新区火炬创意产业联盟、阳城县皇城相府集团、宇达集团等一些知名的民营（集体）文化企业，有10家企业入选国家级文化产业示范基地，总数在全国31个省（市、自治区）中排名第10位；2016年8月，山西首家文化类企业——睿信智达传媒科技股份有限公司在新三板挂牌上市。

三、百年前景展望

有专家指出，未来我国文化产业的发展将呈现10个趋势，即大众化、技术化、智能化、平台化、个性化、全IP化、融合化、O2O化、金融化、国际化。到新中国成立100年时能发展成为全省高质量转型发展的新引擎和战略性支柱产业，充满着机遇，也面临许多挑战，任重而道远。展望未来，山西文化产业有可能将会在以下几方面进一步扩大发展。

（一）文化供给侧结构性改革将进一步深化

从文化产品创造主体角度看，文化大众化是一个明显的趋势。文化创造的源头本来就是活生生的社会实践。人民大众当仁不让是社会文化创造的主体。以人民为中心的发展思想，从文化产业发展角度来看，就是要推动文化产业高质量发展，健全现代文化产业体系和市场体系，以高质量文化供给增强人们的文化获得感、幸福感。

　　山西文化产业的持续健康发展需要大力推进供给侧结构性改革，首先要实现文化产品供给内容提质升级。加快文化产业提质转型升级，增加优质文化产品供给，通过加强创意创新因素，抛弃低俗的审美口味，创作出更多引导正能量、令人民群众喜闻乐见的文化作品，提升文化产业发展空间。提升民族文化认同感和自豪感、具有现实意义和思想内涵的作品将受到欢迎，精品化、独播化、创新化的内容形态更受用户青睐，大量粗制滥造、低水平内容将被市场抛弃。通过精品内容制作，文化产品供给将实现提质升级。

　　文化IP化也是未来文化产业发展的趋势之一。伴随着IP主体的消费渐成趋势，IP也衍生出其他产品参与到文化消费市场中。一方面，各大互联网平台积极布局文化IP市场，开始以文学为源头向游戏、影视、衍生品等方向进行持续布局，通过对"影、视、书、游、漫"的联动营销，打通上下游产业链条，带来基于知名IP的持续消费，通过IP与营销手段结合并变现。以大数据为基础，为文化IP内容方、品牌方提供联合营销服务，通过连接内容和电商，引进包括影视剧、动漫、游戏、艺术等在内的优质文化IP，搭建IP经济生态圈。另一方面，基于大数据定位细分的消费市场让IP改编作品更具有针对性。伴随着知识经济和网红经济的崛起，自媒体等个人IP大量涌现，通过分享优质知识和原创内容，将自身打造成为IP品牌，并在多个平台实现知识变现。网络视频付费用户未来具有巨大的发展空间。

　　随着各类文化市场主体发展，新型文化业态和文化消费模式的培育，新兴业态会不断出现。如电子游戏竞技行业，随着电竞被列入奥运项目,我国电竞相关产业链也得到了很大的发展,有可能成为山西未来文化产业发展的新兴业态。

(二)文化与经济将进一步相互渗透

除了不同文化产业之间相互融合,文化产业也逐步融合到国民经济大循环中,成为新时代促进经济转型升级的新动力。《文化产业振兴规划》《关于推进文化创意和设计服务与相关产业融合发展的若干意见》《"十三五"国家战略性新兴产业发展规划》等许多文件都对文化推动经济结构调整、转变经济发展方式的意义做了系统阐释。

在未来推动山西产业转型升级过程中,注入文化要素是必要条件。文化不仅给物质产品增加了内涵,而且赋予了灵魂。文化产业会拉动经济增长。一个景点、一个主题公园可带动周边消费。文化产品可以通过影响人们的精神世界和思想能力,通过提高劳动者的素质和技能,通过提升企业文化和体制机制文化,来推动经济发展实现质的飞跃。

(三)文化与科技融合将进一步加强

实践证明,科技的进步会极大地促进文化产业的质变和量变。随着数字文化产业迎来发展高峰,近年来,直播、短视频等应用迅速崛起,成为许多年轻人的时尚消费,数字文化产业新业态的迅速发展已经成为最大的亮点。短视频应用迅速下沉至三、四线城市,短视频用户规模和使用时长都呈现爆发式增长态势,带动行业市场规模迅速增长。互联网新业态巨大的发展潜能即将显现。2018年9月,国家发展改革委、教育部、科技部、工业和信息化部等19个部门联合印发《关于发展数字经济稳定并扩大就业的指导意见》,提出以大力发展数字经济促进就业为主线，同步推进产业结构和劳动者技能数字化转型，必将促进文化与数字科技的融合。

未来，山西文化产业将随着"互联网+"的发展成熟而加快发展进程，互联网与文化产业各行业会加速深度融合，平台化、智能化发展成为趋势，渗入传统文化产业的各个领域。虚拟技术、人工智能、物联网、区块链等技术广泛应用到文化领域，促成文化产品的颠覆性改变和文化产业的转型升级、脱胎换骨。传媒领域迅速向视频、直播领域进军，出版行业加快数字化进程，主流媒体与新媒体融合发展的势头加快。这些内容生产领域通过更加生动灵活的表现形式及移动传播渠道，会吸引大量年轻用户群体，大大提升吸引力，让优质内容增强传播力。传统文化产业加快了与互联网新业态结合的步伐，博物馆、非遗等文化资源在短视频应用上大放异彩，走进大众的视野。VR、AR、全息投影等技术更广泛地应用在博物馆展览、旅游、影视、游戏等领域，让文化以数字形态展现，加强了互动性和趣味性，成为最具科技感的文创产品。

（四）文化与旅游融合将进一步协调

随着机构改革的推进，文化与旅游的产业融合升级趋势开始凸显。随着旅游消费的加快升级，各地都更加重视文化和旅游的融合发展，通过提升文化内涵促进当地旅游业的转型升级，同时以旅游业带动盘活当地文化资源，使得文化通过旅游业的载体进行弘扬和传承。2018年3月，国务院办公厅《关于全域旅游发展的指导意见》发布，共40条，其中在第8条特别指出要提升旅游产品品质。4月，文化和旅游部、财政部发布《关于在旅游领域推广政府和社会资本合作模式的指导意见》，要求在旅游领域推广政府和社会资本合作模式。5月，文化和旅游部、工业和信息化部发布《第一批国家传统工艺振兴目录》，共383项。该目录重点选取了具备一定传承基础和发展前景，传承人群较多，有助于发挥示范带动作用，形成国家或地方品牌的传统工艺项目，并适当向革命老区、民族地区、边疆地区、贫困地区能够带动地方经济发展，扩大就业的项目倾斜。山西历史文化资源极为丰富，文化与旅游融合具有广阔的前景。

在过去的旅游业发展中，普遍存在景区同质化、文化内涵发掘不够、地域特色不鲜明等问题，今后文旅融合将在内容层面有更高要求，文化理念的加入促进了旅游产业的转型升级。未来，山西一些旅行社和在线旅游企业会加快推出更具有文化特色的主题旅游线路，各种主题鲜明的旅游线路深受人们喜爱，成为"内容旅游"新形式。主题公园、文旅小镇也会迎来发展热潮，山西传统村落和历史文化名镇迎来更多游客，历史文化和非物质文化遗产将通过旅游业的发展展现在世人面前。

（五）文化地区、国际融合将进一步扩大

文化的国际化也是未来文化产业发展的重要趋势之一。从文化产品面向市场的角度看，在数字文明时代，不同文化的碰撞、交流、交融时时刻刻都在身边进行着，不以人的意志为转移，想堵都堵不住，关起门来自娱自乐已经完全不可能。美国《纽约时报》专栏作家托马斯·弗里德曼在《世界是平的》一书中说，世界正在走向"平坦化"。在这样的时代背景下，某个国家的文化产业，必须、或者说不得不融入国际大舞台。实际上融入国际大舞台只是一种形式。本质上它是一种价值观的大"PK"，也是一个国家软实力、综合竞争力和文明水平的大"PK"。

"一带一路"倡议给中国文化产业走向世界提供了机会，也给山西文化产业发展带来了机遇。山西有悠久的历史和丰富的文化资源，有文化多样性的无穷魅力，把山西文化传播到世界各地，讲好中国故事、山西故事，开发国际文化市场，具有巨大的潜力和空间。

总之，新中国成立70年，特别是党的十八大以来，山西文化产业以前所未有的速度迅速发展壮大，日渐成为山西战略性支柱产业之一。文化产业领域风起云涌，互联网新业态的快速发展改变着文化产业发展格局，文化消费需求的提高会促进内容产业的提质升级，今后一段时期，文化产业即将进入新的发展阶段，经过以后30年的积累和发展，在新中国成立100年之际，山西文化产业未来一定会有高质量发展的广阔前景。

四、旅游产业的重大成就

（一）旅游基础设施建设取得了重大突破

新中国成立70年来，特别是改革开放40年来，随着改革开放的不断深入，旅游投入力度不断加大，山西省旅游基础设施建设成就显著，为旅游业发展奠定了基础。

1.交通建设成绩斐然

公路方面，到2017年，建成的等级公路里程达到13.91万公里，高速公路里程达到5300公里，省内及周边游通达性得到了极大的改善，连接周边客源市场的京大、京昆、二广、青兰、青银、邯长、天黎、运三、运风、霍永、五保、长临等高速公路贯通，形成了以省会太原为中心的3小时旅游圈，干线公路到景区连接段基本通畅，全省主要旅游城市和重点景区均在京、津、冀、豫、陕等省5小时车程范围。为解决"最后一公里"及乡村公路等级不高、与景区景点连接线道路不畅等问题，省文化和旅游厅联合省交通运输厅按照《山西省农村旅游公路建设规划（2016—2020年）》，启动了建设全省农村旅游公路4120公里工作，预计投资184亿元。聚焦黄河、长城、太行三大板块，以可进入性、通达性为基本要求，启动了全长3778.9公里的三个"1号公路"（黄河"1号公路"、长城"1号公路"和太行"1号公路"）国家旅游专用干线公路，同时建设全长8319.1公里连接重要旅游资源、重点旅游景区（景点）支线、连接线公路，加快构建干线串联、支线循环、面上成网的三大板块"城景通、景景通"旅游路网格局。铁路方面，由太原开往北京、沈阳、广州、上海、南京、天津、长沙、济南、兰州、西安、西宁、成都、重庆等大城市的动车开通，大西高铁（怀仁—西安段）顺利开通，京大高铁、太焦高铁正在加快推进建设，预计分别将于2019年底和2020年底建成通车。随着山西境内多条高铁的迅速建成，真正进入"高铁时代"。本省游客和主要旅游客源市场的旅游出行将会更加便捷，大大缩短了山西和上述地区的时间距离。民航方面，太原武宿机场于2007年升格为4E级，是区域枢纽机场、华北机场群成员。截至2017年11月，太原武宿国际机场开通客运航线130条，通航城市72个，货运航线1条。大同机场、运城机场、长治机场、吕梁机场、五台山机场、临汾机场相继投入使用，晋城机场、朔州机场也进入立项批准建设阶段。

2. "厕所革命"提前完成任务

近年来，山西省狠抓以厕所为代表的基础设施建设，按照"政府主导、政策先行、科学规划、督导落实、高质高效、管理先进、整体推进"的建设思路，省、市、县三级联动，齐抓共管，压茬推进；政企（景区）通力合作，形成合力，全民共建，实现了旅游景区、旅游线路沿线、交通集散点、旅游餐馆、旅游娱乐场所、休闲步行区等地厕所全部达标的目标，初步建成了数量充足、干净无味、式样精巧、环境协调、设施完善、服务优质的厕所服务体系。2015年至2017年全省累计新建改建旅游厕所2784座，其中2015年实际完成748座（任务数619座），2016年实际完成797座（任务数778座），2017年实际完成1239座（任务数1088座），连续三年均超额完成预定目标。

3.智慧旅游建设开始启动

2018年8月，山西省文化和旅游厅启动山西省智慧旅游云项目第一期建设的招标工作，山西省智慧旅游将在智慧云数据规范、数据中心云平台建设、智慧服务、智慧管理、智慧营销、数据采集以及三级保护体系建设方面得到进一步加强。2019年3月13日，作为"山西省智慧文化旅游云"的重要组成部分"游山西"APP上线试运行，调试完成以后，游客在山西下载使用"游山西"APP，真正有望实现一部手机游山西。大力推进智慧旅游建设，推进产业运行监测与应急指挥平台建设，目前进入试运行阶段。与山西大学共同建立了联合试验室，共同开展旅游统计指标测算，与移动公司、联通公司大数据平台进行合作，积极探索假日旅游大数据的应用。与省统计局签订了合作备忘录，共同建立月度国内旅游花费抽样调查、入境旅游花费抽样调查报表制度，根据工作需要共同开展专项旅游抽样调查。

（二）旅游产业规模不断发展壮大

经过70年的发展，特别是经历了改革开放以来的蓬勃发展，山西旅游产业体系已逐渐完善,产业发展已经逐步走上了规模化、规范化的发展道路,呈现出全方位、多元化的格局。截至2018年底,全省涉旅企业发展到2.4万家。其中,旅游景区景点共543家,A级以上旅游景区204家(其中5A级景区8家、4A级景区94家、3A级景区83家、2A级景区17家、1A级景区2家),星级饭店236家(其中五星级17家、四星级56家),旅行社842家,其中营业额超过亿元的8家、营业额超过10亿元的3家,3家旅行社进入全国百强。省级休闲旅游度假区50家,全国乡村旅游重点村8个,省级3A级乡村旅游示范村100个。进入全域旅游示范区创建名单的共2个市、18个县。旅游规划单位26家,其中甲级资质1家、乙级资质5家、丙级资质20家。旅游专业院校4所,设有旅游系(学院)的院校29所,持证导游1.5万名,旅游直接从业人员52万人,间接从业人员260万人。从目前来看,已初步形成了一支高、中、初级结合的职工队伍和要素市场基本配套的产业体系。

(三)旅游支柱产业地位进一步得到强化

70年来,山西旅游业经历了接待事业型到经济产业型的转变,直至今天把旅游产业作为全省的战略性支柱产业来发展。走进新时代的山西旅游业,战略性支柱产业地位更加稳固,并将迎来井喷式开发的历史节点。海外旅游接待实现了跨越式发展,入境旅游人数从1978年的1.1万人次增加到2018年的101.93万人次,增长92.66倍;旅游外汇收入从1978年的88.8万美元增加到2018年的3.78亿美元,增长425.68倍。国内旅游发展突飞猛进。国内旅游起步虽然晚于国际旅游,但由于受改革开放不断深入、人民群众生活水平快速提高、国家宏观旅游政策利好等因素影响,国内旅游如雨后春笋,增长态势非常喜人。山西是华夏文明重要发祥地之一，历史文化多元且底蕴深厚，晋商文化源远流长，地面古建筑遗存众多，佛教文化、道教文化和儒家文化在山西交相辉映，根祖文化、晋商文化、自然山水和红色文化更是深受广大国内游客喜爱。随着山西基础设施建设的加快，立体交通体系的不断成熟，旅游服务质量和水平的不断提升，以国内游客为主的周边及本地、长三角、珠三角客源市场快速形成。到2018年全省国内旅游人数达7.04亿人次，比1985年（360万人次）增长195.55倍；国内旅游收入实现6699.46亿元人民币，比1985年（0.48亿元）增长13954.21倍。旅游经济得到长足发展，到2018年，全省旅游总收入达6728.70亿元人民币，比1985增长了14018倍，相当于全省GDP的40%，比2000年的4.4%提高了35.6个百分点。旅游业对社会就业的带动作用更加显著，对促进就业有着特殊作用，特别在乡村及贫困地区，当地老百姓依托旅游资源积极发展旅游产业，对于富余劳动力转移、就地就业、实现脱贫致富，起到了极为重要的作用，旅游业已经成为对当地经济社会发展贡献最大的产业之一。到2018年末，全省旅游直接从业人员52万人，间接从业人员260万人。

（四）旅游品牌塑造卓有成效

山西旅游整体形象口号的提出。构建丰富多样、布局合理的旅游产品结构是增强一个地区旅游竞争力的重要手段，有了好的资源、好的产品，但"好酒还得会吆喝"，还需要把山西传统旅游品牌和新涌现的新产品、新品牌打包扎捆，给它们起个统一的名称，能让人一看到这个名称就想起山西来。这就需要包装提炼成一个整体鲜明的旅游形象，以加大旅游市场营销力度。在旅游主题形象口号的深化认识和研究中,山西先后通过社会有奖海选、专家研讨,确定了"中国山西,晋善晋美"和"华夏古文明,山西好风光"的宣传主题。宣传主题的确定改变了山西多年没有旅游主题形象口号的局面,更加突出体现了山西旅游的整体形象。之后,山西围绕这一宣传主题提出了一系列新的营销策略,开展了扎实的市场营销工作。

旅游营销思路的转变。政府部门担负起整体形象的宣传促销工作,把具体的线路产品营销交给旅游企业来做。为此,山西特别强化了"华夏古文明,山西好风光"的主体形象宣传,采取省市联合的方式,加强山西旅游品牌形象宣传推广,在中央电视台《朝闻天下》《今日说法》等品牌栏目中集中开展山西旅游形象宣传推广。与此同时,组织旅行社、景区参加了北京、台湾和德国、奥地利、巴西、乌拉圭、阿根廷、韩国等境内外主要客源市场旅游会展。

多种营销手段的综合运用。目前,山西已经建立起由省文旅厅统筹、企业主办、市场运作、分类指导、分层促销的机制。在促销队伍的构成方面,改变以往单一的由旅游管理机构和旅游企业促销的模式,广泛吸纳民航、铁路、大型企业人员参加,依照旅游要素市场和线路推广需求来组合宣传促销队伍,拓展了宣传范围,扩大了宣传效果。同时,山西还及时调整了客源市场定位,将以往国内旅游市场以周边省份为主,改变为向沿海发达城市拓展,实施了"东进战略",瞄准旅游消费水平较高的华东地区,与有关方面签署了战略合作协议;国际市场则以日本、韩国和东南亚为重点,巩固发展以法国为中心的欧美市场。这样就形成了一个国内国际市场联动的网络,两个市场共同发展、同步开发,实现了国内国际市场并重的发展思路,使得客源稳步增长,旅游收入快速提高。

（五）旅游产品多样化供给体系逐步形成

近年来，山西加大对以五台山、平遥古城和云冈石窟三大遗产品牌为代表的传统旅游产品进行提档升级。在做好传统的旅游产品提升基础上，大力发展"旅游+"和"+旅游"，推动旅游业与工业、体育、健康等产业的融合发展，一批旅游新业态成为国家研学、工业、健康、生态、体育等旅游示范基地（区）。大同方特城、盂县大衆温泉、吕梁孝义梦幻水上乐园、祁县千朝谷、晋中百草坡房车自驾车营地、灵石崇宁堡温泉度假酒店等一批休闲度假产品面向游客开放。《又见平遥》《又见五台山》《太行山》和临汾的云丘山、晋城皇城相府、武乡八路军文化园、晋城司徒小镇等大型红色、民俗演艺节目、非遗展示等丰富了旅游内容，永济水峪口村、贾家庄贾街、运城印象·岚山根、平陆周仓文化园等地方特色小吃更是丰富了游客的体验性，成为旅游市场的新宠。大同"环古城全民健身走"活动入选国家体育旅游精品赛事，运城圣天湖景区入选国家体育旅游示范基地，平遥古城、壶口瀑布入选全国中小学生研学实践教育基地，汾酒文化景区成为10个国家工业旅游示范基地之一，平顺县成为国家15个中医药健康旅游示范区创建单位之一，连续三年成功举办了中国（山西）国际房车露营博览会。大力实施康养旅游带动，以养心、养生、养老为主要内涵，开发全生命周期康养产品，打造"康养山西、夏养山西"品牌。探索旅游与文化、生态融合发展的新路子，支持推动左权、右玉、太原西山等区域建成省级生态文化旅游开发区。

（六）旅游体制机制改革创新焕发活力

改革是一场革命，是一个艰难的过程，山西旅游产业的改革开放随着产业的发展不断深入，体制机制问题的解决是最为困难的，但也是改革的关键点。为此，省委、省政府从旅游进入行业领域以来，就坚持不断改革创新，求新求变，不断在改革中求发展、在改革中求进步，走出了一条旅游体制机制改革的特色之路。

在旅游行政管理机构改革方面，省级层面的行政管理机构先后经历了山西省旅行游览事业管理局—山西省旅游局（副厅级事业编制单位）—山西省旅游局（省政府直属的具有行政管理职能的正厅级事业编制单位）—山西省旅游局（省人民政府直属的正厅级行政机构）—山西省旅游发展委员会（省政府组成部门）—山西省文化和旅游厅（省政府组成部门）等六次机构改革。本次机构重组，组建山西省文化和旅游厅，是贯彻落实党和国家关于机构改革方针、政策的具体举措，是立足新时代、担当新使命，增强文化自觉、坚定文化自信，推动文旅深度融合的实际行动，将对山西深化文旅体制机制改革，加快文旅重大项目建设，推进全省域国家全域旅游示范区建设，产生巨大的推动作用。目前，山西省、市、县三级文化和旅游行政管理机构改革工作已经全面完成，开始合并运行，将为山西建设文化旅游强省提供更有力的支撑，也预示着山西省文化旅游业大融合、大发展、大格局时代的到来。

在旅游经营机制创新方面，山西省结合本地的煤炭产业优势，积极引导国有大型煤炭企业和民营资本向旅游经济转型，先后探索出"地下带动地上，煤炭反哺旅游"的山西旅游特色开发模式、乡村旅游发展助推贫困地区精准脱贫模式、确立省级生态文化旅游开发区试点（享受省级开发区优惠政策）等符合本地实际的特色模式，不仅极大地解决了旅游开发投入不足的问题，而且积极带动山西经济结构调整和资源型经济转型,起到了转型突破口的作用。特别是始于2016年9月的山西省旅游景区景点体制机制改革创新工作取得了初步成效,全面激发了旅游市场主体活力,为以后旅游经营机制改革创新工作奠定了良好的基础。截至2017年6月底,全省149家景区景点基本完成"两权分离"或创新经营机制。这一举措为全省旅游业自身的转型升级提供了动力,也为整个经济结构调整注入了活力。通过景区体制机制改革创新,一方面进一步优化了要素配置,契合了旅游消费升级的需求,为实现从门票经济走向产业经济打下坚实基础;另一方面也促进了全省各级旅游管理部门旅游发展观念的转变,进一步树立了以游客需求为导向,将旅游资源转变为旅游产品的市场化观念,为下一步旅游业市场主体打造、旅游产品提档升级打下坚实基础。

(七)旅游客源市场快速拓展

近年来,山西省对内不断做好基础设施和服务设施建设,提高旅游服务质量和水平,创造良好的旅游环境,营造良好的旅游氛围,对外持续不断加大旅游市场营销和产品推广力度,采用传统传媒和新兴传媒相结合、"走出去"和"请进来"相并用等多种营销方式,不断扩大山西旅游的美誉度和旅游品牌的影响力,"中国山西,晋善晋美"一度成为国内最有影响力的旅游宣传口号,"华夏古文明,山西好风光"的旅游品牌深入人心,为塑造山西良好的旅游形象、吸引周边游客起到了很好的牵引作用。

1.省内客源仍是主力

从国内游客分布看,2017年山西省内游客占比为58.7%,比2016年的62.9%略有下降,但省内游客仍然是山西旅游的主力人群。

表7–1 国内旅游客源分布

省份	2017年游客比重（%）	2016年游客比重（%）
山西	58.7	62.9
河北、北京、天津、内蒙古、河南、陕西、山东等8个周边省市	32.4	29.3
上海、吉林、江苏、浙江、黑龙江、安徽、福建等其他22个省市	8.9	7.8

资料来源：《2017—2018年山西旅游发展分析与展望》。

2.省外客源占比提升

国内游客中，省外游客占比为41.3%，其中又以周边省份游客为主，约占32.4个百分点，国内其他地区的游客仅占8.9个百分点。

结合中国移动集团公司逍遥旅游数据平台对全省35个重点景区假日期间的游客监测情况看，2017年外省游客的十大客源地为：北京、河南、陕西、河北、内蒙古、天津、山东、辽宁和湖北。省内方面，晋中、太原、忻州的居民到访35个重点景区人次排前三位，省外城市是北京和西安最多。

3.国际客源持续增长

2017年，全省入境游客中港澳台同胞占35.13%，外国游客占64.87%。外国游客中前10位分别是：韩国、法国、美国、日本、俄罗斯、德国、新加坡、英国、马来西亚、泰国。入境过夜游客在境内平均停留时间为7天，入境旅游者人均花费为195.60美元，在全国排第22名。

（八）旅游在经济社会发展中的地位和作用越来越突出

在事业接待型时期（1949年—1985年），旅游业极大地配合了外交工作需要，产生了一定的政治效应，对于宣传中国的建设成就、加强国际友好往来，发挥了积极作用。改革开放初期，旅游在赚取外汇、筹集建设资金、促进经济建设走上快车道等方面发挥了巨大的作用。借改革开放之力，得改革开放之利，经过70年特别是改革开放以来40年的发展，山西旅游业从小到大、从弱到强，已经成为促进山西经济社会进步和推动中国旅游发展的富于活力的重要力量。在国际上，山西已经成为世界了解中国五千年灿烂文化的窗口，吸引来自五湖四海的国际游客来山西观光旅游、休闲体验，极大地增进了山西与世界的双向交流，扩大了山西在国际上的影响。在国内，山西已经成长为全国旅游大省，成为周边省份百姓出游的重要旅游目的地。目前，全省围绕建设全省域国家全域旅游示范区，以推动文旅深度融合为基本路径，做强五台山、云冈石窟、平遥古城三大品牌，隆起黄河、长城、太行三大板块，完善大运黄金旅游廊道，构建全省域旅游发展"331"新格局。[1]同时，狠抓旅游要素和目的地建设，形成了上下重视、多方参与的旅游发展格局。

五、发展历程与思考

新中国成立70年来，山西旅游的发展经历了漫长的接待事业型发展期和产业孕育期、历尽艰辛的产业形成期和起步期、高歌猛进的产业快速发展期和战略性支柱产业发展期等六个重要的发展阶

---

[1] "331"旅游布局："3"是指做强五台山、云冈石窟、平遥古城三大品牌，"3"是指隆起黄河、长城、太行三大板块，"1"是指完善大运黄金旅游廊道。

段，而今成为山西战略性支柱产业，为山西改革开放发展、山西资源型经济转型发展以及人民的幸福指数提升做出了重大贡献。

（一）接待事业型发展期（1949年—1977年）

这一时期，受国家发展宏观形势和人们的思维受限影响，旅游更多是外交活动的一部分，以外事接待为主，属于接待事业型发展时期。在这一时期，由于政治交往和经济建设的需要，中国与各社会主义国家之间的往来较多，在国际旅游接待方面，山西主要接待来自苏联、越南、罗马尼亚、阿尔巴尼亚等社会主义国家以及日本、英国等国家的宾客。比如在1967年，仅大寨就接待国外客人1497人次。"文化大革命"开始后，国际旅游接待人数连年迅速下降，其中接待国外客人较多的大寨，1971年仅接待了12人次；国内旅游活动也基本绝迹，山西旅游全面进入停滞状态。

随着"文化大革命"的结束，70年代初期世界政治格局的变化和中美建交、中日关系的恢复，中国与世界各国之间的政治、经济、文化交流日益增强，到山西旅游参观的国外客人和港澳同胞逐年增加，特别是1973年法国总统蓬皮杜参观访问大同云冈石窟以后，陆续又有许多国家元首、政府首脑和代表团相继参观访问了大寨，有力地促进了山西旅游业的恢复和发展。与此同时，太原、大同、阳泉和大寨先后都成立了旅行社。1977年仅大寨就接待了国外宾客5199人次。大寨、阳泉、大同都实行了对外有限制性地开放。1977年，中国旅行游览事业局在太原召开了全国旅游工作规划座谈会，对恢复和发展山西旅游业起到了积极的促进作用。

（二）产业孕育期（1978年—1985年）

这一时期是山西现代旅游业的启蒙、孕育阶段。改革开放以前，受当时国家发展宏观形势影响，山西旅游业与全国其他省份一样，以外事接待为主，只具备产业雏形，不完全属于产业范畴。1978年10月至1979年7月，邓小平先后针对旅游业作出五次讲话，要求尽快发展旅游业，特别是1979年7月11日至15日，改革开放总设计师邓小平在75岁高龄之时徒步登上黄山，并发表了被誉作"中国旅游改革开放宣言"的"黄山讲话"，被称为旅游产业经济的"破冰之作"。1978年以后，中国旅游业加大了改革开放的步伐，自此进入了产业发展时期。1979年9月召开的全国旅游工作会议，提出了旅游工作要从"政治接待型"转变为"经济经营型"，以后国家又提出了"积极发展，量力而行，稳步前进"的发展旅游事业的方针。1978年，山西省革命委员会外事办公室设立了旅游处，负责管理全省国际旅游接待工作。1979年3月，"山西省旅游事业管理局"正式成立，与国际旅行社太原分社、山西省中国旅行社、山西省华侨旅行社合署办公，行政隶属于山西省外事办公室。1983年山西省旅游局更名并与省外办分离，成为省政府直属事业局，加强了对全省开放景点的开发与管理，但主要职能未变，在管理上仍未形成自己的独立系统。全省除大同市因法国总统蓬皮杜的访问使海外游客增多而专门设立了市旅游局负责接待服务外，其余地市均无旅游管理机构，旅游接待服务业务仍由地市外事办公室兼管。1984年以后国内旅行社开始建立，国内旅游也开始得到了进一步发展。

（三）产业形成期（1986年—1995年）

这一时期是山西旅游业由接待事业向旅游产业过渡时期。随着我国改革开放的不断深入和旅游业的不断发展，旅游活动的经济文化特性和综合带动功能被逐渐认知。1986年，国务院决定将旅游业纳入国家"七五"计划,正式确定其国民经济地位。随后在1991年,国家"八五"计划中,正式明确将旅游业的性质定为产业。国家政策的调整,旅游国民经济地位、产业地位的相继确立,直接推动山西旅游业由接待事业向旅游产业过渡。1986年初,山西省旅游局成为山西省人民政府直接领导下的全省旅游行政管理机构,同时批准实施全省旅游业"七五"发展规划,旅游业开始纳入国民经济和社会发展计划,设立旅游事业费和旅游基本建设专项建设资金,尽管这些资金量小且不稳定,但标志着旅游业开始进入全省经济发展计划。1988年,山西省人民政府为了加强对全省旅游经济工作的领导,专门成立了由主管省领导牵头的山西省旅游事业委员会。这一机构的成立,对提高发展旅游业认识,协调和发展山西旅游事业发挥了积极的作用。1988年、1991年、1993年三次声势浩大的山西省旅游业发展战略研讨活动为发展山西旅游业进行了有力宣传和动员,促进了全省各界认识的提高和观念的更新。在这期间,10多个旅游资源丰富的地(市)、县(区)相继成立了旅游局或其他形式的旅游管理机构,旅游产业要素市场开始建立,经营体系初步形成,资源开发逐步升温。经过多方努力,全省50多个有发展旅游基础条件的县(市)、区和100多个景点景区相继对外开放,旅游业发展的大环境得到了一定程度的改善。不少地(市)、县(区)在财政困难的情况下仍拨付了一定的基础资金用于旅游资源开发和基础设施建设,引导和带动全社会发展旅游业的积极性。在这一时期,大同—恒山—五台山—太原的中国古代文化艺术游被列为国家重点旅游线路,推出云冈石窟、恒山、五台山、晋祠、关帝庙、壶口瀑布等一批国内外知名产品。初步形成国际旅游以日本、西欧和东南亚以及港澳台地区为主体，国内旅游以京、津、陕、豫、蒙等周边省市为主体的客源市场格局。经过"七五"和"八五"旅游规划的实施，到1995年，根据原山西省旅游局统计，全省旅行社发展到37家，其中一类社3家、二类社7家、三类社27家。全省旅游星级饭店28家，其中三星级8家、二星级18家、一星级2家，全省旅游从业人员10899人。全省接待国内旅游者977万人次，接待海外旅游者59482人次，组织出国旅游1340人次。全省旅游外汇收入达2061.62万美元。在这一时期，山西旅游成功实现了由事业接待型向经济产业型的转变，主要表现为：旅游产业要素市场开始建立，旅游市场开拓工作日益加快，旅游经营体系初步形成，旅游资源开发逐步升温；旅游景点相继对外开放，旅游企业逐年增加和扩大，旅游产业初具规模，逐步形成以大同、五台山、太原、临汾为重点的国际、国内旅游业同步发展的格局。

（四）产业起步发展时期（1996年—2000年）

自"九五"以来，已整体进入产业化起步发展阶段。1998年，中央经济工作会议正式提出把旅游业作为国民经济新的增长点来抓，对旅游业进行了产业定位。1999年，中央经济工作会议又重申了这一方针。产业定位的确立，为产业起步发展奠定了良好的基础，自此山西旅游产业开始进入起步发展期，主要表现为：旅游业发展环境明显改善，资源开发速度加快，产业规模逐渐壮大，一批新的适应国内外旅游者需求的旅游产品线路、项目不断推出；旅游产品开始向高级化、营销市场化进展，旅游宣传力度也不断加大，全社会兴办旅游、推动旅游大发展的高潮在形成中；国际、国内客源市场得到有效拓展，国内旅游客源市场拓展到全国各省、自治区、直辖市，出境旅游市场仍在形成中，本省居民出国旅游人数成倍增长，全省初步形成了入境、出境、国内旅游同步发展的格局。

（五）产业快速发展时期（2001年—2015年）

进入新世纪以后，随着国民收入的不断增长，"双休日"和"五一""十一"黄金周休假制度的实行，"有钱"又"有闲"，使广大国民释放出巨大的消费潜力，大大催生了国内旅游业的快速发展，出境旅游也成为一种常态。这一阶段是山西旅游产业快速发展时期。全省旅游业紧紧抓住国家实施中部崛起的战略机遇，按照产业自身规律谋划旅游发展，制定并实施了"三个转变""六项调整"战略，概括出了"华夏古文明，山西好风光"和"中国山西，晋善晋美"旅游整体形象，走出了一条"规划为纲、市场为先、线路为形，文化为魂"的产业发展路子。主要表现为：旅游业发展环境逐步改善，产业规模不断扩张，旅游经济质量明显提高；旅游生产力水平不断提高，全省旅游接待体系日益完善，海外旅游、国内旅游、出境旅游三大市场快速发展，[1]旅游市场接待人数快速增长，为加快旅游业发展奠定了良好基础。"十二五"时期，全省旅游总收入由2010年的1083.46亿元增长到2015年的3447.5亿元，增长3.15倍，年均增长24.74%；全省累计旅游总收入11755.05亿元，是"十一五"时期的3.16倍；全省接待人次由2010年的1.26亿人次增长到2015年的3.61亿人次，增长2.69倍，年均增长24.37%。

（六）战略性支柱产业发展时期（2016年至今）

"十三五"时期是山西文化旅游业转型升级、提质增效的攻坚

---

[1] 2014年起，海外旅游相关指标采用新口径。

期。在"十三五"的开局之年——2016年，山西省委、省政府提出了把文化旅游业培育成为山西战略性支柱产业和建成富有特色和魅力的文化旅游强省的目标。自此，山西进入战略性支柱产业发展阶段。从国家层面上，进入"十三五"时期，为了应对经济新常态，统筹协调发挥旅游产业在经济社会发展、人民生活改善和脱贫攻坚中的生力军作用，原国家旅游局审时度势，提出了"全域旅游"的发展模式和理念并已上升成为国家战略，国家旅游发展从整体上进入"全域旅游"发展阶段。2017年国务院《关于支持山西省进一步深化改革 促进资源经济转型发展的意见》（国发[2017]42号），明确提出山西到2020年初步建成国家全域旅游示范区的目标。目前山西已有2市、18县入选国家全域示范区创建名单，其中，阳城县、洪洞县、平遥县已经进入全国首批全域旅游示范区公示名单。2017年在晋中召开的全省旅游发展大会上，省政府提出了"锻造黄河、长城、太行旅游新品牌，开创文化旅游融合创新大格局"的新理念和新思路。山西旅游产业当前及今后一段时间的发展重点，就是在继续做优五台山、云冈石窟和平遥古城三大旅游品牌的同时，以三大板块为支撑，大力发展具有山西特色的文旅融合发展，推进山西旅游全域化发展。主要表现在：山西全域旅游发展势头强劲，旅游发展各项指标快速增长；乡村旅游发展风生水起，以旅游带动精准扶贫、精准脱贫亮点频出；"旅游+"和"+旅游"蓬勃发展，新产品新业态不断丰富；旅游体制机制改革强势推进，旅游综合治理渐成体系。

发展思考：

回顾新中国成立以来山西旅游业70年的发展历程，在取得了巨大的发展成就的同时,也积累了不少宝贵的发展经验,当然也有坎坷和教训。站在新时代、新征程的起点上,旅游已经成为人们的一种生活方式,旅游产业已经成为山西的战略性支柱产业,全面进入大众旅游新阶段、全域旅游新时代,人民对美好生活的向往和现代游客消费多元化的个性需求,对旅游产业提出了更高、更新的发展要求,深刻剖析、着眼解决山西旅游发展中存在的现实问题,正是回应这种新的要求、新的期待。

1.旅游政策供给总体不足

总体来说,山西旅游发展的政策供给方面仍存在很大的不足,具体体现在:

顶层设计和统筹规划不足。旅游产业要实现从门票经济走向产业经济、从景点旅游走向全域旅游,旅游政策的供给迫不及待。"不谋全局者,不足谋一域"。没有顶层设计和"四梁八柱",走起路来就会迷茫。政府部门要责无旁贷地搞好顶层设计,为企业创造好的发展环境,让产业主体强身健体。

政府整合资源不够。政府各部门关注旅游、重视旅游、统筹协调发展旅游的情势这两年才初步形成,比起旅游发达省区慢了一步,也就落后了一步。

财政投入有限。由于各级财政不宽裕,特别是市、县级财政,发展旅游的预算十分有限,多数地方没有固定预算,只是按项目申请,有的县基本没有财政投入。

政策落地性不强。近年来出台的一系列促进旅游产业发展的政策措施,涉及产业促进、旅游投融资、新业态培育、乡村旅游、土地供给、休假制度改革等方方面面,但是从落地性来讲,存在部门协同不够、相应的配套实施办法细则缺乏、力度不够、考核机制不健全的问题，存在政策"空转"、促进产业发展的作用不突出的现象。比如在用地方面，旅游业是一个综合性产业，涉及多种行业，用地需求较大，用地类型比较复杂，不仅要用到建筑土地、农林用地，还涉及未利用土地等。在我国的土地使用类型中，旅游用地一直被归为与商业用地、娱乐用地并列的盈利性较强的建筑用地。在对土地的利用分配过程中，旅游业相对于工业用地、农业用地、建设用地，一直处于弱势，没有优先权。

2.旅游产品结构不够优化

通过旅游业供给侧改革提高中国自身旅游供给能力的理念和内容，包括产品供给求创新、融合发展多业态、旅游区域发展有特色、公共服务精细化等，首要在于产品供给创新。

山西旅游发展中存在的矛盾和问题，核心问题集中在旅游产品供给侧。供给侧出了问题，造成了客源市场的不平衡，也导致发展潜力不足及不可持续的隐患。从旅游线路看，空间、功能上的有机规划整合不够，景区景点分散，形式单一，品种不齐全，尚未形成区域优势线路和特色板块；既有线路水平不高、挖掘不深、包装不精，新兴线路开发不够，旅游市场拓展乏力。从目的地建设看，已开发景区景点数量高达500多处，其中A级景区达到143家，包括5A级景区8家、4A级景区94家、国家级和省级工农业旅游示范点139个，但旅游产品单一雷同，仍然以门票经济、近距离重复投资、差异化不强为主，而综合消费、体验经济的休闲度假产品仍供给不足，存在市场面窄、留不住人、盈利手段单一的问题。有些地方片面追求等级景区、旅游饭店、旅行社、乡村旅游点的数量变化，把上项目、建景区认为是供给侧结构性改革，而对于已建成的旅游项目的产出、供给、效率和可持续的问题则关注不够，不仅造成大量资源浪费、要素错配，而且加重了有效供给不足、供给水平不高的问题。从配套服务看，公共服务水平较低，智慧旅游建设滞后，吃、住、行、游、购、娱六要素发展不协调，旅游产业链尚未形成。旅游基础设施建设相对滞后，交通运输、游客集散等旅游交通公共服务体系不健全，从主干线到各景区的"断头路"现象依然存在，景区标识标牌数量不足、用语欠规范，许多地方围墙里面风景极佳，外围环境混乱不堪，景区内外"两重天"。反映到客源市场上：一是国际游客数量少。2016年山西海外游客数量只占游客总数量的0.2%，大大低于全国3.11%的水平，客源市场仍以省内游客为主，占游客总体的62.9%；省外游客则以北京、河北等周边省份的游客居多，客源辐射面依然狭窄。二是高端游客比例低。多数游客依然是以"游览观光"为主，占比37%；其次为休闲娱乐，占17.6%，宗教旅游，占16.9%。三是平均消费水平低。2016年山西国内游客人均消费962.77元，其中交通消费266.44元、参观游览消费164.82元，分别占到人均花费的27.7%和17.1%，购物和娱乐消费最低，分别是111.7元和99.2元，占人均消费的11.6%和10.3%。游客停留时间较短，过夜游客在山西的平均停留时间为2.57天。如此看来，山西的旅游有效供给不足影响到了旅游市场需求，无效供给过剩又大大加剧了产品的恶性竞争，说到底是供需错配问题。

3.旅游公共服务体系化建设滞后

近年来，山西围绕三大旅游目的地、三大旅游板块和一条旅游廊道，加强旅游基础配套建设，提升旅游便利化水平有了新突破、新进展。但相对于旅游市场服务，山西的旅游公共服务的短板问题更加突出，具体体现在旅游公共服务供给分布不均、效能不高，不平衡、不均等、不可持续等问题亟须解决，补齐短板任务十分艰巨。

随着大众旅游新时代的到来，游客对旅游公共服务的便利性、及时性、移动性等要求不断增强，传统旅游公共服务难以满足现实需求，出行难、停车难、如厕难等问题在部分地区长期存在，旅游公共服务低水平供给在短期内难以改观。同时，旅游公共服务存在重建设、轻管理，重硬件、轻软件等问题，精细化不足、专业化不强，整体运营效能低下，旅游公共服务品质与游客期望和旅游业发展要求存在较大差距。如旅游厕所，一些建成厕所管理不到位、不精细，尤其是旅游公共服务信息化的规划引领不够，顶层设计不足，建设投入缺乏保障。旅游资源基础数据库、公共服务信息化平台等建设推进不畅，新型信息技术行业应用不足，旅游公共信息服务供给存在碎片化、硬件化问题。在市场监管和安全管理方面也时有问题发生，影响了美丽山西形象和旅游业持续健康发展。

4.综合环境整治任务突出

近年来，省委、省政府高度重视生态环境保护工作，全面加强生态环境保护，牢固树立"绿水青山就是金山银山"的发展理念，决胜全面建成小康社会，打好污染防治攻坚战，在提升生态文明、建设美丽山西方面，取得了明显的成效。但个别地区和节点环境污染问题仍然突出，环境保护工作依然艰巨，突出表现在：全域旅游要求全域环境整体优化，但是在环保设施和手段落后的广大农村环境污染现象仍然严重，垃圾围村、塑料袋飞扬仍是普遍现象；部分通景公路、旅游风景道两侧污染企业严重影响旅游环境，建筑垃圾、生活垃圾较多，影响了山西的旅游形象；大多数景区的绿化、美化、亮化大都较差，景点外面的环境卫生普遍不好，形成了景区内外"两重天"的现象。此外，个别旅游景区市场秩序混乱，个别景区（点）欺客宰客、过度商业化、强拉强卖等市场秩序问题比较突出，成为影响全省旅游业整体形象的焦点。

六、前景展望

着眼未来山西文化旅游业发展，把文化旅游业培育成山西国民经济和社会发展的战略性支柱产业，需要进一步解放思想，更需要整体推进事关山西全域旅游发展的三大板块旅游发展取得重大突破。

（一）明确战略定位，加强统筹协调

落实"把文化旅游业培育成战略性支柱产业，把山西建成富有特色和魅力的文化旅游强省"的目标，需要全省各级党委、政府切实把文化旅游战略性支柱产业培育放在当地经济社会发展全局中去谋划。旅游是综合性产业，综合产业就需要具备综合思维，就需要综合部门来抓。目前，全省及11个市级文化和旅游行政管理部门都已更名成立，旅游巡回法庭、旅游公安、旅游工商分局也在部分地区和部分景区成立，旅游综合协调机制和旅游综合治理体系正在逐步形成。但作为全省旅游重要抓手的县级文化和旅游部门在组建成立上，缺乏成熟的推进模式和相关政策，进展缓慢。即便是已经成立的个别县级文旅部门也是在原文化局基础上成立的，原有的旅游局（或旅游服务中心）干部职工受原机构编制属事业编制影响，无

法进入行政编制的文旅局,只好不改变单位属性和编制属性屈身于文旅局下面成立二级机构旅游服务中心,存在入编难的现象,大大挫伤了广大干部工作的积极性。亟须在新一轮机构改革中,深入研究,综合施策,出台在机构编制方面的倾斜性政策,促进县一级文化和旅游局加快理顺体制,并以此为契机建立健全领导机制和工作机制,完善县级文化旅游管理机构。同时,要强化各部门在战略规划、产业政策、区域合作、综合协调、市场培育、公共服务、行业监管等方面的统筹协调职能,树立"全域旅游一盘棋"思想,各尽其职、各负其责,密切协作,加强配合,合理做好促进文化旅游业发展的各项工作。

(二)强化政策支持

严格落实国家和省里出台的加快旅游产业发展的各项扶持政策,发挥山西建设国家资源型经济转型综改试验区的政策优势,抓住制约山西旅游业发展的财政资金投入、投融资、旅游用地、人才引进与培养等关键因素,适时研究出台山西加快促进旅游业发展的扶持政策。

在财政资金投入方面,逐年加大旅游发展专项资金的扶持力度,设立省级旅游产业促进基金。支持企业通过政府和社会资本合作(PPP)模式投资、建设、运营旅游项目。

优化土地利用政策,出台多规融合保障旅游用地,分类精细化弹性供地,完善集体土地参与旅游开发制度,创新旅游扶贫用地政策。

加大对旅游新产品新业态的政策扶持力度,及时调整旅行社组接团奖励办法,加大政策资金智力支持力度,形成明确的激励导向，加速壮大旅游产业。

（三）全力推动山西全域旅游发展

在继续做强做优五台山、云冈石窟和平遥古城三大旅游品牌的同时，全力做好"黄河、长城、太行"三篇旅游大文章，完善大运黄金旅游廊道，全力推动山西全域旅游发展，是打造山西文化旅游战略性支柱产业的重要抓手。因此，一定要坚持顶层设计，规划先行。抓紧出台《山西省委、省政府关于促进全域旅游发展的若干意见》《山西省全域旅游发展规划》《山西省促进全域旅游发展实施方案》等相关政策文件。同时，要着力项目突破。围绕市场需求导向，注重策划创意，深入推进产业跨界融合，建立兼具观光休闲度假功能的旅游产业项目库，培育打造一批研学旅行、体育运动、健康养老、生态旅游示范基地，因地制宜规划建设一批旅游特色小镇、田园综合体，开发建设一批资源品位高、配套条件好、市场潜力大、组合能力强、带动作用显著的精品旅游项目。

（四）继续加大中部旅游带发展的支持力度

毋庸置疑，整体启动黄河、长城、太行山旅游发展，是一项具有深远战略眼光的顶层设计。山西旅游今后的发展要重视黄河、长城、太行三大板块旅游品牌打造，但同时也要继续甚至更加重视以传统的大运黄金旅游廊道为重要依托的中部旅游带的发展。中部旅游带的范围，除去与本次《黄河、长城、太行三大板块旅游发展规划》中的主体区重合部分之外，大致北起汾河源头，南至汾河入黄处，包括忻定盆地、太原盆地、临汾盆地三大盆地，亦即沿汾河或者同蒲铁路的左右两边。这个区域或者板块的旅游发展在改革开放初期较早启动，不仅旅游资源丰富且禀赋好，形成了一批如芦芽山、晋祠、平遥古城、乔家大院、王家大院、洪洞大槐树景区等重量级景区，也是山西"华夏古文明"旅游的重点区域，而且经济发达、交通便利、人口稠密，是山西传统的旅游热区、山西旅游形象的代表性区域，在国内外广大游客心目中具有较高的知名度和美誉度。这个区域的旅游开发不但可以为黄河、长城、太行山旅游发展提供经验，而且具有空间及地域凝聚作用。因此，一定要进一步加大支持力度。继续完善配套建设旅游公共服务体系，提升旅游服务品质，提高旅游便利化水平。加快对传统景区（点）旅游产品升级，加大文化创意力度，提升文化内涵，融入更多当地文化元素，促进旅游与文化的有机融合，延伸产业链条，形成若干个以大型景区、旅游城市或者旅游综合体为主体的主题鲜明、特色突出、业态丰富、配套健全的旅游集聚区，进而实现打造山西全省域旅游强省目标。

（五）加强人才队伍建设

加强旅游学科体系建设，优化专业设置，深化专业教学改革，大力发展旅游职业教育，整合山西旅游教育资源，筹建山西旅游学院。建立完善旅游人才评价制度，培育职业经理人市场。加强与高校、企业合作，建立一批省级旅游人才教育培训基地，加强导游、景区管理人员、旅游行政执法人员、旅游规划设计人员、乡村旅游从业者等人员培训，不断提高素质和能力。鼓励专家学者和大学生积极参加旅游志愿者活动。把旅游服务从业人员纳入就业扶持范围，落实相关扶持政策。支持旅游科研单位和旅游规划单位建设，加强旅游基础理论和应用研究。

"雄关漫道真如铁，而今迈步从头越"。回顾新中国成立70

年来旅游业的发展历程，正是由于改革开放催生了山西旅游业从无到有、从小到大，可以说，旅游业是改革开放的产物，没有改革开放，就没有现代意义上的旅游业。

当前旅游业已经进入国民休闲和大众康养旅游时代，全域旅游已经成为国家战略，更需要坚持以习近平中国特色社会主义思想为指导，深入贯彻党的十九大和习近平总书记视察山西重要讲话精神，把人民对美好生活的向往，作为一切工作的出发点和落脚点，坚持问题导向，着力解决旅游领域不平衡不充分发展的难题，更需要把新时代、新思想转化为谋划山西旅游产业发展的正确思路、促进产业发展的科学决策和领导产业发展的实际能力，把旅游产业放在区域经济发展的大局中，使全省人民生活水平向更高的全面小康目标迈进。

参考文献

[1] 杨茂林，高春平主编.建国60年山西若干重大成就与思考.山西人民出版社，2009.

[2] 高建民主编.2008山西文化产业发展报告.山西人民出版社，2008.

[3] 李旺明，苗长青.当代山西经济史纲.山西经济出版社，2007.

[4] 李立功主编.当代中国的山西.中国社会科学出版社，1991.

[5] 山西省史志研究院编.山西通史·当代卷（下）.山西人民出版社，2001.

[6] 张晓明，胡惠林，章建刚主编.2003年：中国文化产业发展报告.中国社会科学文献出版社，2003.

[7] 快速发展的山西文化产业——改革开放40周年山西经济社会发展成就系列分析报告之十五.资料来源：省统计局，山西省人民政府网站，http://www.shanxi.gov.cn，2018年11月9日.

[8] 夏骐鹬.改革开放以来山西文化产业发展回顾与展望.前进，2019 (2).

[9] 李建臣.我国文化产业十大趋势.光明日报，2018-5-29.

专题八　山西农村的改革成就

新中国成立后,旧中国长期受剥削压迫的广大翻身农民当家做了主人,如何尽快让农民富裕起来,农村走上共同富裕的集体化道路,进行社会主义新农村建设,是毛主席、党中央和各级人民政府关注的头等大事。为此,山西农村基层政权设置多次变动,长治地委率先摸索,经历了新中国成立初期的互助组、初级社、高级社、人民公社化、乡镇政权。与此同时,在党中央和各级政府的重视扶持下,20世纪五、六十年代山西农业战线捷报频传,广大农村涌现出李顺达、申纪兰、吴吉昌、武侯梨、陈永贵、郭凤莲等一大批劳动英雄、植棉能手、种田模范。农村革命军烈属受到政府关注、重视、优抚和体恤,广大农村青年踊跃参军,"一人参军、全家光荣"蔚然成风。70年代一大批城市知识青年"上山下乡",给偏僻落后的山村注入新鲜血液、蓬勃生机和活力,一批农村优秀青年被推荐上了大学,进入国家机关。山西农村和全国一样,正在发生着翻天覆地的巨大变化。

在我国,最早使用社会变迁、转型概念研究中国农村社会,并将乡村建设论进行局部试验的是民国年间的晏阳初、梁漱溟、费孝通诸先生。改革开放后较早的是中国社会科学院社会学所李培林研究员。他通过对1979年后中国改革开放的一系列社会变化观察分析,认为中国已进入了新的社会转型期。转型的主要内容是中国由自给、半自给的产品经济社会向社会主义市场经济社会转型。陆学艺、景天魁等认为,社会变迁和转型是指中国社会从传统社会向现代社会、从农业社会向工业社会、从封闭性社会向开放性社会的变迁和发展,并将社会转型纳入现代化过程。

新中国成立前,山西省农村医疗条件十分落后,卫生状况恶劣,全省农村无一所公立或者集体办的医疗卫生机构,只有一些个体诊所和少部分游医郎中,农民大都缺医少药,甚至无医无药,享受不到最基本的医疗保健服务,时有传染病暴发流行,地方病肆虐,全省人均寿命只有35岁左右。

新中国成立后,农村医疗最大成就是培养了一支以贫下中农为主体的赤脚医生队伍和开展群众爱国卫生运动。据不完全统计,1974年全省赤脚医生队伍5万人,仅晋东南地区就达9753人,其中有妇女2235名,占赤脚医生总数的23%,有党、团员2819名,占30%。这批赤脚医生和卫生员,经过培训和医疗实践,业务技术有了很大提高,一般都能用中西两法防治常见病、多发病,有的还能治疗一些疑难病症。但据1977年底统计数字,全省尚有5000个生产大队没有实行合作医疗。(见表8-1)

表8-1　1977年底山西省农村合作医疗情况表

单位:个

单位	大队数	已实行合作医疗	%	未实行合作医疗
太原市	1119	1074	96	45
大同市	357	346	97	11
阳泉市	188	188	100	—
长治市	150	146	97	4
雁北	3689	3367	91.2	322
晋中	4298	3830	89.1	468

续表

单位	大队数	已实行合作医疗	%	未实行合作医疗
忻县	4719	2632	55.7	2087
吕梁	4046	3215	80	831
临汾	2890	2182	75.5	708
运城	3060	2847	93	213
晋东南	5322	5050	95.1	272
合计	29838	24877	83.31	4961

资料来源：《关于认真培训提高赤脚医生，办好合作医疗的通知》，山西省卫生局晋卫医字 [1978] 308号。

1957年党的八届三中全会对除四害、讲卫生、消灭疾病为中心的爱国卫生运动进行了讨论；1958年1月8日，党中央发布《关于开展以除四害为中心的爱国卫生运动》的通知，到1965年，卫生部门向毛泽东请示，将加强粪便管理以及保护水源、水质这两项重要措施加入农村爱国卫生运动的内容，后在此基础上发展成为"五改"。20世纪70年代，在周恩来指示下，提出了农村"两管五改"[1]的爱国卫生运动。这一时期，在周总理亲自指导下，将山西稷山县树立为农村卫生先进典型代表，于1959年11月在稷山县召开了全国农村卫生工作会，推广该县"将爱国卫生运动与治脏、治穷、治病，改造环境相结合"的经验。

山西农村文化在20世纪50到70年代从落后封建文化向社会主义新文化缓慢转变。农村说书、唱戏、庙会、赶集、电影、广播、学《毛泽东选集》、样板戏、唱红歌盛行，在党和政府的领导下，黄、赌、毒及反动会道门一扫而清，整个社会风清气正，文化生活虽简朴单调，但人民群众的精神面貌蓬勃向上。

改革开放前，山西绝大多数人口居住在农村，1952年城镇化

---

[1] "两管五改"即管理粪便垃圾和饮用水源，改良厕所、水井、畜圈、炉灶和室内外环境。

率仅为9.38%，1978年也只有19.18%。1978年至2018年，城镇化率由19.18%提升到58.41%，提高了39.23个百分点。十八大以来，省委、省政府大力推进扶贫攻坚和以人为核心的新型城镇化。2018年全省城镇新增就业55.7万人，转移农村劳动力40.9万人。全省共有乡镇综合文化站1196个，农村文化活动场所2.8万个，全省广播人口覆盖率98.8%、电视人口覆盖率99.6%。

一、农村基层政权建设历程

新中国成立后，山西农村基层政权建设经历了由政社合一到政社分设的发展演变，大致脉络是老区土改→合作化→人民公社化→乡镇，经过了乡村并存制、乡政权制、人民公社制、乡政村治等阶段。农业生产经营方式的发展演变过程为：互助组变工→三级所有、队为基础（工分核算）→包产到户→四荒拍卖（1992年）→统分结合双层经营。农村物资金融流通模式的发展演变过程为：统购统销、国营商贸、农村信用社→手工业合作社→农村供销社→社队企业→重点户、个体户→乡镇企业→集市自由贸易。基层政权组织管理模式（政社合一）的发展演变过程为：率先创办初级社→高级社→人民公社（1958年）→社改乡镇（1984年）→撤乡并镇。

（一）乡村并立时期（1950年—1953年）

1950年12月，政务院发布《区各界人民代表会议组织通则》《区人民政府及区公所组织通则》《乡（行政村）人民代表会议组织通则》和《乡（行政村）人民政府组织通则》，明确乡与行政村同为农村基层行政区划，同属区管辖，一般不设内部机构，只配备数名专职甚至是不脱产的工作人员，分管民政、公安、财政、粮食、调解等事务。同时建立民兵、自卫队组织,协助人民政府进行防土匪、防特务的治安工作等的农民协会。由此确立了乡、村并存的基层政权模式。其特点:一是乡、行政村同为农村基层政权组织,但乡建制较小,通常由一村或者数村组成,人口覆盖多在500人至3000人不等。二是乡、行政村实行议行合一。乡、行政村的人民代表会议作为乡村权力机关存在,乡、行政村人民政府作为执行机关存在。三是在乡以上设区,作为政权实体或者县的派出机关,领导乡、行政村的工作。

1950年6月,中央人民政府委员会通过的《土地改革法》第29条规定:"乡村农民大会、农民代表会及其选出的农民协会委员会,区、县、省各级农民代表大会及其选出的农民协会委员会,为改革土地制度的合法执行机关。"农会的职权是根据政府法令和上级农民协会指示及当地农民要求,决定农民运动的方针和计划,审查农民协会委员会的工作报告,选举农民协会委员会。其任务是团结雇农、贫农、中农及农村中的一切反封建的分子,遵照人民政府的政策法令,有步骤地实行反封建的社会改革,保护农民利益;组织农民生产,举办农村合作社,发展农业和副业,改善农民生活;保障农民的政治和文化水平,参加人民民主政权的建设工作。[1]

1950年12月,根据政务院公布的《乡(行政村)人民代表会议组织原则》和《乡(行政村)人民政府组织原则》,山西省确定农村基层政权为行政村政权,并在全省农村开展了民主建政工作。在1952年年底以前,全省有83%的行政村先后召开了村人民代表会

---

[1] 万其刚、李晓霞:《新中国乡级政权建设的演进》,《中国人大》,2011年第19期。

议，选举了村人民政府。[1]行政村辖自然村相当于现在的乡、镇，但比现在的乡、镇小。行政村政权普遍建立后，全省共有行政村11144个。1952年11月，察哈尔省撤销，雁北地区和大同市划回山西省，全省行政村增加为14891个。

行政村设人民代表会和村人民政府委员会。二者关系为：村人代会为权力机关，决定重大问题；村政府为执行机关，向人代会负责。村政府设村长、副村长各一人，秘书一人。

在行政村与县之间设区，区设区公所，设区长、副区长各一名，下设民政、财政、生产、文教、治安等助理若干名。[2]全省设区587个，1952年11月，全省的区增加为675个。全省每个县平均设6.4个区。到1951年底，全省普遍召开了各级各界人民代表会议，选举产生了各级人民政府，山西省的农村基层政权从此确立。

（二）乡镇政权时期（1954年—1958年）

1953年1月，山西省人民政府拟订《山西省划乡、建乡试验工作计划草案》，发出《关于实验划乡工作的指示》，随即全省各地对划乡、建乡工作进行了试验。4月13日至19日，山西省政府召开了全省划乡工作会议。会后颁布《山西省人民政府划乡工作实施方案》《山西省关于划乡工作中的几项具体问题的规定》。《实施方案》对乡镇规模确定为：

1.村庄稠密、人口集中地区，每乡（镇）管辖3000人以上，村距乡政府驻地不超过5里。

---

[1] 张隽轩：《我省五年来人民民主政权建设的成就》，《山西日报》，1954年10月7日。

[2] 孙有福主编：《山西通志·民政志》，中华书局1996年版，第35页。

2.村庄、人口比较分散的地区，每乡（镇）管辖2000人以上、3000人以下，村距乡政府驻地不超过10里。

3.地广人稀、人口分散的地区，每乡（镇）管辖1000人左右，村距乡政府驻地不超过15里。

乡（镇）设乡（镇）人民政府委员会，由委员7至13人组成，设乡（镇）长一人、副乡（镇）长1至4人、秘书1人。委员下设民政、生产建设、财政、文教、治安保卫、调解、人民武装等委员会。

到1953年8月下旬，全省划乡工作结束。建乡后，全省共设镇62个、乡6451个，平均每乡约500户，管辖范围比行政村有所扩大。

同时，随着1953年开始的社会主义"一化三改造"的深入，从互助组到初级社再到高级社的互助合作组织与乡政权组织融合，形成一种特殊的政社合一政权形式。

1954年1月，中央人民政府内务部发出了《关于健全乡镇政权建设的指示》规定：乡人民政府应设置各种工作委员会。一般应按生产合作、文教卫生、治安保卫、人民武装、民政、财粮、调解等方面的工作，分设各种工作委员会，也可根据具体情况合并或调整，最多不超过七个。

1954年《宪法》颁布后，农村基层政权出现了较大变更，主要体现在：一是原有的行政村建制取消，统一为乡建制，设立乡政权；二是在少数民族聚居区设置民族乡建制；三是乡政权的行政机关更名为"人民委员会"。四是宪法中没有提及区设置，但地方组织法为县之下、乡之上的区建制提供了法律依据。五是乡的规模有所扩大，且可以设置相应的下属机构。1957年农村开始撤区并乡，这时的"乡镇"才是今天意义上的乡镇。

1954年1月，中共中央发布《关于发展农业生产合作社的决议》。《决议》总结了办社的经验，进一步指明引导个体农民经过互助组到初级社再到高级社。到1955年初，全国发展了农业生产合作社48万多个。为了解决合作化发展中存在的问题，1955年1月，中共中央发出《关于整顿和巩固农业生产合作社的通知》。10月，中共七届六中全会通过了《关于农业合作化问题的决议》。1956年6月30日，全国人大一届三次会议通过并公布了《高级农业生产合作社示范章程》，总结了农业合作化运动由初级阶段向高级阶段发展的经验，指出合作化运动应向着高级形式发展。年底，全国建立756000个农业生产合作社，入社农户占总农户的96.3%，全国农村生产资料私有制的社会主义改造基本完成。

1.互助组

互助组是中国农民在个体经济基础上组成的带有社会主义因素的集体劳动组织，土改以后得到广泛发展。互助组内自愿互利，互换人工或畜力，共同劳动，有农忙临时互助和常年互助之分。在合作化运动中，互助组发展成为初级农业生产合作社。

早在1943年，为了克服日军"扫荡"和自然灾害带来的困难，响应中共中央"组织起来，发展生产"的号召，山西平顺县西沟村李顺达就联络6户农民，于1943年2月，建立了一个劳动互助组。这是抗日战争时期全国最早成立的互助组。互助组成立后，李顺达把自家仅有的五斗余粮和一石多谷糠分送给了组里的断粮户。然后，带领组里的青年人上山开荒。由于采取了劳武结合的办法，不仅发展了生产，度过了灾荒，而且使参军、参战和支援前线都不耽误。这年10月，在平顺县召开的劳动模范杀敌英雄会上，李顺达被评为头等劳动模范、支前模范。1944年11月，太行区在黎城县南委泉村召开了第一届群英大会，李顺达被评为"生产互助一等英雄"。1946年12月，在长治市召开的太行区第二届群英大会上，李顺达再次被评为"合作劳动一等英雄"。1951年，李顺达互助组给毛泽东写信，汇报互助组成立8年来所取得的成绩，并在《人民日报》头版头条发表。

2.初级社

初级农业生产合作社简称初级社，是中国农民在农业合作化运动中建立的半社会主义性质的农村集体经济组织，是中国农村经济由个体经济转变为社会主义集体经济的过渡形式。初级社是在互助组的基础上发展而来的。其特点：农民在自愿互利的原则下将私有土地、耕畜、大型农具等主要生产资料分社统一经营和使用，按照土地的质量和数量给予适当的土地分红，其他入社的生产资料也付给一定的报酬。初级社在社员分工和协作的基础上统一组织集体劳动，社员根据按劳分配的原则取得劳动报酬，产品由社统一支配，初级社有一定的公共积累。

1951年春，中共山西省委决定在长治专区选择具备条件的村，试办10个农业生产合作社。1951年12月，李顺达组织26户农民，在西沟办起初级农业生产合作社，定名为"西沟农林牧生产合作社"。平顺县西沟乡川底村农民郭玉恩早在1944年也是太行山区第一届群英大会的劳动模范。此时在郭玉恩互助组的基础上也创办了川底农业合作社。1952年3月1日，山西省成立了互助合作委员会，产生了互助合作运动中的典型——平顺县西沟村金星农林牧生产合作社。在试点的基础上，1953年开始朝着县、区、乡全面布局的目标发展。

　　1953年，山西全省农业生产合作社由1952年的564个发展到2242个，入社农户达53742个，占全省总农户的1.6%。中共山西省委发出《关于发展与巩固山西农业生产合作社的指示》，要求停止一般的发展农业生产合作社的工作，必须重视全部新、老合作社的巩固工作，同时必须纠正互助组的错误倾向。3月4日，中共中央华北局转发了中共山西省委《关于发展与巩固山西农业生产合作社的指示》。指出：山西省委关于目前农业生产合作社的几项措施和意见是正确的。1955年4月4日，《中共山西省委发出《关于当前巩固与提高农业生产合作社工作中几个主要问题的通知》，5日至12日，中共山西省委召开全省农村工作部长会议，研究巩固与提高农业生产合作社的措施，提出：在巩固现有农业生产合作社的基础上，有条件、有控制的发展方针。8月12日至14日，中共山西省委召开全省地、市委书记会议，传达了中央召开的省、市、自治区党委书记会议精神和毛泽东《关于农业合作化问题》的指示。会议制定了《中共山西省委关于发展巩固农业合作社的计划》，确定了今后三年内全省合作化的发展速度。1955年，山西省农业合作社的发展实践为全国农业合作化运动创造了示范经验。1955年12月出版的毛泽东主编并撰写序言和大量批语的《中国农村社会主义高潮》一书，收录了山西的《勤俭办社，建设山区》《平顺县的全面规划》《严重的教训》《看，大泉山变了样了》《关于离山县水土保持的批示》等16篇文章，在全国农业战线产生了巨大影响。1956年1月，全省掀起大办初级社第二个高潮。该年1月13日，山西省农业劳动模范李顺达、郭玉恩、申纪兰、武侯梨等响应毛泽东"关于农业合作化"工作的要求，联合向全国农业生产合作社、互助组和农民提出开展全国规模的农业增产竞赛倡议书。

3.走在全国最前列的山西农业合作化

高级农业生产合作社，是我国农业合作化过程中建立的社会主义性质的集体经济组织。1956年由初级社发展而成，规模较初级社大，其特点是土地、耕畜、大型农具等生产资料归集体所有，取消了土地报酬，实行按劳分配原则。

1952年11月，山西省第一个集体农庄长治中苏友好集体农庄建立，农庄所属全省第一个拖拉机厂——长治拖拉机厂同时成立。1956年2月，长治市及各县98%的初级农业生产合作社转为高级社。至年底，全市先后完成了对工业、农业、手工业的三大改造工作。到1956年底，全省共建成19917个农业合作社，入社农户达99.8%，其中，高级社的农户占到总农户的99.6%，标志全省实现了高级合作化，完成了农村生产资料私有化的社会主义改造。[1]高级社一般为一村一社，每社又下设若干个生产队。

对农业的社会主义改造，实现农业合作化，是社会主义制度在我国基本建立的一个重要标志。在这一极其伟大、极其深刻的社会变革中，山西以领先的地位走在最前列，为全国农业社会主义改造提供了宝贵的经验。

山西的农业合作化，是采取由互助合作到半社会主义初级合作化、再到社会主义高级合作化的逐步过渡形式完成的。因此，在实

---

[1] 刘晋英、高春平主编：《公仆刘开基》，中央文献出版社1991年版，第135—140页。

践过程中是相互交错进行的。农业互助合作，是在革命战争年代互助合作的基础上发展起来的。1943年，毛泽东发出"组织起来"的号召以增加生产、支援战争、改善群众生活和克服经济困难，发挥了重要作用。进入解放战争时期，随着战争的急需所导致的劳力、畜力、财力紧张和发展农业生产矛盾的加剧，使解放区的农业互助合作运动更加充满生机和活力，蓬蓬勃勃地开展起来，并且比抗日战争时期的互助合作有了新的发展和重大进步。

当中共长治地委把调查研究的情况及其在调查研究中产生的想法、思考、结论和建议向中共山西省委报告后，省委即根据长治地委的报告，在深入研究和把握老解放区全局情况的基础上，提出了"把老区的互助组织提高一步"的指导方针和战略任务，并且批准长治地委于1951年春在武乡、平顺、壶关、屯留、襄垣、长治、黎城等县的10个村庄试办了第一批以"土地入股，统一经营"为特征的初级农业生产合作社。试办获得了成功。当年，10个社的粮食亩均产量、社员户总产量都大大超过上年的水平，社员人均收入为互助组人均收入的118.6%，为单干户人均收入的124.7%。而且在宏观上，这种以"土地入股，统一经营"为特征的初级农业生产合作社，有利于因地种植，使地尽其力；有利于分工分业，使人尽其能；有利于购置公有生产资料，实行扩大再生产；有利于调动社员的生产积极性，提高劳动生产率；有利于和国营的社会主义经济相结合，便于把产、供、销逐步纳入国家经济计划的轨道。这表明，初级农业生产合作社这个新生事物一出世，就以比互助组更大的优越性展现了光明前途。鉴于此，中共中央在1951年9月第一次全国农业互助合作会议通过的《关于农业生产互助合作的决议（草案）》

中，即肯定了山西以"土地入股，统一经营"为特征的初级农业生产合作社，并且要求各地党组织遵循"积极发展，稳步前进"的方针和自愿互利的原则，在大力发展各种形式的农业生产互助组的同时，有选择、有重点地试办初级农业生产合作社。依照中共中央的《决议》精神，山西省委、省政府一面继续大力发展农业生产互助组，一面继续试办初级农业生产合作社。到1952年底，全省的互助组发展为199120个，入组农户占总农户的42%；初级社发展为564个，入社农户占总农户的0.4%。

在国民经济恢复任务完成以后，从1953年起，新中国开始进入有计划的经济建设和大规模的对生产资料私有制的社会主义改造时期。这年2月，中共中央把曾以草案形式发给各地试行的《关于农业生产互助合作的决议》修改并正式公布。同年12月，又作出了《关于发展农业生产合作社的决议》。在两个《决议》精神的指引下，全国各地在大力发展农业生产互助组的同时，也将试办初级农业生产合作社的工作普遍推广开来。在山西，先是经过典型示范、全面部署和大发展三个阶段，到1955年底，全省基本实现了半社会主义的初级农业合作化，接着，又用两三个月的时间，到1956年2月，实现了全省的社会主义高级农业合作化。仅用5年时间，山西就在全国最早基本完成了对农业的社会主义改造任务，差不多比全国提前一年。

诚然，从全国来看，在这项工作中，尤其是在1955年夏季以后，发生了"要求过急，工作过粗，改变过快，形式也过于简单划一"的"缺点和偏差"，"以致在长时间遗留了一些问题"。但就整体来说，它无疑是"我们党创造性地开辟了一条适合中国特点的社会主义改造的道路",的确是一场"深刻的社会变革"和"伟大的历史性胜利"。它"使中国广大农民群众彻底摆脱了小块土地私有制的束缚,走上了合作经济的广阔发展道路,开创了建设社会主义农村的新时代";它"为实现国家工业化和推进对资本主义工商业及手工业的社会主义改造,创造了有利的条件","为促进农村生产力的发展也打下了好的基础"。

起初,中共山西省委和华北局围绕互助合作争论持续了长达5个月时间,直到1951年8月初毛泽东明确表示"山西省委的意见是正确的",这场争论方告结束。从创办初级农业生产合作社到农业合作化的胜利完成,中共山西省委所表现的那种尊重实际、坚持真理、勇于开拓、团结奋进的精神风范和高尚情操,实在是感人肺腑、催人泪下的。而且这种风范和情操,无论在过去、今天和将来都是一笔极为宝贵的精神财富。

4.并乡撤区

高级社这种社大乡小状况使乡一级政权无法发挥作用,对此山西省委、省政府决定对乡进行适当合并,而乡的规模扩大后与区的建制形成重复,于是省委、省政府决定取消区的建制。1956年3月19日,山西省人民委员会第13次会议正式通过了《关于扩大乡的行政区划和撤销县级区的建制的实施方案》。撤销了全省县辖区建制,并实行了小乡并大乡。乡的规模为:平川乡每乡2200户左右,丘陵区每乡1100户左右,山区650户左右。全省合并为2990个乡、115个镇,并确定600个地域适中、交通方便、人口集中,又为当地政治、经济、文化、交通中心的乡(镇)为社会主义新型的集镇乡(镇)。乡人民政府委员会由7至13人组成,下设民政、财粮、武装、文教、卫生等5个委员会及民兵分队部。乡干部编制为1万人口以下的乡7人，1万至1.5万的乡8人，1.5万至2万的乡9人，2万人口以上的乡10人，集镇乡（镇）再增2人。乡（镇）一般设乡（镇）长一人，负责全面工作，副乡（镇）长1至2人，协助乡（镇）长工作。下设分管民政、财粮、武装、文教、卫生等的工作人员若干名。[1]

（三）人民公社时期（1958年—1980年）

1958年初，毛泽东正式提出农业生产合作社要实行小社并大社的主张，下半年开始，我国由高级社进入了人民公社时期。到10月底，全国农村已基本实现了人民公社化。人民公社实行政社合一体制，镇党委改称公社党委，原镇人民委员会改为社务委员会，受县人民委员会的领导，下设各种管理机构，负责管理生产建设、财政、粮食、文教卫生、民兵、民事调解等。生产大队（管理区）是分片管理工农商学兵和进行经济核算的基本单位。生产队是劳动组织单位。公社兼有国家行政管理和集体经济经营管理双重职能。1962年6月，中共中央《农村人民公社工作条例修正草案》规定：人民公社的管理层级可以是两级，即公社和生产大队；也可以是三级，即公社、生产大队和生产队。生产大队一般设大队长1名，副大队长1至2名，治保、调解、民政等委员各1名，设民兵连（或营）长1名，仍保留妇联、共青团等职数。

人民公社规模要大于乡建制；实行三级所有，队为基础管理模式；强化了对乡村社会的控制，但超越了当时社会生产力水平，阻碍了社会生产的发展和劳动者积极性的提高。

---

[1] 孙有福主编：《山西通志·民政志》，中华书局1996年版，第35—36页。

山西的公社化运动始于1958年7月中旬。中共长治地委率先试办了22个人民公社。7月12日,长治专区潞安县南垂乡的中苏友好集体农庄和进华、团结、五一等18个农业合作社成立了山西第一个人民公社——中苏友好人民公社。8月19日,长治专区平顺县宣布全部实现人民公社化运动。此后,人民公社化运动即以破竹之势在长治地区蓬勃展开。从8月19日至24日6天内长治地区全部实现人民公社化运动。[1]之后,全省的人民公社化运动也迅速发展起来。从8月下旬到9月上旬,仅20多天时间,山西的人民公社化便迅速完成。9月13日,《山西日报》报道:"全省农村实现人民公社化。"经过公社化,全省农村2.1万多个高级农业合作社合并为890个人民公社,随后又合并为658个人民公社。

北戴河会议后,中共山西省委召开一届十次全委(扩大)会议,通过了《关于人民公社若干问题的意见》。《意见》指出:社员的生产资料,在转公社时,凡农业社已作处理的,不再变动,仍按原规定处理。社员没有入社的生产资料,如大牲口、农具、副业工具、运输工具、成片树林、果园、房基等,应一律收归国有。社员私有的缝纫机可以作价入社。社员的自留地应全部收归社有。社员出租的房屋应无偿入社。单干户加入公社,除按公社规定,留下少量的家畜、家禽外,应将全部土地、牲畜、林木、农具等生产资料转归公社所有。如在加入公社前将生产资料出卖、屠宰、砍伐的,入社时补交现金。各个农业社合并为公社,应将一切公有财产交给公社。公社实行供给制、工资制等。

---

[1] 《长治区实现人民公社化运动》,《山西日报》,1958年9月3日。

实行公社化后，之前的高级社改为管理区。原来一般是一村一个高级社，公社化后，变为一村一个管理区，每个管理区下设若干个生产队。[1]

(四)"社改乡"时期（1980年—1985年）

1978年12月，中共十一届三中全会召开，随着农村家庭承包制的实行，揭开了农村经济改革的序幕。鉴于"政社一体"的人民公社体制已经无法担当起发展经济和管理社会的职能，以政社分开为核心内容的基层政治体制改革进入议事日程。人民公社退出历史舞台，乡、镇建制恢复，再次成为我国最低层次的国家政权。

1982年4月，中共中央、国务院发出《关于〈宪法修改草案〉中规定农村人民公社政社分开问题的通知》。《通知》指出：按照改变现行的政社合一的人民公社体制的原则，规定设立乡人民政府，人民公社为集体经济组织，不再兼负政权职能。同年12月五届人大五次会议通过的《中华人民共和国宪法》，规定"乡、民族乡、镇设立人民代表大会和人民政府"，"乡、民族乡、镇的人民政府执行本级人民代表大会的决议和上级国家行政机关的决定和命令，治理本行政区域内的行政工作"，"农村按居住地设立的村民委员会是基层群众性自治组织"。这实际上规定了实行乡级政府和人民公社分开，从此确立起"乡政村治"体制模式。

1983年1月，中共中央发出1号文件《当前农村经济政策的若干问题》。文件指出："人民公社的体制，要从两方面进行改革，这就是，实行生产责任制，特别是联产承包制；实行政社分设。"当

---

[1] 刘泽民、原崇信、梁志祥、张国祥主编：《山西通史·当代卷》（上），山西人民出版社2001年版，第235—238页。

年10月,中共中央、国务院发出《关于实行政社分开,建立乡政府的通知》,指出:"随着农村经济体制的改革,现行政社合一的体制显得很不适应。"宪法已明确规定,"在农村建立乡政府,政社必须相应分开","当前的首要任务是把政社分开,建立乡政府。同时按乡建立乡党委,并根据生产的需要和群众的意愿逐步建立经济组织"。当时,对于地方建立多大规模的乡政权并没有作出明确规定,而是规定由"省、直辖市、自治区的人民政府决定乡、民族乡、镇的建制和区域划分。村民委员会是基层群众性自治组织,应按村民居住状况设立"。将人民公社的政权职能分离出来,转给新建的乡人民政府,人民公社只保留单纯的经济组织功能;各地因地制宜逐步推行政社分开、建立乡政府;肯定村民委员会作为农村基层的群众性自治组织,取代原来作为一级行政机构的生产大队。经济上的家庭经营和政治上的"政社分设"构成了当时基层政权改革的主要思路。

1985年,乡镇重新成为我国最基层的政权组织。县和乡上下级关系的形成,主要是通过政府部门,即"条条块块"双重领导的"七站八所"来推动,其中"所"的性质是政府机构,"站"的性质是行政性事业机构。到1985年底,全省共建乡1418个,设镇498个,建立村民委员会32218个。[1]

废除人民公社体制后,乡(镇)经济组织如乡镇所办企业,与村级经济组织如村办企业之间,成为平等互利的关系。解决了长期以来党政不分、政企不分的问题,激发了各级经济组织和个体劳动

---

[1] 王森浩:《关于山西省第七个五年计划的报告——在山西省第六届人民代表大会第四次会议上的政府工作报告》,1986年5月7日。

者的积极性、主动性和创造性，推动了农村经济的发展。[1]

（五）县乡综合改革（1986年—1998年）

1.撤并乡镇

1983年10月，《中共中央、国务院关于实行政社分开，建立乡政府的通知》中"乡的规模一般以原有公社的管辖范围为基础，如原有公社范围过大的也可以适当划小"的规定给地方留下较大的操作空间和灵活性，造成了新建乡的规模普遍变小，建制镇的数量猛增。从1986年开始，各地又开展了"撤并乡镇"工作，建制乡的数目从1985年的8.3万个左右下降到1988年的4.5万个左右。

根据2000年12月18日中共山西省委办公厅、山西省人民政府办公厅印发的《关于乡镇党政机构改革的实施意见》的通知，2000年底，山西省进行新中国成立后最大规模的乡镇行政区划调整，到2001年4月，全省1910个乡镇撤并为1198个，共裁减人员和编制8000多人。撤并后的乡镇，通过强强联合和资源互补，实现了资源的统一规划、开发和利用，促进了区域经济的发展，同时也减轻了农民负担，提高了行政效率。由于乡镇行政机构支出相当一部分来源于各农民收取的统筹款和乡镇企业上缴的管理费，人员精简后，全省仅节约临时工工资一项，就使农民人均减负10元以上。2006年，山西省对乡镇机构进一步改革，凡1.5万人以下、面积不足50平方公里的乡镇实施撤并。

2.村民自治

1986年9月26日，中共中央、国务院发出《关于加强农村基层

---

[1] 刘泽民、原崇信、梁志祥、张国祥主编：《山西通史·当代卷》（上），山西人民出版社2001年版，第805—806页。

政权建设工作的通知》，开始把注意力集中到乡以下的村级组织建设。1987年11月颁布《中华人民共和国村民委员会组织法》，标志着我国实行"村民自治"进入了制度化运作阶段。

(1) 简政放权

1991年10月，国务院发出《关于加强农业社会化服务体系建设的通知》，根据《通知》精神，部分省份选择一些县进行县乡综合改革试点，重点解决乡镇政企关系不顺、县对乡统得过死等问题，实行简政放权，理顺服务部门的条块关系，加强乡镇农业社会化服务体系建设。

实践中，20世纪80年代中后期，乡镇扩权实际上成为改革基本主题。先是有部分省市开始改革试点，而后，中央启动了全国范围内的"简政放权"和县级综合改革。从1986年下半年开始，山东省莱芜市率先进行县级综合改革试点工作，取得了明显的成效。经过放权改革，乡镇获得了前所未有的权力。1988年，"莱芜经验"推广现场会在莱芜召开，并向山东省和全国推广。随后山东诸城、河南新郑、山西隰县、湖南华容、福建石狮、四川邛崃、广东顺德、甘肃定西等地也相继开展县级综改试点，初步形成"小机构、大服务"经验。

面对各地纷纷涌现的改革试点发展形势，1992年5月23日，国务院总理李鹏在"全国首次县乡综合改革经验交流会议"上提出，"要理顺县与乡镇的关系。在改革中省、地、市要适当地下放权力给县，县要适当地下放权力给乡镇。要在县级机构转变职能的基础上，理顺县与乡镇的关系，让乡镇这一级能够办更多的事情。现在乡镇的很多机构是县直接管理的，到底实行双重领导以乡镇为主，还是维持原来的垂直领导，或者实行双重领导，抑或下放给乡镇？不同性质的机构可以采取不同的做法。这个问题中央现在不作统一规定，由各省根据情况自行决定。可以先试点，看哪种形式有利于经济，再全面推广"。

进入21世纪以后，乡镇机构改革再一次大规模启动。值得注意的是，这次改革是以地方自主探索为特点，以财政危机为动力。

(2) 解决人员、机构臃肿问题

为解决乡镇人员、机构臃肿问题，1992年撤区、并乡、建镇。"撤区并乡"撤销"区"，县直辖乡镇，原来的"区"合并为一个或分为几个乡镇，基层政权层级进一步减少臃肿的机构和冗员，同时，撤销、合并行政村。1993年，乡镇又进行了一次政府机构改革，乡镇人员编制精简42%，并规范了县直部门派驻乡镇的农技、农机、畜牧、兽医、文化、广播等服务性机构的管理方式。

(六) 农村税费改革和农村综合改革（1999年—2008年）

1999年，全国开展地方机构改革，对乡镇采取适度撤并、压缩财政供养人员、归并七站八所等措施，并首次提出乡镇机构改革要与农村税费改革密切配合。2000年3月，中共中央、国务院发出《关于进行农村税费改革试点工作的通知》，决定在农村进行税费改革试点。

2004年，中央1号文件中提出：进一步精简乡镇机构和财政供养人员，积极稳妥地调整乡镇建制，有条件的可实行并村，提倡干部交叉任职。按照"村级规模并大、经济实力并强、班子结构并优和精简高效、农民增收"的总体目标要求，为行政村之间的资源整合、取长补短、优势互补、提速发展打造了一个崭新平台，进行行政村合并。3月,为配合农村税费改革,中央决定开展乡镇机构改革试点,提出试点要严格守住"两条底线",即乡镇机构编制和实有人员5年内只减不增和确保社会稳定。

2006年,全国取消农业税,标志着中国延续了2600多年的皇粮国税彻底退出历史舞台,困扰许久的农民负担过重导致的恶性案件时有发生的状况得到扭转。同年10月,国务院下发《关于做好农村综合改革工作有关问题的通知》,明确要求:全面推行乡镇人员编制实名制管理,确保五年内乡镇机构编制和财政供养人数只减不增;财政管理上实行乡财县管;机构设置上不搞上下对口。

(七)深化改革

农村税费改革是我国农村发展历程中具有里程碑意义的重大改革。2000年3月试点取消农业税,到2006年全面取消。

经过5年试点后,2009年3月,中共中央办公厅、国务院办公厅印发了《中央机构编制委员会办公室关于深化乡镇机构改革的指导意见》。2009年,全国已完成机构改革的乡镇达1.9万余个,全部乡镇的改革任务于2012年完成。

二、山西农民生活的发展变化

新中国成立之前的山西一穷二白。新中国成立后,随着经济的恢复和农民政治地位的提升,农民的收入逐渐增加。

(一)20世纪五六十年代农民生活的缓慢改变

1955年,全省农民的总收入,由原来折合粮食925石4斗8升,提高到2175石。西沟是当时全省互助合作运动中的先进典型,人民的生活由抗日战争前的"糠汤菜水家常饭,吃顿小米是过年",改善为"米麦生活变花样,油盐调料加酱醋"。[1]人们憧憬希望的是"电灯电话、楼上楼下""耕地不用牛、点灯不用油",但是,由于家底薄,人口较多,再加上体制方面的缺陷,国家经济长期处于物资匮乏的情况,人们的生活水平当然也不可能有很大的提高。1957年,山西虽然遭受了数十年来未曾有过的大旱灾,但农民的平均收入较1952年仍有提高。1957年农民的消费品购买力比1952年平均提高了36%。

从1958年开始的工业"大跃进"和农村"人民公社化"运动是我国经济发展史上的一个特殊和重大时期。1960年,全省各地普遍出现严重饥荒,浮肿病成为最常见的病,并出现非正常死亡。据太谷县农民回忆,当时干部们认为既然是共产主义了,可以吃国家的大锅饭了,于是村里开着两个灶,各取所需;连外村人路过也吃,而且是挑着吃,走到哪吃到哪,5里地一个饭铺,但到来年春天就闹饥荒了。1959年,平顺县和寿阳县所实行的"小秋收群众运动"和"瓜带菜运动",就是人们在特殊的困难时期所采取的自我拯救。[2]

10年"文革"中,山西城乡居民的年平均口粮一直徘徊在200公斤左右,农村流传着"够不够三百六,吃不吃金皇后"的说法,有些贫困地区农民的平均口粮降至140公斤以内。从50年代起,全省非农业人口平均每人每月供应食油250克,到70年代平均每人每月减为150克。城乡居民的实际收入下降。从1966年至1976年,农业总产值虽然有所增长,但农民收入增加甚微,全省农民的纯收入累计只增

---

[1] 李旺明、苗长青:《当代山西经济史纲》,山西人民出版社2005年版,第32、45页。

[2] 《山西日报》,1959年10月31日。

加了15.2元，平均每年增加1.72元。[1]

在解决温饱都是很大问题的年代，山西民众生活的其他方面更是落后。由于经济发展缓慢，政府对人民群众生产和生活多样性考虑不够，产品不仅种类少，质量也不高。

在《当代山西经济史纲》一书中，这样描述新中国成立之初的山西广大农村和农民："人们的生活方式，特别是广大农村，与古代几乎没有两样。除省会太原、个别县城外，广大农村没有电、没有电话、没有自来水，甚至没有电影，磨面、碾米仍用笨重的石磨、石碾，磨面、碾米仍是广大农民一年四季必须经常从事的一项繁重枯燥的劳动，做饭、取暖基本靠烧柴，很少烧煤，吹风仍用手拉风箱。"

改革之前的30年，人民物质生活虽然十分困难，精神生活单调，但是山西整体经济实力的提高是有目共睹的，在农业基础建设等方面都取得了举世瞩目的成就。粮食稳步增长，农林牧科学技术方面取得了进步，这都给改革开放后40年山西经济的迅速发展、人民生活水平的提高打下了坚实基础。

（二）从贫困型向温饱型跨越

我国现代化建设战略的第一步就是从1981年到1990年国民生产总值翻一番，解决人民的温饱问题。从吃不饱到吃饱，看似简单，却是一个巨大的变化和转折。

改革开放前，山西城镇居民生活处于供给不足，粮、油、肉、蛋凭票供应的匮乏年代，遇到天灾人祸等特殊时期，还有下降的趋

---

[1] 牛崇辉：《"文革"时期山西经济建设述评》，《吕梁高等专科学校学报》，2000年第2期。

势。1978年，全省人均GDP仅365元，城乡居民人均存款余额仅为95.27元。

中共十一届三中全会通过了《关于加快农业发展若干问题的决定》，山西与全国一道，先后提高了粮、棉、油、猪、蛋、水产品等农产品的价格，对广大农民的收入给予政策倾斜。1985年，取消农产品的统购派购制度，产品纳入市场经济，自由贸易，自由交易。1978年农民人均纯收入为101.6元，到1982年增加到227.18元。[1]

山西的"六五"和"七五"分别是我国改革开放起步和全面展开时期，也是民众摆脱短缺经济，实现温饱的阶段。"六五"时期，改革首先就是从农村起步的。全省农村普遍推行了家庭联产承包责任制。这一改革打破了过去高度集中的管理体制，克服了"干多干少一个样""吃大锅饭"的平均主义，使农民得到了生产和经营的自主权，从而极大地激发了农民的生产积极性，推动了农村经济的迅速发展。广大农村迅速呈现出"家家粮满仓，人人喜洋洋"的动人景象，长期困扰农村的温饱问题开始得到解决。

此外，改革开放以来，山西多种所有制经济成分得到了飞速发展，也是农村民众生活水平提高的一个重要因素。

首先，在经济体制改革中，非公有制经济以其效率高、发展快、适应性强的特点，逐渐成长为国民经济发展的重要力量。1987年，个体经济、私营经济，"三资"企业和其他的非公有制经济从几乎为零上升到5.6%。全国城镇个体工商等各行业从业人员由1978

---

[1] 胡绳主编、中共中央党史研究室著：《中国共产党的七十年》，中共党史出版社1991年版，第514页。

年的15万增加到1987年的569万。[1]随着解放思想、放开政策和发展市场，个体私营企业有了很大的发展。到1995年底，全省各类职业介绍所发展到2047家，新增就业人员7.6万。年末，城镇职工463.4万，比上年末减少2.6万人。而城镇私营企业从业人员和个体劳动者为34.4万人，增加7.9万人。所有制结构的这种变化，对发展农业经济和农村民众收入的多元化提供了经济环境。

其次，每一届政府都将乡镇企业的发展、农业增产、减轻农民负担、保持农民收入增长作为自己政府工作的重中之重。乡镇企业的崛起对于促进农业发展、增加农民收入起到了重大的作用，1987年，山西农村集体经济由1978年的22.4%上升到34.6%。

"七五"期间（1985年—1990年），全省国民生产总值第一次实现翻一番，城乡居民收入增速明显加快，并于1988年首次突破千元大关，达到1104元。1989年成为山西改革开放30年来收入增长最快的一年，同比增幅达到28.4%。到1990年，城乡居民年人均可支配收入提升到1573元，比1985年翻了一番。全省居民储蓄存款已达到231.3亿元，比1985年末翻了两番多。到90年代，山西国民经济持续发展，国内生产总值年均增长8.2%，提前一年实现了翻两番的第二步战略目标，人民生活向小康迈进。到2000年，农民人均纯收入分别达到4724元和1906元。2007年山西农村居民人均纯收入为3655.66元，比上年增加484.74元。

经过八九十年代的建设，山西农村农民的生活水平发生了深刻变化。食品消费由"主食型"向"副食型"转变；衣着消费由"自

---

[1] 胡绳主编、中共中央党史研究室著：《中国共产党的七十年》，中共党史出版社1991年版，第514页。

制化"向"成衣化"转变,购买布料数量大幅下降,成衣化趋势十分明显;耐用品消费趋向中高档和电气化,拥有量显著增加。改革前曾经很耀眼的"三转一响"的"老四件"(自行车、缝纫机、手表和收音机)家居用品在短时间内被黑白电视机、电风扇、录音机、单缸洗衣机为代表的"新四大件"取代了;到"七五"末期,又逐渐为彩电、冰箱、组合音响、录像机"新四大件"所替代。数据显示,1997年,全省农民人均纯收入1738.26元,比1991年增长2.1倍,平均每年增长20.5%。

"八五"和"九五"期间(1991年—2000年),农村居民收入变化呈现显著特点:收入总额稳步增长,收入来源趋向多渠道、多元化,收入结构由单一的农业性收入逐渐过渡为农业性收入与非农业性收入两种形式并存,农业性收入对农村居民家庭全部收入影响程度逐渐减弱,所占比重明显下降。非农业性收入呈现出强劲增长势头,所占比重迅速上升。

山西农民收支消费方式发生了变迁。收入由传统单一的种粮耕作收入向农、工、商、贸多元收入转变,国家惠农政策性补贴、工资性收入、外出打工和三产服务业("农家乐"),农民的收入正在逐渐增加。消费由传统单一的购买衣服、农具化肥及婚资嫁妆,向子女教育、出门旅游、购商铺、买车、盖房、办企业转变。

山西农民衣、食、住、行的巨大变化。衣、食、住、行的变化系统反映了中国的"三农"和经济社会层的发展变化。不仅实现了"楼上楼下,电灯电话;耕地不用牛,点灯不用油",而且呈现了农民"用手机、玩电脑、当老板、盖高楼、穿名牌、出国游、小汽车进入寻常百姓家"的可喜巨变。

衣：50年代农村男子穿大裆裤，扎腰带。吕梁、忻州、雁北冬天有穿羊皮袄的；妇女穿粗布夹袄或花衣服，小孩夏天光腚，衣服一般都是大的改小缝补穿。六七十年代前期色彩单调，皆为灰、黑、蓝、军绿色。70年代末期改变单一服饰，流行喇叭裤。80年代伴随着改革开放，农村开始出现西服、健美裤、蝙蝠衫。90年代农村女青年普遍开放，穿高跟鞋、牛仔裤成为时尚。

进入21世纪，随着经济一体化、全球化步伐的加快，农民穿衣打扮更加讲究。妇女更重化妆、发型，追赶流行，款式、色彩日趋多元化。

食：五六十年代晋南主食白馍、面条；晋东南小米稠饭、和子饭、杂面；晋中、晋东窝头、小米、杂面；吕梁、雁北小米、莜面、红面（高粱面）、米糕、窝头；全省农村普遍腌制咸菜、酸菜。

农民在田埂上种植南瓜、豆角、西红柿、土豆、白菜、胡萝卜，自种自食，很少进城买菜。

六七十年代仍然是食物紧缺，特别是三年困难时期，瓜菜代，吃糠挖野菜，以槐树花、榆树皮充饥度荒。

80年代联产承包责任制后，农民个体劳动积极性得到释放，基本解决温饱。晋南种小麦，其他地（市）、县（区）农民拿玉米、土豆换白面，大都能吃上白面。农村部分富裕村民开始食用鸡、鸭、鱼、肉。

住：50至70年代，晋北、吕梁以土窑洞为主，晋南、晋东南以土坯房为主，仅有少量砖瓦房。改革开放以来，随着农村责任制实施，农民生活条件改善，大都盖起新房，少部分率先富裕起来的村民和城郊农民住上了楼房。

行:五六十年代交通条件有限,乡间大多是土路,出门主要靠步行,偶尔坐牛、马、驴车,很少坐汽车。

70年代少部分村民开始骑自行车、坐四轮车。

八九十年代随着村村通、沿黄公路及太旧、大运等高速公路的修通,农村"出行难"问题大大缓解,小四轮、摩托车、公交车大量出现。

20世纪前后,山西随着"三纵十二横"公路网的建成和"五个全覆盖"的推进,农村出行更加便利,一部分农民购买运输货车、家用小汽车。

三、城镇化步伐加快,农民居住条件普遍改善

(一)现状

据山西省住房和城乡建设厅有关数据显示:目前,全省城市建成区范围内共有681个城中村,涉及44.6万户。截至2015年底,已开工改造390个村,涉及25.8万户;还有291个村需要改造,涉及18.8万户。按照《山西省改善城市人居环境规划纲要》,2015年至2017年全省计划改造330个城中村,涉及22.2万户,其中2015年计划改造7.2万户、2016年7.5万户、2017年7.5万户。还有99个城中村计划在2018年以后改造,涉及4.5万户。据测算,2015年至2017年全省改造城中村22.2万户,可以拉动投资和住宅消费约3578亿元。

(二)居住条件进一步改善

房子,是人们安居乐业中最重要的问题。新中国成立70年,民众对于住房的消费支出增加,居住条件进一步改善。

资料显示,2007年,全省农民家庭平均每户住房面积达25.8平

方米，比改革前1978年的9.4平方米年增长1.7倍，比2000年增长了63%，农村居民人均居住消费支出392.78元，比上年增加87.76元，增长28.8%。2007年农村居民在新建房屋中楼房、砖瓦房面积占到85%以上，外部装饰和内部装修质量明显提升。城镇居民有97.6%的住户用上独用自来水，72.2%的家庭使用管道煤气或液化气，82.6%的家庭享有暖气设备，51.7%的家庭既有独用厕所又有独用浴室。2016年全省农村居民人均居住类消费支出1789元，比上年增长17.0%。居住类消费支出占生活消费支出的22.4%，比上年上升1.7个百分点。

目前居民新购建房屋主要有以下三个特征：

一是追求多样化，农民将居住空间延伸至城市，部分先富起来的农民选择在城镇购置商品房。二是从住房配套设施看，城乡新建住房大多设施齐全，档次提升。三是从发展层次上看，住房是家庭消费的大宗开支。经济条件好、收入高的家庭已不满足于购买福利住房，而是投入积蓄购买环境好、面积大、设施全、服务好的新居，装修一新，拥有了第二套住房。

经济发展水平的高低决定了人与人之间信息交流及沟通的手段和方式，而便利及时的通讯手段和方式又是人们生活丰富和质量提高的具体体现。城乡居民在休闲娱乐方面的消费支出也不断增加。

其中最重要的表现之一就是通讯工具、旅游、健身等方面的支出增长较快，成为村民的"黄金消费"。

新中国成立70年来，通讯事业的发展，为人们提供了更多的交流方式和手段。从五六十年代的书信和电报，到70年代的手摇式电话，从80年代的BP机，到90年代的砖块一样的"大哥大"，再到今天人手一部的移动电话和随时随地的网络沟通，人们之间不断变化的交流方式反映出信息往来和人际交往更加频繁活跃，见证了改革开放几十年不断向前发展的历程。2016年全省农村居民人均通信消费支出962元，比上年增长17.3%。交通通信类消费支出占生活消费支出的12.0%，比上年上升0.9个百分点。

四、农村居民收入消费的重大变化

改革开放之初，旅游对老百姓来说是可望而不可即的"奢侈品"。"那时能去一趟北京，是一件很了不起的事，如果谁去过首都，还上了天安门，在长城留了影，人们都对他充满羡慕。"山西阳城安阳村的周谦对自己年轻时去北京旅游印象深刻。随着我国对外开放的不断发展，黄金周制度的实施，"五一""国庆""春节"，人们出游的脚步走得越来越远。这时，人们旅游的目的地不再仅仅局限在国内。周谦拿着十几张旅游图说，这几年孩子大了，家里经济状况好转，不仅和老伴儿转了国内好多地方，还出了两趟国。

进入新世纪，随着生活水平的提高，人们的旅游消费观念也在变化，以前观光旅游是"上车睡觉，下车照相"，行程匆忙，游人疲惫；如今，休闲度假游成为时尚主流，人们在旅游中调整心态，享受生活。

交通消费支出迅速增加。农村代步工具由自行车到摩托车再到汽车的普及率不断提高。改革开放30年来，随着经济社会的发展、经济收入的提高，人们解决了衣、食、住的问题后，在出行上有了更高的追求，山西省的私人汽车拥有量成倍增加。数据显示，1984年，全省民用汽车总数超过10万辆，达10.6万辆，私人汽车拥有量突破1万辆。1999年，私人汽车达20万辆。2005年突破50万辆。到2007年，山西省民用汽车总数达144万辆，私人汽车拥有量已达93万辆。

2007年山西省农村居民用于交通消费的支出人均为44.90元，增长35.9%，到2007年末每百户农民家庭拥有电动自行车达7.4辆、摩托车55.7台，不仅如此，生活用汽车也开始进入农户家庭。所有这些变化，一方面是农户的消费观念随着时代的发展而逐渐变化，另一方面也反映出我们国家对交通通讯基础设施的大规模建设，使越来越多的农户享受到现代交通、通讯的方便与快捷。

恩格尔系数，在国际上常常被用来衡量一个国家或地区人民生活水平的高低。一般来讲，该系数越高，表示人们生活的贫困程度越高；反之，则表示人们生活的富裕程度越高。30年来，城乡居民恩格尔系数均呈下降趋势，反映了城乡居民生活不断走向富裕。根据联合国粮农组织提出的标准，恩格尔系数在59%以上为贫困，50%至59%为温饱，40%至50%为小康，30%至40%为富裕，低于30%为最富裕。

总之，改革开放前长期困扰我们的短缺经济状况已经从根本上得到改变。但我们应清醒地看到，由于发展的自然条件、社会条件不同，城乡居民在收入、消费方面存在着城乡差距大和不平衡等现象，影响着社会和谐、稳定和协调发展。1978年，城乡居民收入相差199.79元，农村居民收入约为城镇居民收入的三分之一。进入90年代，城镇居民人均可支配收入增长速度加快，而农民人均纯收入增加缓慢，收入差距逐步拉大。2007年，城镇居民人均可支配收入与农民人均纯收入相差达到7899.3元。

党的十八大、十八届五中全会对推进农村的改革、发展又做出了新的战略部署。面对错综复杂的经济形势，山西省委、省政府积极执行中央关于经济工作的决策部署，切实加强和改善对经济工作的领导，坚持以农业供给侧结构性改革为引领、以推进脱贫攻坚工作为重心，大力促进农业增效、农民增收，持续改善农民生产、生活条件，提高农民的收入水平，促进城乡经济协调发展，促进全社会和谐共进。

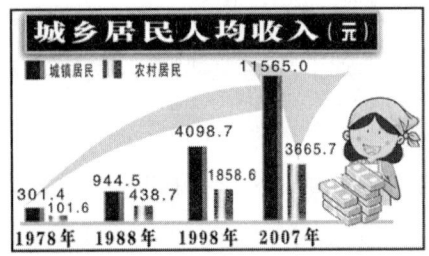 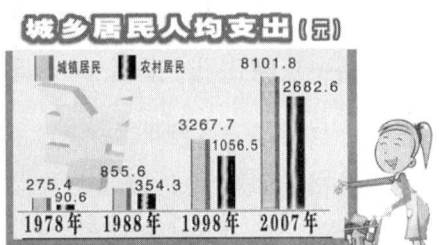

图8-1　山西城乡居民人均收入、支出情况

资料来源：山西新闻网，2008年11月18日。

当然，农村居民生活中还存在着一些需要迫切解决的问题。

首先是农村居民低收入群体生活消费支出仍然较低。山西仍有相当一部分农村居民生活徘徊在温饱区间。从2007年调查资料看，按农民人均纯收入水平由低到高排序，以人口五等份分组（各组人口占总人口的20%），2007年全省农村居民最低20%人口的生活消费支出仅有1729.33元，是全省平均水平的64.5%，这些低收入者一般对自己未来收入预期较差，为了养老及生活有保障，不仅导致他们日常生活消费受到限制，而且市场活力也受到制约，即便有点钱也尽量节约消费。其次，2014年以来受煤炭价格低迷、工业企业运行困难、农产品价格下行等因素影响，农村居民增收乏力，增速不断放缓。

其次，城乡居民消费差距扩大，与全国的差距继续加大。长期以来山西城乡居民之间生活消费一直存在明显差距，从消费水平看,2007年山西省城镇居民人均生活消费支出为8101.84元,农村居民仅为城镇居民的33.1%。1985年至2007年22年间城镇居民人均生活消费支出由533.40元增加到8101.84元。同期农村居民人均生活消费支出由272.74元增加到2682.57元,城镇居民生活消费支出年均增长了13.2%,而农村居民仅增长了11%。至2016年前三季度,全国农村居民人均可支配收入为8998元,同比增长8.4%。山西农村居民人均可支配收入绝对量与全国平均水平的差距达1888元,比上年同期差距(1616元)扩大272元。当然,受经济下行压力持续、收入增速趋缓的影响,山西农村居民生活消费层次构成也悄然改变,生存型、发展型消费同步增加,享受型消费有所下降,生活消费更趋理性。

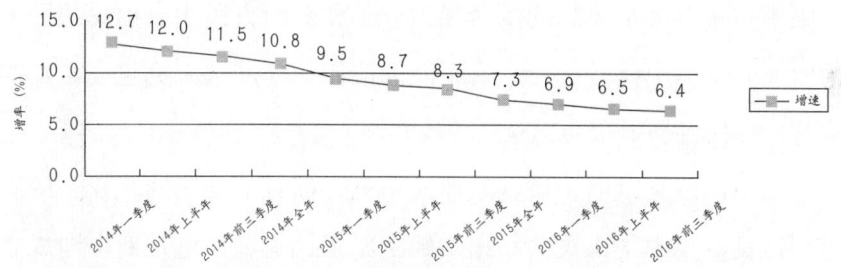

图8-2 2014年—2016年山西省农村居民人均可支配收入增速变化情况

五、山西农村青年婚恋观的变迁

作为一个具有几千年悠久历史的农业省份,孕育和发展于农业文明的一系列日常生活礼俗,贯穿了每个人从出生到死亡的所有阶段。其中,婚姻礼俗在平民百姓生活中的重要性排在第一位,俗称"终身大事"。每个年代的婚姻形式、择偶观念等都带着那个时期鲜明的时代特征。即使是中国传统的古典婚姻礼仪"六礼"[1]，在汉、唐、宋、清时期程序上都有相当大的变化。但是，自古以来这一套体系繁复的婚姻习俗，所遵循的父母之命、媒妁之言、门当户对的基本要求，所蕴含的唯礼义廉耻、唯德行、唯才艺的传统道德约束，成为古代中国人的传统婚恋观。

民国肇始，西风东渐，传统婚俗与现代新式婚俗并行发展，互相融合。当时的婚礼既有凤冠霞帔、长袍马褂，也有婚纱、戒指。更有甚者，两种形式都要走一遍，既实现了自己的愿望，也满足了家族长辈们遵循传统的意愿。关于主张妇女解放、自由恋爱、离婚自由、家庭地位平等的观念也出现了。离婚现象曾经成为民国时期婚姻变革的一个重要内容。当然，这些新式的婚姻形式和思想观念仅限于在具有民主思想的革命知识分子和受西方民主自由思想影响的留学人士当中比较流行。真正能像他们一样冲破家庭包办婚姻的牢笼，寻找自己幸福的毕竟是少数的。

新中国成立以后，婚姻的形式和观念都有了彻底的改变。1950年5月1日，《中华人民共和国婚姻法》正式实施，这是新中国成立后颁布的首部法律，可见婚姻在社会生活中之重要。基本原则包括禁止早婚、废除包办强迫和男尊女卑、婚姻自由、一夫一妻、男女权利平等。新中国成立70年间，总共对婚姻法进行过四次颁布和修订，每一次的颁布和修订都是社会进步和发展的体现和要求。2003年，新的《婚姻登记条例》实行，领结婚证不再需要单位或街道证明，婚检从强制要求变为自愿行为。有人用"婚姻解放进行曲"来

---

[1] "六礼"的基本内容是指纳彩、问名、纳吉、纳征、请期、亲迎。西周时期的婚礼礼仪规定已经完全具备了"六礼"的雏形。

形容70年山西婚俗的变化，蕴涵了人们内心深处对于婚姻自由、解放的喜悦之情。

农村文化在50至70年代从落后的封建文化向社会主义新文化缓慢转变。农村由迷信盛行、盲人说书、唱旧戏到看电影、听广播、唱红歌；在党和政府的领导下，黄、赌、毒一扫而清，整个社会风清气正，人民群众的精神面貌焕然一新、蓬勃向上。

农村教育经历了基础教育的起步、普及和发展阶段以及应试教育向素质教育的探索阶段。50年代扫盲、夜校、冬学、小学复式教学→60年代前期普及小学→"文革"期间教育学大寨、学习朝阳农学院、贫下中农管理、停课闹革命、工宣队进校管理→80年代普及九年义务教育→90年代希望工程→农科教结合模式（方山圪叉嘴、柳林前元庄）→世纪之交寄宿制盛行，父母租房陪读。

新中国成立前，农村买卖包办婚姻、换亲、童养媳、订"娃娃亲"盛行。新中国成立后，农村婚恋经历了以下发展过程：包办婚姻→买卖婚姻→妇女解放→半自主婚姻→自由恋爱择偶。

1950年《婚姻法》颁布，农村由买卖婚姻、父母包办向妇女解放、婚礼简朴热闹转变。妇女逐步摆脱农村传统落后的"嫁鸡随鸡、嫁狗随狗"的不良习俗，婚姻逐渐向半自主、自主转变。离婚现象增多。

60年代，由于三年困难，缺吃少穿，个别农村变相买卖婚姻、索要彩礼，童养媳现象回潮，但整体上农村风气较正。

70年代，提倡集体婚礼。由于城市待业青年多，就业找工作难，找对象流行"一工二干三军人，插队知青也能行"。个别农村变相买卖婚姻抬头，索要彩礼风气一度流行，嫁妆追求老"三大件"(手表、自行车、缝纫机)。

80年代,随着农村责任制的实行和恢复高考,部分农村青年外出打工或考上大学,眼界开阔,晋南订"娃娃亲"的传统习惯受到冲击,不少农村大学生普遍出现退老家"娃娃亲"的现象。农村早婚早恋、未婚同居现象出现。晋北人贩子活跃,朔州、大同、雁北一带偏僻山村通过人贩子花3000元至5000元可从云南、四川、贵州等落后偏远山区拐卖妇女,骗婚现象不少,妇女儿童合法权益受到侵犯。择偶"一干(部)二生(大学生、医生)三教工(教师、工人、科技人员)。嫁娶要求新"三大件"(彩电、冰箱、洗衣机)。

90年代,受改革开放大潮和人口流动影响,农村男女青年外出打工,跨县乡、跨地区婚姻增多,农村传统婚姻受到挑战,家庭不稳,个别地方发生情杀仇杀之类恶性案件。受贫富分化影响,极少数农村女青年相互攀比,找"万元户"、傍"大款"。嫁娶要求更新"三大件"(车子、房子、金首饰或电脑)。

21世纪初期,随着农村文化和生活水平的提高,包办婚姻比例明显下降,婚姻呈现各取所需、多元化趋势。择偶从单纯为了生活、为了生存,逐渐向以感情为基础,注重致富能力和本人素质的现代婚姻靠近。但结婚大操大办、举办豪华婚宴风气盛行,嫁娶要求必备新房、汽车、钻戒等丰厚的彩礼,彩礼钱从十几万涨到二十多万,个别地方甚至出现婚车长龙、流水席、路席、7000万嫁女的天价豪奢场面。

进入21世纪,人们对婚姻的形式追求已不仅仅停留在物质层面上的满足,当今新人简约、浪漫、个性化的婚礼选择已得到社会的充分尊重理解。根据课题组对吕梁市方山、离石及临汾市洪洞等三县449份有效问卷的统计数据表明，在择偶方面，主张自由恋爱、注重对方人品、要求双方思想观念一致的，占到了48%；看重经济条件的占31%，其中要求男方必须有新房、有车、有存款的达到了20%以上。

六、未来展望

进入20世纪八九十年代，农村的剩余劳动力开始大规模地向城市转移。这种现象的出现，不仅是农民工理性选择的结果，也是工业化、城镇化和现代化发展的必然。农村人口结构的变迁，不仅体现在非生产性人口比重较高，更突出体现在城镇化进程中带来的农村家庭人口的分化。由于受到长期以来形成的二元经济社会结构的影响，这些农村劳动力在进城务工时很难实现举家迁移，只能把父母和妻儿留在家乡，成为"工作在城市、归属在农村"的农民工。农村家庭人口的分化，使得农村社区被逐渐空壳化为儿童、妇女和老人的居住地，三个特殊的留守群体由此产生。农村青壮年劳动力大规模向城市的转移以及农村大量留守人口的存在，会在一定程度上影响农村长期稳定发展，不仅使得农业生产效率低下，更重要的是由此引发的一系列社会问题，如农村家庭劳动力不足、家庭不稳定性增加、留守儿童的家庭教育功能弱化、留守妇女婚姻健康状况堪忧、留守老人养老问题突出等，这不仅直接影响现代化农业的发展，也影响广大农村地区的社会安定和谐与可持续发展。

参考文献

[1] 胡绳主编，中共中央党史研究室著.中国共产党的七十年.中共党史出版社，1991.

[2] 薄一波.若干重大决策与事件的回顾.上卷.中共中央党校出版社，1991.

[3] 山西通志.中华书局，1996.

[4] 山西省统计年鉴.中国统计出版社，2005.

[5] 路成文主编.山西风俗民情.山西省地方志编撰委员会办公室，1987.

[6] 马克思恩格斯选集.第3卷.第2版.中共中央马克思恩格斯列宁.斯大林著作编译局.人民出版社，1997.

[7] 中华文化通志编委会编，高丙中撰.民间风俗志.上海人民出版社，1998.

[8] 李旺明，苗长青.山西经济史纲.山西人民出版社，2007.

[9] 杨茂林，高春平.建国60年山西若干重大成就与思考.山西人民出版社，2009.

[10] 马友，孟艾芳，高春平主编.社会主义新农村建设典型案例研究.党建读物出版社，2009.

[11] 马友，孟艾芳，李书琴，高春平主编.和谐社区建设典型案例研究.党建读物出版社，2010.

[12] 高春平主编.公仆刘开基.中央文献出版社，2011.

[13] 高春平.形式主义病国害民——二谈解决群众反映强烈的突出问题.山西日报，2014-6-30.

专题九　教育、科技事业在改革中发展

新中国成立70年来，山西经济建设和社会发展取得了巨大成就。教育和科技事业在党的领导下，经过不断调整、不断提高、不断改革、不断发展，进入一个全新的发展阶段，有了快速的发展，为山西经济、社会的全面发展提供了有力保障。

70年来，我国经济社会发生重大变革，人口规模和素质结构随之发生巨大变化，人口再生产类型由新中国成立初期的高出生、高死亡、高增长到高出生、低死亡、高增长，再到低出生、低死亡、低增长的历史性转变，人口增长速度逐渐变缓，人口素质大幅度提高。这种人口规模的巨大变化，对教育和科技事业来说，既是机遇，也是挑战。普及教育，提高人口素质，发展科技，为社会发展提供支撑，任重道远。这70年，山西的教育和科技事业不负使命，奋力前行，取得了令人瞩目的成就。

一、教育的长足发展

新中国建立初期，各级各类教育处于百废待兴之中。在党和政府的正确领导下，经过不断调整，山西教育事业不断发展，为区域经济社会发展提供了有力的智力支持和人才支撑。基础教育是终身教育的开端，是创新型人才培育体系的重要环节，是提高全民文化素质的重要手段。70年来，山西基础教育取得了长足的进步。2017年，全省有幼儿园6937所，在园幼儿102.75万人，专任教师54796人，学前三年毛入园率89.1%。义务教育阶段中小学校7481所，在校生336.36万人，专任教师27.73万人。义务教育巩固率保持在95%以上，基本普及高中阶段教育。高等教育是提升人力资源水平的重要教育形式。新中国成立初期，山西高等教育相对薄弱，经过70年的坎坷，从小到大逐步发展起来。截至2017年，全省有普通高等学校80所，其中本科院校33所（含独立学院8所）、高职高专院校47所、成人高等学校11所，普通本科在校生48.84万人，专科在校生27.46万人，在学研究生3.22万人，高等教育毛入学率达到46.6%。"十二五"期间高校博士和硕士学位一级学科授权点分别达到46个和152个，专业硕士学位授权点达到29个类别、74个，为山西经济建设和社会发展提供了有力的人才供给和支撑。2017年，山西中等职业教育学校449所，在校生32.93万人，专任教师89137人；高职高专院校47所，专科在校生27.46万人。2019年，山西省高职院校预计扩招人数为11.8万人。

（一）巨大成就

经过70年的发展，山西教育事业取得了巨大的成就，各级各类教育事业的面貌发生了深刻变化，初步形成一个基础教育、职业教育、成人教育、高等教育相互衔接配套，结构较为合理，能够适应山西经济和社会发展需要的社会主义教育体系的基本框架。尤其是改革开放40年来，教育事业的改革和发展更是取得了令人瞩目的成就，为各行各业培养出数以百万计的劳动者和数十万计的各类专业人才，也为今后办好人民满意教育、建设人力资源强省和服务山西

经济建设、科技进步及社会全面发展奠定了良好的基础。主要表现在以下几个方面:

1.各级各类教育事业有了飞跃性的发展

(1) 各级各类学校成几十倍增加。统计资料显示(见表9-1),截至2017年,山西共有各级各类学校15252所,相较1952年除小学之外的各类学校都成几十倍的增长。2018年年末全省共有幼儿园6973所,小学5445所,普通初中1787所,普通高中512所,中等职业教育学校442所,普通高等学校83所,成人高等学校10所。据统计,全省学前教育毛入园率89.7%,小学学龄儿童净入学率99.95%。

表9-1 主要年份山西省各类学校数

年份	高等学校	中等职业技术学校	普通中学	小学	特殊教育学校	幼儿园
1952	4	66	105	27148		62
1965	14	2466	590	38812	7	1582
1978	16	210	14062	33393	12	5997
1995	26	616	3401	40792	19	8477
2007	59	564	3078	19527	43	4477
2017	83	442	2299	5445	73	6973

数据来源:《山西统计年鉴》。

(2) 各类学校的在校生数大幅增长。据统计资料(见表9-2)记载,2017年山西省小学在校生228.12万人,普通中学生在校生180.21万人,中等职业技术学校在校生42.08万人,高等学校在校生795147人,特殊教育学校在校生12684人;在园幼儿由1952年的4170人增加到2017年的1027546人。

表9-2 主要年份山西省各类学生在校生数

年份	高等学校	中等职业技术学校	普通中学	小学	幼儿园
1952	1881	22300	40900	1608100	4170
1965	14548	159900	227900	3054900	65318
1978	20940	47300	1942800	3773600	305783
1995	67420	264000	1509700	3270400	1026401
2007	484490	613600	2622300	3334300	628078
2017	795147	420800	1802100	2281200	1027546

数据来源：《山西统计年鉴》。

最新数据显示（见表9-3），2017年末全省高等院校达到80所。全省高等教育毛入学率达到48.5%，高中阶段毛入学率达到96.58%。

表9-3 2017年山西各类教育发展情况

单位：人

指标	招生	在校生	毕业生
研究生	12143	32173	8983
普通高等教育	221360	762974	210429
中等职业教育	109692	329291	111375
普通高中	597077	1802113	641602
普通小学	379249	2281194	374969
特殊教育	2508	12684	1662
学前教育		1027546	

资料来源：《山西省2018年国民经济和社会发展统计公报》。

经过70年的发展，山西省基本形成了包括幼儿教育、基础教育、职业技术教育、高等教育和特殊教育在内的系统的、完善的社会主义教育体系，基本能够满足社会经济发展的需要。

2.建设了一支专业化水平较高的宏大的教师队伍

（1）专任教师人数成百倍增长。统计资料显示（见表9-4），截至2017年，全省共有专任小学教师153445人、中学教师187836

人、中等职业技术学校教师33111人、普通高校教师40971人。此外，还有特殊教育教职工1656人、幼儿教师54796人，教师队伍建设成绩显著。生师比[1]也有较大的改观，有力地保障了各类教育教学质量的提高。

表9-4　主要年份山西省各类学生专任教师数

年份	高等学校	中等职业技术学校	普通中学	小学	幼儿园
1952	318	1275	1654	45095	220
1965	2909	8328	12240	98291	2213
1978	4244	4514	103772	132785	6473
1995	9140	22855	113216	171860	37483
2007	33356	25483	168250	194574	24798
2017	40971	33111	187836	153445	54796

数据来源：《山西统计年鉴》。

（2）教师素质队伍明显增强。2015年，全省小学、初中、普通高中、中等职业学校专任教师学历合格率分别达到了99.95%、99.52%、97.41%和99.41%，高校专任教师中具有研究生及以上学历、学位的占62.67%。同时，统一城乡中小学教职工编制标准，招聘9320名"特岗教师"充实到贫困县农村学校。全省共有义务教育学校校长4100余人、教师6.1万余人进行了交流轮岗。近20万名左右中小学幼儿园骨干教师参加了"国培计划"培训。21个集中连片特困县义务教育公办学校在编在岗乡村教师生活补助发放到位。职业教育"双师型"教师比例不断提高。近几年，大力实施"高等学校131领军人才工程"和"三晋学者"等人才计划，共引进聚集院士53人、"百人计划"学者209人、知名学者和学术带头人288人、优秀

---

[1] 指平均每一名教师负担的学生数。

中青年拔尖创新人才人选625人、"三晋学者"19人；获"山西省学术技术带头人"称号213人；遴选支持山西省高等学校优秀创新团队14个、中青年拔尖创新人才89人、优秀青年学术带头人367人。全省各级各类学校教师师德素养和专业水平显著提高。

这支宏大的教师队伍基本上能适应山西省教育事业发展的需求，为山西教育事业的发展做出了较大的贡献。

3.教育投入大大增加，办学条件得到显著改善

（1）财政性教育投入增长巨大。统计资料显示（见表9-5），1950年，山西省教育经费为259.90万元，占财政总支出的6.65%；1952年，增至2407.20万元，占财政总支出的22.06%。2017年，山西省财政一般预算支出用于教育的经费为6206738万元，占财政总支出的16.00%。2017年财政用于教育的经费是1952年的2578.61倍。同时各级各类学校生均教育事业费极大提高，农村小学、初中以及特殊教育学校公用经费补助标准分别提高到每生每年600元、800元、5000元；建立高校生均拨款制度，本科高校达到12000元，高职院校达到9000元，为教育事业持续发展提供了强有力的保障。

表9-5　主要年份山西省GDP、财政收入、财政用于教育支出

单位：万元

年份	GDP（按当年价格计算）	财政收入	财政教育支出
1952	159978	18276	2407
1965	439158	68571	15072（文教）
1978	879946	196419	33907（文教）
1995	10924762	722064	208561
2007	57334000	12005356	1812182
2017	155284000	18670022	6206738

数据来源：《山西统计年鉴》。

（2）通过多种渠道筹集到大量的办学资金，弥补了教育经费

的不足。鼓励群众集资办学，1983年至1998年，全省集资办学金额累计高达64.07亿元。同时，还大力争取利用外资，补充省内教育经费的不足。1992年，争取到世界银行贫困地区教育发展项目贷款2146.6万元，之后再一次获得世界银行贫困地区基础教育发展项目贷款1300万美元。两个项目共利用外资4123万美元，加上省内配套资金3754.8万美元，共7877.8万美元。这对缓解山西教育经费短缺局面，支持各类教育特别是基础教育的发展，发挥了积极作用。[1]

（3）各类学校办学条件有了显著改善。全省中小学已基本达到"一无两有三配套"[2]的要求，所有行政村基本消灭了土窑洞教室，大部分农村实现了"村子里最好的房子是学校"。到2005年，山西普通高中、初中、小学学生生均校舍建筑面积分别达到13.84平方米、5.465平方米和4.92平方米。[3]高校教学条件改善更加显著，截至2004年，全省普通高校占地面积20647052平方米，校舍建筑面积11565500平方米，生均校舍建筑面积32.81平方米；普通高校教学仪器设备资产值198812万元，生均教学仪器设备值5603元；学校藏书2757万册，生均77.7册。仅"十二五"期间，全省新改扩建公办标准化幼儿园1049所、农村幼儿园2726所、农村小学附设幼儿园2557所，新增学位70万个，极大地缓解了"入公办园难"的问题。山西在全国率先实施完成中小学校舍安全工程，投入230亿元，新改扩建

---

[1] 曹福成主编：《山西教育50年》，山西教育出版社1999年版，第141页。

[2] 指学校无危房、班班有教室、学生人人有课桌凳，教学仪器、图书资料、文体教材配套。

[3] 崔晋生等：《山西教育事业发展分析》，董继斌主编：《2007年山西社会形势分析与预测》，山西经济出版社2007年版，第255页。

和加固改造中小学校舍9729所,建筑面积达2224万平方米。各级财政共投入51亿元,实施了"全面改薄"和"薄改计划"。全省所有30万人以上的县均建成特殊教育学校,残疾儿童受教育权利得到有效保障。全省共有82个县级职教中心通过省级督导评估验收。投资百亿元、占地近万亩的高校新校区全面建成并投入使用,10所高校、13万余名师生入驻,普通高校的占地面积、校舍建筑面积、教学仪器设备资产值和图书藏量等都显著增加。4所高校入选"中西部高校基础能力提升工程",高校可持续发展能力明显增强。

4.人民群众的文化素质显著提高,培养了大批合格人才和有文化的劳动者

(1)扫除青壮年文盲工作成就巨大。1990年省内文盲率下降为15.81%,1997年全省扫盲工作通过国家抽查验收,全省青壮年文盲率降到2%以内,成为全国第11个、中西部地区第1个达到现阶段基本扫除青壮年文盲标准的省份。1998年,教育部、财政部授予山西"扫盲先进地区"称号。之后,坚持"机构不撤、人员不减、经费不少、工作不停"的方针,继续扫除文盲,全省青壮年文盲率降到1%以内。同时,还对扫盲和扫盲后继续教育做出整体规划,并制定相应的措施。2000年省内文盲率下降为5.68‰,2010年继续下降为2.57‰,2017年进一步下降到1.95‰。随着义务教育的普及,学龄人口都享受到良好的基础教育,基本没有产生新的文盲人口。扫盲脱盲工作大力开展,青壮年文盲人口大量减少。目前山西文盲主要集中在老年人口,随着老年人口的自然死亡,文盲人口将进一步减少。

(2)人民群众的文化素质有了显著提高。体现全民文化素质的各级学校中平均每万人口在校生数有了大幅增长,据2005年统计,

普通高等学校、普通中等专业学校、普通高中、初中、职业高中、小学平均每万人口在校生数分别达到119.89人、59.34人、210.22人、559.01人、42.08人、1031.68人。[1]15岁及以上人口的平均受教育年限，是衡量劳动力文化素质的综合性指标。根据2008年人口变动抽样调查数据计算，2008年，全省15岁及以上人口中，小学、初中、高中、大专及以上文化程度的比重分别为19.33%、51.06%、16.83%、8.28%，15岁及以上人口的平均受教育年限为9.10年，在中部地区居首位并高于全国平均水平。2017年全省15岁以上人口平均受教育年限提高到10.30年。山西人口的受教育程度在向更高的层次转化，同时也反映了改革开放以来，山西普及九年义务教育工作取得的显著成绩。这从一个侧面反映了山西教育事业发展所取得的丰硕成果，也表明山西在经济发展中的人力资源相对较好。[2]

（3）为全省培养了大量高素质的建设人才。仅1949年至1956年，山西教育为全省培养了大量建设人才，大中专学校共培养学生124952人，普通中学和农业中学共培养学生601896人。1978年以来，仅职业教育就为山西省培养了400万的高素质的劳动者和专门人才，而且培养的人才量大、面广、专业门类繁多，涉及第一、二、三产业服务的各类人才，就业于全省城乡的各行业，从整体上提高了各行业劳动者的文化和技术素质，而高等教育仅2000年以后就为全省提供了上百万的毕业生。从2004年山西省社会人才资源状况统计看，全省人才总量达311.5万人，人才密度[3]为9.3%。全省人才的

---

[1] 崔晋生等：《山西教育事业发展分析》，董继斌主编：《2007年山西社会形势分析与预测》，山西经济出版社2007年版，第257页。

[2] 山西统计信息网，www.stats-sx.gov.cn 2009-7-6。

[3] 指人才数与总人口数的百分比。

学历结构也有很大改观,研究生占0.8%、大学本科占17.4%、大学专科占37.2%、中专占23.4%、高中及以下占21.2%。[1]2005年,山西省经济活动人口中具有初中以上文化程度比重达到了78.21%,平均受教育年限达到了9.08年,相当于高中一年级水平。经过十几年的发展,这一数据应该还有很大提升。

(二)发展历程

70年间,山西教育经历了四个不同的发展阶段,各阶段有着不同的发展历程和特点。

1.第一阶段,从1949年新中国成立至1965年,是山西教育的第一次大发展,初步形成了比较完整的教育体系

(1)基础教育发展迅速。1949年,全省共有小学20073所,在校生103.53万人,学龄儿童入学率为47.8%;到1956年底,小学发展到38812所,在校生达到274.27万人,学龄儿童入学率达到了91.6%。1949年,全省有中学34所,在校生9994人;到1965年底,全省共有全日制中学585所,是1949年的16.2倍;在校生227856人,是1949年的21.8倍。

(2)中等职业技术教育飞跃式发展。1949年,全省有中等专业学校3所,在校生354人,到1965年底发展到130所,在校学生达31655人。从1958年开始兴办农业、职业中学,到1965年底,学校数达到2316所,在校学生数达118305人。此外,技工学校从无到有,1965年在全省达到10所。

(3)高等教育新体系初步形成。1949年,山西仅有山西大学一

---

[1] 邢燕芬主编:《山西人才资源状况》,内部资料,第276页。

所高等学校，经过院校调整，到1965年发展到12所，专业设置达52个，在校生14132人，每万人口中的大学生数，由1949年的0.4人增至7.8人。在12所高等学校中，既有综合大学，又有专科学校；既有全日制大学，又有半工（农）半读大学。

（4）此外，其他形式的教育也取得了较大的发展。幼儿园由新中国成立前的23所增加到1965年的1582所，在园幼儿65318人。特殊教育从无到有，到1965年已办起6所聋哑儿童学校。干部教育、扫盲教育卓有成效。新中国成立后，为了提高工农干部的文化水平，政府通过干部教育速成班、调干班等各种方式选送干部到中国人民大学等各级各类学校进行培训，以适应省内经济建设对人才的需要。1952年推行"速成识字法"，参加扫盲学习的有113.49万人；1955年至1957年推广"记工识字法"，参加并脱盲的干部群众达105.58万人；1958年至1960年，推广万荣县的"注音识字"经验，参加者多达439万人。在此期间，全省共扫除文盲248万人，青壮年文盲所占比例由新中国成立初期的85%下降到37%。

这一阶段的山西教育，有这样几个与众不同的特色：

第一，继承了革命根据地的办学传统。在小学教育方面，到1956年底，小学发展到38812所，不仅有全日制公立小学，还有一批办得好的民办小学，以及分布在山庄窝铺的多种办学形式的小学，学龄儿童入学率达到了91.6%，比当时全国小学平均入学率高6.9个百分点。[1]山西省各地大、中、小学校继承和发扬革命根据地办学传统，积极组织学生参加各种适当的工农业生产劳动，已解决办学经

---

[1] 曹福成主编：《山西教育50年》，山西教育出版社1999年版，第68页。

费不足。1958年后，响应教育部要求中等学校自办工厂增加生产的号召，全省各学校办起了一批小工厂、小农场、小林场，不仅使学校有了一定收入，缓解了经费紧张的矛盾，而且涌现出一批先进典型。

  第二，高校合并调整影响深远。从1953年起，山西贯彻中央以培养工业建设人才和师资为重点的方针，将原山西大学工学院改为太原工学院，山西大学理学院与师范学院合并为山西师范学院，山西大学医学院改为山西医学院，撤销山西大学建制。加上由铭贤学院改建的山西农学院，调整后山西全省共有4个学院、28个专业、11个专修科。1952年山西大学财经学院被划归并入中国人民大学。1953年山西大学工学院冶金工程系划归并入北京钢铁学院（今北京科技大学），纺织工程系和采矿工程系划归并入西北工学院（今西北工业大学）。与此同时，山西农学院的畜牧兽医系的兽医部分也被划归并入内蒙古畜牧兽医学院。后经进一步调整，到1957年，全省4所专门学院共有24个专业、10个专修科。在校生中，工科占31.4%、师范占39.8%、医科占17.3%、农科占11.5%，文法财经极为短缺。这次调整对山西高等教育发展产生了较为深远的不良影响。首先调整中过多地强调数量，建立单科性的独立专门学院，取消了已经颇具规模的全省唯一的综合性大学山西大学，使山西高等教育结构畸形，致使发展后劲严重不足。其次，调整中许多学科、专业被划归外省高校，致使山西自身经济建设所需要的有关专业人才得不到满足，技术研究难以开展，为经济建设服务的能力大大降低。如取消了综合性大学，使文、理科专门人才缺乏培养基地，科学研究人才力量贫乏。山西作为煤炭及矿产资源丰富、钢铁工业发达的能源重化工基地，采矿工程、冶金工程等系被调走，不但影响了学科间的互相发展促进，而且使山西的煤炭、钢铁等工业的发展受到了严重影响；另外山西大学财经学院及所属的经济、工商管理和会计系成建制调出，山西经济建设中所急需的经济管理人才自己不能培养，一定程度上制约了山西的经济发展。还有调整中山西省的高等学校从原来的2所分成了4所，表面上看数量有所增加，但实际上却分散了力量，削弱了发展能力。其最直接的影响就是造成了山西省几十年来没有产生一所国家级的重点大学，也使全省高等教育的发展相对其他省份缓慢，很大程度上影响了本省社会经济的全面快速发展。[1]

第三，扫盲工作取得了突破性进展。1957年10月，万荣县针对当时扫盲运动速度不快和学员脱盲后又大量复盲这一问题，在晋南行署教育局帮助下，在青谷村试点注音识字扫除文盲。1959年，万荣县全县推广青谷村试点经验，取得了较好的效果。1960年4月22日中共中央发出《推广注音识字》的指示，指出："山西省注音识字经验，是我国文化革命中一项重要创举，应当在全国迅速推广。"5月1日，《人民日报》发表社论，大力推广万荣县注音识字经验。在此期间，胡耀邦、吴玉章、谢觉哉、张际春、胡愈之等领导人和语言学家王力、吕叔湘等先后到万荣参观。山西在此期间共扫除文盲113万人，相当于1949年到1957年全省扫盲人数的总和。[2]

---

[1] 赵存存、柳春元：《五十年代初山西高等教育的"院系调整"及其影响》，《高等教育研究》，2002年第3期。

[2] 山西省史志研究院编：《山西通志·教育志》，中华书局1999年版，第16页。

2.第二阶段，从1966开始的"文革"10年，是山西省教育事业遭受挫折的10年

"文革"10年当中，教育受到的冲击最大，绝大多数学校停课闹革命，学校众多的教师被打成"走资派"和"牛鬼蛇神"，遭到批判和揪斗。各学校都不同程度地成立派性组织，大打派仗，大搞武斗，校舍、设备、图书仪器遭到严重破坏，而"造反派"的"夺权"运动使得各级教育行政部门和学校领导机构限于瘫痪。在此期间，各学校以学工、学农、学军代替课堂教学，在"读书无用论"思潮和政治运动的冲击下，教学秩序论混乱不堪。

（1）高等教育是"文化大革命"期间教育的重灾区。10年"文革"期间，全省高校1966年至1971年停止招生长达6年，研究生停招10年之久。1971年起招收"工农兵学员"，学制由之前的4年至5年缩短为2年至3年。其间，太原机械学院、山西财经学院、山西教育学院、山西劳动大学及其29所分校都被撤销。1972年恢复招生至1976年，全省仅毕业二至三年制工农兵学员7995人、一年制进修生114人，1976年在校生12681人，仅为10年前的89%。[1]

（2）"教育学大寨"极左思潮影响恶劣。由于"农业学大寨"发端于山西，1975年山西省提出"教育学大寨"口号，把极左思潮推向一个新阶段，在全省乃至全国都造成了极大的不良影响。其核心内容是："坚持党的基本路线，坚决贯彻执行毛主席的无产阶级的教育路线，坚持斗争哲学，充分依靠贫下中农管理学校，对资产阶级实行全面专政，不间断地改造旧教育，清除这个剥削阶

---

[1] 山西省史志研究院编：《山西通志·教育志》，中华书局1999年版，第18页。

级的'世袭阵地',把学校办成无产阶级专政的工具。"根据这个纲领,具体提出了"三要三不要":"要好思想,不要金字榜;要革命闯将,不要五分加绵羊;要贫下中农管理学校,不要文人治校。"同时把学校工作以教学为主、以课堂教学为主等作为"智育第一""修正主义教育路线"来批判,提倡"开门办学""校队一体",甚至错误地提出"以大寨大队广阔天地为最好的课堂,以大寨三大革命经验为最好的教材,以广大贫下中农为最好的老师",要教学生"懂路线、敢斗争",让学生"在阶级斗争的风口浪尖上接受锻炼",成为斗"走资派"的尖兵,宣扬"建立以工农为主体的教师队伍",把教师视为"资产阶级知识分子",强制教师"接受贫下中农再教育"。有的中学把全部课程合并为"阶级斗争主课","工业学大庆""农业学大寨"基础课,"军事体育课"。普遍对教师推行歧视、压制、迫害的政策。有的地方甚至错误地提出"农教对流"[1]、鼓吹张铁生式的"白卷英雄"等口号,造成教师大量外流,导致教学质量严重下降。[2]

3.第三阶段,十一届三中全会后,山西教育进入了一个全新的发展阶段,到1995年初步建立起具有中国特色、符合本省省情的社会主义教育基本框架

(1)基础教育在办学条件、办学水平和办学效益上都有较大的提高。截至1995年底,全省有正规幼儿园8477所,在园幼儿1026401人;教职工45760人,其中专任教师37483人。全省有小学

---

[1] 即农民登讲台、教师当农民。
[2] 山西省史志研究院编:《山西通志·教育志》,中华书局1999年版,第18页。

40795所，教学点3412个，教学班30482个，其中复式班36509个，在校生327.04万人；7至11岁学龄儿童入学率为99.31%；专任教师171860人，其中民办教师59849人，占34.82%；教师学历合格率为93.46%。全省有普通中学3401所，[1]在校生1509738人；教职工144810人，其中专任教师113216人。全省有特殊教育学校41所，在校生3948人，专任教师963人。全省达到小学阶段义务教育基本要求的县（区）89个，人口覆盖率为91%；达到高中阶段义务教育要求的县（区）39个，人口覆盖率55%，初步建立起从幼儿园到初小、高小、初中、高中的全日制基础教育体系。[2]

（2）中等职业技术教育较大的发展，扭转了中等教育结构形式单一的格局。截至1995年，全省有中等专业学校（含中师）129所，在校生107443人；职业高中268所，在校生78217人；职业初中109所，在校生26914人；还有短期职大1所，在校生1205人。全省中等职业学校的招生数和在校生数分别占到高中阶段学生招生总数和在校生总数的56%和54%，[3]已初步形成包括各类中等专业学校和技工学校、初等职业中学和高等职业学校在内的从初等到高等、门类齐全、专业配套、结构合理的职业技术教育体系。

（3）高等教育稳步发展。到1995年，全省有全日制普通高等学校26所，其中本科院校13所、专科院校13所，地方院校中招收博士研究生的院校3所，博士授予点4个，招收硕士研究生的院校5所，硕士授予点

---

[1] 含高级中学146所，完全中学247所。

[2] 山西省史志研究院编：《山西通志·教育志》，中华书局1999年版，第25页。

[3] 山西省史志研究院编：《山西通志·教育志》，中华书局1999年版，第25页。

3875个。全省每10万人中大学生数达159人。普通高校共有教职工16174人，其中专任教师6777人，专任教师副高以上职称的占到26.91%。在26所普通高等院校中，13所本科院校有10所在太原市、3所在其他地市；专科院校平均每个地市至少1所，高等学校的布局基本合理。[1]

（4）成人教育事业获得全方位发展，基本形成从扫盲到成人中专教育、高等教育、大学后继续教育的比较完整的成人教育体系。截至1995年底，全省118个县（区）中有84个县（区）完成了基本扫除文盲的任务；全省有各级各类农民文化技术学校31143所，教学班52172个，学员2017712人；成人学历教育从无到有，获得了很大的发展，全省共有成人中专68所，在校生22643人，成人高校35所，另外有14所普通高校举办了函授教育，13所普通高校举办了夜校，在校生达51855人，超过了普通高校在校生数。[2]其间，山西兴办的"刊授大学""老年大学"深受社会离退休人员的欢迎，在全国产生了很大的影响。吕梁地区柳林县前元庄、方山县圪叉嘴"农科教三位一体"的教学经验模式得到省教委和国家的肯定与表彰。

这一阶段，山西教育有以下几个突出方面：

第一，集资办学成绩显著。为了改善较为薄弱的基础教育条件，山西省坚持狠抓集资办学工作，取得了前所未有的成就。1983年12月，省人民政府在曲沃、闻喜两县召开群众集资办学经验交流会，之后全省农村掀起群众集资办学热潮。1986年至1989年，全省集资办学金额累计4.4亿元，年均集资1亿多元。1990年全省更是集

---

[1] 山西省史志研究院编：《山西通志·教育志》，中华书局1999年版，第25页。

[2] 山西省史志研究院编：《山西通志·教育志》，中华书局1999年版，第26页。

资达4.08亿元，等于全省2800多万人口平均每人15元，相当于全年省拨普通教育基建投资2000万元的20.4倍。

第二，社会办学开始起步并取得较大成就。20世纪80年代初，民盟山西省委员会等开始创办小型学校，但规模较小。1986年以后，面向高等教育自学考试的社会助学性质的学校迅速发展起来，规模开始扩大，社会力量办学形成一股热潮。同时，政府加强对社会办学的管理和引导，成立社会力量办学办公室，社会办学逐步转入正规化、科学化轨道，一大批不需要国家投入、面向市场经济需求培养实用型人才的学校应用而生。在这一过程中，山西涌现出了宏昌学校、南洋学校等一批民办教育的典型。到1995年末，全省社会力量举办的各级各类学校已发展到200多所，在校生10万多人，初步形成多层次、多规格、多类型、多形式的办学体系。[1]

第三，高等教育倍受重视。1985年，为了改善高校教师生活条件，省政府拨出专款2080万元，为省属5所大学讲师以上教师建造宿舍，到年底全部竣工，共建成43幢宿舍楼，近11万平方米，分配给教授、副教授582户，讲师744户，合计1326户。1992年，省政府又投资4800万元，完成建筑面积13万平方米，基本解决了高校中青年教师的住房问题。根据山西实际，在全省高校实施抓好重点大学、重点学科、重点实验室建设和重点科技成果开发推广的"四重"工程。山西大学和太原工业大学两所重点学校在教育投入上得到重点扶持，教学质量和办学水平有了明显提高。如在大学英语全国四级水平考试中，山西省高校的通过率连续几年

---

[1] 山西省史志研究院编：《山西通志·教育志》，中华书局1999年版，第23页。

高于全国高校平均水平,其中几所高校的通过率高于全国重点大学的平均水平。[1]

4.第四阶段,伴随着1996年高等教育招生并轨改革的推行和1997年基础教育阶段开始重视推行素质教育,山西教育进入一个全新的发展阶段

(1)基础教育开始向扩大办学规模、提高办学效益过渡。按照教育部的部署和安排,进行中小学布局调整,采取适度规模办学,对一些学校进行撤并,普通小学、中学数量明显减少,但办学效益明显提高。小学校数量由1995年的40795所减少到2017年的5445所,减少数量之多令人惊叹,在校生228.13万人,相较1995年的327.04万人显著下降,单个学校的办学规模明显增大。普通中学由1995年的3401所减少到2017年的2299所,在校生由1995年的150.97万人增长到2017年的180.21万人。全省的幼儿园数由1995年的8477所减少到2017年的6973所,减少近两成。特殊教育学校数由1995年的19所增加到2017年的73所,在校生达到12684人。

(2)中等职业技术教育上了一个新台阶。1997年,山西省召开全省职业教育工作会议,通过《关于加快职业教育改革和发展的决定》,推动职业教育发展。第一批20个县(区)的职教中心在1997年建成并投入使用,第二批20个县(区)的职教中心在1998年建成并投入使用,第三批20个县(区)的职教中心建设于1999年开始启动。[2]截至2007年,全省已建成合格的县级职教中心43个、国家级重

---

[1] 山西省史志研究院编:《山西通志·教育志》,中华书局1999年版,第23页。

[2] 曹福成主编:《山西教育50年》,山西教育出版社1999年版,第12页。

点中等职业学校40所、省级重点中等职业学校64所，新建22个国家级实训基地，新增了一批实训设备。到2017年，全省共有中等职业技术学校442所，比1995年的616所减少将近200所，在校生42.08万人，相较2007年也有不小的下降。

（3）高等教育扩张式发展。高等学校数量由1995年的26所发展到2017年的80所；高等学校在校生数由1995年的67420人激增至795147人，增长10倍还多；研究生招生数由1995年的524人增加到2017年的12143人，研究生在校生数由1995年的1336人增长到2017年的32173人，都达20倍以上，高等教育毛入学率达到48%以上。尤其是晋中高校新区的建成，使得一大批高校的办学条件有了显著的改善。高等教育办学实力和教学质量明显提升，山西大学成为省政府与教育部共建大学，太原理工大学"双一流"建设进展顺利。

（4）成人的学历教育、继续教育和社会力量办学发展显著。截至2007年，全省成人高校发展到16所，有专任教师2399人，在校生达127747人；其他民办高等教育机构38所，有专任教师1005人。

本阶段山西教育值得关注的方面有：

第一，从资助家庭经济困难学生和对家庭经济困难学生实施"两免一补"到农村免费义务教育成为现实。从2002年开始，山西建立了义务教育保学金制度，到2004年底，省财政共安排义务教育保学专项资金2800万元，市、县财政安排专项资金800万元，共资助家庭经济困难学生20万名。同时，从2001年起，中央财政共安排山西免费提供教科书专项资金4500万元，基本解决了山西104万名经济困难学生上学困难问题。同年山西省开始实施对农村义务教育阶段所有家庭经济困难学生免书本费、免杂费和补助寄宿生生活费,即"两免一补",对象包括经民政部门确认的人均纯收入在900元以下的农村低保或农村特困救助范围的家庭子女,农村优抚家庭子女以及农村因受灾、疾病等原因不能维持基本生活的家庭子女、烈士子女、残疾学生,父母一方死亡、离异的单亲贫困家庭子女等。2005年中央补助山西免费提供教科书专项经费8120万元,省财政安排免杂专项经费8080余万元。按照国家规定标准,免教科书标准小学每生每年70元,初中每生每年140元,特教学生每生每年70元。

第二,民办教育问题迭出。1990年以后,山西开始鼓励发展民办高校,陆续审批100多家民办高校。但经过十多年的发展,民办教育不断萎缩,到2004年剩下不到一半。以宏昌学校为例,从马鸿旺1994年在临汾市开办第一所宏昌学校开始,十余年间办学校18所,分布在山西、河南等省的大中城市,形成了包括幼儿、小学、初中、高中、中专、大学、出国留学各个学段和层次的"一条龙"的办学模式,初步实现了集团化、系列化、网络化、跨区域、多类别、外向型、综合型的办学目标。教育基金是其最具特色的收费方式之一,以阳泉宏昌学校为例,一名高中生如果一次性缴纳16万元,将免缴高中三年的所有其他费用。学生离校满一年后,学校将16万元全额无息退还。1998年创建的阳泉宏昌学校截至2002年向家长收取的教育基金达1700多万元,而到期后无力退还的达1600万元。2005年2月5日,一直由马鸿旺任法人代表的阳泉宏昌学校突然提出停办,并要求改制,规模宏大的宏昌体系开始倒塌。[1]无独有

---

[1] 《"宏昌王朝"的没落之路》,《山西晚报》,2005年6月24日。

偶，1994年由山西大学与海南南洋发展总公司创办的山西南洋国际学校由于南洋教育集团违反国家法律法规，未经审批机关核准变更举办者，违反规定收取高额储备金并恶意抽取挪用，欠学生储备金6700余万元，预收学杂费1000多万元，累计负债达8000多万元，造成学校资不抵债。2006年1月18日太原市教育局发出通告，终止其办学行为，收回了办学许可证。在宣布终止南洋学校办学的同时，太原市政府决定，在南洋国际学校原校址组建太原市教育局直属的国有公办学校太原市第三实验中学。[1]为此教育部于2006年5月16日发布《关于山西南洋国际学校等民办学校非法集资办学引发事件及有关问题的通报》。

第三，高等教育布局和结构得到合理调整，高等教育教学水平不断提升。1997年7月山西省将太原工业大学和山西矿业学院合并为太原理工大学，同年12月将山西财经学院和山西经济管理学院合并为山西财经大学，这几所学校实行合并的成功经验得到教育部和中央领导的充分肯定。此后，经教育部批准，山西大学师范学院、太原师范专科学校、山西省教育学院合并为太原师范学院；忻州师范专科学校、忻州地区教育学院、忻州职工大学、山西广播电视大学忻州分校等4所学校合并为忻州师范高等专科学校，后升格为忻州师范学院；晋中师范专科学校、晋中地区教育学院、山西广播电视大学晋中分校等3所学校合并为晋中师范高等专科学校，后成立晋中学院；阳泉工业专科学校、阳泉市教育学院、山西煤炭职工联合大学阳泉分校等3所学校合并为阳泉职业技术学院；同在临汾的山西职业师范专科学

---

[1]《"南洋神话"何以一朝破灭》，中国教育资源网，www.chinesejy.com2006-9-26。

校、山西师范大学体育学院并入山西师范大学，成为山西师范大学管理下的两个学院；大同高等专科学校和大同市教育学院合并为大同职业技术学院，之后又将雁北师范学院、大同医学专科学校、大同职业技术学院、山西工业职业技术学院合并组建为大同大学。经过整合，山西高等学校的布局和结构更趋合理，办学效益得到显著提高，整体办学水平和办学实力得到较大的提升。[1]高等教育布局结构明显优化，全省所有设区市实现了普通本科教育和高职院校全覆盖。全省高校博士和硕士学位一级学科授权点分别达到46个和152个，专业硕士学位授权点达到29个类别74个授权点。高等教育教学水平不断提升，重点建设了本科特色专业100个，教学改革项目1015项，大学生创新创业训练项目2354项，大学生创新平台20个，4篇博士论文入选全国百篇优秀博士论文。高校科技创新综合实力显著提升，牵头承担国家基金项目1625项，依托高校建设的省部级科技创新平台138个，高校主持的科技成果获国家科技三大奖5项，占山西省全部主持获奖数量的56%，其中获得山西省科学技术一等奖24项。全省高校共申请国家专利4249件，获得发明专利授权2929件。高校一批重大科研成果在山西行业企业中得到转化应用，产生了显著的经济效益和社会效益。

二、科技春天的到来

新中国成立70年来，山西的科技事业也有很大的发展，70年中，科研经费投入及科研机构、人员比新中国成立前增加了数百倍，特别是1978年全国科学大会召开以后，各类科研成果不断涌

---

[1] 曹福成主编：《山西教育50年》，山西教育出版社1999年版，第128页。

现,为社会经济发展和科教兴国做出了巨大贡献。

(一)巨大成就

1.科研机构增多,成果不断涌现

1950年山西工矿研究所成立,太原市科学技术普及协会成立,随后山西农业科学研究所、山西中医研究所相继建立,翻开了山西科技发展新的一页。1958年成立了山西省科学技术委员会。1959年成立了中国科学院山西分院及其所属的原子能、生物、化学、电子、数学、自动化、地球物理、物理等8个研究所。同时山西省科学技术协会及自然科学专门学会也先后成立。科技队伍迅速壮大,群众性的科学实验和技术革新活动蓬勃发展,科研成果不断涌现。1953年4月国营经纬纺织机械制造厂试制成功中国第一台"立达式梳棉机"。1955年9月20日山西省试制成功颗粒肥料。1956年1月29日团省委召集1500多名青年集会,动员青年向科学进军,通过了号召全省青年向科学进军的倡议书。1957年12月10日太原矿山机器厂试制成功我国第一台EU-40型石油转机。1958年7月27日至30日在太原召开省科学技术工作者、技术革新者代表会议,1000余名中外专家会师,总结交流经验,促进全省技术革命运动和科学普及与研究工作。1960年4月30日山西第一条无轨电车线路在太原解放路建成通车。1965年5月27日全国著名植棉模范吴吉昌创造棉花"贴芽补种"法。1967年4月榆次经纬纺织机械厂制成强力纺织机,纺出的丝强度和延伸度都达到世界先进水平;5月,太原钢铁公司第二炼钢厂50纯氧顶吹转炉建成投产,太原溶剂厂制成间苯二甲酸并投入生产。1972年3月15日太原重型机器厂制成大型卧式拔伸水压机,该机体积大、结构复杂,是我国自行设计、制造的重点新产品之一。1975年8

月4日的《山西日报》报道：长治县红旗塑料厂试制成功塑料喷灌设备，填补了山西塑料工业的一项空白。

到2000年，全省已建成45个优势学科，在量子光学研究、应用力学研究和数学的应用泛函研究，以及结构无机化学研究、动植物病害的生物工程制剂防治煤的优化转化和清洁利用等方面继续保持国内领先和国际先进水平，已建成国家级重点实验室2个、省级重点实验室7个；建成21个中试基地，累计投入基金10338元，转化科技成果90项，形成主导产品303种；集中在高校建立了6个国家和省级工程技术中心，涉及光电、生物工程、新材料工程技术、机械电子工程技术、集成精密成形工程技术等。中国日用化学工业研究所在国家和省的大力扶持下，建成了国家级表面活性剂工程技术中心。

"十一五"期间，新建省级以上重点实验室8个，总数达到25个；国家级（企业）重点实验室实现零的突破；新建省级以上工程技术（研究）中心34个，总数达到61个；新建省级以上企业技术中心62个，总数达到138个；新建国家级农业综合试验站28个；建成国家级国际科技合作基地6家、省级国际科技合作基地14家。"十二五"期间，科技创新平台不断完善，新批准成立国家重点实验室2家，立项建设省级重点实验室43家，潞安集团建成山西首家国家级工程技术研究中心，新建省级工程技术研究中心18家。

"十一五"期间，充分发挥科技创新要素的集聚效应，攻克了一批重大关键共性技术，推广了一批先进适用技术，为产业技术升级、培育发展新兴产业提供了强有力的科技支撑。累计申请专利26292件，授权专利13671件，分别是"十五"期间的3.0倍和2.5倍，被SCI、EI、ISTP收录的论文年均达到1931篇。2010年全省技术合同交易额达69.4亿元，取得年产千万吨级矿井大采高综采成套装备、WK-55矿用挖掘机、21万吨煤基合成油工艺装备、太阳能多晶硅制造关键设备铸锭炉等重大成就，选育的"大丰26号""强盛51号"等玉米新品种亩产超吨，"长6878"和"舜麦1718"小麦新品种创造了冬麦区旱地小麦和山西水地小麦单产最高纪录；小麦杂种优势利用实现了"三系配套"。

"十二五"期间，设计和编制了煤基低碳产业创新链和非煤高新技术产业创新链，实施了一批重大科技专项，攻克了一批共性关键技术，取得了一批拥有自主知识产权、富有竞争力的标志性成果。研制出我国切割功率最大（1100kW）、一次采全高（7.2米）的MG1100/2860-WD大功率大采高电牵引采煤机、智能型千万吨煤炭综采成套设备、世界首台商业规模水煤浆水冷壁气化炉、双循环低温发电机组、新一代显示技术的激光投影机、高容量动力锂离子电池等一批先进技术产品。太原不锈钢产业集群和榆次液压产业集群被认定为国家创新型产业集群试点，实现了山西在国家创新型产业集群中零的突破。农业科技创新取得显著进步，育成的"大丰30号"玉米杂交品种居国内领先水平，研发的F型小麦不育系是我国农业领域的重大技术创新，杂交大豆高效繁育制种技术取得新突破，承担国务院农村综改试点项目——山西新型农业社会化服务体系建设，建成702家农科服务站，为农业发展提供新型科技综合服务。

近年来，山西全省取得了一大批有重大突破、有影响力的科技创新成果。仅2017年，全省新登记科技成果560项，获得国家科学技术奖3项。主要科技成果包括："氢气的低温制备和存储"项目入选了"2017年度中国科学十大进展";国产圆珠笔尖打破国外技术垄断;"超薄不锈钢箔"自主研发成功,太钢已经成为目前世界上唯一可以批量生产宽幅软态不锈钢精密箔材产品的企业;"星光级超低照度高清监控摄像机"填补了国内空白;世界首台商业规模水煤浆水冷壁气化炉开发成功;甲醇、苯下游精细化工催化剂研发打破了可降解塑料方面的原料技术垄断;低值煤闪氢快速裂解技术试车成功;镁铝合金宽厚板、石墨烯超级电容、石墨烯电池等关键技术取得重大突破;煤矸石综合利用打通了全部工艺;新一代显示技术的激光投影机开发成功;600度超临界用钢及高铁、核电用钢取得关键技术突破;煤层气工厂化钻井作业技术将支撑煤层气产业发展壮大等。科技创新成果为培育新产业新动能提供了有力支撑,增强了全省转型发展的内生动力。

2.迎来科学春天,获奖成果大增

1978年全国科学大会的召开迎来了科技发展的春天,山西的科技事业出现了空前繁荣。在全国科学大会上,山西共有2250项科技成果获奖,其中煤炭26项、化工22项、冶金23项、机械27项、铁路交通20项、电力13项、邮电15项、轻工3项、纺织2项、建筑材料8项、农业15项、水利7项、气象2项、林业3项、地质11项、医卫17项、文物3项、文化1项。[1]从1978年颁布《山西省科学技术研究成果鉴定、推广、奖励试行办法》到1983年,全省有1478项科研成果受到省人民政府的嘉奖,其中一等奖101项、二等奖326项、三等奖599项、四等奖452项。

---

[1] 《山西通志·科学技术志》,中华书局1994年版,第222页。

2000年，省科技创业中心共孵化高新技术企业54家，企业孵化资金投资总额累计3500万元，吸引政府投资2259万元、银行贷款2960万元，资金运作总额规模达到8000万元，转化科技成果项目50多项。省科技基金公司已累计实现科技风险投资24亿元，培育了像亚宝药业等高新技术企业40家。进入新世纪以来，在建立服务于科技成果转化和高新技术开发的融资市场和资本交易市场方面进行了积极的探索，成为全省最大的科技投资公司，并成为上海技术产权交易所会员单位，也是全国性加入欧洲风险投资协会的大陆公司。省生产力促进中心在为全省企业技术创新开展全方位服务上进入了全国先进行列，形成了5个行业和11个地区生产力促进中心，以及53个县区生产力促进中心组成的网络体系，同时进一步吸收大专院校、厂矿企业、科研院所2000多家作为网员单位，覆盖了全省11个地、市的58个县区，初步实现了组织网络化。

2008年，由山西省主持和参与的11个项目分获国家自然科学奖、国家技术发明奖、国家科学技术进步奖三大奖项。其中太原理工大学主持完成的"煤的结构特征及其与反应性的关系和调变"项目获国家自然科学二等奖，太原科技大学等单位完成的"一种空间机构的钢板滚切剪技术与装备"项目获国家技术发明二等奖，由中北大学完成的专用项目获国家技术发明二等奖。太原铁路局等单位完成的大秦铁路重载运输成套技术与应用项目获国家科技进步一等奖，太原理工大学等单位完成的"矿井局部通风群控系统和安全供电关键技术研究及配套设备开发"项目获国家科技进步二等奖，由中铁三局集团有限公司、中铁十二局集团有限公司、中铁十七局集团有限公司参与完成的"青藏铁路"项目获国家科技进步特等奖，由山西省农科院小麦研究所参与完成的"中国小麦品种品质评价体系建立与分子改良技术研究"项目获国家科技进步一等奖,由山西省林业技术推广站参与完成的"社会林业工程创新体系的建立与实施"项目获国家科技进步二等奖,由山西省测绘局参与完成的"我国区域精密高程基准面建立的关键技术及推广应用"项目获国家科技进步二等奖,由太原钢铁(集团)有限公司参与完成的"流射沸腾冷却强化多功能淬火控冷装备与工艺开发及创新"项目获国家科技进步二等奖,由大同煤矿集团有限责任公司参与完成的"煤炭自燃理论及其防治技术研究与应用"项目获国家科技进步二等奖。

"十一五"期间,山西省累计登记科技成果1500多项;获国家科学技术奖36项,国家自然科学奖实现零的突破。"十二五"5年间,共获得国家科技进步奖、国家技术发明奖等国家级各类科学技术奖40项。

3.科技体制改革带来巨大活力,科技创新体系成功构建

1983年7月25日,全国重点工程之一的山西化肥厂正式开工。该厂拥有我国引进的第一套以煤为原料的大型现代化复合肥料装置,年产合成氨30万吨、硝酸磷肥90万吨。1984年,配合城乡经济体制改革的逐步展开,山西省政府制定了《山西省科技体制改革若干问题的试行办法》,提出了六项改革措施,主要是扩大科研单位自主权,改革经费制度,改革人才管理,改革机构设置,改革管理,改革工业、农业、科技等工作。1984年4月2日山西省首次国际经济技术合作洽谈会在太原召开,14个国家与地区以及国家有关部门和其他省市的代表参加了会议。4月29日在邓小平倡导支持下,我国最大

的中外合作经营的平朔安太堡露天煤矿协议在北京举行签字仪式。该项目由中国煤炭开发总公司和美国西方石油公司共同投资经营,设计能力年产煤炭1500万吨,总投资约为6.5亿美元,于1985年7月2日开工,1987年9月10日投产。

1985年3月,党中央和国务院召开全国科技工作会议,作出《中共中央关于科学技术体制改革的决定》。《决定》规定的主要内容是:改革拨款制度,开拓技术市场,使科学技术机构具有自我发展的能力和主动为经济建设服务的活力,加强企业的技术吸收开发能力,促进科研机构、高等学校与企业之间的协作和联合,改变研究机构与企业相脱离及部门地区相分割的状况,促进人才的合理流动等。1985年7月8日,省委、省政府为落实《中共中央关于科技体制改革的决定》,制定《关于科技体制改革的实施方案》,提出了山西省科技体制改革的总原则和政策措施。对改革研究机构、拨款制度,改革科技人员管理制度,开发技术市场,扩大研究机构自主权,加强企业的技术开发能力等作出了具体规定。

科技体制的改革促进了科技事业的发展,取得了一批技术上先进、经济效益显著的科研成果。1987年,全省自然科技人员发展到275万人,比1978年翻了近一番,相当于十一届三中全会前29年的总和。1979年至1988年,全省共安排省级科技项目1500个,投资1.7亿元,完成1180个,获得国家、省级科技成果奖2.56万项,是党的十一届三中全会前29年全部科技成果的8倍。其中有7项达到国际水平,1项获国际奖,767项达到国内先进水平,322项获国家发明奖,36项获国家科学进步奖,1项获国家自然科学奖。

1992年6月30日，中国首台50万千瓦火电机组在神头二电厂竣工投产，标志着中国坑口电站建设跨入世界先进行列。1997年1月28日，装机210万千瓦的阳城电厂正式开工，2002年7月，一期工程建成，6台机组全部投入商业运营。阳城电厂是世界上最大的无烟煤火力发电厂、中国第一座远距离输电的大型坑口电厂，是山西实施输煤变输煤与输电并举战略的重点工程。2000年5月15日，富士康太原科技工业园揭牌暨二期工程开工。园区总投资10亿美元，属新兴IT产业，是世界500强企业落户山西的重要标志。2006年9月29日，太钢新不锈钢工程竣工。太钢形成年产300万吨不锈钢的能力，成为全球产能最大的不锈钢企业。2007年6月26日，山西省第三届高新技术产业成果展示暨合作洽谈会开幕，其间展示了山西新材料、新能源、电子信息、现代农业、生物制药、先进制造、生态环保等八大领域的1200多项高新技术成果。山西用5年左右的时间，将高新技术产业的产值由原来的70多个亿，增加到2006年的700多个亿，对山西经济发展的带动、产业结构的调整、经济增长方式的转变，起到了非常重要的作用，为经济社会发展提供了强大的支撑。

山西省加大科研资金的使用力度，科研基金和科技创新基金项目日渐增多。第一，设立科研基金。"十五"期间，全省设立自然科学基金项目593项、青年科技研究基金项目254项，争取国家基金项目285项、"973"计划10项、"重大基础研究期专项"7项，国家杰出青年基金项目1项。第二，设立科技创新基金。"十五"期间，列入国家"863"计划12项；中小企业创新基金项目立项42项，争取资助资金265万元。2005年，山西省新设600万元地方创新基金，激发了企业开展技术创新的积极性。人重组组织因子凝血酶原时间测定试剂、连续式水泥土拌和设备等共计15个项目获国家中小企业技术创新基金支持，资助金额905万元。同时有9个项目得到国家创新基金创业项目支持，资助金额220万元。

2006年以后，省内科技体制改革不断深化，区域创新的顶层设计不断完善，科技对外开放合作不断加强，创新创业环境明显改善。省级科技计划（专项、基金等）优化整合为应用基础研究计划、科技重大专项、重点研发计划、科技成果转化引导专项（基金）、平台基地和人才专项五大类，在全国率先建立了省级科技管理新体制。出台了《中共山西省委、山西省人民政府关于深化科技体制改革，加快创新体系建设的实施意见》《创新驱动山西行动计划》《低碳创新行动计划》《山西科技创新城建设总体方案》《围绕煤炭产业清洁、安全、低碳、高效发展拟重点安排的科技攻关项目指南》等政策，形成了山西省"131"创新驱动战略体系，在全国最先完成并实施了省域创新驱动行动顶层设计。首次召开了全省科技创新大会，出台了《中共山西省委、山西省人民政府关于实施科技创新的若干意见》，对全省科技创新工作进行系统部署。

4.科技人才工程壮大了科技队伍

山西省自然科学领域实施科技人才培养"双百人才工程"，万人专业技术人才数和平均受教育年限两项指标连续三年排名在全国前十位。山西两院院士实现零突破，2003年11月下旬和2004年1月，山西大学原校长彭堃墀教授和太原理工大学校长谢克昌教授分别当选为中国科学院院士和中国工程院院士。2005年12月，太原钢铁公司原总工程师王一德当选为中国工程院化工、冶金与材料工程学部院士，在晋的两院院士达6名。"十五"期间，山西省建成49个省级重点学科，2个国家级、1个省部共建、14个省级重点实验室，21个科研中试基地，27个工程技术研究中心。围绕全省经济结构调整重点，通过实施以培育新的经济增长点为重点的"高新技术产业化工程"，以提升、改造传统产业为中心的"产业科技进步工程"，以科技致富行动为特色的"科技兴农工程"，以及人才、专利、技术标准三大战略，促进科技与经济社会的紧密结合。

"十一五"期间，通过实施"百人计划""333人才工程"等，引进培养了一批高层次领军人才，带动了科技人才队伍壮大。2010年，山西有"两院"院士5人，享受国务院特殊津贴专家1793人，中央直接掌握联系的高级专家40人，国家有突出贡献中青年专家60人，"世纪百千万人才工程"国家级人选29人，国家杰出青年基金资助人员11人，国家现代农业产业技术体系岗位专家8人。"十二五"期间，新增国家杰出青年基金获得者5人，立项建设省级科技创新团队79个。

5.自主创新成绩斐然，国际技术交流合作迈出新步伐

自主创新能力的提升是科技创新的一个重要标志。据统计，2008年山西省专利申请量一举突破5000件大关，达到5386件。从1985年建立专利制度以来，山西省专利申请量首次突破1000件大关，用了9年时间；由1000件到2006年突破2000件，用了13年时间。"十一五"期间，累计申请专利26292件，授权专利13671件。2015年，有效发明专利拥有量达到8104件。2017年，山西全省专利申请为20697件，是2000年的14倍。其中，发明专利申请7379件，

是2000年的21.8倍；发明专利申请所占比重达35.7%，比2000年提高12.8个百分点。全省平均每亿元研发经费产生发明专利申请达到49.8件，比2000年增加15.6件。全省专利授权数为11311件，是2000年的11.7倍。其中，发明专利授权2382件，是2000年的13.8倍；发明专利授权所占比重为21.1%，比2000年提高3.2个百分点。

改革开放以后，山西科技对外交流合作迈出新步伐。2005年，山西省利用国际科技合作计划500万元资金共引导扶持29个项目，其中11项填补国内空白、8项为产品出口项目。通过和日本合作，省农科院土肥所的科研综合实力跃居全国领先水平。太原理工大学和澳大利亚合作共建实验室，使煤层自燃探测和灭火技术达到世界领先水平。科技对外开放不断拓展，科技合作交流进一步加强，"十二五"期间，新建国家级国际合作基地5家、省级国际合作基地16家，总数分别达到11家和30家。

（二）发展历程

1.发展与曲折（1949年—1978年）

山西科学技术70年的发展起步于战争的废墟之上，基础相当薄弱。农业技术虽具有十分悠久的历史，但仍然囿于传统的耕作方法，农业生产仍然停留在手工操作阶段。近代工业起步较晚，19世纪末才有了近代意义上的机器工业，尽管在上世纪20至30年代有了一定程度的发展，初步形成了以西北实业公司为龙头，兼及煤炭、军工、钢铁、机械、化工、轻工、纺织等门类的工业体系和相应的研究机构，然而在经过前后十余年的战争破坏之后，已经面目全非。据1949年年底的统计，全省的工、农、医等方面的科学技术人员仅有6303人，专设的科学研究机构几乎等于零。[1]

首先，科技管理研究机构建立健全，科技队伍的迅猛发展及其遭遇曲折。

新中国建立以后，随着科学技术事业的蓬勃发展，山西科学技术管理机构、群众团体和专门学会有计划、有步骤地建立和健全起来，山西的科学技术管理和研究工作被纳入科学化、制度化的轨道。

"一五"和"二五"计划期间，是山西科学技术管理机构、群众团体和专门学会建立健全的时期。"1950年，山西工矿研究所成立，同时建立太原市科学技术普及协会。随后，山西农业科学研究所、山西中医研究所相继建立。"[2]山西科学技术70年的发展历程拉开序幕。其后，各专业性研究机构相继组建。1956年，山西省煤炭科学研究院成立。1958年，山西省科学工作委员会（后改称山西省科学技术委员会）成立。1959年，中国科学院山西分院及其所属的原子能、生物、化学、电子、数学、自动化、地球物理、物理等8个研究所同时成立。同年，科普协会和中华全国科联山西分会合并，成立了山西省科学技术协会，并组建了山西省自然科学专门学会。与此同时，全省各地、市、县也陆续建立起科技工作机构。

与相关的管理研究机构相继建立健全相适应，山西的科技队伍从小到大不断扩展。据统计，"1957年，全省科技队伍发展到4.89

---

[1] 《当代中国的山西》（下），中国社会科学出版社1991年版，第131页。

[2] 《山西通志·科学技术志》，中华书局1994年版，第3页。

万人，比1949年增加了7倍"[1]。20世纪60年代，科技队伍在原有基础上得到进一步的发展，截至1965年，全省在岗科技人员达到84527人，相当于1957年的173%，是1949年的13倍。[2]

此外，在高等院校也聚集了一大批科研力量，各大学都先后成立了科学研究委员会，领导与组织老师进行科学研究。仅太原工学院、山西医学院、山西师范学院就拟定了研究课题192个。[3]

在1966年至1976年的"文化大革命"中，山西科技事业备受摧残。此前17年建立起来的科研管理和研究机构一夜之间就被取消和拆散，许多专家学者被批斗，大批科技工作者被下放劳动，科研活动被迫中断，科技事业的发展遭遇曲折。

其次，科学技术的初步发展以及在曲折中的艰难前行。

随着科技管理研究机构的建立健全、科技队伍的迅猛发展，科学研究成果和新的科学技术在农业、工业以及其他领域得到推广和应用，并取得了良好的经济效益。"文化大革命"期间，虽然不可避免地遭受了干扰和破坏，但是，由于群众性的科学实验与技术革新运动的开展，山西的科学技术仍然在曲折中艰难前行。

（1）农业科技

山西的农业文明历史悠久，在国民经济中占有非常重要的地位。新中国成立初期，农业科学技术的研究与推广受到极大的重视，并取得了可观的成效。1950年，山西农业科学研究所组建，为山西省最早成立的专业研究机构。1957年，农业科学研究所的技术人

---

[1]《当代中国的山西》（下），中国社会科学出版社1991年版，第131—132页。

[2]《山西通志·科学技术志》，中华书局1994年版，第475页。

[3]《山西通史》卷十，山西人民出版社2001年版，第179页。

员发展到71人，他们先后进行了粮食作物、经济作物、果树、蔬菜的品种鉴定和培育；推动耕作技术、家畜品种的改良；开展病虫害防治、疾病预防等方面的试验研究。对玉米钻心病、小麦黑穗病、谷子白发病、棉蚜病等，均研究出了防治办法；培育出了6种小麦优良品种、4种玉米优良品种、3种谷子优良品种、6种棉花优良品种。[1]

在农作物种质资源研究方面，1956年至1957年，全省组织了第一次较大规模的农作物品种资源征集工作，共收集到各种农作物品种资源15000余份。一批濒于失传、仅存于农民手中的品种资源得到抢救。

在农作物栽培技术的研究与推广方面，新中国成立以后，全省主要农作物栽培新技术新成果在农业上的应用，有力地推动了生产的发展。以闻喜县东官庄为例，1969年以前，5年平均小麦亩产只有100公斤；1969年以后，实行科学种田，小麦产量达到325公斤。

在种子基地的建设方面，1957年以后，由种子部门负责技术指导，由农业合作社生产队建立种子田留种。据1959年的统计，全省建立各种作物一级、二级种子田50万亩左右，产种62500吨。

在农业机械方面，1952年，山西省第一个国营拖拉机站建立。据1980年底的统计，全省县级国营农机站28个、公社农机站1856个、大队农机队11952个，全省农机总动力737.5万马力，拖拉机总作业量达19098万标准亩，农业主要作业项目机械化水平分别为机耕45%、机播8%、机灌70%、机收1.1%、机脱51%。[2]

华北属于我国缺水干旱区，山西则属干旱区中的严重干旱区。

---

[1] 《山西通史》卷十，山西人民出版社2001年版，第178—179页。
[2] 《山西通志·科学技术志》，中华书局1994年版，第22、49页。

60年代，农业科技工作者在选育耐旱、耐寒、高产稳产的优良品种方面取得了很大成绩。山西农业科学院选育的一批玉米自交系和单交种，使全省玉米亩产量增长近一倍。杂交高粱新品种晋杂5号在全国21个省、市、自治区年推广面积曾达1500万亩，占全国杂交高粱总面积的40%。这个品种还被引种到朝鲜、菲律宾和阿尔巴尼亚等国家。70年代初，培育成功的胡麻良种雁杂10号和晋亚1、2、3、4号，在生产中收到了巨大的效益，晋杂2号经多年大面积种植，丰产性好、出油率高，对缓解全省食油供应紧张发挥了显著作用。[1]

(2) 工业科技

山西的近代工业尽管起步较晚，然而，辛亥革命以后，特别是上世纪30年代，为发展地方工业，山西以"造产救国"相号召，进行以军火工业为主的工业科学技术的研究和试验工作，奠定了山西工业科技发展的基础。1949年以后，在国家"优先发展重工业"的方针指导下，山西在煤炭、电力、机械、化工、冶金等领域建立了一批工业企业，工业科学技术由此迈开了坚实步伐。

煤炭

山西作为能源大省，煤炭生产在新中国成立初期就得到了足够的重视。1957年末，大同、阳泉、西山、潞安、汾西、轩岗等6个矿务局的原煤产量达到2393万吨，相当于1949年的8.8倍；1985年，山西省的煤炭年产量达到2.31亿吨，占到全国煤炭总产量的1/4。这都得益于科学技术的推广和机械化的实行。1950年5月，燃料工业部颁布《关于国营煤矿全面推行新生产方法的决定》和《关于煤矿保

---

[1] 《当代中国的山西》（下），中国社会科学出版社1991年版，第139—140页。

安问题的决定》，在山西掀起了改革旧采煤方法、开采技术革新。1957年末，大同等6个矿务局全面推广长壁采煤法，资源回收率、工人生产率、安全状况大大改善，产煤占回采产量的90%以上。1959年，西山矿务局推广攉煤机，实现了半机械化装煤。60年代末太原煤炭研究所和大同矿务局科研所开始进行大同坚硬顶板下液压支架的研究。1970年，第一台液压支架TZ-140型四柱垛式支架问世，成为国内自行研制成功的第一个全工作面试验的液压支护设备。此后，该设备不断完善，为实现综合机械化采煤创造了技术条件。1979年，从英国、联邦德国、日本等国引进全套综采设备100套，分配到大同、阳泉、西山、晋城、汾西等矿务局使用。同时从波兰购进波兰克马格液压支架3套，分配到潞安矿务局使用，使山西的八大矿务局有六个矿务局使用了综采设备采煤。[1]

电力

1949年以前，山西只有不到40000千瓦的发电设备，发电量6329万度/年。新中国成立初期经过三年恢复与调整，到1952年底，全省发电设备总容量达到56187千瓦。"一五"期间，太原第一热电厂作为苏联援建的156个重点建设项目之一，于1957年底建成投产。到1965年底全省500千瓦以上电厂发电量达到255095万度/年。1972年，山西省第一条220千伏输电线路，娘子关到榆次使赵变电站建成投产，全长116.76公里；到1975年又陆续建成榆平、霍平、榆南三条200千伏输电线路，使太原、霍县、娘子关、阳泉等主要地区联成了220伏主力网。[2]

---

[1] 《山西通志·科学技术志》，中华书局1994年版，第59页。
[2] 《山西通志·科学技术志》，中华书局1994年版，第65—66页。

机械

山西的机械制造技术起始于清末民初,上世纪20至30年代有了初步的发展,炼钢机器和矿山机器的制造尤其见长。在1949年至1978年的30年间,山西的机械科技取得了长足的进步。1953年工程技术人员918人,1957年猛增到2635人。1959年,太原市机械工业局机械研究所成立,之后,太原重型机械设计研究所等16个厂办研究所成立。1953年9月,太原矿山机器厂试制成功国内第一台65马力仿苏KMⅡ-Ⅰ型割煤机;1955年4月,太原重型机器厂研制成功全国第一台50吨大型桥式起重机;1961年,国内第一套火车车轮箍轧机在太原重型机器厂诞生;1965年,太原矿山机器厂设计制造出国内第一套以轧制合金钢为主的无缝钢管成套设备。

化工

化工技术在山西的近代工业技术中起步也比较早,其雏形可以追溯到民国初年的双福火柴公司时期。此后,各种先进的化工品种生产技术在山西相继出现,并初具规模。

新中国建立初期,首先将1949年以前遗留下来的化工企业进行了调整,并恢复了生产。从第三个五年计划开始,经过几十年的努力,在南北同蒲铁路沿线,北起大同、南到永济,建立了一批中型化肥、农药、橡胶加工、无机盐、合成橡胶和化工机械制造等工厂。以后,逐年建立了90余个小合成氨化肥厂。经过技术改造、设备更新,年产合成氨49万余吨。[1]

此外,冶金、军事、无线电、化纤等工业领域的科学技术也同

---

[1] 《山西通志·科学技术志》,中华书局1994年版,第72—73页。

步发展，上了一个台阶。

第三，科研成果和新技术的推广应用。50年代，主要是推广了工农业生产的先进技术和经验，全省建立了377个农业技术推广站。70年代，各县均设农科所，公社设农科站，大队设农科队，生产队设科研组，在全省形成了四级农科网组织，推广农业科学技术。工业科技成果的推广，由各行业及企业的科研部门承担。

2.科技之花在春天里绽放（1979年—2018年）

1978年3月，全国科学大会在北京隆重召开，中国科技事业开始全面复苏，那次会议也被人们亲切地称为"科学的春天"。在科学的春天里，山西的科技之花尽情绽放。40年过去了，科学的春天里播下的种子已经花开满枝，硕果累累，科技发展带给山西的变化是地覆天翻的。

（1）各级各类管理研究机构迅速恢复充实，科技队伍不断发展壮大

全国科学大会的召开，中共十一届三中全会精神的贯彻落实，标志着广大科技人员迎来了科学的春天，科技事业空前发展的新时期开始了。1977年9月，山西省科学技术委员会重新建立。1978年5月，山西省科学技术协会恢复工作。各地、市、县的科委和科协也逐步恢复并健全起来。[1]与此同时，1978年，中共山西省委发出《关于抓紧解决科技人员用非所学问题的通知》，在全省范围内开展了用非所学科技人员的归队工作。短短三个多月的时间，就有7100多名用非所学的科技人员归队。同年，全省全民所有制县级以上独立

---

[1] 李茂盛、卢海明主编：《山西改革发展30年·综合卷》，中共党史出版社2008年版，第208页。

自然科学研究机构达到180所，总人数1.23万人，全省自然科学技术人员15.2万人。[1]1981年，中共中央办公厅颁发了《科学技术干部管理工作试行条例》以后，全省科技事业建设出现了新的发展局面。1985年，全省自然科学技术人员达到23.83万人，比1980年增长56%；每万人中科技人员的比例，由1980年61人增加到91人。各种厂办科研机构、大学科研机构以及集体和个人的民办科研和技术服务机构也都得到迅速发展。

中共山西省委和省人民政府重视科技事业的发展，从1978年开始，每年拨出专项外汇100万至150万美元，购置国外先进的仪器设备，装备科研院所。全省万元以上的仪器设备，1978年有450台（套），1985年增加到991台（套）。其中国家规定的23种大型精密仪器，1978年有70台（套），1985年增加到284台（套）。从1983年起，先后建立了省分析测试中心、电镜测试站和农业测试站，重点装备了大型精密仪器，使各种精密仪器在协作共用中提高使用效率。1985年，全省独立科研机构的固定资产（原值）总额为2.28亿元。

遍及城乡的非专业的群众性技术队伍，发展之快更是创造了历史纪录。温饱问题得到解决的农民，为了实现小康生活，把掌握科学技术当作致富的法宝。农村各种技术学会、协会、研究会等人数不等的学术团体如雨后春笋般涌现出来。不少农民同时参加多个学会，反映了他们建设社会主义现代化农村的强烈愿望。

各级科学技术委员会、科学技术普及协会，以及着重于应用技

---

[1] 李茂盛、卢海明主编：《山西改革发展30年·综合卷》，中共党史出版社2008年版，第208页。

术开发的群众性学术团体三位一体，初步形成了山西多层次的科学技术网络。为了提高群众技术队伍素质，山西在"星火计划"实施中，突出地把培训农业技术员列为重要内容。1984年全省共培训基层农业技术员80万人次，培训乡（镇）科技干部1889人、农村专业户9.2万多人，向他们传授了作物栽培、农副产品加工以及养殖等科学技术。1984年，全省有71个县建立了科技推广中心。[1]

20世纪90年代以来，在科技体制改革的促进下，各级各类科研机构进一步健全完善，科技队伍渐次壮大。截至1995年，全省的自然科技人员发展到35.55万人，其中工程技术人员16.7万人、农业技术人员1.2万人、卫生技术人员6.4万人、科学研究人员4789人、教学人员8.9万人。[2]据山西省科技厅的统计，2007年山西的科技活动单位2166个，有科技活动的单位937个，科技活动人员达到128097人。2017年，全省自然科技人员达46.60万人，其中工程技术人员19.27万人、农业技术人员2.25万人、卫生技术人员12.32万人、科学研究人员4716人、教学人员12.28万人。

（2）科技体制改革促进了科技事业的发展

各级各类科研机构恢复充实以后，围绕科学技术如何面向社会、为经济建设服务和调动科研单位、科技人员积极性等方面的问题，配合城乡经济体制改革的逐步展开，山西省进行了科技体制改革的初步探索。1984年，山西省政府制定了《山西省科技体制改革若干问题的试行办法》，提出了六项改革措施，主要是扩大科研单

---

[1] 《当代中国的山西》（下），中国社会科学出版社1991年版，第132—134页。

[2] 李茂盛、卢海明总主编：《山西改革发展30年·概述卷》，中共党史出版社2008年版，第578页。

位自主权,改革经费制度,改革人才管理,改革机构设置,改革管理,改革工业、农业科技工作等。确定先在10个研究所进行技术合同改革试点,然后逐步推进。

1985年3月,党中央、国务院召开全国科技工作会议,做出《中共中央关于科学技术体制改革的决定》。《决定》规定:改革拨款制度,开拓技术市场,使科学技术机构具有自我发展的能力和主动为经济建设服务的活力,加强企业的技术吸收和开发能力,促进科研机构、高等学校与企业之间的协作和联合,改变研究机构与企业相脱离及部门、地区相分割的状况,促进人才的合理流动等。

"改革拨款制度"是指由国家拨款的单一模式转变为按科研项目和科研单位的不同类型分别拨款。1985年,首先在部分研究所进行有偿合同制的拨款制度改革试验。从1986年起,省属科研机构全部进入科技经费分类管理的轨道,实行"有限保护,一次过渡"。1987年,在部分研究所开始完善运行机制,从划小核算单位的具体做法向建立整套科研经营承包责任制的体系发展。

为推动"开拓技术市场、促进技术成果商品化",1984年山西省第一次科技成果交易会在太原举办,科技成果迈出了有组织地转让、交换和流通的第一步。此后,随着《中华人民共和国技术合同法》、山西省财政厅《关于对事业单位进行转让技术成果的收入免征营业税的通知》《山西省关于工会职工科协组织实行有偿技术服务的暂行规定》等相关法规的颁布以及科技体制改革的不断深入,全省逐步形成了一个多层次、多渠道、多形式的技术市场网络体系。截至1988年,已建立省、地、县各级技术交流机构38个,各种经营性质的技术经营服务机构225个。全省累计举办较大规模的技术交易会以及参加全国和地区性的技术交易会16次,交易额达到1.4亿元。

"放活科研机构人员,促进人才合理流动"的政策依据是中共山西省委、山西省人民政府1987年3月颁布的《山西省鼓励专业技术人员向国营小型企业和城乡集体企业流动的暂行办法》。《暂行办法》提出,各类专业人员向国营小企业和城乡集体企业流动,主要有三种形式:第一种是各种研究所、大专院校和大中型企业,有计划、有组织地选派科技人员到科技力量薄弱的地区和单位从事技术开发和技术服务;第二种是专业技术人员利用业余时间和节假日,到乡镇企业开展技术服务;第三种是专业技术人员停薪留职、辞职,去领办、承办中小企业、乡镇企业。《暂行办法》的颁布极大地调动了广大科技人员的主观能动性,有效地促进了科技人员的合理流动,越来越多的科技人员走出科研院所、高等院校,到生产第一线开展科技服务。截至1988年,全省有组织的人才流动达1.2万人。

科技体制改革对科技事业发展的影响是显而易见的。据统计,1987年,全省自然科技人员(含中央驻晋单位)已发展到27.5万人,比1978年翻了近一番。1979年至1988年,全省共安排省级科技项目1500个,投资1.7亿元,完成1180个。取得国家、省级科技成果奖2.56万项,其中有77项达到国际水平、11项获国际奖;767项达到国内先进水平,有322项获国家发明奖、36项获国家科学进步奖、1项获国家自然科学奖。[1]

---

[1] 李茂盛、卢海明总主编:《山西改革发展30年·概述卷》,中共党史出版社2008年版,第67—69页。

1992年以后，中共山西省委、山西省人民政府制定了加速山西经济上新台阶的发展战略，明确提出依靠科技进步和提高劳动者素质实现经济稳定发展的指导思想，并把"科教兴晋工程"作为振兴山西经济的战略工程之一。适应市场经济发展的需要，山西加大了科技改革的力度，通过加强科研成果的推广转化和新产品的开发，进一步调动了广大科技人员的积极性和创造性。同时，取得了一批技术上先进、适用，经济效益显著的科研成果——太原工业大学的"双层辉光离子渗金属"项目被列入国家"863计划"的重点；山西大学的"连续依赖稳频YAG激光器和光场压缩态试验"项目被国家自然基金会列为重点；[1]2009年2月，世界上最大的100MN双动卧式短行程前上料铝挤压机在太重集团公司制造完成。[2]

促进科研成果的推广转化和新产品的开发，加强科技中介服务是重要的一环。作为科技中介的山西省科技创业中心着力于高新技术企业的孵化，一批高新技术企业相继涌现。到2000年底，共孵化高新技术企业54家，企业孵化资金累计投资总额3500万元，吸引政府投资2259万元，银行贷款2960万元，资金动作总规模8000万元，转化科技成果50多项。[3]

---

[1] 李茂盛、卢海明总主编：《山西改革发展30年·概述卷》，中共党史出版社2008年版，第579页。

[2] 当今世界上最大的双动铝挤压机只有80MN。太重是上世纪90年代开始生产铝挤压机的，1999年研制成功75MN铝挤压机，2003年成功开发了75MN"短行程"单动卧式铝挤压机，随后，50MN、36MN、27.5MN单动卧式铝挤压机也相继问世。此次在为青海国鑫铝合金管棒型材股份有限公司生产100MN双动铝挤压机时，太重第一次采用了世界上先进的"短行程"前上料技术，对传统挤压机进行了重大变革和创新。资料来源：山西省科学技术厅，2009年2月5日。

[3] 李茂盛、卢海明总主编：《山西改革发展30年·概述卷》，中共党史出版社2008年版，第581页。

(3) 科技投入逐年加大，科技队伍日趋多元化

20世纪80年代以来，随着市场经济的发展，社会对于科技的需求进一步加大。新形势下，首先是政府对科技的投入呈上升趋势，全省各级财政科技三项费用逐年增加，基本达到了本级财政支出的1%。2017年，省级财政用于科学技术的支出达502451万元，全省R&D经费投入总量达到148.2亿元，是2000年的15倍，年均增长17.3%，总体呈现出趋稳上升的态势。

与全社会对科技的投入逐年加大相伴随，科技队伍呈现出了多元化的格局，到2000年，已初步形成高等院校、科研机构、企业技术开发、民营科技企业、技术推广中介服务和外引优秀人才等6支科技创新人才队伍。高等院校有70人被确定为青年学科带头人，有53人成为优势学科学术梯队的中坚力量。在研究与开发机构的科技活动人员中，科学家和工程师占科技活动人员的比例达到60.8%，总体素质不断提高，直接为经济建设服务的整体实力明显增强。[1]据统计，从1996年到2000年，全省企业科学家、工程师增长了47%。[2]

(4) 实施"技术创新"，促进经济转型

1999年，全国技术创新大会召开，并发布了《中共中央、国务院关于加强技术创新，发展高科技，实现产业化的决定》，提出把技术创新作为增强企业竞争力的关键，企业要真正成为技术创新的主体。山西省委、省政府出台了《关于加强技术创新，发展高科技，实现产业化的决定》，明确指出：要实现国民经济持续快速健

---

[1] 李茂盛、卢海明总主编：《山西改革发展30年·综合卷》，中共党史出版社2008年版，第213页。

[2] 李茂盛、卢海明总主编：《山西改革发展30年·概述卷》，中共党史出版社2008年版，第580页。

康发展，必须适应全球产业结构调整的大趋势和国内外市场的急剧变化，加快企业技术升级和产业升级，形成以企业为主体的技术创新体系。

为贯彻落实技术创新精神，进一步加大企业技术创新力度，山西省经委制定了《关于建立以企业为主体的技术创新体系的实施意见》，提出：（一）加快企业技术中心建设，重点支持10户左右技术创新试点企业及国家、省认定的技术中心企业，建立和完善以技术中心为主要方式的技术创新体系及运行机制；（二）以培育科技型小企业为切入点，建立面向中小企业的技术创新支撑体系；（三）大力推进产业技术创新，加快发展支柱产业、新兴产业的技术进步和发展是产业内企业协同创新、集群创新的结果，尤其是共性技术的创新，可共享的研发成果对整个产业及其企业将产生深度的影响。在山西省煤炭、冶金、化工、机电、建材等支柱产业中，大力推进产业技术创新；（四）加强产学研联合机制建设，在全社会范围推进科技资源的优化配置，促进和鼓励大多数国有大中型企业与高等院校、科研院所建立开放的、长期的、稳定的合作关系，通过成果转让、委托开发、联合开发、共建企业技术中心和科技型企业实体等，开展多种形式的产学研联合，逐步形成以企业为主体、高等院校和科研院所广泛参与，利益共享，风险共担的产学研联合机制；（五）围绕产品结构调整和技术升级，支持一批重点技术创新项目，在充分论证的基础上，以促进技术升级的标志性项目为目标，重点抓好10项具有自主知识产权和市场前景良好的高新技术项目的开发和推广应用；（六）大力推进企业技术改造和产业升级，加大对企业技术进步和产业升级的支持力度，特别要充分利用当前国家实行积极财政政策、扩大内需的有利时机,发挥山西的比较优势,集中力量,对优势企业、优势产品加大技术改造投入,努力培育"一增三优",实现高新技术产业化,向产业高级化发展。[1]

以上述方针为指导,2000年以来,全省科技工作紧紧围绕以经济结构为主线的经济发展战略,突出科技创新,调动积极因素,有力地推动了高新技术的发展和传统产业的技术提升。

第一,高新技术产业得到了快速发展,高新技术创新体系建设加快。

2008年,全省共有各类产业园区24个,省级以上经济技术开发区和高新技术开发区科工贸总收入达1984.3亿元,区内生产总值达635.5亿元。高新技术改造提升传统产业成效显著。近年来,山西省依托资源和能源优势,用高新技术和先进适用技术改造提升煤炭、焦化、冶金、电力等传统产业,着力提高产业档次,不断提升工业经济发展的质量与效益。[2]截至2008年,全省共有国家级工程研究中心、工程实验室各1个,省级工程研究中心3个,省级实验室2个,国家级企业技术中心17个,省级企业、行业技术中心91个,市级企业技术中心204个,基本形成了以国家级创新平台为龙头、省级创新平台为两翼、市级创新平台为基础的技术创新体系。高新技术产业园区建设蓬勃发展。

第二,农业科技创新成果堪称丰硕。

2008年,历时10余年培育的旱作小麦新品种"长6878"亩产达

---

[1] 山西省企业技术创新网http://www.sxcti.com
[2] 《山西省高新技术产业快速发展》,山西统计信息网,2009年6月29日。

到616.3公斤,创造了山西旱地小麦产量的最高纪录;"山西省旱作节水高效农业综合配套技术研究与示范"项目在全省多生态区开展了玉米抗旱高产技术试验,取得旱地大面积连片亩产超千斤的历史性突破;完成山西绒山羊选育工作,成为雁门关畜牧生态经济区的主饲品种;省农科院高粱所育成酿造新品种,出酒率提高3个百分点,被汾酒集团列为汾酒酿造专用高粱,共同开展了40万亩酿酒专用高粱基地建设。科技之火的燎原之势已经形成。已建立的112个国家级、省级农村科技服务体系示范单位和农民培训星火学校,正在成为农业发展、农民增收的坚实依托。农业示范村中总收入超过亿元的已有6个,有11个村总收入超过4000万元;10个农村信息化基地,建成粮、果、菜、畜、花、菌、中草药等12个专业农业科技数据库205个。[1]

第三,加强了科研资金的使用力度,科研基金和科技创新基金项目显著增多。

截至2008年,山西省已有3批共计45个科技创新计划项目实施,计划总投资125985万元,省科技厅已投入引导资金6070万元。在项目进展过程中,已取得专利6项,已申报专利19项,研发出新产品7个、新工艺15项、新技术23项、新设备4台。其中,太阳能电池多晶硅片制造关键设备(铸锭炉)及工艺技术、大型矿用机械挖掘机的研究开发、"20万吨甲醇、10万吨二甲醚/年"节能综合开发等项目,在取得系列化科研成果的同时,已产生经济效益5.1亿元。[2]

---

[1] 《科技创新成为发展现代农业强力支撑——山西省科技创新系列报道之二》,《科研动态》,山西省科技厅网站。

[2] 《我省科技创新计划成效显著,总投资125985万元,已投入引导资金6070万元》,《科技动态》, 山西省科技厅网站。

第四，自主创新成绩斐然。

自主创新能力的提升是科技创新的一个重要标志。据统计，2008年山西省专利申请量一举突破5000件大关，再创历史新高，达到5386件，比上年的3333件增长61.6%，为近几年来增长最快的一年，在全国排名升至第20位。全省发明、实用新型、外观设计三种专利分别为2053件、2283件、1050件。专利申请呈现六个特点：一是专利数量大幅攀升。从1985年建立专利制度以来，山西省专利申请量首次突破1000件大关，用了9年时间；由1000件到2006年突破2000件，用了13年时间；而由2000件到2007年的3333件，只用了一年时间；2008年更是迈上一个新台阶。二是技术含量明显增强。反映创新水平的发明专利首次突破2000件，同比增长69.4%，占申请总量的38.1%，超过全国平均水平11个百分点。三是企业自主创新主体作用进一步凸显。全省企业申请专利1679件，同比增长75.8%，占申请总量的比例逐年提高，达到31.2%；占职务发明申请的73.9%，企业成为职务发明申请的主力军。四是结构更趋合理。职务发明高速增长，同比增长61.2%，达到2271件，占申请总量的42.2%。五是外观设计专利申请量成倍增长。外观设计专利申请量同比增长107.5%。

（5）科技研发主体不断壮大，企业成为技术创新主要力量

近年来，随着山西对科技的重视和对外开放度的提升，企业、政府、高校和省外投资等构成的R&D经费投入多元化格局已基本形成，其中，企业R&D投入增长较快，这为山西产业科技创新发展提供了强大的动力来源。以2014年为例，山西企业科技活动活跃，R&D需求明显上升，投入力度比较大。其中企业投入R&D经费达

到128.8亿元，所占比重为84.6%；政府研究机构的R&D投入为12.3亿元，所占比重为8.1%；高校的R&D投入为10.7亿元，所占比重为7.0%；其他投入为0.5亿元，所占比重为0.3%。企业经费支出明显高于其他机构，居于龙头地位。2015年企业R&D经费投入为105.1亿元，比上年下降了23.1亿元，企业所占比重下降为79.3%，政府研究机构、高校和其他来源则分别为15.5亿元、11.4亿元和0.5亿元，所占比重也提升到11.7%、8.6%和0.4%。2016年企业R&D经费支出略有提高，为106.8亿元，政府研究机构R&D经费支出维持不变，高校R&D经费支出则下降到9.7亿元，降幅为2.7亿元。可见，在山西R&D经费投入中以企业为主体的R&D经费投入格局已基本形成，企业是山西产业科技创新活动的投资主体，其R&D经费支出比重一直在80%以上。高校是R&D活动的主力军，但山西高校的R&D经费偏低，未能发挥出这种优势。

2017年全省开展R&D活动的企业为517家，是2000年的2.3倍；企业R&D经费投入为124.3亿元，是2000年的18.9倍，年均增长18.9%；企业R&D经费投入占全省R&D经费投入的比重达83.9%，比2000年提高17.6个百分点。依托企业布局，一批国家级和省级技术中心逐步建立起来，到2017年底，全省累计认定国家企业（集团）技术中心达25家，涵盖了传统支柱行业和战略新兴产业。其R&D经费投入为64.7亿元，占全省企业研发经费投入的比重达到52%。国家级企业技术中心作为研发活动的主力军，对全省研发投入的拉动作用进一步凸显。

科研机构和高等院校是科技创新的主体，其地位和不可替代的作用得到不断强化。2017年全省科研院所与高等学校的R&D经费投入分别为13.1亿元、10.1亿元，分别是2000年的5.5倍和16.5倍，年均增长分别达到10.5%、17.9%，对全社会基础研究经费的贡献达到99.9%，极大地提高了全省原始创新能力。

企业创新活动初具规模。2017年在全省参与调查的8982家规模（限额）以上企业中，有2501家开展了创新活动，占27.8%。分行业看，工业和服务业企业中开展创新活动企业占比分别为33.7%和23.3%；分规模看，大中型和小型企业中开展创新活动企业占比分别为36.7%和23.9%；分登记注册类型看，内资、港澳台资及外资企业中开展创新活动企业占比分别为27.7%、26.9%和38.1%。创新已成为企业生存、发展的共同选择。

企业家创新意识不断增强。2017年，全省参与调查的8936个企业家中，认为创新对企业生存和发展起到重要作用的占20.6%，起了一定作用的占58.4%，认为没有作用的仅为21.0%。认为创新对本企业有影响的占到26.3%。制定创新战略目标的企业4250家，占全部企业的比重达到47.7%。企业家对创新的认知度不断提升，创新正成为企业的广泛共识和价值导向。

三、启示与展望

经过70年的发展，山西教育和科技在各个方面都取得了较大的进步，积累了如下一些成功经验和启示：

1.教育必须坚持"科教兴国"战略，注重改革

教育是基础，关系到国家和民族的未来。"科教兴国"是党中央在改革开放时期提出的振兴国家，培育英才，实现中华民族伟大复兴的重大战略。教育建设上必须坚持以改革总揽全局，以改革

促发展,根据经济和社会发展改革教育体制、教育结构以及教育思想、教育内容和教育方法。山西教育的巨大成就都是在这一指导思想下取得的,必须坚持教育为社会主义现代化建设服务,努力提高教学质量和办学效益。

2.发展教育必须与经济、社会发展相适应

70年间山西教育出现的一些冒进甚至倒退,都是不顾经济、社会发展水平提供的条件盲目发展而导致的,违背了经济和教育发展的规律,造成了教育经费紧张、师资不足、教育质量下降等一系列问题,给山西教育的发展带来了不小的危害。相反,改革开放后山西教育的大发展正是在将教育的发展和经济、社会的发展联系起来,使两者的发展相适应、相协调的基础上取得的。

3.各级各类教育事业必须协调发展

教育事业内部有着自身的规律,基础教育、职业技术教育、高等教育以及成人教育等各种教育有着密切有机的联系。在山西教育70年的发展历程中,一直在不断地调整各类教育事业之间的比例和结构,使之逐步趋于合理和协调。特别是改革开放以来,山西逐步建立和完善了初等教育、中等教育和高等教育三级教育的学校教育制度,基本做到了三级教育相互衔接,普通教育和职业教育并重,形成了比较合理、协调的发展模式。但目前,山西民办高等教育发展不足,而民办中小学在市场经济利益趋动下发展过快、收费过高,严重影响公立学校的办学和义务教育的普及,导致新的择校热和教育资源不均衡,应当引起有关管理部门的重视。

4.人才是科技的根本,更加重视科技人才队伍建设

不断优化科技创新人才环境,科技经费投入继续保持稳定增

长,给科技人才创造较好的科研环境。先后出台了《山西省科学技术进步条例》《山西省促进科技成果转化条例》等一系列旨在促进创新的政策制度,形成了促进科技创新的良好政策法律环境。同时加强了协同创新平台建设,通过加强科技资源服务平台、科技创业孵化服务平台和科技金融服务平台的建设,为促进科技成果转化与应用提供了平台,也为科技人才发挥一技之长搭建了最好的舞台。

5.不断深化科技体制改革,建设区域科技创新体系

科技的发展离不开科技体制改革的深化,强化政府对创新活动的服务和对创新需求的引导,充分发挥市场配置创新资源的基础性作用,进一步强化企业技术创新主体地位,提高科研院所和高等院校服务经济社会发展能力,激发各类创新主体的活力,推动各类创新主体协调发展,才能全面推进区域创新体系建设。正是由于科技管理体制、科研院所体制、企业技术创新体系等多方面深化改革,释放了科学技术的创新动力,推动了山西科技创新的大发展。

6.健全科技政策法规,改善科技创新政策环境

不断地深入贯彻落实科技政策法规,进一步完善科技法律法规和政策措施,形成政策法规配套协调、法律关系调整全面、法规保障有力的地方科技政策法规体系。认真落实《科学技术进步法》及相关法律法规。深入贯彻落实国家中长期科技发展规划纲要配套政策,为科技创新营造良好的政策法制环境。认真贯彻《中华人民共和国科技进步法》《中华人民共和国促进科技成果转化法》《中华人民共和国科学技术普及法》等创新法律法规。加强山西科技政策与中央各项政策的统筹协调,加强科技体制改革与经济体制改革协调,加强科技政策与财政、金融、产业政策衔接协同,形成政策合

力，为规划实施提供良好的政策环境。

进入新时代，随着党和政府对科技教育的更加重视，随着科教兴国战略实施、科技体制的改革、科技创新的涌现，山西在工农业各条战线和能源低碳科技创新上的科技成果将会更多，其成就与贡献也将会越来越大。

参考文献

[1] 李立功主编.当代中国的山西.中国社会科学出版社，1991.

[2] 山西省史志研究院编.山西通志·教育志.中华书局，1999.

[3] 山西省史志研究院编.山西通志·科技志.中华书局，1994.

[4] 刘泽民等主编.山西通史·当代卷.山西人民出版社，2001.

[5] 曹福成主编.山西教育50年.山西教育出版社，1999.

[6] 崔晋生等.山西教育事业发展分析.董继斌主编.2007年山西社会形式分析与预测.山西经济出版社，2007.

[7] 李茂盛，卢海明总主编.山西改革发展30年.中共党史出版社，2008.

[8] 邢燕芬主编.山西人才资源状况.内部资料.

[9] 山西省统计局网站.

[10] 历年山西统计年鉴.

[11] 山西省教育事业发展"十二五"规划.

[12] 山西省科技发展"十二五"规划.

[13] 山西省"十三五"科技创新规划.

[14] 山西省教育事业发展"十三五"规划.

专题十　山西生态环境治理

山西作为煤炭资源赋存大省和能源重化工基地，长期以来为国家的能源安全、经济发展与社会进步做出了巨大贡献。新中国成立以来，山西生产原煤约130亿吨，其中3/4支撑了国家的经济建设和发展。山西煤炭资源开发利用为全国经济社会快速发展提供了强有力的能源支撑，同时山西的大好河山也因采煤遭受重创，生态破坏、环境恶化形势严峻。

党的十八大报告把生态文明建设纳入中国特色社会主义建设"五位一体"的总体布局。随着"生态文明"日益深入人心，"资源约束趋紧、环境污染严重、生态系统退化"成为人们对我国经济社会发展面临严峻形势的高度共识，"全面促进资源节约""加大自然生态系统和环境保护力度"成为人们推进生态文明建设的热门话题，"资源""环境""生态"随之成为生态文明建设的三个关键词。

一、环境整治成效

山西认真贯彻落实科学发展观，以促进产业结构优化升级、转变经济发展方式为目的，多措并举，大力推进环境整治工作。

（一）发展成就

"十二五"以来，在山西经济快速发展的同时，在各级政府及各部门努力下，山西主要污染物排放得到控制，环境污染恶化趋势得到遏制，环境质量也逐步有了改善。

1.污染减排提前超额完成

2010年，山西二氧化硫排放量143.81万吨。"十二五"减排目标定为争取到2015年减排11.3%。根据统计，2011年二氧化硫排放量比2010年减少2.72%，2012年二氧化硫排放量比2010年累计减少9.48%，而规划2011年和2012年二氧化硫年度减排目标皆为2%，均超额完成年度减排任务。2013年，二氧化硫减排幅度为3.56%，完成了全年3%的目标。万元GDP的二氧化硫排放量由2010年的13.58千克，下降到2013年的9.96千克。

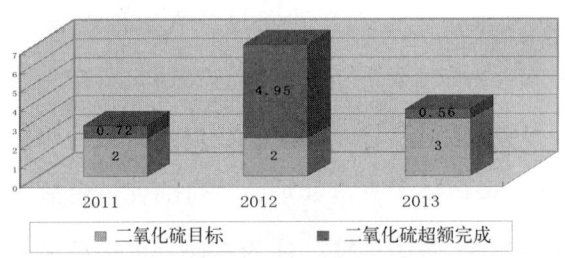

图10-1　2010年—2013年山西省二氧化硫减排目标及超额完成情况

2010年，山西氮氧化物排放量124.1万吨。"十二五"减排目标为到2015年减排13.9%。根据统计，2011年氮氧化物排放量比2010年减少3.59%，2012年氮氧化物排放量比2010年累计减少0.2%，而规划2011年和2012年氮氧化物年度减排目标分别为-4%和0%，均完成了年度减排任务。2013年，氮氧化物减排幅度为6.93%，超额完成了2013年度减排5%的任务。

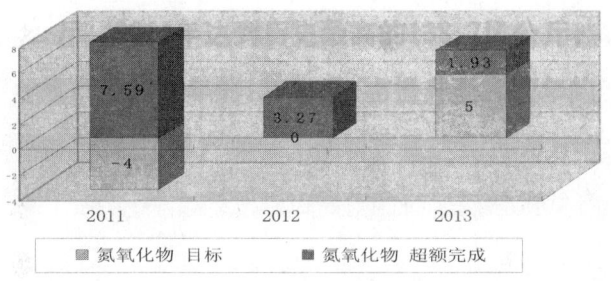

图10-2　2010年—2013年山西省氮氧化物减排目标及超额完成情况

2010年，山西化学需氧量排放量50.71万吨。"十二五"减排目标定为到2015年减排9.6%。根据统计，2011年化学需氧量排放量比2010年减少3.49%，2012年化学需氧量排放量比2010年累计减少6.01%，而2011年和2012年化学需氧量年度减排目标分别为0.5%和1.3%，2013年排放量减少3.24%，均超额完成年度减排任务。

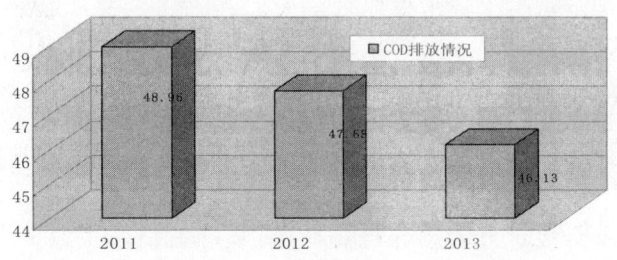

图10-3　2011年—2013年山西省化学需氧量排放情况

一般工业固废综合利用率由2010年的65.5%，提高到2012年的69.44%，2013年虽比2012年略有下降，但64.56%的利用率水平仍高于全国水平1.72个百分点。

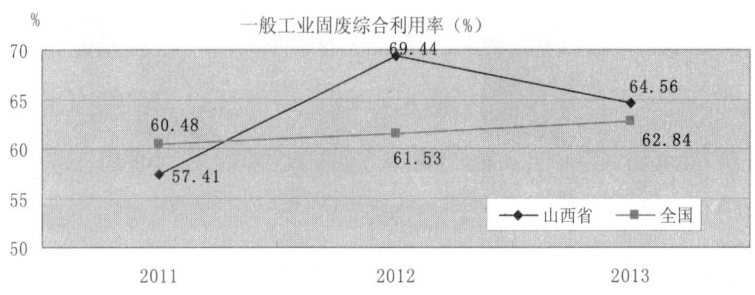

图10-4 2011年—2013年山西省一般工业固废综合利用情况

2.空气和环境质量显著提高

按《环境空气质量指数（AQI）技术规定（试行）（HJ633-2012）》评价，2013年太原市环境空气优良天数为162天；按《城市空气质量日报（AQI）技术规定》评价，其余10个地级市环境空气优良天数范围在140天至254天之间。

黄河、海河流域山西段共监测100个断面，达到Ⅲ类以上水质标准的断面占46.0%，达到Ⅳ类水质标准的断面占16.0%，达到Ⅴ类水质标准的断面占6.0%。万元GDP用水量从2010年的73.32吨/万元下降到2013年的59.39吨/万元，远低于全国108.70吨/万元的水平。

表10-1 2005年—2013年山西环境发展指标

	2005年	2010年	2011年	2012年	2013年
万元GDP用水量（吨/万元）	152.12	73.32	66.01	60.59	59.39
万元GDP SO2排放量（千克/万元）	36.28	13.58	12.45	10.75	9.96

续表

	2005年	2010年	2011年	2012年	2013年
一般工业固废综合利用率（%）	44.58	65.5	57.41	69.44	64.56

资源来源：《山西统计年鉴2014》。

3.生态建设成绩突出

随着国家和省级重点生态工程的积极开展，2013年，森林面达4236万亩，森林覆盖率从1998年的11.72%提高到2013年的18.03%；建成区绿化覆盖率由2010年的38.01%提高到2013年40.02%；建成各级自然保护区45处，总面积1650万亩，占到全省国土面积的7%。累计水土流失治理面积从2010年的5352.49千公顷增加到2013年的5475.71千公顷。据相关资料显示，目前全省已累计治理水土流失面积5.67万平方公里，水土流失治理面积达到53%。

表10-2　2005年—2013年山西生态建设指标

	2005年	2010年	2011年	2012年	2013年
建成区绿化覆盖率（%）	30.21	38.01	38.29	38.60	40.02
累计水土流失治理面积（千公顷）	5184.51	5352.49	5560.60	5290.60	5475.71

资料来源：《山西统计年鉴2014》。

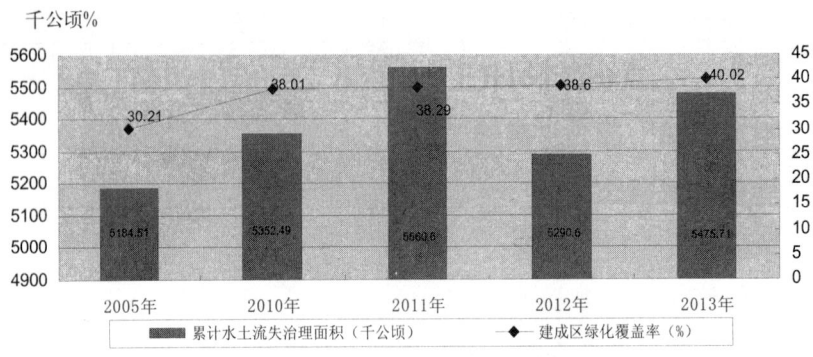

图10-5　2005年—2013年山西生态建设指标

4.生态创建与保护取得新进展

经过多年的发展，特别是山西成为全国第14个生态省建设试点以后，各地生态城市建设势头强劲，生态环境得到了明显的改善。2006年，长治市被省政府命名为山西首批环境保护模范城市。2010年5月28日，太原市获"国家园林城市"称号，截至2010年，全省11个省辖市城市公园人均面积提高到了10平方米，城市绿化覆盖率达到33.52%，生态效应突出，宜居程度提高，生活质量大有改善。全省共创建了14个国家级生态示范区、4个国家级环境优美乡镇、3个国家级生态村；创建了154个省级生态文明乡镇、747个省级生态文明村。为获得国家级生态文明乡镇、生态文明村的近100个村庄落实了近6000万元"以奖代补""以奖促治"奖励；加快了农村畜禽养殖污染防治；建立了汾河、沁河源头2个省级生态功能保护区。编制完成《山西省生态省建设纲要》和《山西省生态功能区划》，土壤污染调查和污染源普查工作走在全国前列，土壤污染修复治理试点正在展开。2010年，全国矿山生态恢复治理与修复现场会在山西召开，充分肯定了山西在矿山生态恢复治理和保护中的做法，也为全国矿山生态恢复治理提供了典型经验。

(二) 重要举措

山西连续开展并实施了一系列生态修复和环境保护工程。这些重要举措对山西生态环境的全面改善起到了十分重要的作用。

1.煤炭工业可持续发展政策措施试点

2007年，按照国务院《关于同意在山西省开展煤炭工业可持续发展政策措施试点意见的批复》（国函[2006]52号）精神，省政府出台了《山西省煤炭工业可持续发展政策措施试点工作总体实施方案》（晋政发[2007]9号），正式启动煤炭开采生态环境综合补偿试点。《方案》赋予四项重要经济政策：一是由政府对各类煤矿按动用（消耗）资源储量、区分不同煤种征收煤炭可持续发展基金，并按50%、30%、20%的比例，主要用于单个企业难以解决的跨区域生态环境治理、支持资源型城市转型和重点接替产业发展、解决因采煤引起的社会问题三大领域；二是由政府征收煤炭资源矿业权出让价款，由中央政府和山西省政府按2∶8比例分成，地方留成部分除用于煤炭资源勘查、保护和管理支出外，主要用于解决由于煤炭开采造成的生态环境、国有企业办社会等历史遗留问题；三是由煤矿企业按10元/吨标准自提自用矿山环境治理恢复保证金；四是由煤矿企业按5元/吨标准自提自用煤矿转产发展资金。这些经济政策的本质，是按照"谁开发、谁保护，谁破坏、谁恢复，谁污染、谁治理"的原则，将与采煤直接相关的生态、环境、资源、转产等外部成本内部化，并通过价格机制传导到消费者，从而有效弥补了煤炭开采的生态环境损失，逐步构建起山西资源开采生态环境补偿机制。截止到2012年底，山西共征收煤炭可持续发展基金970亿元、矿业权价款353亿元，企业提取矿山环境恢复治理保证金311亿元，提取煤矿转产发展资金140亿元。

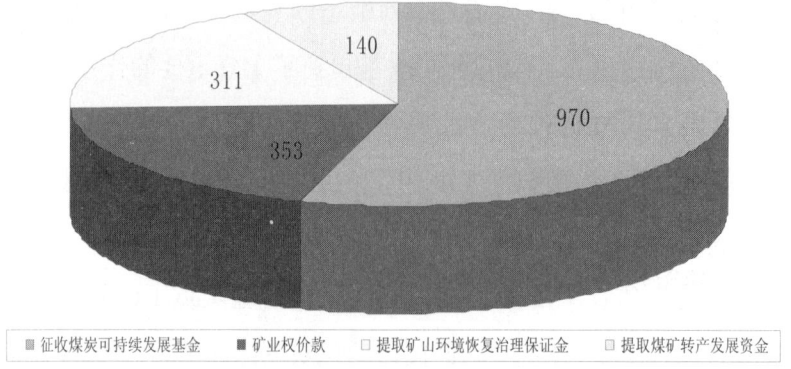

图10-6　2012年山西煤炭工业可持续发展征收资金（单位：亿元人民币）

在煤炭工业可持续发展政策措施试点工作中最重要的政策创新点是：第一次在全国范围内提出建立煤炭企业生态环境保护"事前防范、过程控制、事后处置"三大生态防线，并经国家相关部门批准设立煤炭企业环境恢复治理保证金。山西省率先在全国第一家建立了煤炭企业的环境恢复治理保证金制度，第一次以专项资金的形式，从制度上确立了煤炭企业恢复治理的资金保障；明确了"企业所有、专款专用、专户存储、政府监管"的原则。第一次明确了保证金列入生产成本，税前进行列支，初步实现了环境成本化，外部成本内部化，大大减轻了企业的负担，从税收政策上支持了企业的生态环境保护工作，从财税政策上支持了煤炭企业的健康、可持续发展。进一步规范了煤炭企业《生态环境保护与恢复治理方案》的审核工作，加快了《方案》的审批进程。制订了《山西省煤炭矿山生态环境保护与恢复治理工程验收管理办法》。截至2013年，山西共批复440个矿山生态环境恢复治理与保护实施方案。

2.实施蓝天碧水工程

2006年6月,山西省委、省政府为了从根本上扭转山西省环境污染和生态破坏严重的局面,决定在全省范围内实施以11个重点城市空气环境质量和汾河流域水环境改善以及建设大运高速公路清洁通道为目标的蓝天碧水工程。

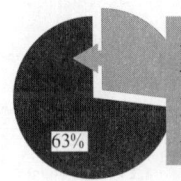

图10-7 蓝天碧水工程

该工程的实施范围包括11个主要城市及大运高速公路、汾河干流沿线的32个县(市)。该范围占全省面积的37.11%,人口占58.14%,GDP占54.93%,财政收入占63.20%,二氧化硫排放量占79.28%,烟尘排放量占73.28%,粉尘排放量占54.63%,化学需氧量排放量占93.65%。工程包含了4大类、12项具体指标,涵盖了环境质量、城镇基础设施建设、污染控制和生态建设四个方面。该工程实施后,11个重点城市建成区的大气环境质量得到改善,临汾、阳泉、大同等3个国家环境保护重点城市退出全国污染最严重城市的前3名。汾河上游达到集中式饮用水源水质要求,汾河中、下游河段水质要满足农田灌溉水质标准。取缔和关闭大运高速公路两侧规定范围内重点污染源企业,进行绿化美化,建成清洁优美的绿色环保走廊。

蓝天碧水工程的各项任务由各市、县人民政府负责,各地党政"一把手"是蓝天碧水工程的第一责任人,任务完成情况要接受社会和群众监督,同时作为政府评先评优和干部提拔使用的重要依据,在干部考核和提拔任用中实行环保一票否决制。

"十一五"期间,该工程中涉及的8项指标在2009年全部完成,分别是二氧化硫减排任务、水环境质量改善、城市气化率、烟控区建设、工业固废综合利用、城市集中供热、城市建成区绿化、污水处理、机动车尾气管理和焦炉煤气综合利用。COD减排、城市生活污水处理后回用、垃圾无害化处理、水土流失治理等最后4项指标在2010年底前全面完成。

"十二五"期间,蓝天碧水工程在省委、省政府的高度重视下继续开展,并将工程范围扩大到了11市66个县(市),使占全省经济总量和污染总量80%以上的区域全部纳入蓝天碧水工程范围内,通过该项工程的持续实施,要使得所有市、县(市)建成区环境空气质量稳定达到国家环境空气质量二级以上标准。

3.实施绿色生态工程

山西是全国的生态省建设试点,也是全国第二批循环经济试点,这些机遇与相关政策都为发展生态经济奠定了良好的基础。2013年,"绿色生态工程"实施区域内各市、县(市)强力推进"减排、净空、净水、清洁、提质、创建"六大工程,"绿色生态工程"已完成总体规划进度的60%以上。截止到2013年底,11个重点城市、11个县级市、55个县建成区生活污水处理率平均分别达到88.6%、86.0%、84.9%,回用率平均分别达到28.2%、22.0%、6.4%,生活垃圾无害化处理率平均分别达到85.1%、59.6%、44.3%,绿化覆盖率平均分别达到39.7%、37.6%、37.3%,集中供热普及率平均分别达到89.5%、

79.8%、70.0%，燃气普及率平均分别达到96.5%、91.0%、72.9%，工业固废综合利用率平均分别达到79.3%、69.0%、77.8%。

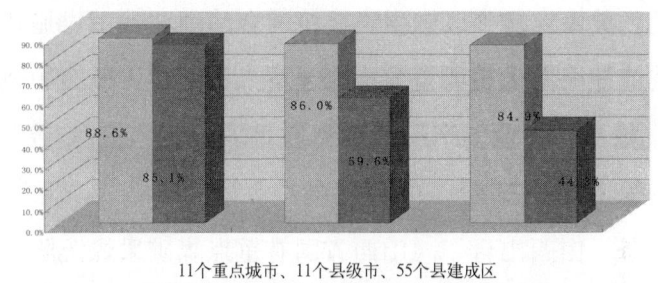

图10-8　2013年山西省"绿色生态工程"完成情况（1）

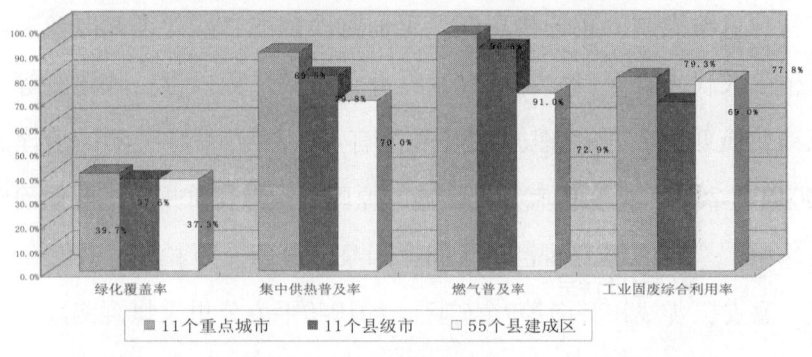

图10-9　2013年山西省"绿色生态工程"完成情况（2）

4.生态环境治理修复"2+10"工程

生态环境治理修复"2+10"工程中，"2"是指汾河流域生态环境治理修复与保护工程、太原西山地区综合整治工程；"10"是指大同口泉矿区、阳泉桃河流域、长治浊漳河、晋城丹河流域、朔州桑干河上游、忻州南云中河、吕梁三川河流域、晋中潇河、临汾塔儿山及二峰山、运城盐湖等重点生态环境综合整治工程。

加快推进汾河流域干流堤防加固、调蓄工程清淤、人工湿地和沿岸绿化等工程建设，确保完成一期工程任务，实现汾河干流常年全线复流、流域生态环境明显好转的目标；推进太原西山地区污染企业搬迁、关停，加强区内生态环境综合治理和基础设施建设；切实抓好其他地级市生态环境综合治理重点工程，力争在短期内取得成效。

5.采煤沉陷区治理

2005年，山西出台了《山西省国有重点煤矿采煤沉陷区综合治理项目实施管理办法（暂行）》。通过遵循"安置与就业相结合、拆迁与维修加固相结合、统一规划和分期实施相结合"的总原则，实行项目法人制、招标投标制、工程监理制和合同管理制以及参建单位法人代表责任制、工程质量终身负责制，积极推行代建制等，以"治沉项目"的管理方式开展国有重点煤矿采煤沉陷区治理。2004年至2010年，在国家启动实施的原国有重点煤矿采煤沉陷区治理工作中，全省治理范围包括大同、阳泉、汾西、万柏林、古交、霍州、潞安、晋城和轩岗等9个矿区，约1049平方公里采煤沉陷区，安置受灾居民18万余户，受益人数60余万人，项目总投资68.66亿元。

6.建立流域生态补偿机制

为加快改善水环境质量，山西省政府决定自2009年10月1日起，在全省主要河流实行跨界断面水质考核生态补偿机制，根据水质改善的情况，每个断面给予200万元至500万元人民币的奖励，对水质断面不达标的市扣缴生态补偿金。2011年，流域生态补偿机制在山西省首次实施。省环保厅和财政厅联合下发《关于完善地表水跨界断面水质考核生态补偿机制的通知》，对断面进行了一些必要的调整和增设，细化了监测要求，增加了考核指标，对全部考核断面目标进行了调研和修订，同时每月对扣缴生态补偿金的断面流域涉水企业排水情况进行了明查暗访，对整治不力的市、县政府进行了通报。2010年全年应扣缴生态补偿金19672万元，应奖励11000万元。2011年1至11月共扣缴流域生态补偿金16255万元，奖励4160万元。2011年底，省财政厅向被扣缴生态补偿金的吕梁、太原、晋中、朔州四市下发了催缴通知。同时，省环保厅根据省政府文件精神起草了《跨界断面水质考核生态补偿金使用办法》。省环保厅相关负责人表示，环保厅将依据国家"十二五"环境保护规划，结合考核实际工作情况，增加考核断面，对全省各流域实施考核。科学合理、充分发挥生态补偿资金作用，加强对重点污染区域污染治理，确保全省水环境质量持续改善。

二、生态治理历程

山西在历史上曾是林草茂密、山清水秀的好地方，由于资源的过度开发和各种人为因素影响，生态系统变得十分脆弱，严重影响了经济的健康持续发展。

（一）以治理水土流失为核心的起步阶段（20世纪50年代—80年代）

山西吕梁、太行山区是全国著名的革命老区，也是全国集中连片的贫困地区之一。这一地区长期贫困的直接原因是严重的水土流失。据统计，其水土流失面积占山区丘陵区总面积的80%以上，年冲刷、侵蚀表土达4亿多吨。长期的水土流失不仅破坏了农业生产条件，而且使整个区域环境不断恶化，旱洪风雹灾害频繁。这也是千百年来平面垦殖、乱砍滥伐形成的历史性灾难后果，是繁衍黄河文明的沉重代价。全省贫困山区的荒山资源达400多万公顷，相当于现有耕地的2.7倍，而且地形复杂、气候多样、光热资源丰富。因此，对绝大多数贫困地区来说，开发治理荒山资源，是脱贫致富最现实的起点，治穷之本在于治山治水。

新中国成立以来，开展水土保持、治理水土流失是山西人民的历史使命，保护生态就是保护生产力，改善生态就是发展生产力。1954年，山西省人大一届一次会议就做出了《关于在全省范围内有计划开展水土保持工作的决议》，推动全省普遍开展水土保持工作。为贯彻落实全国水利工作精神，1955年6月，山西省人民委员会召开了全省水土保持会议，全省各地各级各部门积极响应，涌现出了很多水土保持的先进典型。早在20世纪50年代山西省就在吕梁离石王家沟设立了省水土保持研究所，聘请苏联专家为顾问，开展黄土高原的水土流失治理。毛主席在《中国农村的社会主义建设高潮》一书中就曾对山西离石、阳高两县的水土保护典型作过重要指示，认为一切有水土流失的地方都要按照他们开展水土保持的方法，解决好自己的问题。

但过去很长一段时期，没有把治山治水与群众脱贫致富有机地结合起来，加之治理经验和资金投入不足，治理速度不快、效益不高。改革前30年，年平均治理速度还不到1%。1981年，在农村改革浪潮的推动下，山西群众创造了户包治理小流域的经验，把农户这个最基本的社会经济单元和小流域这个最基本的自然单元，第一次紧密地结合在一起，做到了责、权、利和治、管、用的统一，这是治山治水历史上的一次重大突破。1983年，山西省委、省政府做出了大力推广以户承包治理小流域的决定，大大激发了山区群众开发治理小流域的高度热情。截至1993年底,全省承包治理小流域的农户达到44.6万户,占山区总农户的0.7%,累计承包面积186.4万公顷,其中承包管护面积71.3万公顷,完成初步治理面积103.5万公顷,占承包治理面积的70%,占同期全省初步治理面积的40%以上,其中有9万农户人均收入500多元,1.97万户人均收入在千元以上。这10余年间,全省水土流失治理速度年平均达到2.2%,较前32年加快了1倍。[1]

1.大泉山——全国治理水土流失的一面红旗

山西省大同市阳高县大白登镇大泉山村就是一个治理水土流失的先进典型。大泉山是典型的黄土丘陵沟壑区,自然条件极其恶劣。新中国成立前后,在张凤林、高进才的带领下,村民们披星戴月,战天斗地,艰苦奋斗,使荒凉的大泉山变得树木葱茏、溪水潺潺。1952年秋,张凤林一下子为抗美援朝将士捐献土豆5000斤。县委书记王进于1955年11月1日写出调查报告《看,大泉山变了样子!》,报告介绍了治理大泉山的生动事迹。此文在1956年被编入毛泽东编辑的《中国农村的社会主义高潮》一书中,毛泽东为其加了编者按:"很高兴地看完了这一篇好文章。有了这样的一个典型例子,整个华北、西北以及一切有水土流失的地方,都可以照样去解决自己的问题了,并且不要很多年时间,三年、五年、七年,或者更多一点时间,也就够了。问题是全面规划,要加强领导。我们要求每个县委书记都要学阳高县委书记那样,用心寻找当地群众中的先进经验,加以总结,使之推广。"此后,大泉山蜚声全国,成

---

[1] 王文学:《拍卖"四荒",治山致富》,《农业经济问题》,1994年第8期。

为农业战线上引人注目的一面红旗。

2. "四荒地"拍卖,加快了水土流失治理步伐

户包治理小流域,给群众性治理水土流失带来了勃勃生机,但由于产权权属不明确,群众对治理政策有疑虑。为了更好地调动广大群众放心大胆地开发治理水土流失的积极性,将潜在的生产力转化为现实的生产力,山西省委、省政府在完善、总结、推广户包治理小流域经验基础上,积极推行了拍卖"四荒"(荒山、荒坡、荒沟、荒滩)、租赁经营、股份制开发等多种形式。拍卖"四荒",治理开发小流域,这一水土保持改革的新举措,最早从吕梁山区兴起。1992年8月,吕梁地委向全区发出了《关于拍卖荒山、荒坡、荒沟、荒滩使用权,加速小流域治理的意见》,省委、省政府及时肯定了拍卖"四荒"这一改革举措,1993年出台了拍卖"四荒"地使用权的有关政策。1993年,山西省人民政府在《关于继持抓好以户包为基础开发小流域的决定》中明确规定:"对尚未治理的小流域,可拍卖使用权和经营权,允许继承,允许有偿转让,50年至100年不变。"这对深化农村改革,加速贫困山区的经济开发,产生了巨大的推动作用。在短短的两年时间里,全省有近10万户农民和100多家机关团体购买"四荒"22.8万公顷,集体收回资金1700多万元。

为进一步调动全省广大群众治理开发农村集体所有的荒山、荒沟、荒丘、荒滩的积极性,加快水土流失治理步伐,改善生态环境和农业生产条件,促进农业可持续发展,省政府根据《国务院办公厅关于治理开发农村"四荒"资源,进一步加强水土保持工作的通知》(国办发[1996]23号文件)精神,并结合山西省实际情况,特制定了关于拍卖和治理开发农村"四荒"地使用权的若干规定。通

过拍卖农村"四荒"地使用权,推进了小流域综合防治工作,掀起了大搞生态农业建设、再造一个山川秀美的黄土高原的热潮。据统计,全省有19.9万农户及520多家机关、团体、企事业单位和3485名公职人员购买"四荒"57万公顷,拍卖资金5390万元,已治理面积占到拍卖面积的33%。

拍卖"四荒"使用权,既是农村改革深化的产物,又是以户承包治理小流域的继续与发展。它的最大好处正如江泽民总书记视察吕梁时指出,拍卖"四荒"拍卖的是使用权,得到的是农民治山治水的积极性。当时,全省贫困山区通过各种转让形式投入"四荒"开发的已达34.6万户,占到贫困县山区农户的20%;承包和购买小流域面积达146.8万公顷,已治理73.8万公顷,占到承包和购买面积的50%。目前,全省以承包、购买等各种方式参与治理开发"四荒"的民营水保户达28万户,其中面积在33.3公顷以上的民营水保大户4300多户,已累计投入治理资金30多亿元,治荒面积超过80公顷,并成为全省生态建设中的一支重要力量。

(二)以可持续发展为核心的全面推进阶段(20世纪90年代—世纪之交)

20世纪90年代末,随着山西生态经济发展实践的不断探索,山西理论工作者也开始了生态经济发展理论的探索,理论指导实践,实践丰富理论,山西的生态经济进入了一个全面大发展阶段。

1.以《山西21世纪议程》为标志,开始关注可持续发展

1992年6月,在巴西的里约热内卢召开了"环境与发展"世界首脑会议,各国达成共识,经济发展必须与生态环境保护相协调,必须加强国际合作,全面实施可持续发展战略。1994年,国务院通过

了《中国21世纪议程》，它是指导中国未来发展的战略性文件。

改革开放以来，由于作为能源大省资源的高强度开发，全省资源浪费、环境污染、生态整体恶化的情况日趋突出，严重制约经济的进一步发展。因此，走可持续发展道路，实施《中国21世纪议程》，已成为山西未来发展的自身需求和必然选择。《山西21世纪议程》是山西实施《中国21世纪议程》的行动纲领，是兴晋富民的宏伟蓝图。它是参照联合国《21世纪议程》《中国21世纪议程》，结合山西实际情况编制的。它重点分析了经济开发生态化、产业结构转型升级等重大问题，提出山西可持续发展的总体战略是：要以发展为核心，通过技术创新和制度创新，加快资源型经济向效益型经济转型步伐，壮大环保产业，整治生态环境，改进发展质量，优化产业结构，加强可持续发展能力建设，建立可持续发展的机制和体制，实现全省经济与环境的协调共进和持续发展；提出了促进山西经济、社会与人口、资源、环境相互协调的战略目标、对策措施和具体行动方案。1999年，山西省政府下发了《关于贯彻落实〈山西21世纪议程——人口、资源、环境与发展纲要〉的通知》，要求各地市、各部门、各单位联系工作实际，组织实施议程。

水资源是山西发展生态经济的重要支撑，为解决山西水资源缺乏的现状，1993年，山西万家寨引黄工程全面启动。1996年，为实现沿线区域的经济开发和生态环境治理协调推进，实现经济与环境的协调发展，原山西省计划委员会和引黄工程管理局，按照《中国21世纪议程》精神和实施《山西省21世纪议程》的要求，编制了《山西省引黄工程沿线区域可持续发展规划》。2011年11月24日，山西省万家寨引黄工程总干、南干各泵站首台机组试通水成功。万家寨引黄工程是一项世界级跨流域引水工程，是山西省有史以来最大的水利建设项目，通水成功将从根本上解决山西省水资源紧缺的现状。截至2014年底，引黄工程年供水总量3.37亿立方米，生态供水1.7亿立方米，工业和生活供水1.67亿立方米，继2013年年供水总量首次达2.85亿立方米之后，再创历史新高。

1996年以来，《山西省21世纪议程林业行动计划》《人体健康与可持续发展规划》《汾河流域环境污染整治规划》《山西煤层气综合开发利用规划纲要》《山西省清洁能源区规划纲要》和太原市、阳泉市、忻州市、泽州县等其他行业和地方的21世纪议程行动计划也相继出台。

2.以生态经济学会成立为标志，各界开展生态经济建设探讨

山西生态经济学研究，是在中国生态经济学会直接指导下起步的。1990年6月17日到7月7日，由中国生态经济学会常务副理事长石山、王耕今带队，与山西省林学会、农经学会等联合组成山西省西山黄土高原综合治理优化开发考察组，实地考察了临汾、吕梁、忻州地区的9个县和2个国营林区共40多个点，考察后起草了《山西省西山地区综合治理优化开发考察报告》，并向国家有关部委提出了《关于山西省西山地区作为国家级生态经济试验示范区的建议》。这次考察最重要的收获：一是认为生态环境的持续恶化与严重的水土流失，不仅是造成本地区贫困的一大原因，也是影响根治黄河水害、开发黄河水利、威胁黄淮海大平原安全的祸根。二是本地区的治理开发确实取得了很大的进展，出现了大面积治理开发的典型，但要真正把这块地方治理好，达到生态经济系统的良性循环，还须付出巨大努力。三是树立生态经济思想，作为指导山区建设乃至山

西经济建设的方针。在此基础上，1993年初，召开了山西省生态经济学会成立大会暨学术讨论会，组成了以名誉理事长王文学为主编、理事长刘清泉等为副主编的《生态经济丛书》写作班子，并于1996年12月完成了10本专著，约250万字。1994年山西省首届生态经济建设研讨会向全省发出《大力推进山西生态经济建设的建议》，标志着山西生态经济研究和实践在建设富有山西特色的生态经济协调发展方面跨入了新境界。《建议》突出强调了山西生态经济界关于50年乃至100年后山西经济前景的一种设想，就是把山西建设成为文化生态经济大省。

山西省生态经济学会成立以来，在生态经济理论和实践取得了一些重要成果。一是陆续开展了多次学术活动。召开了全国资源、环境与经济发展研讨会，山西绿色、自然与人类发展研讨会，中国北方地区黄土高原林业可持续发展研讨会，山西企业、草地生态经济研讨会。二是出版、发表了各类学术研究成果。除编撰《生态经济丛书》外，还编撰出版了《绿色文明录》《21世纪可持续发展战略的理论基石》《迎接生态时代的春天》等著作；在调查研究的基础上，制定了山西省县域生态经济建设标准，经中国生态经济学会组织专家审核，认为是我国生态经济建设的第一个标准。三是向省政府提出了重要的建设性意见，如"大力推进山西生态经济建设的建议""加强平川地区生态经济建设的建议""关于对我省抢救性新建一批自然保护区的建议"等，都得到省政府的高度重视，并新建了30多个自然保护区，使全省自然保护区占全省土地的比例，由原来的0.7%提高到了2005年的5%。2001年，企业生态经济研讨会向全省工业企业发出了"在全省建设生态企业、发展工业生态经济的倡议"，在全省草地生态经济建设研讨会后，提出了"关于21世纪加强山西草地生态经济建设及草业产业化发展建议"。近年来，围绕山西转型发展和综改区试验，学会为引领生态经济产业创新，为经济实体服务，做了多方面探索，并发表、出版了多篇论文、多部著作。

3.以国家相关政策为契机，全面开展生态经济建设

20世纪最后几年有三件震撼国人的大事：一是1997年创纪录（全年226天）的黄河断流；二是1998年的长江大水灾；三是2000年涉及北京等地空前频繁的沙尘暴。长期似乎沉默的、远离中心城市的西部生态破坏所积累的后果终于以某种危机的形式轰动全国，难以回避了。忽视西部、忽视生态、忽视农村、忽视农民，到头来只能是阻碍东部、阻碍经济、影响中心城市。全国大范围环境问题的出现，标志着生态系统保护开始上升为中国环境的首要问题。"十五"期间，党中央、国务院十分重视林业生态建设，做出《关于加快林业发展的决定》，确定了林业在经济社会全局中的地位，明确提出："在可持续发展中赋予林业以重要地位，在生态建设中赋予林业以首要地位，在西部大开发中赋予林业以基础地位。"为实施可持续发展战略，1998年，国务院下达长江上游、黄河上中游天然林禁伐限伐的决定，2000年实施了天然林保护工程和退耕还林工程，实现了中国生态环境建设的历史性转变。

山西作为一个生态系统破坏严重的资源型省份，更加认识到改善生态环境的重要性和紧迫性。1998年9月，山西省委、省政府召开了生态环境建设广播电视动员大会，并颁布了《关于加快全省生态环境建设的意见》。10月又召开了全省"三项建设"动员大会，

提出建设重点是"治好母亲河，绿化两座山"。在此前后，省政府还召开了全省生态农业建设工作会议、全省第四次林业工作会议、全省第七次小流域治理工作会议、全省农田水利基本建设现场动员会，并颁布《关于加快生态农业建设的决定》《关于停止天然林采伐的通告》，短短一个多月时间，山西省委、省政府在对生态环境建设做出总动员的同时，又从农业、林业、水利三个方面进行了专门部署，从此，山西进入了生态经济发展的全新阶段。

1998年，山西省委、省政府出台了《关于加快全省生态环境建设的意见》，明确提出的总体目标是：近期打基础，重点突破；中期大发展，整体推进；远期抓提高，步入良性循环。提出全省林木覆盖率每年增加一个百分点，草地建设速度每年达到2%，水土流失治理速度每年达到3%。从2010年到2030年，水土流失面积大部分得到治理，林木覆盖率大幅度提高，生态环境开始形成整体效益；从2030年到2050年，全省水土流失面积全面得到治理，宜林地全部绿化，"三化"草地得到恢复和改良，坡耕地实现梯田化，建立起比较完善的预防监测和保护体系，全省生态环境有了根本改观，争取实现山川秀美。提出的重点工程是加大林草植被建设、加快水土保持综合治理、大力发展生态农业、重视农村能源建设和发挥生态环境示范县的作用。

特别是2000年以来，山西省委、省政府提出了"绿化山西"的生态治理规划。决心以建设生态省为目标，努力提高生态空间比重，改善生态空间质量，构建河流、农田、铁路、干线公路绿化带与人工防护林相结合的生态屏障网络格局，增强生态服务功能，保障区域生态安全。"十五"期间，生态建设和保护取得明显进展。

完成了全省生态环境现状调查，开展了全省生态功能区划；编制了《山西省贯彻全国生态保护纲要实施意见》；设立了汾河源头和沁河源头生态功能保护区，26个县（区）先后被国家列为生态示范区建设试点；全省生态示范区试点面积达到34.32万公顷；新增1个国家级自然保护区、33个省级自然保护区，使全省自然保护区总数达到45个，总面积达114.38万公顷；以创建优美乡镇和规模化畜禽养殖业污染防治为重点，开展了农村环境保护，创建省级环境优美乡镇14个，开展了规模化畜禽养殖污染防治示范项目建设；对矿山资源开发的生态保护监管工作得到加强。天然林保护、退耕还林、京津风沙源治理等国家生态建设重点工程取得积极进展。五年累计完成营造林225.8万公顷，森林覆盖率达13%，实现退耕还林面积120万公顷；初步治理水土流失面积1977.34公顷，占全省水土流失面积约45%。

"十一五"期间，山西生态经济发展更加致力于生态建设和资源节约，实施了林业生态建设工程，坚持山上治本与身边增绿同步推进，以大工程带动大发展，扎实推进天然林保护、退耕还林、京津风沙源治理、"三北"防护林体系建设、太行山绿化等国家林业重点工程，全面加快通道绿化、交通沿线荒山绿化、村镇绿化、环城绿化、厂矿绿化、城市绿化、汾河流域绿化、石太高铁专线绿化、平原绿化、城郊森林公园建设等省级十大造林绿化工程。安排煤炭可持续发展基金用于跨区域的生态环境综合治理，集中支持汾河流域生态环境治理修复与保护、太原西山地区生态环境综合整治、10市生态环境综合治理等一系列重点工程（简称"2+10"生态环境恢复治理工程）。加大"河保偏"县区和煤矿沉陷区等区域性生态环境问题的整治力度。山西是产煤大省，全省因采煤造成的采空区面积近5000余平方公里，其中沉陷区面积约3000平方公里，受灾人口约230万人。2004年至2010年，国家在山西省实施了国有重点煤矿采煤沉陷区治理，治理面积1049平方公里，解决了当时严重受灾群众住有所居的问题。2007年9月，山西被原国家环保总局列为生态省建设试点，编制完成《山西省生态功能区划》《山西省煤炭工业生态环境恢复与治理规划》及实施方案，启动实施了生态环境补偿机制。2009年，启动了为期3年的"百镇（乡）、千村、万户"生态示范工程。为进一步加快林业改革发展、改善生态环境、建设生态文明，为全省经济社会全面协调可持续发展提供强大支撑和重要保障，省委、省政府决定实施生态兴省战略，大力推进生态省建设。2009年12月30日下发了《中共山西省委、山西省人民政府关于实施生态兴省战略，加快推进林业改革发展的意见》。重点任务是以增加森林资源总量为基础，推进山上治本与身边增绿；以做大做强林业产业为重点，推进生态建设与林业产业发展；以落实责任、完善机制为保障，推进营林造林和管林护林；以明晰产权为核心，推进集体林权制度改革；以提升林业发展质量和效益为目标，推进林业科技与人才队伍建设。

随着国家和省级重点生态工程的积极开展，全省累计完成营造林3788.92万亩，森林面积达到3316万亩，森林覆盖率由14%提高到18.03%，城市绿化覆盖率由27%上升到33.5%。建成各级自然保护区46处，总面积1628万亩，占到全省国土面积的7%。2009年8月，山西被全国绿化委员会、国家林业局授予首个"全国生态建设突出贡献奖"。

(三)以综改区设立为契机的发展质量提升阶段(21世纪前期)

"十二五"以来,尤其是综改区设立以来,山西持续实施六大造林工程,每年新增林地30万公顷,在全国连续5年排在前三位,森林覆盖率提高了近1个百分点,已由过去以全面扩量为主进入到以提质增效为主的发展阶段。同时,市场配置资源的决定性作用正在显现,社会、企业、个人多方参与的产业化格局初步形成。

经过近20多年的全面发展,山西生态经济发展显著。但与全国其他省份相比,差距还很大。山西省相关部门课题组,采用人均地区生产总值、第三产业占GDP比重、生产总值能耗、工业污染投资占GDP比重等指标,以《中国统计年鉴》2010年的数据为依据,测算了全国各省份的生态经济发展水平,山西位列全国的第17位。

面对生态窘境,山西不断加快生态修复步伐。始于2010年的山西省国家资源型经济转型综合配套改革试验区建设,更将生态修复作为四大主要任务之一,要求以汾河流域和大同矿区生态修复为重点,对全省11条重点河流和国家规划的18个重点矿区的采煤深陷区、采空区、水土流失区、煤矸石山,全面推进实施生态环境修复工程;大力开展造林绿化、水资源开发利用和节约保护;提出了生态环境修复的补偿机制、责任机制、投入机制;积极推进集体林权制度改革,深化水资源有偿使用制度改革。

党的十八大报告以"大力推进生态文明建设"为题,系统论述了生态文明建设,将生态文明建设提高到一个前所未有的高度。并按照十八大要求着力优化国土空间开发格局,全面促进资源节约,加大自然生态系统和环境保护力度,完成了加强生态文明制度建设的战略部署。《中共中央关于全面深化改革若干重大问题的决定》指出,要加快生态文明制度建设,要健全自然资源资产产权制度和用途管制制度,划定生态保护红线,实行资源有偿使用制度和生态补偿制度。

创新资源型地区生态文明建设体制机制包括:一是探索自然资源资产管理制度。开展资产确权登记,2014年开展汾河的资源确权工作;加紧探索森林、山岭、草原、荒地、滩涂等自然生态空间统一确权登记试点工作。加快出台全省主体功能区划。完善《山西省生态功能区划》,加强对自然保护区、风景名胜区以及湿地、水源保护区、水系等生态敏感区的保护。完善能源、水、土地节约集约使用制度,健全各级政府分级行使自然资源和国土空间用途管制职责,严肃查处违法违规行为。二是划定生态保护红线。严格执行用水总量、用水效率和重要水功能区水质达标率控制目标三条红线,确保水资源合理配置和节约保护。三是实行资源有偿使用制度和生态补偿制度。坚持谁污染环境、谁破坏生态谁付费原则,建立健全资源开发生态环境补偿机制。完善对重点生态功能区的生态补偿机制,推动地区间建立横向生态补偿制度。妥善处理好搬迁村资源和资产权属及搬迁户的土地、山场承包权和收益分配问题。完善污染物排污权交易管理制度和工作机制,健全排污权交易市场,积极争取设立太原污染物排放交易所。全面开展节能量、碳排放权、排污权、水权交易试点。这些措施为山西生态经济在新形势下的发展创造了极好的条件。

矿区土地复垦和生态修复是山西资源型地区转型的重要任务,也是山西生态经济发展的重点走向。2014年5月29日,山西省新一轮采煤沉陷区治理正式启动，8个乡镇被列为试点。治理工作将采取新模式、新机制，一年试点，六年推进，到2020年完成60多万人搬迁，110多万人所居危房维修加固，把2000多平方公里采煤沉陷区治理成宜居宜业的幸福家园。2004年至2010年，国家在山西省实施了国有重点煤矿采煤沉陷区治理，治理面积1049平方公里，解决了当时严重受灾群众住有所居的问题。但目前山西省尚有2000多平方公里沉陷区亟待治理，170万受灾群众尚未得到安置，治理任务十分艰巨。新一轮治理主要针对这些区域，共涉及1352个村、65.5万人的搬迁和110多万人所居危房的加固。新一轮治理可以说是一次升级版，将采用新的模式和新的机制，可谓开启了采煤沉陷区治理的新时代。治理工作将以镇为实施主体和建设单元，生产、生活、生态一起抓。与以往侧重房屋建设有所不同，新一轮治理工作将与新型城镇化、产业转型升级、基础设施建设和公共服务完善、生态恢复相统筹，开展综合治理。此次列入试点的8个乡镇将被赋予更大的自主权，同时推开扩权强镇试点，以深化试点乡镇综合改革推进采煤沉陷区治理。这些试点乡镇还将在产业结构调整、新型产业培育等方面发力，通过综合治理实现产业发展与环境承载相适宜、生活改善与生态保护相统一、历史文化传承与现代文明相融合。

2013年，山西万元GDP能耗为1.63吨标准煤，是全国平均水平的2.2倍；二氧化硫、氮氧化物的排放量为9.96公斤/万元和9.19公斤/万元，分别是全国平均水平的3.07倍和2.6倍。要改变这种状况，必须把绿色发展融入到经济社会发展的各个领域，从根本上摒弃"吃资源饭、吃环境饭、断子孙路"的发展方式。为此，2014年12月，中共山西省委十届六次全体会议提出要适应经济发展新常态，着力推进"六大发展"，其中着力推进"绿色发展"，是山西实现经济、社会与生态环境协调、可持续发展的必然选择。即要以循环经济为重点，构建绿色产业体系。要构建资源综合利用和能源梯级利用的现代循环经济产业体系，建立完善以资源产出率为核心的循环经济评价指标体系，开展循环经济发展成效的评估。要加快国家工业固体废物综合利用基地建设试点工作，加快"四气"（煤层气、天然气、焦炉煤气和煤制天然气）产业一体化、规模化、专业化发展，提高回收利用率。要严格淘汰落后产能，严控"两高"行业新增产能。要以兴水增绿为重点，加强生态环境治理保护；要严守山西省主体功能区规划确定的生态红线和开发底线，大力植树造林，注重提质增效，积极推进林业"六大工程"建设，不断提高全省森林覆盖率和碳汇蓄积量，构筑生态屏障。要统筹山水林田湖治理，加大以大水网为中心的重点水利工程建设力度，提高全省生产生活用水和生态用水的保障能力。要系统推进水土保持、水污染防治、水生态保护、空中水资源开发利用和造林绿化、退耕还林、湿地保护等工作，突出抓好汾河等重点流域生态环境修复治理。要加快包括采煤沉陷区、采空区在内的矿山生态恢复治理，做到补上旧账、不欠新账。要以雾霾治理为重点，持续开展整治违法排污企业、冬季大气污染联防联控、违法排污排查整治、省城环境治理等专项行动，不断提升山西全省环境质量水平。

三、发展策略和政策措施

虽然山西省在环境整治和生态治理方面做了很多工作，取得了显著成绩，但不可否认，山西省地处生态环境敏感和脆弱区，资源型经济在实现转型之前依然会对生态环境产生影响和破坏。为了认真贯彻落实党的十九大精神，我们要不断创新生态环境治理的体制机制，不断完善生态环境建设法规政策，确保生态环境建设的各项任务落到实处。

（一）树立新的生态发展理念

首先要树立"绿水青山就是金山银山"的生态经济价值观。当经济发展与生态环境发生矛盾和冲突时，决不能以牺牲环境换取一时的发展。树立"绿水青山就是金山银山"的生态价值观，就是要更加看重绿水青山，克服把保护生态与发展经济简单对立起来的传统思维，尊重自然生态发展规律，把绿水青山作为增强核心竞争力、实现可持续发展的最大优势；就是要更加重视生态环境这一生产力要素，把绿水青山当作宝贵资源，将保护、修复绿水青山当作重要使命，切实保护好绿水青山，以良好的生态环境吸引人气、聚集财气，让"绿水青山"引来"金山银山"。

其次要树立"决不以牺牲环境为代价换取一时经济发展"的生态经济发展观。良好的生态环境是人类社会持续发展的根本基础。决不以牺牲环境为代价去换取一时的经济增长，决不走先污染后治理的老路，决不以牺牲后代人的幸福为代价换取当代人的所谓"富足"。实践证明，以牺牲生态环境为代价去换取一时的经济增长，其结果就是"竭泽而渔"；走先污染后治理的老路，其结果就是得不偿失；以牺牲后代人的幸福为代价换取当代人的所谓富足，其结果就是"吃祖宗饭，断子孙粮"。树立"决不以牺牲环境为代价去换取一时经济增长"的生态经济发展观，就是要在经济发展过程中，充分考虑资源环境承载能力，以环境容量优化区域布局，以环境管理优化产业结构,以环境成本优化增长方式;就是要坚持节约优先、保护优先、自然恢复优先,在保护中开发、在开发中保护,既要做好经济发展的"加法",又要做好资源能源消耗和环境损害的"减法",以最小的资源环境代价实现最大的效益;就是要以生态环境保护引领和倒逼生产力转型优化,加快改变不合理的产业结构、能源结构、资源利用方式、生活方式,着力推动绿色发展、低碳发展、循环发展。

第三要树立"不简单以国内生产总值增长率论英雄"的生态经济政绩观。政绩观直接反映领导干部从政的价值取向,影响干部从政追求和施政行为。目前,再也不能简单以国内生产总值增长率论英雄了。要树立正确的政绩观。一些地方唯GDP是从,经济发展速度也许上去了,但也留下了祸患无穷的后遗症。简单以国内生产总值增长率论英雄,不仅资源承受不了,环境容纳不了,社会也接受不了。下决心扭转这种状况,从根本上讲,必须建立科学的经济社会发展评价体系,改革干部政绩考核机制,把资源消耗、环境损失、生态效益等指标纳入经济评价体系,增加考核权重,使各级领导干部深刻认识到:生态经济建设体现对人民群众、对子孙后代高度负责的精神,比简单的国内生产总值增长多少个百分点更加实在、更负责任、更有诚意,是经得起群众检验的政绩;关系人民福祉,关乎民族未来,功在当代、利在千秋,是经得起历史检验的政绩,做到为官一任,富一方百姓,护一方山水,保一片蓝天。

(二) 制定和完善相关法规政策

生态经济建设,需要以完善的法律法规为保障、良好的制度机制为保证、合理的政策体系为推手。

1.完善相关法律法规

生态经济建设需要长期稳定的法律和法规保障,加快推进相关法律法规建设刻不容缓。一是要针对山西能矿资源开发区开发中遇到的生态环境问题,补充、调整与完善煤炭资源开发整治与生态环境保护的相关法规。加强与完善矿山生态环境保护方面的相关立法。要在已有法律条款的基础上,制定系统且有针对性的矿山环境保护法律规章,建立符合矿山环境保护的法律法规体系,使有关问题在实际操作中有章可循,为矿山环境治理提供法律依据。二是修订、调整一批地方性法规。山西现行的与生态环境建设相关的地方性法规,有些时效性较差,亟待修订。以《山西省环境保护条例》和《山西省农业环境保护条例》为例,制定和修订时间较早,经过多年的发展,这些条例中的一些内容已明显落后于时代。调整修订应以着重解决推进主体功能区建设中遇到的各种障碍为主旨,调整修订内容包括:提高对生态环境违法者的处罚力度,增加其违法成本;赋予生态环境保护执行部门更为明确具体的执法权限;加强对受环境污染者的法律保护;建立生态保护激励机制;建立生态环境保护监督、检查机制等。三是尽快制定一批地方性法规。根据限制开发的农业地区开发状况,制定《山西省农村生态环境保护条例》,为切实提高农村生态环境质量提供法律支撑。根据全省主体功能区建设中遇到的新情况,制定《山西省城镇饮用水水源地保护管理办法》《山西省环境保护政务公开与公众参与实施办法》《山西省政府领导干部环境保护绩效考评实施办法》《山西省资源开发建设项目生态环境管理办法》等法规,研究制定落实关于气候变化、生物多样性保护、沙漠化防治等国际公约和协议的实施细则与具体办法，为全省生态经济建设保驾护航。四是加快省级生态环境补偿立法进程。《山西省生态环境补偿条例》将搭建起全省生态环境补偿的基本框架，确立省内生态环境补偿的基本原则、补偿措施、生态补偿的管理与监督、法律责任等重要内容。

2.建立健全生态补偿修复机制

生态补偿机制是以保护生态环境、促进人与自然和谐发展为目的，调整与生态环境保护和建设相关的各方利益关系的一系列行政、法律、市场等手段的总和。政府在规范管理和运作的同时，应根据"谁开发谁保护，谁破坏谁恢复，谁受益谁补偿"原则，积极探索与加快建立科学合理的生态补偿机制。一是制定完善流域上下游之间、不同主体功能区之间生态补偿的有效措施。进一步落实地表水跨界断面水质考核生态补偿政策，完善省级流域补偿标准体系，建立流域上下游地区生态保护共建共享机制，实行市级断面水环境共保共治，以经济手段促进水质改善。二是完善生态建设补偿机制。结合集体林权制度改革，探索建立公益林购买机制，对国家下达任务之外农民营造的生态公益林，经验收合格进行政府购买，使更多的农民通过营造生态林增加收入。在有条件的地区开展大气环境质量生态补偿试点。三是建立城市向农村、工业向农业、经济向环境的补偿机制。在城市与农村、经济与环境、工业与农业之间要介入一定政府行为，建立补偿机制，促进城乡的共同发展，彻底改变疏于和忽视农村环境保护的倾向。城市与工业的发展要转向大规模"生产"生态环境要素，补偿过去几十年对农业与农村生态环境的巨额欠账，消除生态环境透支所产生的经济"泡沫"。要按照公共财政向农村覆盖的要求，将农村环境保护体现在国家、地方的有关计划、规划和财政预算中，明确解决农村环境问题的资金渠道或资金来源，新增财力要重点支持并向农村倾斜，农村环保的投入应达到不低于环保总投入50%的目标。四是完善煤炭开采生态补偿机制。推进矿产资源开发补偿机制，研究制定非煤矿山生态补偿办法，实现资源开采的外部成本内部化。健全矿产资源开发矿山地质环境恢复治理保证金制度。深化煤炭工业生态环境恢复治理补偿机制，建立矿山生态环境评价和绩效考核制度及指标体系，全面推行资源开发地质环境恢复治理保证金制度，切实构筑起"事前防范，过程控制、事后处置"的三大生态防线，全面提升全省矿山生态环境恢复治理的整体水平，推进矿区生态环境质量的根本改观。

3.加强制度创新

制度创新是推进生态经济建设的重要手段。山西生态经济制度建设虽取得了长足进步，但与建设的总体要求和目标相比，现行制度仍有诸多不足和缺陷。当前，要加强制度创新力度，以保证生态经济建设得以持续、健康、有效推进。一是实施主要污染物总量管理制度改革。推行主要污染物总量指标预算管理制度，科学确定区域环境承载力，制定主要污染物总量指标预算管理政策。推进污染者付全费制度改革。建立排污费征收标准动态调整机制，规范排污费使用管理，足额补偿环境污染损害。探索建立高污染行业环境风险保证金制度。推广环境污染责任保险。二是深化资源性产品价格改革。推进水、电、煤、气、热等资源性产品价格改革，完善资源性产品成本核算制度，全面、规范地将矿业权取得、资源开采、环境治理、生态修复、安全投入、基础设施建设、企业退出和转产、改善民生等费用列入资源性产品成本构成，实现资源开发外部成本的内部化。推进集体林权制度配套改革。巩固集体林权制度主体改革成果，推进森林资源资产评估、造林直补、林权流转、林木采伐制度等配套改革。三是推进排污权有偿使用和市场化改革。加快排污许可证地方立法，制定主要污染物排污权初始分配政策，开展排污权有偿使用试点。制定排污权抵押贷款、政府排污权储备资金管理办法。健全排污权交易市场，争取设立太原污染物排放权交易所。深化水资源有偿使用制度改革。研究初始水权分配制度和水权有偿转让，探索建立水权转换和交易制度，适时开展跨行政区域水权交易试点。四是按照近期出台的《党政领导干部生态环境损害责任追究办法（试行）》，为各级权力行使划定生态红线，即建立一套有效的问责激励机制，使党政领导干部切实转变执政理念，为节能环保负责，争当污染破坏的终结者、改善生态环境的亲为者和生态经济建设的实践者。五是建立生态环境资源资产价值评价制度，为确立生态服务市场交易制度、生态转移支付制度、生态修复制度、环境污染责任保险等制度机制提供科学依据。从生态生产角度来看，目前很多自然资源都可以被视作生态资源，如森林、草地、河流、湖泊、湿地等，具有很强的生态生产功能。因此，自然资源的核算可以从自然资源资产和其所提供的生态产品（也就是生态效益）两个层面展开核算，探索编制自然资源资产负债表。自然资源资产核算主要是对自然资源资产实物存量进行核算，并记录核算期内变化，包括自然资源资产数量和质量变化。在资产实物量核算基础上，利用价值评估方法对自然资源资产的实物存量进行货币化价值评估，反映自然资源资本总值。六是建立生态环境责任保险机制。增强生态环境安全防范措施，加强环境风险预防，降低污染损失。建立健全生态环境责任保险机制,将重点污染企业和危险废物处置单位纳入环境责任保险范围。建立和完善企业环境风险评估、损失评估、责任认定、事故处理、资金赔付等制度。

4.构建区域协调发展政策体系

根据推进形成主体功能区的要求,建立分类管理的区域政策,综合运用产业、土地、人口、环境等政策手段,通过异地扶持、区域援助、区域交易等,形成符合区域主体功能定位的利益导向机制。

(1)产业政策。修改完善现行产业指导目录,明确不同主体功能区的鼓励、限制和禁止类产业。编制专项规划、布局重大项目,必须符合各区域主体功能定位。重大工业项目原则上应布局在重点开发区域。严格市场准入制度,对不同主体功能区的项目实行不同的占地、耗能、耗水、资源回收率、资源综合利用率、工艺装备、"三废"排放和生态保护强制性标准。建立市场退出机制,对限制开发区域不符合主体功能定位的现有产业,要通过设备折旧补贴、设备贷款担保、迁移补贴、土地置换等手段,促进产业跨区域转移或关闭。整合各地区煤炭加工类企业,严格执行淘汰落后产能相关政策,鼓励将煤炭集中到重点开发区域进行加工转换;加大对重点开发区域内循环经济项目的支持力度。通过用水、用地、用能等优惠,鼓励重点开发区域发展非煤产业,减轻对煤炭资源的依赖程度。

(2)土地政策。按照不同主体功能区的功能定位和发展方向,实行差别化的土地利用和管理政策,科学确定各类用地规模。确保耕地数量和质量,严格控制工业用地增加,适度增加城市居住用地，逐步减少农村居住用地，合理控制交通用地的增长。创新土地利用规划计划管理和耕地保护模式，实现扩大城镇建设用地规模与减少农村建设用地挂钩的政策。建立城乡统一土地市场监管体系和土地承包经营权流转市场。实行地区之间人地挂钩的政策，重点开发区域建设用地的增加规模要与吸纳外来人口定居的规模挂钩。将基本农田落实到地块并标注到土地承包经营权登记证书上，禁止改变基本农田的用途，禁止改变基本农田的位置。妥善处理禁止开发区域农用地的产权关系，引导禁止开发区核心区人口逐步转移。制定并实施不同主体功能区的人均建设用地面积和标准。

（3）人口政策。重点开发区域要实施积极的人口迁入政策，加强人口集聚和吸纳能力，放宽户口迁移限制，鼓励外来人口迁入和定居。将有稳定就业或住所地的流动人口逐步实现本地化；引导区域内人口在核心城市间均衡分布。限制开发区要实施积极的人口退出政策，切实加强义务教育、职业教育与劳动技能教育，增强劳动力跨区域转移就业的能力，鼓励人口到重点开发区就业并定居，同时，引导区域内人口向区域中心镇集聚。完善人口和计划生育利益导向机制，并综合运用其他经济手段，引导人口自然增长率较高的限制开发和禁止开发区域的居民自觉降低生育率。改革城乡户籍管理制度，将公共服务领域各项法律法规和政策与户籍管理制度相剥离，切实保障外来人口与本地人口享有基本公共服务和同等的权益。

（4）环境政策。对不同主体功能区实行不同的污染物排放总量控制和环境标准。重点开发区要根据环境容量，提高污染物排放标准，大力推行清洁生产，做到增产减污或增产不增污。限制开发区要通过治理、限制或关闭污染物排放企业等手段，实现污染物排放总量持续下降。禁止开发区要依法关闭所有污染物排放企业，确保污染物"零排放"，难以做到的，必须限期迁出。重点开发区要按照国内先进水平，根据环境容量逐步提高产业准入环境标准。

(三) 制定相关配套措施

发展生态环境经济是一项系统工程，必须建立健全完备的保障和服务体系，包括建立科技支撑体系，建立多元投入渠道和创新社会投入模式。

1.建立科技支撑体系

实施科技助力生态经济建设战略。推进环保科技攻关和研发，激励环保科研自主创新，扩大国际环境科技合作与交流，增强环保科技成果转化率与国际市场拓展能力。探索省域科技创新协调机制，搭建供需平台。实施环境科研机构重组，整合环境科技人才资源，提高全省环境科技创新和成果转化能力。建立健全生态环保产业体系。以生态环保制造和服务业为龙头，培育一批拥有著名品牌、市场占有率高、能提供较多就业岗位的优势环保企业、企业集团和产业联合体。实施生态环保先进适用技术研发应用、重大生态环保技术装备及产品产业化示范工程。要注意运用先进技术逐步解决城镇居民饮用水与其他用水分类施工、管理收费难点，最大限度实现山西水资源综合利用优化的目标。构建生态环保产业园区。提高环保设施社会化运营、环境咨询、环境监理、工程技术设计、认证评估等环境服务质量。加快环保产业研发基地建设。加强环保产业的政策扶持和市场监管，促进生态环保产业健康有序可持续发展。

2.建立多元投入渠道

按照主体功能区要求和基本公共服务均等化原则,深化财政和投资体制改革,为全省生态经济建设提供资金支持。一是加大财政支持力度。适应主体功能区要求,加大均衡性转移支付力度,增加环境因素在一般性转移支付中的权重,对于农业发展和生态保育区探索实施省直管县的制度,推动实现直接补贴。省级财政要继续完善激励约束机制,深化"以奖促防""以奖促治""以奖代补"等政策实施,强化各级财政资金的引导功效。建立生态保护基金,加大煤炭可持续发展基金在生态环境保护方面的投入比例。二是加大政府投资扶持。将政府预算内投资分为按主体功能区安排和按领域安排两方面。按主体功能区安排的投资,主要用于主体功能区确定的省级生态保育区的生态修复和环境保护,加强其对提供生态产品的能力建设,包括公共服务设施建设、生态移民和促进就业、基础设施建设和支持适宜产业发展等。按领域安排的投资,要符合各区域主体功能定位和发展方向,加大政府投资用于技术进步、农业设施建设和生态环境保护的比例。三是加大社会资金投入。加强与商业银行和政策性银行的合作,建立完善信用担保体系,扩大银行信贷规模,引导商业银行按主体功能定位调整区域信贷投向,鼓励向符合主体功能定位的项目提供贷款。运用有效金融手段,扩大环保投融资渠道,创新市场化投融资模式,明晰和保护生态环境治理修复投资权益,鼓励社会投资者以BOT等模式参与环保投资。注意加大以生态经济建设为内容的债券、理财、基金等各种金融产品投入,率先在生态保护区探索鼓励和引导民间资本参与产业开发和具有经营特征的公益事业、基础设施建设。

3.创新社会投入模式

山西废弃旧矿区生态恢复治理面积大、任务重、投入多，仅靠政府资金难以解决。在市场经济手段不断完善的今天，废旧矿区生态修复模式，应该适应市场经济的要求，在完善政府行政手段的基础上，多采用一些市场机制的方式，即通过产权制度的激励，加快矿区生态修复的步伐。特别是对整合后的废弃矿区生态修复，要鼓励各种社会主体以股份制或股份合作制、个体承包等多种形式参与矿区生态修复。太原西山地区综合整治与生态恢复工程采取"政府主导、市场运作、园区承载、公司打造"的模式，其主要特点在于：以绿化权换取生态资源经营开发权，探索生态补偿多元化投融资机制。即为解决财政性资金难以全部承担生态建设的问题，太原市先行先试，采取了市场化运作方式，允许企业以绿化权换取经营权。由太原市政府与企业签订合作协议，按照先绿化、后实施公园配套设施建设原则，协议要求企业将不低于80%的土地用于生态建设，其余20%的土地用于发展新兴服务业或公园配套设施建设，适度经营一些开发项目，最终实现"山体增绿、企业增效、农民增收"。即以80%的荒山绿化置换20%面积的生态资源经营开发权，极大地激发了企业投资公园绿化的热情。

四、未来展望

未来发展生态环境经济应当立足于山西省情和特点，以生态文明、绿色发展理念为指引，走出一条具有本省特色的生态环境经济之路。

（一）发展思路

以习近平新时代中国特色社会主义思想和党的十九大精神为

指导,坚持"绿色、低碳、洁净、健康"的发展理念,按照国家生态省建设总体目标的要求,坚持节约优先、保护优先、自然恢复为主的方针,坚持经济生态化、生态经济化的发展原则,以主体功能区划为基础,以统筹生态与经济发展为根本方法,以发展生态产业为主线,以推进节能减排、区域综合治理、重点生态工程建设为路径,以绿色科技进步、体制机制创新为动力,以政府、企业和公众共同参与为机制,以建设"美丽山西"为目标,加快推进人居环境、生态经济、生态文化、资源保障、生态环境等体系建设,加快构建资源节约、环境友好的空间格局、产业结构、生产方式和生活方式,从源头上扭转生态环境恶化趋势,基本形成节约能源资源和保护生态环境的产业结构,可再生能源比重显著上升,主要污染物排放得到有效控制,生态环境质量明显改善,城乡居民生活质量明显提高,生态文明观念牢固树立,实现城乡人口、资源、环境与经济、社会的协调发展,三晋大地更加美丽。

(二) 基本原则

1.坚持生态环境建设与经济社会发展协调原则

山西的优势在煤炭资源,出路也在合理利用煤炭资源。滥采不是发展,守着资源受穷也不是发展。既不能用牺牲环境作为代价谋取一时的发展,走先破坏、先污染、再治理这样的老路,也不能维持以牺牲群众利益为代价的消极的生态环境建设和保护。要在经济发展中保护,在环境保护中发展,生态产业化、产业生态化,在发展经济与保护生态之间找到一个很好的结合点。

2.坚持生态治理与生态保护并重原则

山西生态环境脆弱,生态环境治理和保护需要花费大量的物力、人力和财力,如果在财力不能完全满足治理和保护的费用的情况下,应首先考虑满足生态保护费用,在保护好一些地区良好生态环境基础上,剩余费用再进行其他地区生态环境治理和建设,严厉杜绝边治理边破坏现象。若现有地区良好生态环境都保护不好,更谈不上去进行生态环境治理和建设。

3.坚持城乡生态一体化建设原则

城市仅仅注重自身繁荣,而掠夺其外界资源或将污染转嫁于周边地区和乡村都是与生态经济发展背道而驰的。城乡在生态经济发展过程中应承担相应的义务和责任,确保在其管辖范围内的活动不致损害其他地区的利益。在生态经济建设中,农村生态环境保护占有重要地位,而且城市生态环境和农村生态环境相互影响。尤其在工业化和城市化加速推进过程中,必须统筹城乡生态环境保护,构建城乡一体化的生态经济新格局,重视城市和乡村协调发展。

4.坚持主体功能区定位,各地区共同发展原则

目前,生态环境建设意识很强的,往往是经济发展水平比较高的重点开发区和优化开发区,而资源环境承载力低、对影响全局生态安全的重点生态功能区是限制或禁止开发区,这些地区往往又是经济欠发达的贫困地区。要改善山西生态环境现状,限制或禁止经济欠发达地区开发,就必须通过生态补偿,提高这类地区的经济收入,实现各地区协调共同发展。

5.政府主导和市场运作相结合的原则

发达国家的实践证明:虽然提供公共物品是政府的责任,但这并不必然意味着政府必须亲自去经营管理。因为更多的时候,由政府直接来经营管理不仅效率低下,而且会造成垄断、寻租和腐败。

一个有效率的办法就是公共物品由私人提供。即政府提供生态环境建设的具体政策，由各市场主体来具体实施，通过运用市场机制来提高生态环境建设效率。

6.坚持政府、企业和公众广泛参与原则

城乡生态化建设是一项系统工程，需要政府、社会和公民的广泛参与，需要各利益相关方的协调配合和相互监督。当前，生态环境建设主要是靠政府来组织实施和管理，一些领域正尝试采用市场机制来具体运作，但回避动员社会力量对政府的权力进行制约。城乡生态环境的保护和治理，是涉及广大民众利益的事业，公众的集体行动，会成为巨大的推动力量，只有依靠公众的监督，才能最大限度地制止各种破坏行为。

（三）发展重点

按照党的十八大精神和部署，依据国家生态文明建设的具体要求，立足省情，结合未来转型发展、绿色发展的方向，有重点地发展生态经济。

1.实施主体功能区战略，推进主体功能区建设

坚持以科学发展观为指导，加快实施主体功能区战略，着力构建以"一核一圈三群"为主体的城镇化格局、以六大区域为主体的农业发展战略格局、以"一带三屏"为主体的生态安全战略格局，通过实施主体功能区战略和分类管理的区域政策，促进"生产—生活—生态"三个空间系统整体协同发展，实现生产空间集约高效、生活空间宜居适度、生态空间山清水秀。

加快实施主体功能区战略，按照重点开发、优化开发、限制开发、禁止开发的不同功能定位和要求，明确开发方向，控制开发强

度，规范开发秩序。在空间上协调落实产业园区、城镇建设、农林生产区、各类保护用地、交通与重大基础设施的规划布局，促进区域分工合理化和区际良性互动，形成人口、经济、资源环境相协调的空间开发格局。对资源环境承载能力较强、人口集聚度较高和经济条件较好的地区，要重点开发。加快推进新型工业化，推动产业结构优化升级。特别是在煤、土地以及水资源富集区域，要大力发展现代煤化工等资源深加工产业。在加快推进城镇化的进程中，要走空间集约发展道路，探索城市土地立体化利用模式，有效增加交通和城市居住等建设空间，壮大城市综合实力，改善人居环境，提高集聚人口的能力。

对人口密集、开发强度偏高、资源环境负荷过重的大运骨干通道沿线地区，要优化开发。加快发展新兴产业和高新技术产业，严格控制一般性传统产业项目，不再布局煤炭、焦炭、冶金、化工、水泥等项目，对现有高耗能、高污染、资源型项目要逐步关停淘汰或搬迁改造。对重点生态功能区和生态环境脆弱的地区，要限制开发。控制大规模、高强度的工业化城镇化开发活动，严格把握行业准入条件，原则上不再新建各类开发区和扩大现有工业开发区的面积，已有的工业开发区应逐步改造成为低消耗、可循环、少排放、零污染的生态型工业区；同时，要从限制性区域中寻找国土开发的适宜空间，鼓励发展以林果业为主导的特色农业、林业，积极发展服务业，根据不同地区的情况，保持一定的经济增长速度和财政自给能力。

对依法设立的各级各类自然文化资源保护区、重要水源地和其他需要特殊保护的区域，要禁止开发。禁止开发区域应根据法律法规规定和相关规划实施强制性保护,严格控制人为因素对自然生态和文化遗产原真性、完整性的干扰,严禁不符合主体功能定位的各类开发活动,引导人口逐步有序转移,依法关闭排放污染物的工业企业,提高环境质量。

2.发展生态产业,促进生态经济协调发展

生态产业是指按生态经济原理组织起来的基于生态系统承载能力,具有高效的生态过程及和谐的生态功能的集团型产业,发展生态产业是山西实现经济、社会与生态环境协调、可持续发展的必然选择。2013年山西省万元GDP能耗为1.63吨标准煤,是全国平均水平的2.2倍;二氧化硫、氮氧化物的排放量为9.96公斤/万元和9.19公斤/万元,分别是全国平均水平的3.07倍和2.6倍。要改变这一现状,必须把发展生态产业融入到经济发展的各个领域,从根本上摒弃"吃资源饭、吃环境饭、断子孙路"的发展方式。

(1)立足工业优势,着力推进工业的生态化改造

生态工业是模拟生态系统的功能,建立起相当于生态系统的"生产者、消费者、还原者"的工业生态链,以低消耗、低(或无)污染、工业发展与生态环境协调为目标的工业。山西发展生态工业,就是要坚持两手抓,一手抓传统工业的提升,一手抓新的生态工业的发展。所谓提升传统工业,就是要在煤炭、冶金、化工、电力等传统行业推行体制创新和科技创新,运用先进的科学技术对旧的工艺和设备彻底进行改造,使之尽快地成长为新的工业生态系统的组成部分。所谓发展新的生态工业,就是在工艺设计上十分重视废物资源化、废物产品化、废热废气能源化,形成多层次闭路循环、无废物无污染的工业体系。未来山西发展生态工业就是要以循

环经济为重点搞好生态产业。当前,首先要做好"革命兴煤"这篇大文章,推进煤炭产业"六型"转变。资源型经济发展,首先要解决内生动力不足问题。在国家明确要求实行煤炭消费总量控制的新形势下,煤炭产业主要依靠产量扩张的发展方式已成为历史,激活和增强内生动力非常迫切。一是向"市场主导型"转变。核心是深化煤炭审批制度和管理体制改革,进一步确立企业的市场主体地位,着力加快建立健全煤炭矿业权一、二级市场,充分发挥市场配置煤炭资源的决定性作用,让市场机制成为煤炭产业转型发展的主导力量。二是向"清洁低碳型"转变。以绿色开采、清洁利用为重点,最大限度减少采煤对环境的破坏;以技术进步为引领,推进煤炭及相关行业低碳发展,推进燃煤发电超低排放;以产权为纽带,推进煤电一体化深度融合;以政策为保障,完善煤炭清洁低碳发展的体制机制,实现高碳产业低碳发展、黑色煤炭绿色发展。三是向"集约高效型"转变。围绕提高产业集中度和市场话语权,全力抓好大基地、大集团建设,不断提高矿井的标准化、现代化水平,进一步推进煤炭资源整合、企业兼并重组,坚决淘汰落后产能,不断完善煤炭企业现代制度建设,提高企业的核心竞争力。四是向"延伸循环型"转变。以高端化、全循环、链条式发展为方向,重点推进煤炭产业延伸发展、煤化工链条式发展、煤机装备集群发展、煤炭固废综合循环利用,实现煤基产业多元发展,综合竞争力不断提升。五是向"生态环保型"转变。实施绿色发展战略,着力加大采煤沉陷区治理,实施矿区生态治理修复工程,推进煤炭外部成本内部化,完善矿区生态补偿机制,实现煤炭资源开发利用与生态环境相协调。

(2) 深挖资源优势，积极推进生态农业转型升级

生态农业是根据生态学与生态经济的原理，运用系统工程及现代科技方法组建起来的综合农业生产体系。20世纪70年代出现的西方生态农业，主张顺应自然、保护自然、低投入，不用化肥农药，减少机械使用，不再追求农产品的数量和经济收入，排斥现代科技的应用，而是极力强调生态环境安全、稳定，农业生产系统良性循环。山西地域辽阔，南北地区之间自然环境中的光、热、水、气营养元素等非生物因子的差异较大，所以应根据各地实际情况，因地制宜，发展不同的生态农业类型模式。一是太原生态都市圈以发展城郊型生态农业为主，应以种植无公害高效蔬菜、发展花卉乳畜和休闲观光农业为主，在机械化、集约化、设施化及高效化的基础上，利用生物的方法发展农业，尽量减少农药、化肥的使用，实现农业产业生态化。二是以晋北现代农业基地建设为重点，以规模化、标准化、集约化为目标，以玉米、小杂粮、大蒜、黄芪、药材等特色农产品的种植为龙头，推进蔬菜、玉米、小杂粮等设施农业生产，形成11个设施农业基地和以休闲度假农业区、现代设施园艺农业区、生态农业区为主体的空间布局。三是以襄汾、临猗为重点，加快发展晋南地区和山西省的农产品生产、加工、供应与绿色食品流通中心及生态观光旅游农业中心。以临汾、运城、侯曲一体化为重点，建设新型都市型现代农业基地。以永济、霍州为重点，建设花卉园艺休闲观光农业基地。以盐湖科学城为重点，建设畜牧与农作物良种工程基地。整合整个城镇群的物流、技术和信息资源，打造我国现代农业创新示范区。四是晋东南城镇群生态农业，重点发展现代农业以及相关的农产品深加工和流通业，适度发展观

光和休闲农业，同时结合该地区丰富的历史人文资源发展宗教文化等特色旅游。

(3) 依托人文旅游资源，力促生态服务业规模发展

生态服务业是生态产业的有机组成部分，包括绿色商业服务业、生态旅游业、现代物流业、绿色公共管理服务等部门，主要是指在充分合理开发、利用当地生态环境资源基础上发展的服务业。其发展在总体上有利于降低城市经济的资源和能源消耗强度，发展节约型社会，是整个循环经济正常运转的纽带和保障。其中要强力推进文化旅游业的规模化发展。一方面，要加大文化旅游资源整合力度，推动建设"大景区"。政府鼓励并创造条件引导大型旅游企业以区域内重要景区为主体，集中整合文化特色相同、地理距离相近的景点景区，持续集中投资、高标准建设、精细化打造具有全国影响、山西特色的"大景区"。另一方面，积极培育跨区域、跨行业的大型文化旅游企业，壮大市场主体，扶持特色旅游企业，鼓励发展专业旅游经营机构，推动优势旅游企业实施跨地区、跨行业、跨所有制兼并重组；打造跨界融合的产业集团和产业联盟，引进国内外重要的战略性投资企业，建立多种混合所有制形式的旅游企业，打造旅游品牌形象，形成跨区域、跨行业的大型旅游企业和旅游业"航空母舰"。

3.调整优化产业结构，加快提升生态经济发展水平

山西产业结构"一煤独大"，煤炭市场的每一次下滑，对山西经济的影响都是全局性和十分严重的。一是要做大生态文化休闲旅游业，加快生态休闲旅游产品优化和景区的深度开发，打造一批生态休闲旅游业特色精品。按照"一村一品"的目标，在"农家乐"

乡村旅游发展中有机融入地方特色文化元素，并通过举办各种乡村特色文化节庆活动，丰富文化内涵，增强乡村休闲旅游竞争力。二是要大力发展装备制造业。山西省装备制造业产业基础雄厚、门类比较齐全，是近年来发展较快的产业。下一步，要按照集群化、园区化、专业化、产业化的要求，优化产业布局，重点建设轨道交通、铁路、煤机等装备制造基地；按照标准化、智能化、高端化和集成化的要求，加快发展新能源汽车、煤层气探采储用装备等新兴产业；以"数字化、精密化、成套化"为导向，提升改造重型机械、电力装备、煤化工装备、液压件、纺机等传统优势装备制造业。三要大力发展新能源产业。山西太阳能资源丰富，全年日照约3000个小时，仅次于青藏高原和西北地区，是全国太阳能资源丰富的地区之一，风能资源也很丰富。要充分发挥太阳能、风能资源丰富的优势，大力培育发展光伏发电、风电、水电和生物质发电等新能源产业。四要加快发展节能环保产业。抓住山西节能减排、环境修复、资源循环利用的巨大市场需求，强化政府引导，完善政策机制，培育规范市场，着力加强技术创新，大力提高技术装备、产品服务水平，把节能环保产业打造成全省重要的新兴支柱产业。五要大力发展食品医药产业。要围绕促进食品产业持续较快发展，做大做强酒类、食醋、乳品三大传统食品产业，做精做细小杂粮、肉类加工、特色食用油、功能食品等特色食品产业，培育壮大饮料、淀粉制品、方便食品等现代食品产业，发挥龙头企业作用，塑造山西特色食品品牌。六要大力培育发展现代服务业。现代服务业发达程度，是衡量一个国家或地区现代化程度的重要标志。我们一定要抓住全球产业转型升级的机遇，以市场为导向，推进重点项目和公共服务平台建设，创新扶持机制，加大政策支持力度，推进现代服务业与工业、农业深度融合，推动山西产业向价值链高端提升。

4.加强矿区生态修复治理，全面提高全省生态环境质量

山西作为矿产资源和煤炭开采大省，矿区生态恢复治理任务艰巨。要切实解决矿区生态修复，除靠政府投入外，还必须依靠市场的力量，从源头解决矿区生态修复的激励机制，努力做到补上旧账、不欠新账。新矿区的生态修复治理，要在清理相关费用的基础上，恢复向矿山企业征缴矿区生态修复保证金制度，明确界定征收的标准和范围，要根据生态损害治理的成本加以征收，激励企业积极进行生态恢复并努力收回保证金。探索矿业权取得土地的多种方式，在完善农村土地、耕地所有权和使用权基础上，完善村民土地流转权利，即村民可以通过与矿业权人谈判，以市场化方式确定矿业用地流转的交易价格、转让期限等，如采取"以租代征"的方式、"土地入股"的方式、"土地置换"的方式。即通过改革采矿用地取得方式，解决矿权和地权的矛盾。大力植树造林，注重提质增效，积极推进林业"六大工程"建设，不断提高全省森林覆盖率和碳汇蓄积量，构筑生态屏障。要统筹山水田路综合治理，加大以大水网为中心的重点水利工程建设力度，提高生产生活用水和生态用水的保障能力。要系统推进水土保持、水污染防治、水生态保护、空中水资源开发利用和造林绿化、退耕还林、湿地保护等工作，突出抓好汾河等重点流域生态环境修复治理，不断提升全省生态环境整体质量水平。

专题十一　党风廉政建设永远在路上

新中国成立70年来，中国共产党领导人民进行社会主义革命、建设和改革的同时，始终抓住党的建设这个"法宝"，对党内和社会上存在的消极腐败现象进行着坚决不断的斗争，推动全面从严治党向纵深发展。经过政治运动、制度建设和"打虎""猎狐""拍蝇"一系列整治，反腐败斗争取得压倒性胜利。特别是党的十八大以来，以习近平同志为核心的党中央从关系党和国家生死存亡的战略高度，推动全面从严治党向纵深发展。针对山西一度时期发生的系统性、塌方式腐败，以习近平总书记为核心的党中央采取果断措施，对山西原省委进行改组式重大调整。调整后的山西省委按照习近平总书记和中央的重要指示要求，先后明确提出并实施"五句话"、确立"一个指引、两手硬"重大思路和要求，多措并举治理系统性、塌方式腐败，风清气正的政治生态逐渐形成。

一、巨大成就

新中国成立70年，特别是改革开放40年来，山西省委为了适应新形势、新任务和新变化，结合山西实际，不断加强党风廉政建设，积极探索反腐败斗争的特点和规律，取得了巨大成就，也积累了宝贵经验。

(一）取得阶段性的胜利

反腐败斗争不仅是一项建设性工作，更是党风廉政建设乃至党的建设的一个重要组成部分。认真总结新中国成立以来山西反腐倡廉取得的阶段成效和实践经验，深入开展反腐倡廉研究，对于全面从严治党具有十分重要的指导意义。总体来看，新中国成立以来的反腐败斗争大致分为三个主要阶段：即计划经济时代的党风廉政建设；社会主义市场经济和改革开放条件下的党风廉政建设；十八大以来的党风廉政建设。各时期呈现出以下特征：

1. 继承红色政权反腐败斗争的优良传统，巩固新生政权，集中整党整风，不断纯洁党员干部队伍

大体上讲，这一阶段的党风廉政建设是在计划经济背景下推进的。新中国成立初期，对于革命老区的山西而言，坚持继承战争年代的"三大纪律八项注意"的优良传统，始终注意刚刚执政后容易发生的干部腐败问题。山西省委成立当天召开的省委第一次扩大会议就明确指出：革命胜利后，要"进一步加强党的建设，发扬党内民主，开展批评与自我批评，加强党内教育，密切党与群众的联系，并不断地领导广大群众前进"[1]。1950年2月召开的中共山西省委第一次代表会议指出：要使全党同志认识到，从战争到和平建设，是一个历史性的伟大转变，这里首要的有决定意义的问题，是要克服命令主义工作作风，树立科学的正规的密切联系群众的工作作风。[2] 之后，全省又先后在党内开展了"三反""整党整风"等

---

[1]《省委、省政府、省军区隆重召开成立大会》，《山西日报》，1949年9月2日。

[2]《中共山西省委召开全省首次党代会，通过全党今年工作方针与任务》，《山西日报》，1950年2月13日。

运动,社会上开展了"五反"运动,还通过开展社会主义教育运动(即"四清"运动)、整党建党运动,解决了基层干部队伍中存在的经济不清问题。

通过整党整风,在政治上,多数党员干部明确了对党"组织起来与提高技术相结合"的认识,对党的财经政策的解读开始重视,对社会主义发展前途的认识也趋于正确;在作风上,"左"倾思想、官僚主义、形式主义等问题逐渐消除,违法违纪的腐败现象逐渐减少,党与群众的血肉联系逐渐凸显,党和政府在群众中的威信不断提升;在组织上,基层党组织工作逐渐规范,软弱涣散的党组织数量逐年减少,对党员的管理也不断规范严格。可以说,整风运动和党的基层组织的连续整党运动,切实从政治上、思想上、作风上、组织上加强了党的建设,克服了党内的各种消极腐败现象,真正解决了长期存在的思想不纯和组织不纯的问题。

2.以"两手抓、两手都要硬"的方针推进党风廉政建设,取得明显成效

党的十一届三中全会之后,党和政府开始实行改革开放政策。由此,山西也进入了深刻的转型过程中。这一阶段的反腐败斗争形势也变得复杂严峻,山西党内存在的一些值得注意的错误倾向逐渐暴露。一方面是公开伸手向党要官要权,不择手段为个人谋私利;另一方面是党员中还存在着一些明争暗斗、破坏党内团结的派性问题。虽然多数党员的党性自觉还是较高的,但是,有一部分党政干部在经济利益和资产阶级腐朽思想的驱使下,逐渐淡忘了战争时期我党的优良传统,追名逐利、贪图享乐、以权谋私、与民争利等腐败现象凸显。虽然为数不多,但足以产生"一颗老鼠屎坏了一锅

汤"的负面效应。同时，由于这个阶段的经济体制与政府掌握的社会资源的矛盾开始凸显，由"权力寻租"转为"官倒"现象就不可避免地出现了。基于此，山西省委、省纪委展开了反腐倡廉建设的一系列实践探索。

（1）刻不容缓地纠正党内不正之风。省委、省纪委按照中央和国务院有关规定，结合山西实际，先后出台了一系列的廉政制度，比如，《关于党政领导干部改进工作作风的若干规定》《关于党政机关在职干部不要与群众合办企业的通知》《关于减轻农民负担的若干规定》、对违法违纪干部实行举报等制度，着力在纠正党风上快见效、见实效。为了标本兼治，防患于未然，全省逐步建立和健全了领导干部的监督制度，包括领导干部过双重组织生活，通过建立制度、加强监督，全省党员干部思想作风明显好转。

（2）反腐败斗争逐渐凸显从"运动式"向"法治式"的转变。进入21世纪，山西的反腐倡廉建设也进入了一个频发和治理相持的时期。尤其是煤炭"黄金十年"，在给山西带来经济效益的同时，也给山西反腐倡廉建设带来了极大挑战。针对这样的复杂形势，省委、省政府坚持深入贯彻落实中央"各级党委、政府和纪律检查机关一定要坚定不移地贯彻标本兼治、综合治理、惩防并举、注重预防的反腐倡廉"战略方针，及时调整反腐败策略，由新中国成立初期的"运动式"反腐败向"法治式"反腐败转变。积极构建惩治和预防腐败体系，切实把反腐倡廉工作融入"经济建设、政治建设、文化建设、社会建设和党的建设"[1]之中。随着《山西省煤焦领域惩

---

[1] 胡锦涛：《全面加强新形势下的领导干部作风建设 把党风廉政建设和反腐败斗争引向深入》，《人民日报》，2007年1月7日。

治和预防腐败制度》《山西省建立健全惩治和预防腐败体系2008—2012年实施办法》和分工意见等制度的出台，山西党风廉政建设和反腐败斗争阶段性成效不断凸显。

3.多措并举，多管齐下，"不敢腐""不能腐""不想腐"的反腐败合力和高压态势基本形成

党的十八大以来，山西的腐败问题曾经震惊全国，被定性为"系统性、塌方式腐败"。面对如此严峻的反腐败形势，2014年9月以来，省委深入贯彻落实习近平总书记系列重要讲话和中央对山西工作指示要求精神，净化政治生态、实现弊革风清、重塑山西形象、促进富民强省，得到了中央的充分肯定和社会的高度认同。

（1）坚持从严治党，把"两个责任"落到实处。在从严治党中，山西省委把落实"两个责任"作为全面从严治党、净化政治生态的重中之重来抓，以"向我看齐"的自信和"从我做起"的实际行动立言立行。各级党委主动将主体责任扛在肩上、抓在手上，层层分解落实任务，坚持一贯到底，积极作为。各级纪委主要负责人把抓好监督责任部署、加强班子成员和内部监督作为重点，不断强化纪律约束，确保"两个责任"落实到位。同时，山西省委始终把维护党的纪律作为首要任务，坚持纪在法前，党风廉政建设重在纪律执行。各级党委、纪委对违反中央八项规定精神，"四风"问题突出，出现过系统性、塌方式腐败的地方、部门、单位和个人，坚持"一案双查"的原则，强调不守纪律规矩的要"摘帽子"、不履职尽责的要"让位子"、不完成任务的要"打板子"、用权任性的要"进笼子"。

（2）坚持把制度的笼子扎紧扎严，风清气正的选人用人风气

基本形成。在塌方式腐败之后，山西省管干部曾一度空缺300多人，新的省委班子没有急于选人用人，而是从清理队伍着手，整顿选人用人上的不正之风。在全省深入实施"三个一批"，主要采取"六查"的办法来甄别干部，对7万多名干部进行甄别，核查处理有问题的干部5122人。同时，还建立和完善了干部能上能下、能进能出的任免机制，对在其位不谋其政的干部，该免的免、该降的降，一共调整退出860人。对没有问题的、已经查清的还干部清白，大胆提拔使用。山西在选人用人机制上的大胆创新，也是破解"谁要下""要谁下""怎么下"难题的有益尝试，经过大力度举措，初步实现选人用人的风清气正。

（3）坚持正风、反腐相结合，人民对反腐成效获得感不断增强。山西省委在持续推进党风廉政建设的过程中，不仅注重党员领导干部廉洁从政方面取得的成效，更注重让人民群众看到实实在在的变化，切实分享到、感受到反腐败的成果。针对部分群众认为没有直接分享到反腐败成果，对于反腐倡廉的态度已经由最初的热情高涨、信心满满，到后来的事不关己、冷眼旁观的问题，省委、省纪委对症下药，把解决群众身边的腐败问题作为重中之重，坚持什么问题突出就解决什么问题，要求"重点查处和纠正超标准超范围向群众筹资筹劳、摊派费用，违规收缴群众款物或处罚群众，克扣群众财物、拖欠群众钱款等突出问题；集体'三资'管理、土地征收和惠农等领域强占掠夺、贪污挪用问题……"把"微腐败"可能造成的"大祸害"消灭在萌芽状态，有效维护了反腐败的群众基础。

（二）实践成效

新中国成立以来，山西党风廉政建设取得的成效有目共睹。无论在战争时期、建设时期还是改革时期,山西省委都十分重视党的建设工作,尤其是改革开放以来,山西省各级党组织不断加强自身建设、全面推进党的建设工程,充分发挥了各级党组织在全面建成小康社会中的领导作用。

1.坚持效能为重,自身建设不断成熟和完善

1978年,中共山西省委纪律检查委员会重新建立。1984年,为了加强纪检监察工作,山西省委纪委改为山西省纪委。1993年,按照中央和省委的部署,全省纪检监察机构实行合署办公。同时,按照干部"四化"标准和德才兼备原则,一批年富力强的干部进入各级纪检监察机关,县以上纪检监察领导班子的知识结构和年龄结构有了明显改善。2016年11月,以习近平同志为核心的党中央将山西确定为深化国家监察体制改革试点省份之一。2017年,山西根据中央改革试点要求,制定出台了《山西省深化监察体制改革试点实施方案》,撤销监察厅(局)、预防腐败局、检察院反贪污贿赂局等部门,整合相关职能,成立山西省监察委员会,建立党统一领导下的国家反腐败工作机构,实现监督执纪问责和监督调查处置的有机融合,深入推进党风廉政建设和反腐败斗争。目前,山西11个市、119个县(市、区)全部成立监察委员会,率先在全国完成省、市、县三级监察委员会转隶组建工作。同时,山西省对建立监察官制度也在进行积极的实践探索。

紧紧抓住管党治党的"牛鼻子",全力推动主体责任落实。省委深入学习领会习近平新时代中国特色社会主义思想和党的十九大精神,紧紧抓住管党治党"牛鼻子",坚决扛起主体责任。制定《山西省贯彻〈中国共产党问责条例〉实施办法(试行)》,强

化追责问责。2017年,省委常委会议全年研究全面从严治党工作43次。省、市、县三级党委常委会会议研究管党治党工作2807次,批准立案审查、留置措施、处分决定等4660人次。各级党委和纪委针对党的领导弱化、管党治党不严不实、"四风"和腐败问题频发、巡视整改不落实等问题,共问责党组织133个、领导干部1093名,倒逼主体责任有效落实。

2.坚持从严治党,反腐败斗争持续深入开展

改革开放初期,山西省委就明确提出:必须克服脱离群众、脱离实际、官僚主义、特权思想、违法乱纪和极端个人主义等倾向。20世纪80年代中期,各级党委根据省委部署,通过整党运动,对党内存在的以权谋私、官僚主义、特权现象等问题进行了严肃查处。到90年代,山西省委先后通过抓好清房、整顿执法队伍、纠正行业不正之风"三件事",出台《关于深入开展反腐败斗争的决定》和《关于进一步做好反腐倡廉工作的意见》,集中力量查办大案要案和整顿工作作风等工作,深入开展了反腐倡廉斗争。

进入新世纪以来,山西省委、省政府求真务实,坚决反对官僚主义和形式主义,反对搞"形象工程"和"政绩工程"。2009年,山西省委根据中央在反腐倡廉体制机制改革与创新方面的要求和部署,积极建立反腐倡廉制度体系,实现预防腐败工作的法制化和制度化。为此,山西省委结合实际狠抓四个"落实到位":一是认真落实《中国共产党巡视工作条例(试行)》,切实把党要管党、从严治党、加强对各级领导班子和领导干部管理的要求落实到位;二是认真落实《关于实行党政领导干部问责的暂行规定》,切实把领导干部权责一致的基本要求落实到位;三是认真落实《国有企业领

导人员廉洁从业的若干规定》,切实把加强国有企业反腐倡廉的要求落实到位;四是认真落实《关于开展工程建设领域突出问题专项治理工作的意见》,切实把解决重点领域腐败现象易发多发问题的要求落实到位。通过这些举措,山西省以正确行使权力为重,用改革的办法推进反腐倡廉工作,拓展从源头上防治腐败的工作领域,形成了群众参与防腐、全面治理腐败的体制机制。

3.坚持标本兼治,反腐倡廉制度不断发展完善

山西省纪委成立后就开始加大查处干部利用职权和违反规定案件、违反党的政治纪律和组织纪律案件以及一些领导干部消极腐败案件的力度。从20世纪90年代开始,山西省委、省政府、省纪委根据中纪委二次全会所确定的反腐败斗争的"三项工作格局",进一步加大了反腐力度,并结合山西实际,提出要"高举、真举、常举、举好"反腐斗争的旗帜,落实"要抓重点,要有突破、要有震动"的反腐斗争要求,把反腐败斗争的重点放在党政机关、行政执法机关、司法机关和经济管理部门以及县处级以上领导干部的违法违纪行为上,从严查处了一批领导干部利用职权受贿案件,重点是经济案件、贿选案件、为黑社会性质组织和恶势力提供保护伞案件以及有影响、有震动的地厅级、县处级大案要案。反腐败斗争取得了显著成效。

2014年9月,根据中纪委二次会议提出的"既治标又治本"的要求,山西省委、省政府不断加大反腐倡廉的制度建设,先后制定出台了《山西省党政机关领导干部廉洁自律守则》《关于领导干部编书出书的规定》《关于县处以上领导干部下基层轻车简从的规定》等制度,并会同有关部门在领导干部乘车、住房、接待标准、出国出境管理、礼品登记处理、行政事业收费管理等方面制定出一系列

操作性较强的制度和规定，较好地约束和规范了领导干部的公务行为。还建立了党风监督员、特邀监察员和纪检监察巡视员制度，并通过开展领导干部廉政考评活动、建立廉政档案、建立与领导干部谈话制度等，进一步规范了党员干部的公务行为，强化了对领导干部的监督。

进入新世纪，山西省在坚持党风廉政建设和反腐败斗争三项任务一起抓的同时，突出强调要标本兼治、综合治理，从源头上预防和治理腐败，收到良好效果。十八大以来，山西省委始终把学习贯彻习近平总书记系列重要讲话作为重大政治任务来部署，在思想教育方面，先后开展"三严三实""两学一做""学习讨论落实""改革创新、奋发有为"以及当下正在开展的"不忘初心、牢记使命"等主题教育活动；在理论学习方面，山西省持续大规模组织了中国特色社会主义理论、邓小平理论、"三个代表"重要思想、科学发展观、习近平新时代中国特色社会主义思想的理论学习，并有组织地对各级领导干部进行了集中培训。尤其是2017年2月底，省委连续举办6期省管干部学习贯彻党的十八届六中全会精神专题研讨班，要求党员干部旗帜鲜明讲政治，提高政治觉悟和政治站位。全省各级党组织依托省内3400处红色文化遗址和设施，大力弘扬太行精神、吕梁精神、右玉精神，用红色基因固本培元。2017年5月，省委还部署开展以全面肃清流毒为主要内容的警示教育，要求要高度警觉认为"事已过去""与己无关""淡漠责任"三种倾向，进一步提高政治站位和政治觉悟，彻底清除系统性塌方式腐败所造成的不良政治生态消极影响。2017年6月右玉干部学院、太行干部学院相继正式揭牌并投入使用，以红色资源、革命文化和时代精神滋养党员干部的精气神。通过集中教育学习,各级党委领导班子和干部队伍的思想政治水平和理论水平大大提升,为山西转型提供了坚强组织保障。

4.坚持"六严"并举,严肃查处群众身边腐败不放松

近年来,山西省委坚持抓思想从严、抓管党治党从严、抓执纪从严、抓治吏从严、抓作风从严、抓反腐从严,明确全面从严治党的要求,提出构建良好政治生态的六项重点任务,以"永远在路上"的意志和决心,聚焦重点难点,推动管党各项部署落实落地。2017年以来,全省严肃查处群众身边的不正之风和腐败问题3021件,处理3021人,给予党纪政纪处分2772人;共查处扶贫领域问题1098件,处理1098人,给予党纪政纪处分964人。[1]建立起了责任倒逼、日常督促、问题限时解决等机制,让主体责任落地生根。2016年因落实主体责任不力被问责1115人。[2]2017年,全省处置问题线索50940件,增长32%;立案17401件,增长8.9%;结案16846件,增长6.5%;处分16979人,增长1.3%,其中政务处分3688人,移送司法机关382人;从国(境)外追回外逃人员23名。[3]特别是针对党内政治生活随意化、形式化、平淡化、庸俗化等倾向,着力加强党内政治生活制度建设,通过严格规范的制度建设提高了党内政治生活质量,以不断强化思想组织作风和制度建设持续净化了政治生态。

[1] 刘宇、闫书敏:《砥砺奋进 振兴崛起 喜迎十九大·山西答卷:打造政治生态绿水青山》,《山西日报》,2017年9月29日。

[2] 姚晋平、陈俊琦:《山西:优化政治生态 提升发展状态》,《人民日报》,2017年5月1日。

[3] 《山西:持续高压反腐2017年处置问题线索5万件》,人民网,2018年2月24日。

5.坚持先立规矩再选人,充分调动党员干部干事创业的积极性、主动性

中共山西省委坚持先立规矩再选人,严厉整治选人用人上的不正之风。出台了推进干部能上能下、激励干部担当作为、改革创新合理容错"三个办法"。2016年,全省共有449人被取消选拔或提名资格,[1]一大批忠诚、干净、有担当的好干部被选拔任用到各级领导岗位,充实了领导干部队伍,树立了鲜明正确的用人导向。在换届工作中坚持"不廉洁的干部不能用,不干事的干部也不能用"的原则,2016年,省委和市、县、乡领导班子集中换届,省委以换届为抓手完善选人用人制度体系,先后出台6个干部工作制度性文件,形成"6+X"制度体系,为换届工作立起了一套纪律严明、职责清晰的硬规矩。对涉及换届人选进行了"六查",坚决防止"带病提拔"。从政治上、精神上、物质上、生活上和工作上对积极干事创业、工作业绩突出的干部旗帜鲜明地褒奖,对大胆改革创新的干部支持和保护,为担当的干部担当,对负责的干部负责。

(三)党风廉政建设理论成就

改革开放以来,中国共产党提出了一系列反腐败的理念、方法和措施,取得了积极的反腐成果。党的廉政思想逐渐受到学术界的关注,国内专门的反腐倡廉研究机构逐渐成形。2008年11月,在杭州成立了中国首家惩治和预防腐败联合研究中心,专门研究破解反腐败难题,中纪委将其定为重大课题研究基地,其中,国内有20家高校廉政研究机构先后成为联合研究中心的成员单位。2009年12

---

[1] 赵向南:《真理的力量 实践的力量》,《山西日报》,2017年10月17日。

月,中国廉政研究中心成立。2012年1月,中国廉政研究调研基地在山西落户的同时,山西首家专门研究廉政理论和实践的机构——山西廉政研究中心在山西省社科院成立,这是山西反腐倡廉建设对廉政研究事业的强烈呼唤,也是社科研究机构的职责和担当所在。

从研究热度来看,改革开放以来,全国学界对反腐倡廉的理论研究大体分为三个阶段,即:第一阶段为改革开放以后至2000年,反腐倡廉在研究总量上相对较少;第二阶段为2001年至2005年,研究数量逐年增加,尤其是2003年2月中纪委二次全会上发表讲话时提出了"三个仍然"[1]的论断后,研究数量迅速上升;第三阶段为2005年至今,先后出台《惩治和预防腐败体系纲要》(2005)、《惩防体系工作规划(2008—2012)》(2008)、《廉政准则》(2010)等,十八大以来,仅2012年至2014年,中央就出台了廉政新规近20项,相关研究数量大大增加。廉政学作为一门学科的要求,早在上个世纪80年末就已出现,但是,始终没有取得一门独立学科应有的地位。2017年,廉政学作为特殊学科纳入中国社科院"登峰战略",在廉政研究史上具有里程碑意义。2018年9月10日,由中国社科院社会学研究所廉政建设与社会评价研究室主办的廉政学学科建设暨《廉政学研究》创刊研究会在北京成立,这为廉政学理论与实践研究者提供了思想碰撞的高端平台。

从山西看,一直以来,山西省都比较注重反腐倡廉理论的创新研究。在廉政研究方面,主要依托高校、科研单位以及省纪委监察部门内设的理论研究机构,比如,省纪委、省监察学会每年组织的

---

[1] "三个仍然":即腐败现象仍然比较突出、反腐败斗争的形势仍然严峻、反腐败斗争的任务仍然是繁重的。

专题研讨会、主题征文等活动。特别是2008年以来，山西省以煤焦领域为切入点，构建具有山西特色的惩防体系，并取得了阶段性的理论成果和实践经验。根据对中国知网的检索，从文章结构看，从2005年到2019年，主题包含"山西"和"党风廉政"的文章共有11篇，篇名中包含"山西"和"反腐倡廉"的文章有20篇，篇名中包含"山西"和"惩防体系建设"的有20篇，篇名中包含"山西"和"廉政文化"的文章有11篇，篇名中包含"反腐倡廉"或者"党风廉政"的硕、博士论文有1篇，篇名中包含"煤焦反腐"的博士论文有1篇。根据对当当网的检索，相关著作有山西教育出版社出版的《中国红色经典案例——廉政建设与惩防体系》和山西人民出版社出版的《建立反腐倡廉宣传教育长效机制研究》《反腐败论》《廉政论》以及北岳文艺出版社出版的《于成龙与山西古今廉政文化研究》等。根据上述资料分析，随着反腐败斗争侧重点的变化，理论研究的着重点也从惩治为主转变为惩防并举，从查处腐败案例分析为主到制度机制研究、从反腐败到廉政建设等都发生了变化。从研究主题看，大致包含了山西各行各业党风廉政的应用研究、法规制度研究、廉政文化研究、反腐倡廉教育研究、基层党风廉政建设研究等。从研究方法看，多数学者采用文献分析法、实地调研法、对比分析法等方法对腐败和反腐败进行研究。由此，一方面说明山西在党风廉政研究上已经取得了可喜的成绩，另一方面说明山西廉政研究取得高水平、有指导性的成果还任重而道远。

二、实践历程

在新中国成立70年之际，站在新的历史方位，回顾总结山西党风廉政建设的理论与实践，展望未来发展前景，为力争走出一条符合中央要求和政治生态建设规律的山西之路，具有十分重要的理论指导与实践价值功效。在不同时期，山西党风廉政建设的侧重点有所不同，大致分为以下几个时期：

（一）新中国成立初期的党风廉政建设（1949年—1955年）

新中国成立初期，由于山西形势较为复杂，面临的困难和问题极为突出，对于刚刚执掌全省政权的中共山西省委和各级党组织来说，是非常严峻的考验。加之党员发展速度相对较快，党员标准较低、质量下降的问题比较突出，有些党员干部居功自傲、特权思想表现明显，有些党员入党动机不纯、违法乱纪行为时有发生等。针对这些问题，中共山西省委、省政府高度重视，在不同场合一再告诫全党特别是领导干部必须加强党风廉政建设和干部队伍建设。自1949年9月1日，中共山西省委正式成立之后，党员干部作风有了明显好转。这期间，主要发生了以下几个较有影响的大事件：

1.整党整风运动

截至1949年9月，山西绝大部分地区已经建立地委和县委，这些地委和县委分别属于太行区党委、太岳区党委、太原市委、晋南中心地委和晋西北中心地委。中共山西省委成立以后，山西地方党组织由分散到统一，进入了新的历史时期。此时，山西省有共产党员25.64万人，占全省总人口的2.37%；基层党委14个，党总支268个，党支部1.3万个。[1]

基于此，省委决定在全省范围内，自上而下分期分批开展"整

---

[1] 《中国共产党山西历史》第二卷（1949—1978），中共党史出版社2012年版，第130页。

党整风"运动。

（1）县区以上干部的整风运动。根据中共中央要求，在全党全军进行一次大规模的以各级领导干部为重点的整风运动的指示，中共山西省委制定了《整党整干计划》，对全省的干部整风工作进行了部署：1950年秋季之前，整顿县、区干部，改进区级以上各级领导机关的作风；从冬季到1951年春，逐步开展农村、工矿等基层党组织的整风运动。这次运动，以分批集训的方式，逐级召开干部整风会议，学习毛泽东在党的七届二中全会上的报告和中共中央指定的有关文件，并结合实际工作，开展批评与自我批评，订出改进计划，最后进行个人思想鉴定。其间，省委首先在省委党校、省行政干校集中整训1000余名县（区）主要干部，各地区在省属机关中开展了第一批整干运动。通过半年多的分期分批集训（部分党政机关为在职整风），全省各地区、各部门组织党员干部联系实际，认真检查总结工作，积极开展批评与自我批评，广泛揭露并在一定程度上分析、批判了政治上、思想上、作风上和组织上存在的问题，多数党员干部克服了消极的"退坡"思想，提高了政治思想水平，改进了工作作风，密切了党同人民群众的联系。

（2）农村基层党组织的整顿。1950年10月5日，中共山西省委作出《关于今冬明春农村整党工作的指示》。从1950年冬至1951年春，山西以整顿农村一类、二类支部为重点开展了农村整党工作，"把全省70%以上的基层党组织提高一步，前进一步"，以"给今后进一步巩固党打下基础"。10月25日，省委宣传部发出《关于今冬明春农村党员训练工作的指示》，11月中旬之后，全省农村整党相继展开。在集训党员和整顿支部过程中，长治、榆次、兴县等地委创造性地采取了一系列行之有效的领导方法和工作方法，及时纠正运动初期存在的错误观点和草率过急现象，近90%的党支部在整顿之后有了明显或比较明显的提高。1951年3月底，经过一个冬春的农村整党运动基本结束。据不完全统计，各地在这期整党中，共集训党员8.25万人，约占农民党员总数的36%，整顿支部4320余个，约占整个农村支部的43%。整训之后，70%以上的党员在政治、思想、作风上有了显著的转变，党的支部经过普遍改造，并清理了占农村党员总数7%的各种投机破坏分子、腐败落后分子，使基层党组织战斗力、凝聚力大为增强，党在农村的工作呈现出新的生机和活力。

（3）全面整顿党的作风。1950年下半年到1951年上半年的全国干部整风和部分农村基层党组织整顿，取得了积极的成效。但是，这次整风只是初步解决区以上领导机关和干部的工作作风问题，农村基层党组织也仅仅是在部分地区进行了局部整顿，而全党自新中国成立以来出现的"某种程度上的组织不纯和思想不纯"的问题还没有得到彻底解决。1951年6月6日，山西省委制订了《关于整党准备工作的计划》，全省各级党委挑选了3500余名党性强、作风正派、有整党建党知识和能力的领导骨干与一般干部，由省委党校和各地委党校分期整训，同时，全省还选择了95个农村支部、4个工矿支部进行了整党试验，其中12个支部由地、市委直接负责。通过试验，省委对出现的各种"左"的或右的偏向进行了检查总结，有针对性地制定了纠正和改进办法。10月9日，经中共中央和华北局批示同意并提出修正意见后，山西省委下发《关于整顿党的基层组织工作计划》，对全省的整党工作做了全面系统的部署，重点解决党内因胜利而产生的各种消极思想和不良作风问题，提高了党员的政治思想水平。12月上旬,全省大规模的整党运动相继在各地农村、工矿、机关、学校全面展开。整党运动开始不久,党在全国掀起了声势浩大的反贪污、反浪费、反官僚主义的"三反"运动,此后,整党即逐步转入与"三反"运动相结合的阶段。

2."三反"运动

1951年底到1952年上半年,根据中央统一部署,山西各级党政机关及全省国营、公营厂矿企业,开展了反对贪污、反对浪费和反对官僚主义的"三反"运动。本次运动是通过采取思想动员、揭发检举、复查核实和定案处理几个步骤展开。据省纪委统计数据显示,参加本次运动的人数约20万人,从1950年1月到1951年5月,全省所处分的2244名党员中,贪污受贿腐败堕落者就有313人。同时,针对一些企业干部的官僚主义、自由主义的歪风邪气进行了查整。

1952年1月5日,山西省人民政府委员会召开第二届第十次会议,讨论通过《关于在各级政府工作人员中开展反贪污、反浪费、反官僚主义运动的决定》,并成立了山西省节约检查委员会。1月6日,省委、省政府召开有5600余名省级财经机关干部参加的动员大会,"三反"运动进一步扩展到省级9个财经单位、省军区和各专、县的非晋籍部门。1月11日,省委又下发了《关于在全省国营、公营厂矿中,开展反贪污、反浪费、反官僚主义斗争的紧急指示》,各专区财经部门及大部分国营、公营厂矿也限期开展了"三反"运动。

通过"三反",一些典型的贪污案件被揭发出来,全省各级党组织的打"老虎"[1]行动也先后展开。短短两个月时间,基本完成

---

[1] 当时称贪污犯为"老虎",贪污旧币1亿元(合新人民币1万元)者为大"老虎"。

了从打"虎"运动到复查追赃、甄别处理的全部任务。到6月下旬，全省贪污总人数由核实前的5.13万人变为3.79万人，其中已经处理的3.58万人，占核实后贪污总人数的95%；免于处分的2.64万人，占已经处理人数的73.8%。其间，山西省委、省人民政府先后做出《关于处理张顺有检举反革命分子案件中失职人员及进一步检查官僚主义错误的决定》《关于在各级政府深入开展"张顺有事件"[1]的讨论，彻底检查并克服官僚主义错误的决定》后，又相继处理了廖中一、张三元、米圪斗、翟家庄等4起典型事件。[2]至此，全省共捉到贪污1000元以上的"老虎"8135人（内有贪污1万元以上的大"老虎"657人）；共检举、坦白出有贪污行为的4.81万人，占参加"三反"人员的51.7%。到3月20日，全省共捕捉大小"老虎"8700人，查出贪污款3160.37万余元。[3]

3. "五反"运动

1952年1月26日，为了打击不法资产阶级分子的破坏活动，中共中央发出关于开展"五反"斗争的指示，要求向违法的资产阶级开展一个大规模的坚决彻底的反对行贿、反对偷税漏税、反对盗骗国家财产、反对偷工减料和反对盗窃经济情报的斗争。在"三反"运

---

[1] "张顺有事件"：1951年4月到1952年4月初，山西省崞县庄头村赶车工人张顺有，为检举反革命分子宋郁德，自费在绥远、山西、察哈尔三省间往返奔波了27个机关，费时近一年，行程1.5万余里，遭遇了重重阻难，一直告到中共中央华北局才得到重视，宋郁德被逮捕归案，予以枪决。在这期间，张顺有为了揭发反革命分子，卖掉了自己的衣服和粮食，花费了200余万元，并严重影响了自己的生产，甚至被戴上手铐，受尽了官僚主义者的种种冷遇和折磨。这就是轰动一时的"张顺有事件"。

[2] 《中国共产党山西历史》第二卷（1949—1978），中共党史出版社2012年版，第112页。

[3] 中共山西省委：《关于"三反"运动当前几项工作的紧急指示》，1952年3月10日。

动中揭发出来的重大贪污案件，多数是与资产阶级的行贿、偷税漏税、盗骗国家财产、偷工减料、盗窃国家经济情报等"五毒"行为有关联。据1952年5月13日省委关于《全省"三反"运动中破获一亿元以上集体贪污案的情况与特点的报告》中称，全省"三反"运动期间共破获万元以上的集体贪污盗窃大案142件。其中，与奸商有直接关系的71件，在案中有"五毒"行为的奸商有176人。

"五反"运动的开展，总的来说是成功的。它既是一场经济领域的斗争，也是一场关系国家命运和前途的政治斗争。不仅打击了不法资本家的严重违法行为，在工商业者中普遍进行了一次守法经营的教育，为进一步把资本主义工商业纳入社会主义轨道创造了条件，也推动了在私营企业中建立工人监督和实行民主改革的进程，使党在同资产阶级的经济限制和反限制斗争取得了又一个胜利。

(二)"文革"前后的党风廉政建设（1956年—1977年）

1956年，生产资料私有制的社会主义改造基本完成以来，进入了全面建设社会主义时期。在党内，山西和全国一样，不同程度地存在着各种矛盾。在社会主义改造和第一个五年计划建设中，一些领导干部和机关工作人员对于群众生活中的许多迫切问题，仍然抱着漠不关心的官僚主义态度。[1]一些领导干部不顾客观实际，不同程度地出现了违反客观规律和人民群众意愿以及强迫命令、盲目蛮干的主观主义作风。这个时期的反腐倡廉主要有以下几个重要事件：

---

[1] 陶鲁笳：《总结过去一年的经验，迎接新的任务》，《山西日报》，1957年1月1日。

1. 整风运动

在党的八大期间,毛泽东指出:"现在在我们许多同志中间,仍然存在违反马克思列宁主义的观点和作风,这就是:思想上的主观主义、官僚主义和组织上的宗派主义……必须用加强党内思想教育的方法,大力克服我们队伍中这些严重的缺点。"[1]

1957年5月2日,根据中共中央的部署,山西省委召开常委会议,专门讨论了中央的《关于整风运动的指示》,并初步确定,全省党内整风分三批进行,第一批为省委、地(市)委,一部分重点县委和高等院校党委;第二批为重点县委和厂矿党委;第三批为乡级党组织。同时,省委还制订了《关于开展整风运动的计划》,对整风运动的要求、方法、步骤和加强整风的领导等问题做了详细安排。至此,省委在全省整风领导小组的基础上,分工负责指导了城市工矿、农村、财贸、文教、统战和群团组织等部门的整风运动。通过近一年的整风运动,领导干部思想作风方面的突出问题基本得到解决。

2. 农村"四清"运动

从1962年下半年后,到1966年5月"文化大革命"爆发前,在经济上继续进行调整的同时,在政治上开展了"四清"运动。自1956年社会主义改造基本完成和社会主义制度建立以后,先后开展了"大跃进""人民公社化运动",导致出现"三年严重经济困难"的局面。在这样的形势下,一些党员干部和群众对于社会主义产生了一些不正确的看法,甚至有一些人对于"集体经济""发生了动

---

[1] 毛泽东:《中国共产党第八次全国代表大会开幕词》,《毛泽东选集》第7卷,人民出版社1999年版,第116页。

摇和怀疑"。[1]对于农村中实行的"包产到户"等农业生产责任制，究竟是发展社会主义农业，还是走资本主义道路，在党内也引起了激烈的争论。面对如此复杂的社会形势和日益激化的干群矛盾，除了在全省农村选择试点进行社会主义教育运动之外，"四清"运动也正式开始了。农村的"四清"最初是在社、队的经济领域内进行，大致分为清账目、清仓库、清财务、清工分四个阶段。针对"四清"运动，省委明确提出："运动不是要把人打倒，是为了教育人，挽救人，对多数人来说，换人不如换心。"还提出了"多换思想少换人"的口号，并组织3000名干部对全省各地的"四清"运动做了两次大检查，解放了大多数基层干部。

和以往党的廉政建设不同，"四清"运动在反腐败方面呈现出许多自身的特点：一是深入基层调查研究。为了解基层情况，做好反腐败工作，省委从试点到全面开展"四清"，都要求干部到基层蹲点，进行深入的调查研究。二是以群众运动的方式反腐败。大批干部下到基层后，坚决和群众打成一片，和群众同吃、同住、同劳动。三是以背对背揭发、面对面斗争为主要模式，上下左右一起清。但是，采取群众运动式反腐败，尽管其做法也有可取之处，但终究不能彻底解决腐败问题。同时，运动本身带来的负面效应也很大。比如，"四清"运动中的"以阶级斗争为纲"使我们陷入阶级斗争扩大化的泥潭，错误地伤害了一些好同志。所以，我们必须客观评价"四清"运动，既要总结其经验，也要汲取其深刻教训。

---

[1] 卫恒：《关于发展农业生产问题的报告》（1962年11月）。

3."整党建党"运动

"整党建党"运动是"斗、批、改"运动中的一项重要任务。其目的是对受"文化大革命"冲击而无法进行正常活动的党组织进行恢复和整顿,对党员进行重新登记。当然,当时的整党建党是在"左"的错误路线指导下进行的一项任务。

九大以后,根据中央指示,全省各地各部门陆续进入整党建党阶段。1970年4月,省革委会召开第三次全体会议,要求把整党建党工作同政治、经济、思想文化领域的阶级斗争紧密联合起来,提出在整党建党中自始至终都要把思想整顿放在首位,坚决按照毛泽东的"五十字建党纲领"[1]和九大党章,用毛泽东关于"无产阶级专政下继续革命"的理论,有领导地、分期分批搞好整党建政工作。9月开始,省革委会在昔阳县举办了5期共1.7万人参加的整党建党领导骨干学习班,[2]全省整党建党运动逐步走向深入。之后,山西省革命委员会核心小组还在昔阳县举办了有各地(市)、县主要领导干部参加的整党建党学习班,并对昔阳县整党建党的"经验"进行了交流。

(三)十一届三中全会以来的党风廉政建设(1978年—1990年)

1978年12月28日至1979年1月8日、1月9日至23日,山西省委先后召开常委扩大会议和四届二次全委(扩大)会议,传达学习贯彻

---

[1] "五十字建党纲领":是指毛泽东的一句话,即"党组织应是无产阶级先进分子所组成,应能领导无产阶级和革命群众对于阶级敌人进行战斗的朝气蓬勃的先锋队组织"。

[2] 《中国共产党山西历史》第二卷(1949—1978)下册,中共党史出版社2012年版,第503页。

十一届三中全会精神。党的政治生活开始走上正轨,党的实事求是的作风逐渐恢复。

1.端正党风工作初见成效

1978年3月,根据中央决定,恢复山西省委纪律检查委员会,至1983年,全省11个地(市)和117个县(区),除太原市、阳泉市和古交区仍为纪律检查筹备组外,已全部建立了纪律检查委员会,共配备纪检干部1737人;660个县级以上企业单位和大专院校、98个省直厅局已建立纪检组织,共配备专职纪检干部3520人。

但是,10年的"文化大革命"使党风党纪遭到严重破坏,违法乱纪案件时有发生。为了端正党风,省委要求:要继续组织学习《关于党内政治生活的若干准则》和新党章,各级领导干部要严于律己,带头遵纪守法,带头发扬党的优良传统;要加强经济领域的纪律检查工作。重点查处利用职权、破坏财经纪律以及因严重的官僚主义给国家造成重大经济损失的案件;各级党委要加强对纪律检查工作的领导,从各方面予以支持。经过检查,全省共查处各种违纪案件6122件,对其中1470人区别情节轻重,给予了党纪、政纪处分,对少数严重违法犯罪的,依法给予刑事判决。

从1981年至1982年,省委又集中查处了一些国家干部利用职权私人建房的不正之风。当时国家干部违规私人建房比较多的有运城、临汾、吕梁、晋东南、忻州、雁北、大同、长治等地。针对这个问题,省委要求各级党委对这类违法乱纪的不正之风要敢抓、敢管、敢处理,发现一件查处一件,发现多少查处多少,一查到底。截至1982年9月,全省共查出1.2万多名国家干部违反规定建私房问题,其中查清的占60%,在查清的户数中,多数得到解决。[1]1984年，重点查处了一些领导干部利用职权弄虚作假，在招工、转户中的不正之风。从1985年至1987年，全省共查处违纪党员1.46万人，其中县处级以上的党员领导干部454人，[2]有力促进了社会风气的好转。

以家庭联产承包为主的农业生产责任制在全省广大农村推开以后，一部分农村基层党组织由于产生了"土地分到户，用不着党支部"的错误认识，导致全省1/3的农村党支部陷于软弱涣散和半瘫痪状态，党员作用难以发挥。从1982年5月30日省委作出《关于加强党的农村基层党组织建设的意见》之后，又先后下发了《关于组织干部到基层蹲点帮队的通知》和《关于搞好农村基层干部训练的通知》，集中物力人力，选派大批干部，深入农村蹲点，对软弱涣散的农村党组织进行整顿和调整的同时，由县委主要负责人直接主持和领导，对农村党支部书记、大队长、大队会计进行了训练。经过整顿，使2/3以上的农村党支部有了较大的转变，软弱涣散和瘫痪的党支部得到不同程度的转化，全省基层党支部的战斗堡垒作用大大增强。[3]

2.全面整党取得明显成效

1983年10月26日至11月3日，根据党的十二届二中全会通过的《中共中央关于整党的决定》，山西省委召开地、市委书记会议，

---

[1] 《中国共产党山西历史》第三卷（1978—2011）上册，中共党史出版社2012年版，第75页。

[2] 《中国共产党山西历史》第三卷（1978—2011）上册，中共党史出版社2012年版，第167页。

[3] 《中国共产党山西历史》第三卷（1978—2011）上册，中共党史出版社2012年版，第80页。

决定分两期、五批进行整党,并提出整党要重点解决四个问题:即继续清除"左"的影响,克服僵化观念,解放思想,积极进取,开创改革开放的新局面;根除资产阶级派性,增强党性意识,促进和发展安定团结的政治局面;严肃查处以权谋私和违法乱纪问题,认真纠正不正之风;坚定不移地把核查"三种人"[1]的工作搞好。

第一期整党工作从1983年11月6日起,分两批开始。第一批是省委、省顾委、省人大、省政府、省政协、省纪委等6个省级领导机关和具备整党条件的省直52个部、委、厅、局级单位。并在太原市直机关、运城地区地直机关和芮城、永济两县的县级机关进行整党试点。第一批整党涉及党员共计10300多名。第二批整党从1984年11月至1985年4月,涉及除参加第一批整党以外的54个部、委、办、厅、局和20所大专院校,以及全省其他6个地区和3个市的直属机关和太原市属部分大型厂矿企业,共计4万多个单位。

第二期整党分三批进行。第一批整党从1985年9月开始,共有82个县、1834个县级企事业单位、513个乡(镇)和136个农村试点,有1300多个党委、1227个党总支、36.61万名党员。第二批从1986年6月中旬至10月上旬,整党单位包括乡(镇)和县级、县以下企事业单位以及城区街道办事处。第三批从1986年11月全面铺开。参加整党的有3万多个农村党支部和67万多名农村党员。省委组织8000多人对3000多个不同类型的农村党支部进行调研研究,基本摸清了农村党支部的现状和分类以及农村党员领导干部现状,特别是帮助2166

---

[1] "三种人":是指在"文化大革命"中追随林彪、江青反革命集团造反起家的人、帮派思想严重的人、打砸抢分子。他们在"文革"中拉帮结派,造反夺权,组织武斗,诬陷迫害干部和人民群众。

个后进村的党支部进行了整顿和重建工作。

截至1987年5月底,全省整党工作基本结束。其间,全省有129万多名党员、3700多个党委、8万多个基层党支部,前后分两期五批参加了整党。[1]全省各级党组织圆满完成了中央提出的"统一思想,整顿作风,加强纪律,纯洁组织"四项任务,取得了明显成效。这次全面整党是新时期加强党的建设的一次重大实践。

3.聚精会神抓党建取得阶段性成果

1987年9月,根据中央政治局讨论通过《中共中央关于加强党的建设的通知》的要求,山西省委坚决贯彻落实中央精神,紧密结合实际,抓住党建工作的薄弱环节,下决心解决好当时党的建设中的迫切问题。并提出五项具体要求:一是认真抓好清查、清理工作,纯洁党的组织,加强领导班子建设;二是坚决反对资产阶级自由化,切实加强党的思想建设;三是加强党的作风建设,克服消极腐败现象;四是加强党的基层组织建设,充分发挥基层党组织的战斗堡垒作用;五是各级党委要聚精会神抓党的建设。

1990年初,省委、省政府召开全省廉政建设反腐败斗争会议,全面部署了全省反腐倡廉工作。1991年,省委决定将清理、整顿执法队伍和纠正行业不正之风,作为全省党风廉政建设主抓的"三件大事"。这次清房,共有486名党员干部受到党纪处分,其中43人被开除党籍、55人被撤职、8人被开除公职、43人被追究刑事责任。通过整顿执法执纪队伍,揭露出执法人员的各种违法违纪案件1930件、涉及2249人,当年查结1772件、处理1763人,其中党纪政纪处

---

[1] 《中国共产党山西历史》第三卷(1978—2011)上册,中共党史出版社2012年版,第75页。

分的953人、刑事处分及劳教204人、其他处理606人。纠正行业不正之风的工作取得阶段性成果。全省清理出属于乱收费、乱罚款、乱摊派项目4697项，金额2.7亿元。[1]

（四）改革开放初期的党风廉政建设（1992年—2011年）

改革开放初期，山西在抓经济建设的同时，始终没有放松反腐败工作。党的十一届三中全会召开后，一些干部，包括少数党的中高级干部，政治纪律不强，顽固抵制十一届三中全会的路线、方针、政策，针对这些问题，省委、省政府在反腐败斗争中凸显了山西特色，取得了显著成效。

1.系列教育活动成效显著

党的十五大以来，全省党政领导干部队伍总体状况是好的。但也有相当一部分领导干部的政治素质不高，还不能适应或不完全适应新时期和新形势要求。

（1）"三讲"教育活动。根据中央下发的《关于在县级以上党政领导班子、领导干部中深入开展"讲学习、讲政治、讲正气"为主要内容的党性党风教育的意见》要求，1999年7月，山西省委制定了《关于在省级领导班子、领导干部中深入开展"三讲"教育的方案》并召开动员大会。全省有县（处）及以上领导干部18900多人参加，近99%的领导干部民主测评满意率达到2/3以上。在"三讲"教育活动中，各地各级党组织普遍学习认真、工作扎实，效果明显。勇于揭露矛盾，影响改革发展问题的突出问题得到解决；吸取教训，领导班子整体合力的作用逐渐凸显；敢于较真碰硬，干群矛盾

---

[1]《中国共产党山西历史》第三卷（1978—2011）上册，中共党史出版社2012年版，第233—234页。

问题得到有效化解。

(2)"三个代表"重要思想学习活动。2001年"七一"讲话之后，山西省委对学习实践"三个代表"重要思想做了具体部署。在全党普遍开展学习活动的同时，广大农村也开展了有组织的学习活动。这次"三个代表"思想学习教育活动在农村分两批进行。第一批为乡镇和县级部门，全省119个县、市、区所属1198个乡镇和10153个县、市部门，共30.5万人参加。第二批为村级和乡镇站所，全省共有46万人参加。这次学教活动取得了明显成效。农村基层干部思想政治素质普遍有了提升；农村基层干部的工作作风和工作方法有了明显转变；农村基层干部为群众办实事、办好事的自觉性有所增强；有效加强了农村基层党组织建设。

(3)"先进性教育"活动。2005年1月，山西省委召开全党保持共产党员先进性教育活动工作会议，对全省的先进性教育工作进行了部署动员。这次教育活动分三批进行，从2005年1月开始至2006年6月结束。通过这次教育活动，全省广大党员普遍受到一次马克思主义教育，党性修养、党性观念和党员意识进一步提升；践行"三个代表"重要思想、落实科学发展观的自觉性和坚定性进一步增强；基层党组织的创造力、凝聚力和战斗力进一步提高；服务基层、服务群众、服务社会的能力进一步提高，党员干部思想作风、工作作风有了明显改善。

2.农村党风廉政建设

党的十七大后，省委在积极推进经常性的党风廉政建设工作的同时，结合山西实际，突出重点，深入开展以农村基层为重点的党风廉政建设。

2008年3月26日，山西省委、省政府办公厅下发了《关于建立农村基层党风廉政建设工作长效机制的意见》，明确提出建立农村党风廉政建设工作长效机制的具体措施和办法。并通过建立"六大机制"[1]，扎实推进农村惩防体系建设。截至2009年，山西省相继建立健全了"三资"管理、"三务"公开、民主决策和监督、农村综合改革等4个方面36类农村党风廉政建设工作制度；11个地市的115个涉农县区中有100个县区做到主要制度、常用制度进村入户，普及率达87%；全省专门编印了《农村党风廉政建设制度汇编》。

在推进农村党风廉政建设的过程中，山西省委还重点解决了城中村拆迁改造、土地征用补偿费管理使用及矿产资源型农村村矿矛盾、企业经营管理等方面存在的问题。至此，全省农村改革发展稳定推进，基层上访数量明显下降。中央领导和中纪委多次对山西农村党风廉政的做法和取得的成效给予肯定。

3.煤焦领域的党风廉政建设

在推进农村党风廉政建设的同时，省委、省政府还重点部署开展了煤焦领域反腐败专项斗争。山西的优势在煤，发展靠煤，问题也集中在煤上。

2008年7月，针对全省煤焦领域的腐败呈现易发多发的态势和制约产业健康发展与对党风政风及社会风气造成的不良影响，省委、省政府决定集中时间开展煤焦领域反腐败专项斗争，并出台了《关于集中开展煤焦领域反腐败专项斗争的意见》。《意见》提出三项具

---

[1] "六大机制"：即农村基层拒腐防变教育长效机制、用制度管权管人管事的权力运行监控机制、贯彻执行党的农村政策情况的监督检查机制、对损害农民利益问题排查解决机制、农村党风廉政建设工作科学考核评价机制、农村党风廉政领导和工作机制。

体任务：一是集中开展"六项清理整治"工作；二是坚决查处一批腐败案件；三是积极推动煤焦产业管理体制机制改革，加快建立健全制度体系。经过两年多的努力，到2010年底，全省范围内的煤焦领域反腐败专项斗争取得显著成效。全省共清缴该缴未缴、应收未收的煤炭基金、资源价款、偷逃欠税等资金累计304.14亿元，累计立查案件2100多件，处分2300多人。同时，煤焦领域惩防腐败制度体系的基本框架也已初步确立，省市共建立各类制度608项，县级共建立1200多项制度，特别是行政审批、安全监管、兼并重组、税费征收、中介服务、生产经营、购销运输和监督惩处等8个方面的制度建设，立体化、全方位推进，成效显著。为全省煤炭资源整合、煤炭兼并重组提供了有力保证，为煤炭产业健康发展创造了良好的外部环境。

（五）党的十八大前后全面加强党风廉政建设（2012年至今）

党的十八大以来，党中央全面从严治党，将党风廉政建设和反腐败斗争提到新的高度，坚定信心，有腐必反，有贪必肃，始终保持惩治腐败的高压态势。山西的腐败问题震惊全国，被定性为"系统性、塌方式腐败"。面临如此严峻的反腐败形势，2014年9月以来，省委班子深入贯彻落实中央对山西工作重要指示要求，坚持把"深入学习贯彻习近平总书记系列重要讲话精神，净化政治生态、实现弊革风清、重塑山西形象、促进富民强省"的总要求贯穿始终，针对山西经济社会发展实际做出了一系列重大安排部署，得到中央充分肯定和全社会的高度认同。

1.重拳惩腐肃贪

面对系统性、塌方式腐败，山西反腐败持续加力，"打虎""拍蝇"不停歇，以刮骨疗毒的勇气重典治乱，保持惩治腐败的高压态势，形成了"立体式"反腐合力，取得了有目共睹的新成效。截至2015年前9个月，山西省立案数、结案数、处分人数均排全国第一位，一举扭转了长期以来没有形成惩治腐败高压态势的被动局面。先后查办了5名市委书记，一举扭转了在这之前14年没有查处过市委书记腐败案件的被动局面；坚决查处了煤炭、国土、环保、交通等省直部门"一把手"的腐败问题。集中治理了吕梁、高平等腐败重灾区，并在全省形成了惩治腐败、狠刹四风、打黑除恶"三个高压态势"。全省各级纪检监察机关受理的信访举报也开始明显下降，2015年第一季度到2016年第一季度，全省信访举报总量季平均下降17.6%。2016年4月持续下降，环比下降37.5%，同比下降62.8%。全省不敢腐的氛围日益浓厚，不能腐、不想腐的效应初步显现，反腐败斗争压倒性态势正在形成。

积极探索实行省、市、县、乡四级纪委建账、对账、查账、销账、交账"五账工作法"，上下联动，齐抓共管。通过新构建起的联动工作机制，打通监督执纪的"最后一公里"，全省以往"零办案"乡镇短时间内全部实现零的突破。各级纪委还结合农村两委换届，组织专门力量在整顿农村后进班子中发现贪占侵犯农民群众切身利益的贪腐行为。据省纪委网站数据统计，2015年1至12月，通报处理农村基层党员干部侵害群众利益的案件近160起，几乎月月有通报，如此密集的通报查处力度，为基层党风廉政建设和反腐败斗争注入了新的活力。这些举措和成效，不仅体现在反腐制度设计的"高高举起"，也体现在查处办案的"重重落下"。

2.反腐倡廉的制度创新

2014年之后，省委先后出台了《推进领导干部能上能下实施细则（试行）》《省管干部动议酝酿任免议事规则（试行）》《关于全面贯彻好干部标准，树立正确用人导向从严管理干部的决定》《山西省各级党委（党组）在干部选拔任用工作中严格执行民主集中制的办法（试行）》等一系列干部选任工作制度性文件，基本形成优胜劣汰、充满活力的选人用人生态。截至2016年4月底，全省对10多万名干部进行大筛查，共调"下"领导干部2026人，这不仅是山西刷新吏治的"非常之举"，也充分说明山西在着力破解干部能上不能下的难题上已经"先走一步"。

基于对全省政治生态严峻形势的深刻洞察和精准把握，省委、省政府还通过顶层设计、基层实践等一系列研究探索，形成了"六权治本"。省政府制定权力清单后，清理减少权力事项5343项，精简率达63%。省委明确提出的"六个区别对待"，不仅把被驱逐的"良币"找回来、用起来，也给一些整日忧心忡忡的领导干部吃了"定心丸"。同时，还以"治病树、拔烂树、救森林"的方法，很好地诠释了"四种形态"的含义，惩前毖后的效果不断显现。截至2015年10月底，吕梁市共有341名干部主动向组织交代问题，其中厅级干部14人、县处级干部85人、科级及以下干部242人。2016年，山西建立了干部激励引导和合理容错机制，这不仅是贯彻落实中央精神和省委"一个指引、两手硬"重大思路和要求，更是调动广大干部干事创业内生动力的重要举措。

3.全面紧抓问责巡视

山西省委、省纪委深刻认识到，山西发生系统性、塌方式腐败问题的主要原因是省委没有履行党风廉政建设主体责任，纪委监督缺位。省委抓实抓细，把交通厅、吕梁市、高平市作为落实"两个责任"的"试验田"和"先走一步"的"切入点",着力打造省直、市、县三个层面的典型。在2014年度工作目标责任制考核中,对主体责任落实不到位的6个市和6个省直单位予以"一票否决";2015年,全省有1520名党员领导干部因落实"两个责任"不力受到责任追究。在巡视巡查工作中,山西省不断创新方式方法。2016年3月至6月,省委14个巡视组把准政治定位,突出政治巡视,按照"两四一聚三紧"[1]的要求,采取"一托N"和"主管部门+巡视单位"的方式,完成对50个党组织的专项巡视,实现巡视全覆盖。

实践证明,这些举措的实行,不仅提升了巡视制度的执行力,真正做到了定位上聚焦、内容上深化、方式上创新,而且是基于当前党风廉政建设和反腐败斗争严峻复杂形势做出的正确决策,是符合党心民心的。同时,山西在从严治党方面的创新和突破,适应了反腐败的本地需求和现实需求,也为其他地方落实全面从严治党提供了可借鉴的示范经验。

4."三严三实""两学一做"贯穿始终

坚持纪在法前、纪严于法,实现纪法分开,是管党治党的理念创新。山西"先走一步",即在全面从严治党、严格执行党纪党规上"先走一步",深入贯彻省委提出的筑牢"两道防线"、坚持"五个必须"、做到"五个严格"、发挥"三个作用"的要求,联系实际,对照党章,把"三严三实""两学一做"贯穿始终,深刻剖析不严不实的问题,力求党员领导干部做尊崇纪律的明白人、严守纪律的带头人、秉公执法的"铁面人",真正做到守土有责、

---

[1] "两四一聚三紧":即增强"四个意识"、联系"四个全面",聚焦全面从严治党,紧扣"六项纪律"、紧盯"三大问题"、紧抓"三个重点"。

勇于担当、主动作为，不负重托，不辱使命，把纪律挺在前面。同时，结合实际把党的各方面纪律逐项细化，通过突出政治纪律和政治规矩，进而把党的各项纪律和规矩串起来、带起来，挺在前面。

三、未来展望

经过几年集中整肃，山西政治生态由"乱"转"治"。但"大病初愈"仍然需要"康复治疗"，防止"复发"。净化政治生态绝非一朝一夕、一蹴而就，山西必须以反腐倡廉任重道远、党风廉政建设永远在路上的决心，时刻警惕、坚决克服"解解压、松口气、歇歇脚"的心态，在坚持中深化、在深化中坚持，不松劲，不停步，再出发，持续巩固发展反腐败斗争压倒性态势，不断加强党风廉政建设。

持续加强党风廉政建设要把握好的几个关键点：

党的十八大以来，山西省委坚决扛起管党治党的重大政治责任，坚持把握关键、综合施策、持续发力、久久为功，不断开创党的建设新局面，推动党风政风和社会风气持续向好。

（一）要增强几种意识

1.要增强担当意识，有自我革命、修正错误的勇气和实干精神

山西曾在一段时间政治生态出现了问题，一些违反党纪党规的领导干部受到严厉的惩处，改组后的省委勇于承担起管党治党的主体责任，带领广大人民群众终于走出了系统性、塌方式腐败的阴霾。但也有一些党员干部埋怨规矩太多、管得太死太紧，束缚住了干事创业的手脚，因此出现了懒政怠政、混日子、不作为、得过且过等问题。这些错误思想和行为严重影响了新时代山西治晋理政、深化改革的进程和发展。山西正处于转型综改攻坚期，迫切需要广

大党员干部成为时代的先锋，以敢于担当的精神和勇气，直面山西转型矛盾和问题，主动接受挑战，以大胆开拓创新的精神状态，投入到治晋兴晋、富民强省的事业中。

2.要有持之以恒、久久为功意识

政治生态破坏非一日之寒，修复起来也非一日之功。政治生态系统和自然生态一样，是一个有着自身规律的循环链条，一旦遭到破坏，修复起来十分困难。山西贯彻落实全面从严治党，对政治生态进行大起底、大修复，风清气正的良好政治生态的大环境已经形成，但我们必须清楚全面构建良好政治生态还要面对诸多问题，加强党的建设还需持续推进。在两年多修复成果的基础上，我们还要以系统的思维持之以恒，统筹兼顾各个领域、各个方面，标本兼治，久久为功。

3.要有人人参与的意识，做良好政治生态的参与者、维护者

政治生态好，人心就顺，人气就足，社会发展环境就好，广大人民群众就能公平地共享到社会发展成果。山西曾在一段时间出现了政治恶化的状况，选人用人导向扭曲，严重破坏了广大党员干部的任职公平原则，挫伤了工作积极性。党员干部要树立起维护党的权威和形象的政治担当，坚决与违法违纪、破坏政治生态的行为作斗争。每一个普通群众，也要有忧国忧民意识和权利意识，拿起法律的武器与不良行为作斗争，为山西美好新形象的树立做出一份努力。

（二）要正确处理几种关系

1.党内政治生活与党内政治文化的关系

习近平总书记强调，党内政治生活、政治生态、政治文化是相辅相成的。党内政治生活状态和党内政治文化状况直接决定了党

内政治生态的状况。可以说，健康进步的党内政治生活和先进优良的党内政治文化，必然呈现出优良的党内政治生态。反之，党内政治生态就会出现问题，严重时甚至会直接威胁到党的政治生命之安危。山西要充分挖掘丰富的红色革命文化、廉政文化及优秀传统文化资源，大力建设积极向上的党内政治文化，坚持思想建党和制度治党相结合，让党内纪律和规矩立起来，规范和严肃党内政治生活，形成风清气正的政治生态。

2.严厉问责与容错纠错的关系

十八大以来，在中央重拳反腐之下，山西对严重违法违纪、贪污腐化行为进行严厉惩处，严厉问责成为全面从严治党的重要抓手，对党风廉政建设主体责任不力问责也成为常态。但是有一些人怕出错、怕出事又怕问责，为自保政治前程，干什么都小心翼翼、畏首畏尾，为官不为、为官少为。为此，必须把握好严厉问责和容错纠错之间的度，要建立正确的导向，有错必追究，失责必问责，这是基本原则；要精准界定容错的范围，区分清楚是因公敢为还是改革探索中的失误与错误，明确敢作为和乱作为之间的界限；要有严格规范的操作程序，确保运行的公开公正，保证制度的公信力。我们不能因容错纠错而成为一些干部违规违纪的借口，也不能因严厉问责而挫伤一些干部干事创业的积极性。

3.净化政治生态与净化经济生态的关系

政治生态与经济生态是一对掰不开的矛盾运动体。山西经济因煤而兴，政治生态也因煤而困，由于煤炭带来的巨大经济利益，导致了官煤勾结、利益分肥甚至一些煤老板成为官员升迁的掮客，严重污染了山西政治生态环境。由此，深入推进净化政治生态，必须与净化经济生态协同推进，要不断完善社会主义市场经济体制，处理好政府和市场的关系，阻断市场商品交易规则对政治生态的侵蚀渗透，构建新型"亲""清"政商关系，风清气正的政治生态建设才能推进得彻底、有力。

要抓好几个关键点：

（1）抓好党性教育。十九大报告强调，要把党的政治建设放在首位。旗帜鲜明讲政治是我们党作为马克思主义政党的根本要求。我们要巩固党的群众路线教育实践活动、"三严三实"专题教育、"两学一做"学习教育成果，以《党章》为根本遵循，深入开展"不忘初心、牢记使命"的主题教育活动，增强党内政治生活的政治性、时代性、原则性、战斗性，自觉抵制商品交换原则对党内生活的侵蚀，营造风清气正的良好政治生态。

（2）抓好"关键少数"。十八届六中全会提出抓"关键少数"。这一"关键少数"虽然人数少，但分量重，其一言一行、一举一动，都会影响着"绝大多数"。之所以山西一段时间造成系统性塌方式腐败，就是"关键少数"出现了严重问题。全面构建良好政治生态，要充分认识"关键少数"在全面从严治党、净化党内政治生态中的重要作用。要用制度管住"关键少数"的权力，加强对"一把手"的监督制约，要用好纪律这根准绳和高压线，以政治纪律和政治规矩约束"关键少数"，使其成为带领"绝大多数"党员干部遵章守纪的标杆和榜样，整个社会风气才会积极向上、风清气正。

（3）抓好主体责任落实。各级党委（党组）要把肩负起管党治党责任作为最根本的政治担当，把责任一级一级扛起来，把压力一层一层压下去。不仅要有"等不起"的紧迫感、"慢不得"的危机感和"争一流"的使命感,还要有敢于抓关键环节、善于抓突出矛盾和问题的担当意识,更要有持之以恒、锲而不舍抓落实、重实干、求实效的责任意识。只有这样,才能以"治不忘乱""安不忘危""严不松劲"的劲头,守住山西政治生态的底线。

(4)抓好基层党建。党的十九大报告,把党的基层组织建设作为全面从严治党的重要举措作了重要部署安排。山西有240多万名共产党员、近13万个基层党组织,我们要充分发挥其宣传党的主张、贯彻党的决定、领导基层治理、团结动员群众、推动转型发展、改革创新的坚强战斗堡垒作用。特别是要加强农村基层党组织建设,解决农村基层党组织弱化、虚化、边缘化的问题。要扩大党内基层民主,推进党务公开,畅通党员参与党内事务、监督党的组织和干部、向上级组织提出意见和建议的渠道,推动基层党建全面过硬,为全省经济社会健康持续发展提供保障。

(二)进一步加强山西党风廉政建设的几点思考

党的十九大以来,山西省委始终坚持把政治建设放在首位,认真学习贯彻落实党的十九大精神和习近平总书记系列重要讲话精神,一刻不停歇地推进党风廉政建设和反腐败斗争向前发展。

1.切实对山西系统性、塌方式腐败的根源进行反思和警醒

要时刻警醒"代价不能白付、教训必须牢记",反腐败决不能"好了伤疤忘了疼",反腐败永远在路上。要按照习近平总书记指出的,"在全面从严治党这个问题上,我们不能有差不多了,该松口气、歇歇脚的想法,更不能有打好一仗就一劳永逸的想法,也不能有初见成效就见好就收的想法",对山西发生系统性、塌方式腐败进行深刻的反思和警醒,从中吸取教训,把信心重塑起来,把精

气神鼓起来，为全面实现政治生态的"山清水秀"提供实践参考。

2.全面总结山西构建良好政治生态的做法和经验以资借鉴

通过几年的努力，从腐败重灾区到"反腐试验田"，山西破茧化蝶。从政治建设、思想建设、组织建设、作风建设、纪律建设等方面概括总结山西全面构建良好政治生态的经验做法。作为全国监察体制改革的试点之一，我们必须担当好中央赋予的这项重大政治改革使命，在继续深化改革的基础上，深入总结前期经验做法，拿出高质量的试点"样品"，为改革全面铺开和制定国家监察法提供实践范例。

3.形成以党风带政风、社风的示范效应，修复党内与党外互动的生态链

党内政治生态与党外政治生态可以说同胞异体，哪一个有了"病灶"都会相互影响。尤其我们党是执政党，党内政治生态是否良好，不仅会对所有党员干部产生巨大影响，而且会对其他社会组织乃至整个国家政治系统产生至关重要的影响。山西一段时间出现的政治生态恶化以致造成系统性、塌方式腐败，对全国的社会风气和形象造成了恶劣影响。党的十九大着重强调了全面从严治党要"全面净化党内政治生态"。全面净化党内政治生态，就要加强和规范党内政治生活，党内政治生活"严起来""立起来"了，才能与党内政治生态形成良性循环，整个社会才会风清气正。

4.建立衡量政治生态的科学评估制度和指标体系

从宏观和微观视角确立评价框架，所列举的评价指标和要素包括影响政治生态的方方面面，既突出政治生态建设要求，又注重履行职责情况；既立足于集成现有考核，又有针对性地开展专项测

评；指标体系要细化分级，比如，针对领导干部，包括廉洁度、公正度、诚信度、满意度等，分为一级指标若干项和二级指标若干项。针对落实中央八项规定精神及"四风"问题查处情况，包括被信访举报查实、诫勉谈话、通报批评、行政问责、纪律处分等情况，"三重一大"集体决策情况，干部个人有关事项及财产申报是否真实等；针对职能部门和窗口单位，包括廉洁政府、法治政府、服务政府、透明政府及选人用人是否存在不正之风、公职人员违规违纪率、"三公"经费使用管理、行政复议和行政补偿制度执行、优化审批流程、政府部门信息公开、畅通信访渠道等情况。

（三）未来发展趋势

从压倒性态势到压倒性胜利，党中央对反腐败斗争形势这一重大研判，振奋了党心民心，对于曾经发生系统性、塌方式腐败的山西，也是倍受鼓舞、激励，其中包含着山西严厉惩治腐败、深化国家监察体制改革、构建不敢腐不能腐不想腐长效机制等正风反腐举措的不懈努力和重大进展。但是，我们也必须保持清醒头脑，反腐败形势依然严峻复杂，零容忍的决心丝毫不能动摇，打击腐败的脚步一刻不能停歇，惩治腐败力度丝毫不能消减，必须以永远在路上的坚韧和执着，深入推进党风廉政建设和反腐败斗争。

1.准确把握反腐败斗争依然严峻复杂的形势

党的十九大以来，党中央对反腐败斗争形势作出重大判断：我国反腐败斗争取得压倒性胜利，全面从严治党取得重大成果；反腐败斗争形势依然严峻复杂，全面从严治党依然任重道远。我们必须准确把握当前反腐败斗争的几个关键词，即"严峻性""复杂性""长期性"的深刻内涵。一是严峻性。从信访举报、巡视巡察、监督检查和审查调查情况看,在一些权力集中、资金密集、资源富集的重点领域,当前仍有一些人不知敬畏、不收敛、不收手,顶风搞腐败,尤其是基层腐败和作风问题较为突出,这说明反腐败斗争向基层"最后一公里"延伸传导还不彻底。一些基层干部"小权任性",寒了百姓的心,严重啃食群众获得感,"苍蝇"乱飞问题必须引起广泛关注。二是复杂性。从十九大以来公开曝光的案例发现,腐败表现形式更加隐蔽,且多种形态相互交织,使得反腐败斗争形势变得更加复杂,给纪检监察工作带来了更大的挑战。从腐败案例分析中得出结论:我们必须清醒认识当前反腐败斗争仍然面临着政治问题与经济问题的交织、区域性和领域性腐败交织、用人腐败和用权腐败交织、"围猎"和被"围猎"交织等问题,其复杂性不可小觑。三是长期性。从腐败时间跨度看,新中国成立以来,我国始终重视反腐倡廉建设,自1993年,我党提出反腐败形势是严峻的,此后就一直沿用"依然严峻"这个判断。党的十八大以来,以习近平同志为核心的党中央以巨大的政治勇气和坚韧不拔的毅力推进党风廉政建设和反腐败斗争,不敢腐的氛围初步形成,但距离不能腐、不想腐尚需较长时间,反腐败斗争永远在路上。

2.加强党性教育,持续凝聚党心民心

纵观党史,延安时期是党凝聚党心民心实践路径最为深入、成效最为卓越显著的阶段之一。加强党性教育,深入开展理想信念教育、党的宗旨教育、法治思维教育、反腐倡廉教育等,是持续推进党风廉政建设的重要举措之一。党性教育是一个系统工程,其效果的好坏,取决于党性教育实践的系统性、严密性和综合性。一是以"不忘初心、牢记使命"主题教育为契机,充分利用好党内政治生活这个重要平台，不断加强党员干部的党性修养和锻炼。二是要充分依托本省红色纪念馆、党风廉政教育基地、新时代文明实践中心、党建主题公园等资源，打造好"家门口"的党性教育基地，切实将党性教育融入群众的生活圈。三是完善党性教育的教学研融合机制，把党性教育贯穿于教学研全过程。四是建立健全党性教育考核评价机制，不断提升党性教育的质量和效果。

3.持续加强反腐倡廉制度法规建设

党的十九大报告指出，全面推进党的政治建设、思想建设、组织建设、作风建设、纪律建设，把制度建设贯穿其中，深入推进反腐败斗争。这是对党的建设布局的重大调整，也是党的建设理论的重大创新。习近平总书记多次强调，要善于用法治思维和法治方式反对腐败，加强反腐败国家立法，加强反腐倡廉党内法规制度建设，让法律制度刚性运行。结合山西实际，以健全惩治和预防体系各项制度为重点，以制约和监督权力为核心，以提高制度执行力为抓手，切实规范管权管事管人的制度，真正构建起"不敢腐、不能腐、不想腐"的制度体系，在坚决减"存量"、遏"增量"中推进反腐倡廉建设，巩固反腐败取得压倒性胜利的成果。

4.持续打击特殊领域的腐败问题

十九大以后，中央纪委打击腐败的重点仍然是十八大以来不收敛、不收手的腐败官员。比如，扶贫领域的腐败问题。我们在调研中发现，近年来扶贫领域的腐败问题始终位居舆情数据报告的首位，这足以说明扶贫这个特殊领域的腐败问题是我们要持续关注的问题之一。十八大以后，一些官员仍然不收手、不收敛，肆意违反党的政治纪律、财经纪律、工作纪律、廉洁纪律等腐败问题时有发生。所以，对于特殊领域的腐败问题，必须要专门调查、专门部署、专门巡视、专门整改，切实从中找出问题，对症整改。在抓好特殊领域腐败问题的同时，持续推进党风廉政建设。

总之，对党风廉政建设和反腐败斗争的长期性、严峻性、复杂性态势的高度认识和准确判断是一个重大的政治问题、战略问题、现实问题，牵一发而动全身。全党只有准确把握和科学判断当前反腐败斗争形势，坚持不懈地推进党风廉政建设，才能为省委、省政府作出正确决策和推动决策实施提供科学的理论依据，为山西的改革、发展、稳定创造优良的社会环境。

参考文献

[1] 十八大以来廉政新规定.人民出版社，2019.

[2] 山西通史.山西人民出版社，2001.

[3] 中国共产党山西历史.第二卷.中共党史出版社，2012.

[4] 中国共产党山西历史.第三卷.中共党史出版社，2012.

[5] 杨茂林，高春平主编.建国60年山西若干重大成就与思考.山西人民出版社，2009.

[6] 孟艾芳主编.中国红色经典案例——廉政建设与惩防体系.山西教育出版社，2013.

[7] 山西省纪委编著.建立反腐倡廉宣传教育长效机制研究.山西人民出版社，2010.

[8] 李慎明主编.中国共产党与中华民族伟大复兴.社会科学文献出版社，2012.

[9] 高春平等.于成龙与山西古今廉政文化研究.北岳文艺出版社，2017.

后 记

2019年，中华人民共和国成立70周年了。这是我们国家的大事喜事。为全面深刻反映中华人民共和国70年的辉煌成就和重大变革，山西省社会科学院（山西省人民政府发展研究中心）党组研究并编撰《中华人民共和国成立70周年山西发展丛书》，目的就是从经济结构变化、社会发展变迁、能源经济发展、区域发展进步、重大发展成就、口述山西发展等方面进行叙述和阐述，以70年来山西的成就和变革来反映祖国的繁荣昌盛和人民的幸福安康，来向祖国70华诞献礼。院（中心）党组书记、院长杨茂林统筹组织经济所、能源所、社会所、历史所、信息内刊部、思维所的科研力量，集中研究攻关，统编全书和审定书稿，撰写总序和改定后记；景世民、张文丽、韩东娥、王云珠、高专诚、李小伟、高春平、冯素梅、崔云朋、贾步云、刘晓丽等以高度的责任心和使命感，带领科研人员夜以继日，辛勤劳作，历时半载，终成丛书，为庆祝中华人民共和国70华诞献上绵薄之力。这套丛书凝聚着我院（中心）科研人员的心血，凝集着对伟大祖国的热爱，充满着对祖国发展进步的自豪。这项工作得到山西省委宣传部大力支持，夏祯副部长全力支持研究工作，并推动这套丛书成为省级重大图书出版项目。

《山西若干重大成就回顾与展望》作为丛书之一，在对全省经济社会发展历程和辉煌成就进行总体阐述的基础上，按照党中央"五位一体"总体布局和"四个全面"战略布局，分别从农业、科教、基础设施、扶贫攻坚、民主政治、红色文化、文旅融合、生态环境、社会变迁、反腐倡廉等方面进行了梳理总结。本书由高春平研究员统一修改审稿，冯素梅参与策划。专题一由赵旭强执笔；专题二由高春平执笔；专题三由赵旭强执笔；专题四由刘晓明、雒春普、高广达执笔；专题五由杨茂林、王华梅执笔；专题六由董永刚、高春平、杨珺执笔；专题七由冯素梅、邵琦执笔；专题八由高春平、陕劲松、李小伟、张勋祥执笔；专题九由赵俊明执笔；专题十由郭永伟、姚婷执笔；专题十一由庞丽峰执笔。

感谢景世民、韩冬娥、高专诚、张保华、贾步云等同志在提纲讨论、资料提供、修改方面提出的宝贵意见；感谢山西人民出版社的大力支持。

时间紧、任务重，加之我们水平有限，书中还有不足之处，惠请读者指正！

编者
2019年12月